Octave Nadal

Le sentiment de l'amour dans l'œuvre de Pierre Corneille

Gallimard

A mon père
qui m'initia à Corneille.

A MM. Daniel Mornet et René Jasinski.

A MM. Lebègue, Levaillant, Bruneau, en respectueux hommage.

Je ne compte le fer et le poison pour rien ; rien ne me touche que ce qui est dans moi ; on meurt également partout.

Retz.

Par un bonheur qu'on peut apprécier, la vie de Pierre Corneille est à peu près inconnue. Sur l'éclat ou l'échec des premières comédies et même des tragédies, sur les enthousiasmes et les jalousies qu'elles suscitèrent, les informations demeurent obscures, sans portée; celles qui touchent à la biographie sont plus proches de la légende que des faits [1]. Certes, c'est un sujet d'étonnement qu'une œuvre, qui fut l'oracle d'une époque [2] et reste l'objet d'un culte attentif, nous soit parvenue dans une telle nudité : dégagée des gangues de l'anecdote elle semble déserte de son créateur.

Les recherches sur le premier amour de Corneille, restées négatives, gardent quelque avantage : elles ont ruiné la légende de *Mélite*. Sur la foi des témoignages de Thomas Corneille et de Fontenelle on s'est ingénié à découvrir le nom de la jeune fille aimée par le poète; les érudits l'ont appelée avec une égale conviction Mlle Milet ou Marie Courant ou Catherine Hue [3]. Leur exemple nous engage à plus de prudence.

Dans l'*Excuse à Ariste*, Corneille nomme l'inconnue Phylis; il décrit sa beauté, donne quelques renseignements sur cette idylle qui fut malheureuse [4]. Mais l'*Excuse à Ariste* est un poème. Il est loisible de l'interpréter, dangereux d'en tirer les éléments d'une biographie. On ne sait guère plus de cette secrète Marie de Lampérière, femme du poète. Enfin, vers la cinquantaine, Corneille s'éprend de Marquise; sans succès, semble-t-il. A-t-il eu vers la même époque quelques aventures plus heureuses avec d'autres comédiennes ? C'est possible. Les poésies insérées dans le recueil de Sercy révèlent ces tendresses tardives. S'agit-il d'amours vécues ou d'exercices de galanterie littéraire alors à la mode ? Aucun témoignage n'a jusqu'à présent été découvert qui nous tirerait d'incertitude. Faut-il tant le regretter ? ou bien en prendre allégrement son parti et s'en tenir à l'œuvre même qui reste en définitive la source, l'histoire, la personne essentielles ?

Nous n'entendons pas nier l'intérêt de l'histoire d'une vie d'écrivain; nous ne saurions la tenir pour une explication de l'œuvre. Personne, à la vérité, ne se contente de ce trompe-l'œil. On en voit tout de suite une raison entre autres plus cachées : une étude biographique ordonne certains actes, éclaire tels moments d'une vie qui, reconstituée, n'est pas celle qu'a connue le vivant lui-même. Celui-ci n'a jamais de soi qu'une connaissance fragmentaire, successive, confuse; il ne saisit sa vie qu'à travers les clartés et les sommeils d'une conscience unie à l'univers. Active et contemplative à la fois, sa personnalité ne cesse de s'altérer parmi les fluctuations du monde et de l'être, chaos d'événements qu'elle tente de surmonter et d'organiser. Cet homme se connaît d'autre manière que son biographe : aussi les rapports d'une vie à une œuvre ne sont-ils pas ceux d'une biographie à cette même œuvre.

D'autres arguments montreraient l'illusion d'expliquer l'œuvre par le document biographique le plus nombreux comme le plus exact : nature et lois intrinsèques de l'art et de la vie; déformations et métamorphoses, à travers le langage, de nos pensées, de nos sentiments les plus nôtres : ce n'est déjà plus notre âme que notre âme parlée, notre passion que notre passion exprimée. Il y a plus : la biographie des grands hommes est celle d'un chacun; sur ce plan les différences sont de peu. Or, l'analyse des œuvres décèle des caractères si divers que seule l'expérience créatrice peut les expliquer. Est-il besoin d'ajouter qu'un écrit peut être pour son auteur une délivrance, un exercice, une vérification, un jeu, une ascèse, une mystification ?

Reste la critique des sources littéraires et sociologiques. Il va de soi que les filiations du Livre sont précieuses à connaître : elles cernent les éléments étrangers qui entrent dans toute création. Mais c'est toujours en dehors de la similitude des sujets et des idées qu'il faut chercher la parenté réelle entre les œuvres. L'authenticité réside dans la manière et l'exécution. L'invention rature, déforme, dépasse enfin les données premières; ce fonds littéraire ou social et, à ce titre, propriété commune, tout écrivain s'en empare sans scrupule, l'anime d'une vie et d'un esprit singuliers; à cette matière empruntée il impose des figures à lui, un ton et une technique. Il y a donc à l'origine de toute œuvre les lectures de l'auteur; le livre est bien la source du livre. Mais on voit aussitôt par cela même que la critique des sources reste en dehors de l'originalité de chaque écrivain. On ne peut d'ailleurs se défendre d'une constante impression de porte à faux devant les échafaudages d'analogies, même les plus troublantes. Ces lectures existent mais pourquoi telles lectures ? Une inquiétude interroge : ce choix dans l'immense répertoire des œuvres et des pensées, peut-on douter qu'un goût ou quelque intention n'en ait décidé ? C'est l'auteur qu'on retrouve et sa nature; ce qui change profondément la question.

Ainsi les analogies bien connues font paraître surtout les différences entre les œuvres; elles isolent l'événement propre au créateur. L'histoire littéraire est un commentaire, une investigation préliminaire et nécessaire; secours contre les erreurs de la fantaisie et de l'exégèse sans érudition, elle s'arrête où commence le génie [5]. Nous replacerons les œuvres de Corneille parmi les pièces de théâtre, les romans et la poésie des contemporains; nous verrons ce qu'il doit à ses prédécesseurs; il n'est pas le seul ni le premier à produire les conflits de la volonté et de la tendresse, l'amour-estime, la théorie de la passion éclairée par l'honneur. Les écrivains de pastorale, de tragi-comédie et de tragédie, les romans d'Honoré d'Urfé, de Du Verdier, de La Calprenède, certaines poésies de l'époque, ont pu lui révéler les images de son univers sentimental et héroïque dominé par la gloire; ils ont pu même l'assurer dans ce refus plein d'une fierté funeste de situer l'amour en dehors d'une action libre. Mais là n'est pas tout l'amour cornélien. Seuls peut-être Rodrigue, Horace, Sévère, Alidor, Suréna, illustrent cette définition. Ni les premières comédies, ni les tragédies politiques à partir de *Sertorius*, n'y répondent. Et l'amour de Polyeucte, de Théodore et de Didyme, s'exalte sous un autre climat.

Si l'imitation de Corneille est appliquée quant aux éléments du sujet, elle reste libre dans la technique et dans l'expression des sentiments. Dès les comédies, sous l'ancien vocable de la pastorale, s'élabore un contenu sentimental, une conception de la gloire et de l'amour et même une vue générale sur l'homme, dont la source n'est plus le seul larcin des lectures, mais l'observation de la vie et les démarches du génie. Une difficulté particulière s'attache en outre au relevé des analogies : elle tient à la langue du dix-septième siècle. Les écrivains dramatiques et les romanciers de 1600 à 1630 semblent proposer des conflits amoureux du même type que ceux des pièces cornéliennes. Mais la notion d'honneur varie d'un auteur à l'autre; ici, confondue avec celle de vertu, là, de l'opinion mondaine, là encore de la pureté charnelle. Que les rapports de l'honneur à l'amour changent d'autant, cela s'entend assez. Aussi est-il prudent de s'assurer du vocabulaire des œuvres si l'on tient à ne pas en dénaturer le contenu psychologique. Ces remarques valent pour d'autres mots, pour ceux de mérite, d'estime, de gloire. Ce dernier est le mot clef de l'éthique aristocratique sous Louis XIII, et plus généralement d'une dispute qui ne prit fin qu'avec le siècle.

Venons enfin aux sources sociologiques proprement dites. Divers courants de pensée et de sensibilité, de la Renaissance au début du XVIIᵉ siècle, ont été reconnus et précisés : néo-stoïcisme, scepticisme aboutissant au cartésianisme et au libertinage, humanisme dévôt et humanisme laïque, mysticisme ignatien et oratorien, préciosité mystique et mysticisme précieux, romanesque courtois, notions du généreux, du glorieux et de l'honnête homme, etc... La difficulté ne consiste pas tant à découvrir des rencontres ou des parallélismes entre tel de ces courants et tels aspects de l'amour chez Corneille, qu'à en justifier la réalité historique. Il semble que la foi chrétienne chez Corneille fut assez naïve pour que la raison ne la troublât jamais. Il fait partie de ces chrétiens du début du siècle pour qui l'orthodoxie et la sagesse ne semblaient pas irréductibles. Pourtant, entre l'homme et l'écrivain, la distance est telle qu'on ne peut songer à les rapprocher. Homme de lettres, Corneille suit la tradition humaniste; il porte sur le théâtre le monde des anciens dieux, leurs héros, leur fortune. Dans la pièce qui ouvre l'immense répertoire, un amoureux rappelle le souvenir de la Vénus marine [6]. Dans les tragédies, le mythe du héros, le réalisme politique, la peinture des portraits et des mœurs antiques, semblent bien étrangers à la sainteté, à l'humilité chrétienne; aucune prière, aucun appel. Ces conquêtes du Moi, l'affirmation de l'amour et de la volonté de puissance, annoncent-elles les renoncements de Polyeucte, les ravissements de l'*Imitation de Jésus-Christ* ? Corneille aime et maudit à la fois les attachements terrestres; son œuvre oscille entre la passion des grandeurs mondaines et le sentiment de leur vanité. Au caractère démoniaque de certaines tragédies répondent l'humble effort des *Psaumes*, le *Sonnet à Elisabeth Ranquet*; à la gloire littéraire, ces mystérieuses retraites où l'on devine Corneille s'apprivoisant à une discipline quasi monacale. Quelles sources expliqueraient ces vues et ces activités contradictoires ? Le néo-stoïcisme ? Mais il n'éclairerait que la volonté et la raison cornéliennes. La doctrine jésuite ? mais la foi du héros, le libre arbitre, la lutte contre les passions. On rappellerait l'humanisme pour expliquer l'amour raisonnable, le civisme, les brûlures de la liberté; la tradition gallicane et politique pour saisir les conflits de l'amour et de la gloire, la tendresse subordonnée aux intérêts politiques. Enfin les satiriques, les burlesques, et le mouvement libertin, nous rendraient-ils plus intelligibles certains traits des premières comédies, quelques poèmes de la jeunesse de Corneille, quelques vers audacieux de *Polyeucte* [7]. Toutes ces sources sont possibles. Mais affirmer telle d'entre elles comme unique, ou même essentielle, cela ne va pas sans danger. Ainsi, après avoir analysé les premières comédies, on a fait remonter la pensée de Corneille à la doctrine jésuite [8]. Cette dernière marquerait l'origine, les cheminements de l'œuvre; fournirait des renseignements sur les commencements de l'esprit et du cœur du poète; rattacherait Corneille au fait de civilisation, au patrimoine culturel qui furent sa première curiosité et sa première nourriture. Il est certain que les maximes et l'esprit cornéliens rappellent ceux des Jésuites. Il était tentant de les confronter. Mais voici qui peut étonner : les premières comédies ne sont d'aucune façon d'inspiration jésuite. Corneille ne semble pas s'y souvenir de Loyola. Le théâtre alors à la mode est son modèle, la vie contemporaine et l'amour l'objet de son observation. *La Place Royale* contient bien une doctrine de la volonté et du libre arbitre ainsi qu'une salutaire défense contre les passions. Justement : on pouvait souhaiter que Corneille mentionnât que ces vues lui venaient de ses maîtres les Jésuites. Or, dans la dédicace de cette pièce, il affirme les tenir d'un anonyme contemporain : « C'est de vous que j'ai appris que l'amour d'un honnête homme doit être toujours volontaire; qu'on ne doit jamais aimer en un point qu'on ne puisse n'aimer pas [9]. » Il st bien malaisé de passer outre.

Ces quelques remarques vont à préciser une méthode de travail. Nous n'avons pas eu la tentation de joindre à l'analyse du sentiment amoureux du théâtre cornélien ces relations intimes, ces témoignages et ces procès de la vie de l'écrivain, qui, trop souvent, dévorent l'œuvre elle-même; ici l'absence de documents nous eût gardé d'un tel faux pas, même si nous eussions été moins prévenus. Les amours vécues de Corneille ne nous importent guère; connues, elles resteraient étrangères à leur expression. Mais, en dehors de la résonance qui lui est propre, prestige et dons du génie, cette expression contient des éléments empruntés aux œuvres et aux courants de pensée de l'époque. Nous marquerons ces influences et ces lectures. La part d'imitation et d'esprit de suite reconnue, l'authenticité de la peinture amoureuse cornélienne se dégagera d'elle-même Au moment où elle découvre ses limites, la critique des sources atteint son but et sa raison d'être.

LA TRADITION
ET L'ART D'AIMER CORNÉLIEN

La tradition nous a longtemps caché la complexité de l'œuvre de Corneille. Elle n'avait retenu que la tragédie de l'homme et de l'histoire, les portraits un peu solennels des héros frappés dans la médaille romaine. Un tel choix, qui sans doute allait à l'essentiel, réduisait ce théâtre à quatre ou cinq chefs-d'œuvre. De temps en temps on ajoutait à ce Théâtre choisi une pièce laissée dans l'ombre; encore l'attention n'était-elle attirée vers elle que par les traits qui illustraient une humanité exemplaire. Au fond, on ne faisait que reprendre l'estime du grand siècle, qui, de bonne heure — à quelques exceptions près — avait retiré de l'énorme production les joyaux les plus rares. Le commentaire voltairien réduisit encore une sélection déjà maigre; l'horreur de Voltaire pour le mélange des genres, ses vues sur le style et le lyrisme, son incompréhension du caractère irrationnel et grandiose de certaines situations psychologiques, l'empêchèrent d'embrasser ce théâtre dans toutes ses parties. Il a bien fallu reconnaître qu'il débordait les limites où le maintenait la tradition. On fit, peu à peu, un sort au romanesque [1], à la fantaisie, à l'ironie. Ici on fut ravi par l'imbroglio comique ou le décor de la pièce à machine; là par le scénario du mélodrame ou encore par la formule hésitante de l'opéra [2]. On quitta Rome et les Romains pour redécouvrir les continents, les peuples, les horizons psychologiques où ne cesse de s'aventurer une dévorante curiosité. L'œuvre retrouva ses initiatives et ses perspectives; son unité organique apparut.

Réduite au type cornélien scolaire, elle pouvait en effet paraître majestueusement simple : *Le Cid, Horace, Cinna, Polyeucte, Pompée, Nicomède.* Polyeucte, seul, rompait un équilibre harmonieux. La critique de l'œuvre complète a dénoncé ce sublime soutenu. Par une réaction bien compréhensible, elle a insisté à son tour sur certains aspects méconnus; ce qui fut jugé méprisable durant trois siècles, la veine tragi-comique, le refus de solennité, la contemplation ou l'acceptation du Destin, toute une tératologie d'âmes, furent exhumés avec complaisance. Aux enquêtes des érudits s'ajoutèrent celles d'écrivains de valeur; ces derniers abordèrent l'œuvre avec le sentiment d'une affinité secrète entre le message de Corneille et le leur. Leurs exégèses ont suscité un Corneille d'une richesse insoupçonnée [3].

L'exploration totale de l'œuvre n'est pourtant pas parvenue à détruire le préjugé concernant la psychologie de l'amour. Il reste encore évident pour beaucoup — peut-être pour presque tous — que Corneille n'a pas su peindre cette passion. On ne lui reconnaît que la théorie de l'amour volontaire ou de l'amour-estime, les peintures vigoureuses mais sans nuances de la tendresse surmontée. Mais la prétendue raideur de cette psychologie n'est qu'une légende : ni la volonté ni la raison n'en sont la clef. A s'en tenir même aux seuls chefs-d'œuvre, ces facultés ne constituent pas le foyer des énergies qui concourent à l'action. C'est la sensibilité qui, chez Corneille, met l'homme debout, rassemble les activités spirituelles, les bande et les oriente. On ne sait par quelle inattention on a pu, renversant ces données, prendre pour source de l'héroïsme ce qui ne pourrait que le tarir. En réalité toutes les formes intelligibles et volontaires sont soumises aux passionnelles : amour, haine, colère, vengeance, pitié, pardon, ambition, gloire. D'où la violence et le dynamisme de ce théâtre.

Abordons notre propos : n'a-t-on pas fait dans le domaine de l'amour le même genre d'erreur que nous venons de signaler pour l'ensemble de la psychologie cornélienne ? Certes la conception rationnelle, volontaire de l'amour, caractérise bien quelques pièces à partir du *Cid;* mais nullement les comédies, ni la plupart des tragédies. Les commencements d'un écrivain ne sont jamais lui-même; Corneille obéit à cette sorte de loi littéraire. Sa première vision scénique est celle du romanesque et du lyrisme amoureux. Les comédies jusqu'à *L'Illusion* sortent de la pastorale; des bergers aux bourgeois il y a moins de distance qu'on ne suppose. Dans des cadres et sous des habits divers un même amour les anime. Amour précieux et romanesque, dialecticien ou lyrique, celui-là même que la bourgeoisie française et la cour sous Henri IV et Louis XIII avaient longuement goûté dans le roman de *L'Astrée,* au théâtre et dans les ruelles.

Cette sentimentalité qui se cherche et s'épuise en paroles dans la pastorale et la tragi-comédie avant 1630, Corneille la fait sienne; peut-être la rend-il un peu plus raisonneuse encore, un peu plus subtile. Il y ajoute aussi. Ce qui frappe, c'est la multiplicité, la fantaisie de l'expression amoureuse plus que la profondeur. Corneille, ainsi que tous les hommes de théâtre de son temps, conçoit l'amour comme une galanterie, un penchant ou un divertissement. Mais dans *La Place Royale* il l'entrevoit déjà comme un conflit entre esclavage et liberté; il tient dès lors le plus original de sa psychologie des passions. Au même titre que l'ambition, le sentiment patriotique ou le désir de Dieu, l'amour impose une exigence. Il se veut libre, et, dans le fait, s'éprouve dépendant. *La Place Royale* cherche à résoudre cette contradiction. Dans *Le Cid* et bon nombre de tragédies, l'honneur ou la gloire est l'âme de l'amour. C'est encore liberté intime et *Le Cid* ne fait que reprendre sous les espèces d'une éthique sociale singulière, le problème posé par *La Place Royale*. S'agit-il d'un honneur intime ou d'un honneur de clan ou point d'honneur, c'est ce qu'il nous faudra préciser. Il peut arriver que cet honneur soit en même temps commandé par la conscience du héros et par l'opinion, ce qui fait un mélange de sentiments qui ne manque pas de force sinon de grandeur. L'amour de *Polyeucte* va « à la plus haute espèce [4] ». Puis de *Pompée* à *Pertharite* et d'*Œdipe* jusqu'à *Suréna* — il y a quelques exceptions — la passion amoureuse est subordonnée à des passions estimées plus nobles; en fait, elle ne devient qu'un moyen dans les jeux de plus en plus serrés du prestige personnel et de la politique. L'âme n'est plus alors l'amour mais l'amour-propre, l'ambition, la gloire qui s'attache au pouvoir. Il y aura place encore (*Œdipe*, *Andromède*, *Agésilas*, *Attila*, quelques autres) pour l'amour tendre et galant à la manière de Quinault et de Thomas Corneille, amour aussi éloigné du politique que de l'héroïque, et qui répond à une des formes de l'amour précieux. Corneille aura abandonné ce refuge romanesque et positif entrevu de 1636 à 1640, monde conquis par l'amour héroïque au sein même de l'autre qu'il ne renonce pas mais semble ignorer. *Tite et Bérénice*, *Suréna*, retrouveront comme une grâce ultime ce royaume secret et perdu.

Ces diverses étapes dans l'expression de l'amour ne sont pas toujours si nettement marquées. On peut sans grave erreur parler d'amour et de vanité, de galanterie, d'intrigue, d'égoïsme, de sensualité et même de politique amoureuse pour l'ensemble des comédies jusqu'au *Cid*; mais il peut arriver que dans *La Galerie du Palais* soit pressenti le conflit de l'amour et de la liberté; dans cette épure, encore maladroite mais significative, ne se dessine pas le seul amour volontaire de *La Place Royale*, mais aussi l'amour généreux et héroïque si nettement affirmé du *Cid* à *Polyeucte*. Il arrive aussi que certains épisodes des tragédies, où règne l'amour politique, empruntent des traits à l'amour héroïque ou à l'amour galant. Et l'inverse également se produit.

On entrevoit les attitudes diverses et même opposées de l'amour. La théorie de l'amour raisonnable, où l'on se plaît généralement à le ramener, rend-elle compte de ces multiples inspirations ? On en peut douter déjà [5]. Ce serait une erreur de la tenir pour la seule formule; nous en avons indiqué d'autres. Leur diversité s'explique-t-elle par des initiatives dues au génie, par une conception de la vie qui appartiendrait à Corneille ? Il faut, pour répondre à cette question, rattacher tout d'abord les multiples expressions de l'amour cornélien à l'esprit général, à la littérature et tout particulièrement aux œuvres dramatiques de l'époque.

Corneille, en effet, n'échappe ni à son temps, ni aux mouvements mondains, ni aux courants de pensée qui ont agité le début du XVIIe siècle. Il est naturel qu'on ait songé à expliquer son goût pour le romanesque, ses partis pris pour l'énergie, son sens des grandeurs dynastiques, par les multiples influences de la réalité contemporaine. On pourrait remonter à de plus lointaines sources. Le développement du mouvement platonicien en France sous Marguerite de Navarre qui tenta d'exalter la nature spirituelle du sentiment amoureux et d'en épurer l'expression, l'essai de conciliation et même de fusion que le néo-stoïcisme poursuivit vers la fin du XVIe siècle de la doctrine chrétienne et de celle du Portique, l'enseignement des Jésuites, l'humanisme dévot du P. Scupoli et de saint François de Sales, ont été tour à tour rappelés comme sources possibles soit de la mystique amoureuse de Corneille, soit de la hiérarchie curieuse qu'il propose des passions, soit encore des illustrations de la gloire [6].

On peut se demander s'il est nécessaire d'aller jusqu'à ces sources. C'est à une réalité plus vivante, plus proche de lui que Corneille dut sans doute ses inspirations. Faut-il par exemple rejoindre les contemporains de François Ier et le renouveau des doctrines platoniciennes de la Renaissance pour expliquer la spiritualité de l'amour dans certaines parties de son théâtre ? Dans la littérature du début du XVIIe siècle ne peut-on retrouver les secrets de l'étrangère de Mantinée inlassablement repris, soit dans le roman de d'Urfé ou le roman sentimental, soit dans la pastorale elle-même ? Déformés, amenuisés, ne les reconnaît-on pas encore dans les maximes de la politesse mondaine ? Homme de théâtre, habitué de l'Hôtel de Rambouillet, c'est surtout à la littérature et à la vie de société que Corneille doit cette connaissance de l'âme et de la vertu où repose le parfait amour ou « honnête amitié ». Il en va de même pour le problème du libre arbitre, pour celui des puissances volontaires de l'âme en lutte contre les passions de l'amour. S'il n'est pas inexact à cette occasion de rappeler l'ordre des Jésuites, le néo-stoïcisme de Juste

Lipse et de Du Vair, l'humanisme chrétien de Charron, n'est-il pas plus probable que Corneille connut l'essentiel de ces doctrines de façon plus directe, par l'exemple de contemporains illustres, ou bien par les expériences mystiques et les querelles mondaines, politiques et théologiques si familières à son siècle [7] ? D'autres querelles s'engagèrent autour de symboles précis : querelle de la notion de gloire dont les ouvrages de Balzac, de Chapelain, de Sarasin soulignent l'importance; querelle de la grâce et du libre arbitre humain, qui éclate pendant la jeunesse de Corneille et se prolonge si avant dans le siècle par les schismes jansénistes et quiétistes, par toutes les disparates d'un esprit religieux sévèrement ébranlé : calvinisme, fidéisme, socinisme, mystique bérullienne; querelle de la notion du Prince à travers laquelle le parti « gallican » et le parti des « politiques » dégagèrent peu à peu un art de régner. Corneille a pris part à cette dernière querelle. Tout son art d'aimer est dominé dès *Cinna* par *l'instrumentum regni*; la politique y subordonne la mystique amoureuse à ses fins et très souvent la recouvre. Monde où règnent le Prince et la Raison d'Etat [8].

Ce sont, de toute évidence, les œuvres de théâtre et la littérature dans son ensemble un peu avant et un peu après 1630, qui nous fourniront les renseignements les plus nombreux comme les plus directs sur les sources de l'amour cornélien. Toutefois, cette psychologie amoureuse restant le reflet plus ou moins fidèle des courants de pensée où elle s'informe, nous jetterons sur eux un coup d'œil avant d'aborder les sources littéraires elles-mêmes.

LA THÉORIE DE L'AMOUR AVANT 1630

PREMIÈRE PARTIE

LA THÉORIE DE L'AMOUR
AVANT 1830

CHAPITRE PREMIER

CORNEILLE ET LES DOCTRINES DE SON TEMPS

A la suite des bouleversements de toutes natures et des malheurs où notre pays resta longtemps plongé, une période relativement paisible commence avec le règne d'Henri IV. Mais la crise religieuse et morale, liée au trouble des pensées que le développement de l'humanisme et des sciences exactes accentue chaque jour, est visible dans l'extrême désordre des mœurs ainsi que dans la lutte méthodique entreprise contre ce dernier par l'Eglise. C'est d'une part à travers les néo-stoïciens et l'humanisme que l'esprit rationaliste cherche à retrouver sa force et sa pureté; il rompt peu à peu l'entente que certains chrétiens avaient voulu établir entre lui et l'esprit religieux. Les néo-stoïciens, tout en retenant du Portique le culte de la raison et du courage, n'avaient pas écarté les secours de la Providence et de la Foi. Celle-ci était assez pressante en eux pour qu'ils n'eussent pas à redouter le divorce de la morale naturelle et de leur vie de chrétiens convaincus. Toutefois, éclairés par la doctrine stoïcienne, Juste Lipse et Du Vair avaient tiré la morale hors des voies surnaturelles; ils l'avaient fait reposer sur un monde positif et rationnel. Leur foi en l'homme menaçait leur foi en Dieu, les lumières de la raison celles de la révélation. Cette menace n'était pas nouvelle; elle n'avait fait que devenir plus précise. Tout au long du moyen âge la scholastique avait maintenu le Dieu personnel et vivant, principe de toute morale comme de toute vie chrétienne. La théologie n'avait cessé de poser à l'origine ce Penseur parfait, autoritaire et tout-puissant. C'est ce Dieu extérieur que l'humanisme de la Renaissance finalement déposa; elle le remplaça par le Dieu intérieur, Esprit ou Pensée laïque. La raison s'éveilla à elle-même, s'assura de sa force propre. S'applaudissant de se découvrir libre, créatrice de son destin, la nature humaine se ressaisit toute; l'homme individu, appuyé sur sa raison et sa volonté apprit à connaître et à surmonter ses passions, à vivre selon les lois naturelles et à dignement mourir. Montaigne, puis Charron, enseignèrent cette sagesse; ils rappelèrent à leur siècle les deux grandes philosophies anciennes qui, par la volonté ou par le doute, s'étaient sauvées du dieu chrétien : le stoïcisme d'une part, le scepticisme ou le pyrrhonisme de l'autre. Cet esprit de raison et de liberté, épanoui dans nos lettres et dans nos mœurs, ramena toute activité spirituelle, esthétique ou morale, au culte de la personne humaine. Des chrétiens sincères s'émurent de la vertu d'une telle doctrine; ils la combattirent farouchement; d'autres en firent une critique sévère mais éclairée, tentèrent d'accorder la tradition scholastique et chrétienne avec un stoïcisme rénové. Tel fut l'effort des néo-stoïciens : fidéistes, comme on les appellera plus tard, et stoïciens tout ensemble, essayant de concilier des doctrines irréductibles, la liberté humaine et la puissance divine, la foi et la raison, ils firent perdre au stoïcisme son inspiration purement laïque, au christianisme l'intangibilité de ses dogmes et le mystère de la Prédestination. Mais l'alliance qu'ils tentèrent de maintenir resta précaire; chaque inspiration chercha bientôt à s'épanouir, en dehors de l'autre, dans sa pureté originelle. On le vit bien un peu plus tard : ni le mouvement spiritualiste des humanistes dévots de la fin du XVIᵉ siècle, ni l'humanisme laïque dont Balzac fixa les lignes principales, ne purent empêcher que se produisît le divorce entre la culture chrétienne et l'humanisme.

L'histoire des guerres religieuses et de la pensée française, au début du XVIIᵉ siècle, est celle précisément de cette dissension radicale. Sous Henri IV et sous Louis XIII le redressement des Ordres, le raidissement de la discipline des cloîtres et des couvents, l'introduction en France des Carmélites, la fondation de l'Oratoire et de Saint-Sulpice, l'œuvre charitable de Vincent de Paul et en général l'élan que l'invasion mystique de l'Ecole française oratorienne et la ferme direction du cardinal de la Rochefoucauld communiquèrent à l'Eglise, ces diverses manifestations d'une sorte de renaissance religieuse ne sauraient cacher le désarroi des esprits ni les multiples divisions que l'humanisme avait fait naître au sein de l'Eglise. La puissance de la volonté et de la raison éclaire la plupart des doctrines et des idéaux de cette époque : tactique du salut de l'Ecole jésuite et de Port-Royal, dissertation balzacienne du *Romain,* mythe du Glorieux, du Généreux, morale du courtisan, de l'honnête homme, formules du Prince et du Politique. Ce moment de foi retrouvée et d'intense végétation intellectuelle fut aussi celui d'une extrême licence dans les mœurs. A la cour, dans les ordres religieux, parmi l'élite aristocratique, éclatent les scandales du scepticisme et de l'incrédulité. En fait, vers 1620, la renaissance religieuse coïncide avec la plus éclatante activité du libertinage dont les procès de Fontanier, de Théophile et de Vanini sont les témoins de choix. Saint-Amant, Fr. Ménard, Racan, Théophile, Balzac, Sigogne, tant d'autres, alimentent ces *Cabinets* et ces *Parnasses satiriques* où s'étalent joyeusement le culte de la nature, l'érotisme et l'impiété[1].

Ces inquiétudes diverses se traduisent dans une manière de Querelle des Passions qui, commencée dès la fin du XVIe siècle, semble ne prendre fin qu'au XVIIe avec le *Traité de l'usage des Passions*[2] du Père Sénault (1641). A travers cette querelle où s'affrontent l'esprit de l'humanisme et celui du christianisme, on peut reconnaître l'influence que la Renaissance a exercée sur les âmes et en particulier l'extraordinaire prestige dont put jouir la sagesse antique après dix siècles de scholastique. Contre les philosophes néo-stoïciens qui, pour surmonter les passions, font appel aux seules énergies de l'âme, raison et volonté, les philosophes chrétiens soutiennent que de la Grâce seule peut venir le salut. Mais ces croyants tout en introduisant au cœur des vertus païennes le sentiment de l'humilité et de l'inquiétude, font leur part aux raisons naturelles et aux témoignages de l'homme.

Un grand nombre d'ouvrages traitent à cette époque des passions depuis le *Traité des Anges et des Démons* de Maldonat (1605) jusqu'à celui de Cureau de la Chambre : *Les Caractères des Passions* (1640). Faut-il les dompter ? les gouverner en les soumettant à une règle, ou s'y abandonner ? Tour à tour le Père Coton (*Intérieure occupation d'une âme dévote*, 1609), André Valladier (*La Sainte Philosophie de l'âme*, 1612), saint François de Sales (*Traité de l'Amour de Dieu*, 1616), Richeome (*L'immortalité de l'âme*, 1620), Coeffeteau (*Tableau des Passions*, 1620), Du Moulin (*Les éléments de la philosophie morale*, 1624), La Motte le Vayer (*De la vertu des payens*, 1624), Pierre Camus (*Traité de la Réformation intérieure*, 1631), le P. de Ceriziers (*Consolation de la Philosophie et de la Théologie*, 1636), pour ne citer que quelques écrivains chrétiens, prennent parti dans cette polémique. Le *Combat Spirituel* du théatin Scupoli, si souvent traduit en France, définit « l'exercice de la volonté », « la façon de combattre les mouvements des sens et des actes que la volonté doit produire pour former les habitudes des vertus » ou bien encore « la façon de résister aux mouvements soudains des passions[3] ». Scupoli écrit : « Il y a deux volontez en nous, dont l'une est celle de la raison, qui pour cela se nomme raisonnable et supérieure : et l'autre est celle des sens, qui s'appelle sensuelle et inférieure et qu'on exprime indifféremment par ces noms de Sens, d'Appétit de chair et de Passion. Et quoy que l'une et l'autre puisse estre dite Volonté : toutefois comme on n'est pas dit vouloir quand l'appétit se porte à quelque chose, mais quand la volonté y consent D'où

vient que toute nostre guerre spirituelle consiste principalement
en ce que cette volonté supérieure estant logée comme au milieu
entre la volonté divine, qui est au-dessus, et la volonté inférieure,
qui est au-dessous, est perpétuellement combattue de l'une et de
l'autre, pendant que chacune fait ses efforts pour l'attirer et pour
l'assujettir à soy [4]. » Dans l'*Adieu de l'âme dévote laissant le corps*
le P. Loys Richeome parlant de la volonté « racine de mérite ou
de démérite », ajoute : « Nous avons dict ja souvent que la volonté est la puissance, la liberté, l'honneur ou le blasme de
l'âme [5] ». Cureau de La Chambre avec moins de gravité analyse
les caractères de l'amour : « L'Amour n'est pas seulement la
source de toutes les passions, elle l'est encore de tous les biens et
de tous les maux qui arrivent aux hommes. Sans elle les sciences
ne seroient point au monde; la vertu seroit sans sectateurs; et la
société civile seroit un bien imaginaire... Nous luy devons tous les
biens que nous possédons; elle nous peut donner ceux qui nous
manquent; et si elle ne chasse les maux que cette vie entraisne
nécessairement avec soy, pour le moins elle les adoucit, elle les
rend mesmes agréables et en fait les instruments de notre félicité.
Mais aussi c'est elle qui corrompt les vertus, qui ruine les socié-
tez, qui fait mépriser les arts [6]... »

La conception amoureuse de Corneille peut revendiquer sinon
toutes les nuances de ces divers courants de pensée, du moins le
meilleur de leurs éléments. Elle peut sembler en dehors du christianisme et même le nier si l'on considère l'idéal de la plupart des
amoureux : si étrangers à la piété, à la grâce évangélique, aux secours de la Providence; nourrissant un orgueil diabolique; entés
sur eux-mêmes, sur leur propre énergie; amants et conquérants de
ce monde; réalistes, politiques et grands joueurs; sans dogme et
naturellement incrédules. Mais un ton d'égal à égal de l'homme à
la femme, l'amour reconnu comme un stimulant de la gloire, du
civisme et du savoir-vivre, une vie altière de l'esprit et du cœur,
une âme romanesque substituant parfois à la nature, à l'histoire
et à la psychologie, un univers plus subtil que les choses et l'être
même, un goût décidé pour la stylisation du sentiment [7], ces
traits suffiraient à marquer l'intime accord entre l'œuvre de Corneille et l'ensemble des doctrines spiritualistes et religieuses de
l'époque.

CHAPITRE II

L'AMOUR : LE CLIMAT HÉROÏQUE

Précisons certains rapprochements. On sait que Charron[1] dans son *Traité de la Sagesse* (1601), s'inspira de la philosophie du Portique. Que Charron reprenne celle-ci de seconde main à travers son maître Montaigne ou encore à travers Juste Lipse et Du Vair, son *Traité de la Sagesse* n'en devint pas moins une Bible de l'honnête homme chrétien durant le premier tiers du siècle. Pour tous ces lecteurs de Montaigne et d'Amyot, parlementaires, magistrats, savants, politiques, bourgeois administrateurs de la chose publique, littérateurs et philosophes, Charron précisa la croyance dans l'énergie et la raison, bases de la sagesse virile dont ils firent leur idéal. Ils apprirent à séparer leurs convictions religieuses de leur vie civile; à n'emprunter dans l'exercice de leurs fonctions que les clartés de l'esprit critique. Prudents et réfléchis ils voulurent s'opposer à toute aventure, à tout romanesque; des règles de vie strictes, des mœurs paisibles, bourgeoises; une volonté sans enthousiasme, une sagesse sans générosité, mais une « prudhomie », une méfiance à l'égard des passions comme des soifs et des sublimités de l'âme, les menaient au centre d'une vie intérieure merveilleusement libre et délibérée. Ils s'y découvraient seuls, armés de courage et de jugement. Le christianisme ne leur tenait plus qu'au corps : rituel de gestes et de paroles que l'habitude ou la prudence prolongeait. Le mouvement néo-stoïcien de la fin du XVIᵉ siècle[2] avait préparé un tel état d'esprit. Juste Lipse dans son analyse de la passion, reprenant l'enseignement des Stoïques, avait rappelé l'élément premier du choc et de la représentation qui déclenche la réaction (*motus*) sans l'intervention de notre volonté. Plus tard celle-ci entre en jeu, s'abandonne à la passion choc, la combat, la modère ou la surmonte. Il est bon de remarquer ici les divers moments et mouvements de la passion, d'en souligner les éléments sensibles avant que la volonté n'entre en jeu. La passion est première et nécessaire à l'homme pour qu'il atteigne à la vertu. Sur la colère s'exerce la force d'âme, sur la peur le courage, sur le désir la chasteté, etc... La raison éclaire la connaissance; raison et volonté sont les armes contre les passions [3]. Sans doute la foi chrétienne avait interdit à Juste Lipse de souscrire aux dernières conséquences de la doctrine stoïcienne : l'orgueil que confèrent au sage la maîtrise des passions et le sentiment intime de sa liberté; orgueil d'autant plus légitime qu'il repose sur l'effort humain et non sur la grâce. Juste Lipse était allé pourtant fort loin dans la découverte stoïcienne; il se faisait une image si noble de l'idéal du sage qu'il n'hésitait pas à le rapprocher de l'idéal du chrétien. Qu'il suive à propos de la Providence ou de la liberté humaine, le *De Fato* de Pomponace, les œuvres d'Epictète, de Marc Aurèle ou de Zénon, Juste Lipse met constamment l'accent sur la volonté en chacun de nous d'accepter sa destinée et de vaincre les passions, obstacle au bien du Sage, c'est-à-dire à la liberté.

Cette vue sur les passions est celle aussi de Du Vair [4] dans sa *Philosophie morale*. Même pouvoir de la volonté, même croyance dans les lumières de la raison. Au héros du cœur succède le héros lucide. Du sort l'homme fait destin. Cette morale à base d'intelligence et de volonté ramenait l'homme aux sources d'énergie qui lui sont propres; après l'avoir tourné vers lui-même et jeté dans une lutte éclairée contre les passions qui ne cessent de menacer sa liberté, elle lui rappelait sa puissance véritable et sa dignité. L'orgueil qu'il en tirait pouvait bien avoir quelque chose de démoniaque; une telle critique n'a pas été ménagée aux personnages de Corneille. Morale indépendante qu'ils suivront sans faiblir et qui les laissera finalement, héroïques ou glorieux, coupés du reste des hommes dans une sorte d'isolement. Corneille a, lui aussi, aperçu cette sagesse et cette audace solitaires : son héros lucide et raisonneur s'apparente au sage stoïcien [5]. Amoureux il ne conçoit pas la tendresse sans l'énergie; il l'associe au plus rigoureux, au plus dur de l'âme; la rend aussi cruelle que la gloire dont elle seconde les opérations, partage les victoires et les tourments. Cœur et courage sont un même mot dans la langue cornélienne comme d'ailleurs dans celle de toute l'époque Louis XIII. Et en ce sens, on peut sans doute parler d'amour volontaire. Mais le héros n'est pas un insensible [6]; la colère et en général toutes les impatiences de la sensibilité le jettent bien loin de la modération. Jamais pourtant tout à fait aveuglé ni hors de lui-même au point qu'il ne puisse contrôler ses actes ni en prendre le commandement. Ce dernier trait bien retenu, on peut sans crainte parler d'élan et de spontanéité, de candeur même et rejoindre ainsi l'humanité généreuse et courtoise dont les Discours : *Le Romain* et *De la Gloire* de Balzac dessinent le type. Mélange curieux de l'hé-

roïsme antique à la manière de Polybe et de Plutarque et du Chevalier magnanime de la tradition courtoise. Rencontre du stoïcisme
et du christianisme, de la sagesse et de la foi, de la raison et de la
passion, de l'esprit et du cœur. Le « généreux » selon Balzac est
bien près du « généreux » selon Corneille [7]. Idéal d'une élite tournée vers la gloire, monarchiste et pourtant indépendante, n'abandonnant jamais son quant à soi, solitude où s'affirme toute pensée
réelle; mais capable de se donner, de vivre dangereusement et
joyeusement : une sagesse conquérante. C'est la passion de la
Gloire qui réchauffe et entraîne le héros réfléchi à l'action, l'a-
moureux aux épreuves viriles.

Est-il nécessaire, pour achever le portrait du généreux, de signaler l'enthousiasme des humanistes dévots [8], l'abondance de vie
de François de Sales, la chaleur des impulsions, la soif de perfection, la vaillance ajoutant aux conseils de la raison l'appel
mystérieux du cœur ? Corneille a marqué ce passage du Sage au
Héros, du Magnanime au Généreux, du Brave au Glorieux; parfois même il a fait sienne cette sagesse qu'éclaire la foi et oriente
l'amour.

Enfin le pur volontarisme cornélien, les interrogations et les
pesées de la raison, une conscience qui se veut lucide, présente et
efficace, les conflits du libre arbitre et les enchaînements de
l'amour, les conquêtes de la connaissance sur les obscurités et
même les illuminations du cœur, ont été récemment confrontés
aux maximes de la doctrine jésuite [9].

Quelques extraits des œuvres du P. Laymann, de Molina, de
Coton permettent de suivre le cheminement profond de la doctrine, de son origine jusqu'au milieu du XVIIe siècle. Ce sont les
définitions les plus significatives du libre arbitre, de la volonté,
de la connaissance, de la passion et des rapports que ces facultés
entretiennent avec le sentiment [10]. C'est aux œuvres des disciples de saint Ignace qu'on s'est reporté pour coordonner les règles de la doctrine. Il s'agit non de l'œuvre du grand Directeur,
mais de son enseignement repris, commenté, parfois altéré par
les disciples. Chacun a sa manière de voir. De l'Espagnol Molina au Français Coton on saisit, quand ils s'inspirent visiblement
de la même source, des écarts, des différences d'interprétation,
mille nuances. De fait la Compagnie espagnole qui combattit
pour la doctrine ne garda pas longtemps le caractère militaire
ni la violence que lui avait donnés saint Ignace. Molina, il est
vrai, reste encore bien combatif, allant jusqu'à réclamer non des
arguments mais des supplices contre ceux qui nieraient le libre
arbitre. Et chez nous cette action se changea bien vite en une
tactique spirituelle. On aurait pu, semble-t-il, remonter à la
source même. Mais on comprend une telle prudence. Parmi les

règles et les préceptes des *Exercices spirituels* il est bien difficile
de reconnaître la théorie jésuite dans ses lignes les plus géné-
rales. Saint Ignace s'y montre moins un théologien qu'un directeur de conscience; son but est de mobiliser les âmes pour le
combat de Dieu. Son effort porte plutôt sur une pratique que
sur une doctrine religieuse, reste une ascèse plus qu'une mystique. Saint Ignace a laissé à ses élèves le soin de mettre en
doctrine sa pédagogie et son art. Lui-même n'eut le goût ni le
temps de dégager un système; il vécut activement plus qu'intel-
lectuellement la doctrine du libre arbitre. Toutes proportions
gardées, il fut à cette sorte de révolution religieuse qui devait
si profondément marquer l'Eglise, ce que les premiers chrétiens
furent à la révolution du Christ. C'est sur le plan des Actes, non
sur celui des pensées, qu'ils y participèrent. L'âge des martyrs
est celui du témoignage : le sang décide. Mais l'âge des théolo-
giens est celui du Livre.

Toutefois la quinzième et la dix-septième règle des *Exercices
spirituels* traitent explicitement des rapports de la Grâce et de la
volonté. Elles peuvent paraître décisives et suffire à fixer la po-
sition de Loyola. On y surprend justement ce qu'il a de réali-
sateur. L'accent est posé sur le pouvoir et l'industrie de chacun,
sur le culte de la volonté et du moi Dans la quinzième règle,
Loyola précise : « Nous ne devons parler ni beaucoup, ni souvent de la prédestination : mais, si on en dit parfois quelque
chose, que l'on évite de donner au peuple l'occasion de tomber
dans quelque erreur, et de lui faire dire ce que l'on entend quelquefois : si je dois être damné ou sauvé, c'est une affaire déjà
décidée; mes actions bonnes ou mauvaises ne feront pas qu'il en
arrive autrement. Et, sur ce raisonnement, on tombe dans l'in-
dolence et on néglige les œuvres utiles au salut [11]. » Et dans la
dix-septième : « Ne nous arrêtons pas et n'insistons pas telle-
ment sur l'efficacité de la grâce, que nous fassions naître dans
les cœurs le poison de l'erreur qui nie la liberté. Il est permis
sans doute de parler de la foi et de la grâce, autant qu'il est possible avec le secours divin, pour la plus grande louange de la
divine Majesté; mais non de telle manière, surtout en des temps
si difficiles, que les œuvres et le libre arbitre en reçoivent quelque préjudice, ou soient regardés, celui-ci comme un vain mot et
celles-là comme inutiles [12]. »

Ce qui se dégage de l'acte et du moment ignatiens. c'est avant
tout une règle de vie qui permet à chacun de se vaincre, un exercice héroïque qui ouvre à l'homme les chemins du salut. Hors de
l'ascèse humaine il ne faut pas trop compter sur l'élection divine
et la toute-puissance de la grâce. Saint Ignace passe autour du
pécheur la double ceinture de l'espérance et du salut. La méca-

nique humaine répond d'un avenir de délices ou de tourments. Religion toute praticienne, profondément enfoncée dans la nature. On n'exclut pas les grâces et les secours du Ciel : on ne part pourtant pas de là. Il faut se vaincre, se conquérir, entrer dans une guerre d'extermination contre Satan, contre les affections désordonnées, l'orgueil, la concupiscence. Tel est l'appel à l'énergie que font entendre les *Exercices spirituels*; vertus chrétiennes qu'on pourrait à la rigueur confondre avec les vertus morales. La mystique religieuse est limitée à une pratique, à un corps d'exercices précis. De la contemplation, de l'adoration, de toutes ses occupations sublimes et ravissantes Saint Ignace et ses disciples ramenèrent le fait de religion à une technique; ils l'enracinèrent dans la société et au cœur de l'homme. Ils incorporèrent, si l'on peut dire, la vie spirituelle en la jetant dans une bataille réelle, en lui faisant conquérir lentement les pures régions de la charité, de l'humilité ou de l'adoration. On pourrait porter cette vue plus avant et, jusque dans le détail, saisir l'inéluctable incarnation de l'Esprit à travers les ordres jésuites au cours du XVIIᵉ siècle : adoration non plus de Dieu mais de Jésus, des Saints et des Saintes, dévotion au Sacré-Cœur, fêtes du Cœur de Jésus, etc... C'était aimer Dieu et le chercher selon l'esprit de la nature et de la raison. Et, certes, on n'est pas loin de Corneille.

Mais une interrogation demeure. Elle intéresse l'historien de la littérature. Comment Corneille s'est-il familiarisé avec une telle doctrine ? On répond : par les études qu'il fit chez les Jésuites à Rouen, de neuf à dix-sept ans. D'autre part, on a pris garde que Saint François de Sales, Descartes, Honoré d'Urfé, furent également élèves des Jésuites. Les rapports de doctrine aperçus depuis longtemps entre les œuvres de ces écrivains [13] s'expliqueraient par une origine commune. La démonstration semble aller de soi. Pourtant on a déjà fait sur ce point deux remarques; un critique interroge : « ...tous les élèves des Oratoriens ou de l'Université ne les ont-ils pas eues ? Je pense aussitôt à un Théophile, qui a été élevé à la Flèche et qui n'a guère les idées de Corneille sur le libre arbitre; je pense à un Nicole, élève du collège d'Harcourt, qui conçoit le monde aussi systématiquement que Corneille... M. Rivaille voit les Jésuites partout : à la source des idées de Descartes, à la source de l'*Astrée,* et même dans l'art Louis XIII... Ceci passe la mesure. Comment oublier ce qu'était en Espagne et en Italie à ce moment-là l'art jésuite ? Comment croire que la philosophie moliniste ici suggérait les efflorescences baroques et là la sobriété classique [14] ? »

D'autres remarques viennent à l'esprit. Sous le règne d'Henri IV s'accomplit la réforme des collèges. L'enseignement ouvre un crédit plus large à l'antiquité. Suivant en cela l'exemple de l'Espagne et de l'Italie, les Jésuites livrent à leurs élèves le trésor des humanistes. Philosophes, poètes, historiens, moralistes grecs et latins sont mis entre les mains de la jeunesse. Tel est désormais, outre le catéchisme conforme à la doctrine des Pères, l'enseignement des Jésuites, des classes élémentaires à celles de logique et de physique [15]. Depuis longtemps déjà les Jésuites avaient aperçu les affinités entre leur doctrine et celle des Stoïciens; dans Sénèque, Plutarque et Epictète, ils avaient découvert des leçons d'héroïsme et de volonté, un art de se gouverner et de dompter les passions, proches de leur enseignement. Cela pouvait les rassurer sur l'inspiration païenne et les conséquences de l'enseignement nouveau. Aussi marquèrent-ils une très vive attention à l'étude de la langue et des écrivains de la période stoïcienne. Mais les martyrs et les saints qu'ils faisaient monter sur leur théâtre ne tardèrent pas à parler la langue des héros antiques, les exercices de piété à céder devant la culture païenne, l'idéal de dix siècles de scholastique et de foi à s'affaiblir au profit de l'idéal de sagesse et de bonheur qu'apportait l'humanisme. Les deux inspirations n'étaient proches qu'en apparence. Qu'il n'y ait pas d'abîme entre la volonté des Stoïques et celle des Ignatiens on est prêt à l'admettre; mais la fin que poursuit cette volonté n'est pas la même ici et là; ni le principe qui la soutient. La raison lucide et froide de Marc Aurèle on ne peut la confondre avec la foi si chaude d'un Loyola. De ces influences reçues sur les bancs de l'école, laquelle fut la plus profonde sur Corneille et les débuts de son œuvre ? La dédicace de *La Place Royale* où Corneille répond lui-même est déconcertante : ni l'une ni l'autre ne furent agissantes [16]. Cette affirmation reste vraie pour les premières comédies. Ni Rome. ni l'éducation jésuite ne les inspirent. Il faut bien chercher ailleurs que chez les Jésuites une source moins exclusive.

CHAPITRE III

L'AMOUR : LE CLIMAT PRÉCIEUX

Il nous reste à étudier les courants de pensée qui purent avoir quelque influence, directe ou indirecte, sur la conception romanesque de l'amour cornélien. Par de nombreux liens que nous n'avons pas ici à préciser, le mouvement précieux du début du XVIIe siècle, se rattache à l'idéal de politesse mondaine et de courtoisie amoureuse de la Renaissance. Nous rappellerons brièvement les traits de cet esprit qui anima longtemps en Italie les habitués de la villa Careggi et les entretiens du cénacle florentin, puis pénétra chez nous, grâce à Marguerite d'Angoulême [1].

En Italie, les théories platoniciennes s'étaient rapidement développées grâce à Pléthon, Bessarion et surtout Marsile Ficin. Elles avaient non seulement attiré des philosophes et des hommes de lettres, Cavalcanti, Politien, Accolti, Pic de la Mirandole, mais encore des poètes et les peintres Michel Ange et Raphaël. Cette rénovation philosophique fut amorcée en France dès la fin du XVe siècle. Nous nous en tiendrons à la conception de l'amour qui lui est intimement liée. La propagande usa des traductions d'ouvrages théoriques italiens, de la conversation et enfin, vers 1530, de l'établissement des lecteurs royaux. En réalité, aux théories platoniciennes transmises par l'Ecole florentine, se mêlaient celles des mystiques de l'Ecole d'Alexandrie et du Trismégiste. Cette confusion on la devait à Marsile Ficin formé non seulement par les meilleurs philosophes de l'Ecole d'Alexandrie mais encore par les doctrines de l'*Hermès* ou du *Pimander*. Toutefois, Marguerite de Navarre a pu être initiée aux sciences occultes, à la théurgie et à l'alchimie, par le fameux Nicolas de Cuse qui exerça sur elle une grande autorité [2]. Un tel brassage d'idées n'ôte rien à leur force. On le vit bien dans les conversations et les cours mondaines, chez les philosophes et les humanistes et surtout après 1540 chez les poètes qui font le passage de l'Ecole

de Marot à celle de la Pléiade, Héroët, Sainte-Marthe, Corrozet,
etc... Chez ces derniers, plus peut-être que chez les philosophes
et les érudits, l'inspiration platonicienne de l'amour est sensible.
On a supposé avec raison que l'*Heptaméron* reflétait l'esprit et
la conversation de l'élite groupée autour de la Reine vers 1550 [3].
A travers un grand nombre de nouvelles se dessine une mystique
de l'amour qui rappelle celle du *Banquet* et de *Phèdre*, du *Lysis*
et du *Phédon* : beauté, pureté de l'amour, passage de la passion
sensuelle à l'amour spirituel, de la Vénus Anadyomène à la Vénus Uranie; principes vertueux et conquérants de l'amour considéré comme un stimulant des belles actions, instrument des
bonnes mœurs, du langage honnête et courtois, préfiguration et
expérience de l'amour divin [4], dignité de la femme, noblesse,
gloire de bien aimer, tels sont les caractères constants de l'amour
courtois et de l'amour parfait dans l'*Heptaméron*.

Ce courant platonicien se poursuit au long du siècle par les
traductions des *Azolains* de Bembo, de la *Philosophie d'amour* de
Léon Hébreu, du *Discours sur la vraie et parfaite amitié* de Pic-
colomini, du *Cortegiano* de Baldassare Castiglione dont Faret tirera le meilleur de son *Homme de Court*. Un grand nombre d'ouvrages français s'inspirent à leur tour de la mystique athénienne :
Gabriel Chappuys en 1585 fait paraître *Le Misaule* ou *Haineux
de Court*, B. de Verville *Le Dialogue de l'Honneste Amour*. Il
faudrait ajouter les œuvres d'Hélisenne de Crenne, François Ha-
bert, C. de Taillemont, Guillaume Postel, François de Billon,
d'autres encore. L'Ecole lyonnaise, en particulier Maurice Scève,
la Pléiade elle-même, n'ignorent pas ce nouvel idéal.

Il est certain que ce romanesque qui tend à l'amour pur, ou
simplement à « l'honnête amitié », se mêle à des amours plus
réalistes. La stratégie amoureuse, de bonne ou de mauvaise foi,
n'ose pas toujours s'avouer le but qu'elle poursuit; illuminé un
instant par la mystique platonicienne, le cœur murmure bientôt
l'aveu si précis de la Bergère « ravie de l'Amour de Dieu » :

> Mon ame perir et noier
> Or puisse en ceste doulce mer
> D'amour, où n'y a poinct d'amer
> Je ne sens corps, ame ne vie
> Sinon amour, et n'ay envie
> De paradis, ni d'enfer craincte,
> Mais que sans fin je sois estraincte
> A mon amy, unye et joincte [5].

On ne peut s'étonner de ces disparates : chez nous, la tradition gauloise n'a jamais cessé d'être vivace au cœur même des

périodes les plus spiritualistes. Il suffirait de citer à ce propos
la célèbre querelle nouée autour de *La Parfaicte Amye* d'Héroët [6].
Ces réserves n'ôtent rien à l'ampleur du mouvement platonicien
sous la Renaissance. Grâce à lui, l'amour sans rien perdre de sa
sensualité, ni s'abîmer dans sa source spirituelle, se met en défense contre les libertés et les gaillardises du langage grivois; il
s'écarte des violences de l'instinct. Sa haute spiritualité rejoint
la mystique chrétienne; toutes deux ont inspiré certains poèmes
pieux de Marguerite de Navarre, certaines nouvelles religieuses
de *l'Heptaméron* [7]. Nous aurons bientôt à reparler de cette influence de la mystique romanesque profane sur la mystique chrétienne, et inversement. Ce n'est pas la première fois que s'accordent ces deux mystiques d'amour. Dès le XIII° siècle la lyrique
courtoise emprunte ses thèmes, ses formules d'adoration, ses symboles, au rituel divin. Marguerite de Navarre et la Renaissance
n'ont fait que retrouver, grâce aux théories platoniciennes et néo-
platoniciennes de l'amour pur, si proche de l'amour de Dieu, la
mystique amoureuse et la mystique sainte qu'illustreront bientôt
les directeurs spirituels de l'Ecole française de l'Oratoire et certaines grandes précieuses de l'Hôtel de Rambouillet. Cette curieuse transposition du registre profane dans celui du sacré, dont
nous parlons plus loin, nous paraît être le terme de l'évolution du
romanesque amoureux. Mais ce n'est là qu'une des orientations
possibles du romanesque. Elle méritait d'être indiquée puisqu'elle
nous conduit au mouvement précieux et, par lui, à l'un des aspects de l'amour chez Corneille.

A ne le considérer que du point de vue de la réforme mondaine
et civilisatrice, le mouvement platonicien, amorcé par Marguerite
de Navarre et ses contemporains, paraît continuer la tradition
de l'amour honnête et préparer par la purification des mœurs et
la discipline de la passion, cet art de bonne compagnie et de politesse mondaine [8], dont les progrès seront si évidents sous le
règne d'Henri IV et sous la Régence. Il ne s'agit plus de l'exaltation et de la ferveur sacrée de l'amour mais plutôt d'une sorte
de politique de la passion. C'est elle qui consacre le règne de la
femme dans une société d'élite, et l'esprit de soumission de l'a-
mant selon un rituel convenu mais efficace d'allégories, de flammes, de soupirs; art précieux d'aimer sans amour, qui s'achève
dans l'amour-vanité et la galanterie.

Mais avant de perdre le sens de son principe spirituel et de ne
retenir que l'appareil extérieur du romanesque, langage, manières, protocole, en vue de fins mondaines, civiles, et même, vers
le déclin du grand siècle, politiques, la mystique platonicienne
des Renaissants préparera l'avènement en France de cette
« honnête amitié » dont *L'Astrée* dans nos lettres demeure le plus

décisif témoignage. Cette courtoisie, ces discussions polies et ferventes sur les choses de l'amour, ces hauteurs moyennes où la passion se repose de ses élancements mystiques, on les doit sans doute à la permanence de l'antagonisme entre les formes instinctives et la spiritualité de l'amour. Le courant platonicien est sans cesse parcouru par le réalisme français qui lui fait perdre son impétuosité et l'endigue peu à peu. La *Monophile* d'Etienne Pasquier fait entendre que la noblesse de l'amour ne réside pas tant dans les aspirations plus ou moins vagues d'un idéal sans terre que dans une lutte précise contre des obstacles déterminés. Les *Arresta amorum* de Martial d'Auvergne en 1525, surtout l'édition de 1566 avec le commentaire de Benoît de Court, reflètent le même esprit, malgré la futilité des controverses. On voit se lever lentement le visage de ce monde et de l'amour vertueux; le souci d'être honnête peut désormais passer avant celui d'être parfait.

La nouvelle propagande des Précieuses ressemble beaucoup à celle de Marguerite de Navarre : la conversation, les traités théoriques en sont les moyens les plus efficaces. Après les guerres religieuses, dans un pays encore ouvert de toutes parts aux partisans, à la licence des mœurs et du langage, de Henri IV à Louis XIII, l'esprit précieux fait triompher la société polie; il transforme par des délicatesses d'idées, de mots et de manières le commerce et l'expression de l'amour. L'évolution est évidente : lorsque Corneille commence d'écrire, la vie de société n'a plus la rudesse de l'époque du Roi Vert Galant. A la morgue des grands de la cour, aux duels-assassinats, aux enlèvements sans scrupules, ceux en particulier de Mlles de Fontanges, de Bouteville, de la fille du président Aymar, aux gascons amoureux qui avaient suivi leur maître et roi à Paris, à la violence des divertissements et des jeux, carrousels, mascarades, battues, aux fanfaronnades et aux gauloiseries, aux divers *Parnasses satiriques* lyrisme de la grossièreté plus encore que de l'érotisme, aux obscénités de Troterel et de Bruscambille, aux poèmes licencieux de Maillet, Sigogne, Conrart, Auvray, Voiture, ont succédé le désir de plaire, l'élégance de l'habillement, une générosité réciproque dans les duels, une retenue et une civilité dans l'amour ou la galanterie, une renaissance de la ferveur religieuse, un théâtre policé par la pastorale, le roman sentimental de d'Urfé, les nombreux traités de bienséance, de politesse et de point d'honneur, surtout une reprise de réunions mondaines, de la conversation des ruelles et des salons. Sans doute, vers 1630, sommes-nous loin encore de la société polie du grand siècle; on en peut deviner pourtant le prochain épanouissement [9].

Peut-être n'a-t-on pas assez souligné que la jeunesse de Corneille, l'âge de la plénitude, celui de la vieillesse enfin, se sont développés dans un climat entièrement précieux. Corneille a connu et vécu l'histoire de la préciosité dans sa quasi-totalité. Il paraît précisément à cette heure claire où la Marquise de Rambouillet vient de dégager l'idéal d'une génération où s'était cherché avec patience l'esprit précieux non seulement dans les romans de Nervèze et des Escuteaux, dans *l'Astrée*, dans certaines pastorales, dans les cercles polis de la cour et des universités, mais encore dans le roman réaliste de Sorel, les traités de civilité, la poésie de Théophile, Saint-Amant, Motin, Pellisson, Mésadoire, Hesteau de Nuysement, etc... On n'a pas de peine en effet à le découvrir ici sous ses formes extravagantes, bizarres ou caricaturales; le satirique, le burlesque, la parodie sont les manifestations de l'esprit précieux; ils procèdent de la même esthétique baroque [10]. La vogue de l'hôtel de la rue Saint-Thomas-du-Louvre, qui va de 1630 à 1648, s'étend des premières comédies à *Andromède* et *Don Sanche d'Aragon*. Ces œuvres doivent beaucoup à l'art d'aimer des Précieux. Après la Fronde, les samedis du Marais où règne Mlle de Scudéry, recueillent bon nombre des Précieux de l'époque précédente : Chapelain, Conrart, Pellisson, Ménage, quelques autres. Corneille reste le grand homme des nouveaux cercles littéraires. Il inspire à son tour leurs activités les plus remarquables; il n'y a point de rupture entre elles et celles de l'ancien Hôtel. Jusqu'en 1660, l'éclat de Sapho ne faiblit point. Corneille continue à marquer le plus vif intérêt aux préoccupations des Précieuses et des Précieux en ce qui concerne la psychologie du sentiment amoureux. En 1658, Thomas Corneille, parlant de son frère, écrit à l'abbé de Pure : « C'est par lui que je sais déjà avec quelle délicatesse et de termes et de pensées vous continuez à examiner les questions les plus subtiles de l'amour, surtout en voulant établir l'union pure des esprits exempts de la faiblesse qui nous impose la nécessité du mariage [11]. »

Bien au delà de 1660 la préciosité littéraire et mondaine se poursuit, nullement éclipsée par l'école de 1660 C'est grâce seulement à une description confuse et même inexacte du mouvement précieux qu'on a pu parler d'antagonisme entre l'esprit classique et l'esprit précieux. En fait, une certaine préciosité n'a cessé de préparer ni d'être l'esprit classique [12]. On a distingué aujourd'hui avec précision une préciosité délicate d'une préciosité ridicule; la première soucieuse de politesse, d'honnêteté, de connaissance et de style; l'autre plus pédante qu'instruite, sèche et puérile [13]. Mais la difficulté reste lorsqu'on veut fixer une époque à chacune. A quel moment la préciosité ressemble-t-elle à

cet art de plaire qu'elle partage avec l'esprit classique ? A quel
autre est-elle mesquine et risible ? Les œuvres écrites ne sont ici
d'aucun secours. La stylisation entreprise par les Précieuses, de
même que le galimatias, sont restés choses orales; les cercles, les
ruelles en ont seuls connu les improvisations heureuses ou stupides. A toutes les époques — sous Henri IV, Louis XIII ou
Louis XIV — on trouve une fausse préciosité et une préciosité
authentique. Peut-être, avant 1630, découvrirait-on plus souvent celle-là; entre 1650 et 1660, celle-ci. Mais parfois toutes
deux sont juxtaposées dans une même période; on ne peut savoir celle qui triomphe. Le 22 mars 1638, Chapelain écrit à Balzac : « Vous ne sauriez avoir de curiosité pour aucune chose
qui le mérite davantage que l'hôtel de Rambouillet. On n'y parle
point savamment mais on y parle raisonnablement et il n'y a
lieu au monde où il y ait plus de bon sens et moins de pédanterie... L'Académie dont vous êtes a produit sans y penser une
assemblée de même nom dont Mme la vicomtesse d'Auchy est le
chef. L'hôtel de Rambouillet est l'antipathe de l'hôtel d'Auchy [14]. »

Dans ces mêmes années où il serait si facile de montrer des
exemples de préciosité ridicule, en province comme à Paris, Chapelain (lettre de 1639) écrit à Balzac : « J'ai eu une extrême
consolation de voir que mes sentiments sont conformes, touchant
la façon d'écrire de Mme la marquise de Sablé. Et certes il ne
se peut plus délicatement ni plus flatteusement exprimer ses
pensées qu'elle a fait dans cette lettre que je vous ai envoyée
d'elle... Toute affectation m'est insupportable, et en une femme
il me semble qu'il n'y a rien de si dégoûtant que de s'ériger en
écrivain et entretenir pour cela seulement commerce avec les
beaux esprits. Si je juge bien des choses, vous ne verrez jamais
rien de semblable en notre Marquise qui n'écrit jamais sans
sujet, et qui n'écrit jamais rien que de son sujet, avec une
belle négligence qui découvre d'autant plus la beauté de
son sens qu'elle s'efforce moins à le découvrir [15]. » Balzac,
de son côté, répondant à une lettre de Chapelain du 22 mars
1638, écrit : « Il y a longtemps que je me suis déclaré contre cette
pédanterie de l'autre sexe et que j'ai dit que je souffrirais plus
volontiers une femme qui a de la barbe, qu'une qui fait la savante... Tout de bon, si j'étais modérateur de la police, j'enverrais
filer toutes les femmes qui veulent faire des livres, qui se tra-
vestissent par l'esprit, qui ont rompu leur rang dans le monde [16]. »
Molière n'est donc pas parti le premier en guerre contre les
Précieuses ridicules. Un Précieux l'avait devancé, dès 1638. Le
même Balzac écrivait encore à Mme des Loges : « Madame, je
suis toujours de votre avis et ne saurais estimer les dames qui

veulent faire les cavaliers... Il faut que les femmes soient tout à fait femmes. Ni au ton de la voix, ni en la manière de s'exprimer on ne remarque rien en vous que de naturel et de français [17]. » Chez d'autres on remarquait sans doute de l'italien et de l'espagnol. Mais s'attendait-on à voir la préciosité, dès cette époque, définie par « le naturel », la « belle négligence », la « beauté du sens » ?

Enfin, de 1660 à 1680, la permanence du courant précieux se laisse voir dans toutes les productions littéraires, roman, théâtre, poésie; il se manifeste ici encore sous ses formes les plus délicates (analyse psychologique, Carte du Tendre, Guirlande de Julie, questions d'amour) comme les plus ridicules (pruderie, flirt des Bigotes avec la Compagnie du Saint-Sacrement, épreuves sans conviction des « alcovistes » et des « mourants », langage antithétique et métaphorique, intellectualisme sclérosé des Pecques, etc...) Quinault et Thomas Corneille portent sur la scène une préciosité galante, froide et fade. Mais Pierre Corneille en grand Précieux, après avoir écrit des tragédies tendres, conçoit à plein, à partir de 1667, la pièce héroïque et galante et la pièce politique et galante, qui reflètent les thèmes et les modes les plus constants des cercles précieux. Précieux tout humain d'ailleurs et vivant. Nullement gratuit ni coupé de la nature humaine; il en est une admirable sublimation. Molière, La Fontaine, Racine et même Boileau n'ont pas manqué eux aussi d'en saisir la vertu [18]. Ainsi, des Comédies à Suréna, l'œuvre de Corneille enveloppe presque entièrement le mouvement précieux de ses origines à son déclin. On songe à l'amitié qu'entretint Corneille, dès 1635, avec les Précieux les plus notables, à la préface de La Place Royale où il se défend de prendre le parti de son héros androcentrique [19], à la lecture de Polyeucte aux habitués de l'Hôtel en 1640, à la correspondance avec Balzac, Saint-Evremond, l'abbé de Pure, au poème de l'Immortelle Blanche de la Guirlande de Julie (1659), au sonnet normand sur la Querelle des sonnets de Benserade et de Voiture (1654), à tant d'autres signes extérieurs qui marquent les liens vivants de Corneille avec la Préciosité. Il reste à découvrir de plus secrets rapports.

La fonction civilisatrice des Précieux et des Précieuses a été mise en lumière bien souvent; qu'elle ait marqué l'œuvre de Corneille cela ne fait aucun doute. Nous verrons dans quel sens nous entendons cette influence. C'est une opération plus cachée de la Préciosité qu'il nous faudra décrire, si nous voulons connaître la dette vraie que Corneille a contractée envers elle. Ni le savoir-vivre, ni le bel esprit, ni la galanterie ne rendent compte de ce prix que la marquise de Rambouillet et les Grands Précieux tentèrent de donner aux aventures du cœur. Leur réforme est plus profonde; elle porte sur les servitudes, sur les insatisfactions de la nature féminine en quête d'une spiritualité. On ne peut réduire l'esprit précieux à son expression la plus extérieure : stylisation du langage, rituel du savoir-vivre, esthétique d'une mondanité, sans lui ôter ses racines et son humanité véritables. Cette manifestation spectaculaire que l'histoire littéraire a surtout retenue a fini par recouvrir quelque chose de plus vif.

Au niveau d'elle-même, de sa nature instinctive et spontanée, la femme est sans défense contre les passions et entièrement découverte. Son génie est de se sentir liée à l'incohérence, à la nudité du monde; de répondre à sa fragilité, à son renouveau. Elle subit sans révolte cette absence de règle qui marque le règne de l'animal ou de la fleur. On devine quel effroi et même quelle sorte d'horreur peuvent l'envahir lorsqu'elle prend conscience de sa nature. Se sentant si nue, elle désire tout ce qui la couvre : la pudeur, les conventions, les politesses, la politique. Accordée à l'instinct le plus immédiat et le plus impérieux, mais douée d'une sensibilité inquiète, elle doit, pour sauver et purifier l'amour, opposer à l'attaque virile tout un jeu délicat de défenses, s'enfermer dans un réseau de réserves destinées précisément à contenir la violence de l'instinct. La pudeur est cette police intime que la femme impose à sa nature; loin d'être une surprise ou une fuite de la chair, elle annonce une spiritualité; elle exprime une reprise de soi, un essai de volonté contre la servitude et l'entraînement passionnels. En réalité elle naît toujours avec l'amour véritable qui ne saurait être forcé. « Comme la liberté, surtout des pensées, des paroles et des inventions est la chose du monde la plus respectée parmi elles, aussi leur gouvernement n'est-il pas monarchique et c'est une maxime établie dès le commencement de leur Empire de ne recevoir point d'autre gouvernement que le libre [20]. » Telle est la première maxime des Précieuses.

Voici que la tradition gauloise réduisait l'amour à l'exercice des sens. Mais la sensualité la plus saine comme la plus perverse, la plus attentive à se renouveler, rencontre l'ennemi qu'elle suscite par ses délices mêmes : la satiété est cette vacance des sens, cette sclérose d'une fonction devenue machinale, la nostalgie où nous abandonne l'habitude. Or la Préciosité, dans sa notion la plus intime, propose une méthode contre cette imperfection de l'amour charnel; elle dénonce cette privation et cette mort même de l'amour véritable qu'il nourrit et entraîne inévitablement. L'amour de l'amour est bien l'essence de la doctrine précieuse, elle-même parente de la mystique platonicienne. C'est par la règle, par la conscience que la Précieuse fait intervenir dans les rapports amoureux, que l'amour en reçoit une sorte de renouvellement. Il devient une création, ce qui est sa définition même. Il s'exerce à une sen-

sibilité, à des contacts neufs, mots et gestes. Pour triompher de
l'habitude il s'engage dans des voies et des périls ignorés. Capricieux par nature, on exige de lui la patience, bestial les raffinements, égoïste le sacrifice et le don, fier les soumissions, franc les
galanteries, cynique une ferveur religieuse. Il s'aventure au Pays
de Tendre, au long des fleuves d'Estime, d'Inclination et de Reconnaissance, par les villes redoutées ou désirables jusqu'à cette
« terre inconnue » devant laquelle s'arrêtera Corneille comme au
seuil du mystère [21]. Que l'innocence et la fraîcheur de telles improvisations deviennent à leur tour mensonge, savoir-faire, lieux
communs, c'est la loi sévère de tout vieillissement. « La Prude est
une femme entre deux âges, qui a toute l'ardeur de ses premières
complexions ; mais qui par le temps et le bon usage des occasions,
s'est acquis l'art de les si bien déguiser, qu'elles ne paroissent
point, ou qu'elles paroissent correctes ; de sorte qu'elle est tousjours la mesme dans la vérité, mais néantmoins toute différente
dans l'aparence et dans l'opinion [22]. » Mais la vraie Précieuse n'est
pas entre deux âges ; elle n'a pas non plus le caractère de la Prude.
Son art d'aimer n'est pas seulement celui de la galanterie ou celui de la bigoterie ; il va à la recherche de la réalité de l'amour ;
sous la conversation et les artifices il en dégage le naturel et la
force. Il peut jouer derrière les mots et les figures symboliques,
comme le danseur derrière le masque, une aventure d'autant plus
libre et naïve qu'elle se croit secrète. « La Prétieuse n'est point
la fille de son père ny de sa mère ; elle n'a ny l'un ny l'autre, non
plus que ce sacrificateur de l'ancienne Loy. Elle n'est pas non
plus l'ouvrage de la nature sensible et matérielle ; elle est un extrait de l'esprit, un précis de la raison. Cet esprit et cette raison
est le germe qui les produit ; mais comme la perle vient de
l'Orient et se forme dans des coquilles par le ménage que l'huître
fait de la rosée du ciel, ainsi la Prétieuse se forme dans la Ruelle
par la culture des dons suprêmes que le ciel a versés dans leur
âme... Voilà ce que je pense à peu près de leur origine, quoy
qu'on en ait fait courir mille autres contes, comme celuy de deux
grandes voyageuses qui s'appellent Vanité et Coquetterie, qu'on
disoit avoir emmené en France cette mode de Pretieuses [23]... »
   Entre la passion frémissante mais contenue et les symboles du
langage précieux ne s'interpose pas d'écran ; il y a liaison, péné-
tration, entente. Tant il est vrai que le silence ou le cri ne sont
pas toujours les signes de la sincérité du sentiment ; les grâces
peuvent s'étudier parfois à la rendre transparente. « Donner plus
à l'imagination à l'égard des plaisirs qu'à la vérité [24]. » C'est
encore une des maximes des Précieuses. On devine que leur réforme ne peut se résumer aux exercices langagiers et mondains
de la Chambre bleue ou des ruelles ; elle a ses assises dans le

tragique féminin le plus essentiel. Les Précieuses en mettant entre elles et l'homme, entre elles et leur propre désir, ces distances polies, ces formalités, ces joutes spirituelles ou tendres, prétendaient se garder de la confusion de la sympathie dont une âme fière, quand elle aime, ne peut se retirer qu'humiliée. Elles tentaient de conquérir une liberté sans cesse menacée par le caprice et l'anarchie de l'instinct; à cette fin elles s'armaient de coquetterie, de froideurs, d'énigmes et de silences; les émotions ambiguës, du fond de la chair, elles les engageaient dans les figures et les rythmes d'une langue neuve, les pliaient aux manœuvres et aux artifices d'une civilité créatrice; c'était se donner du champ à l'égard de la sensualité et découvrir l'amour en même temps que la liberté. Ce n'était pas perdre le contact avec la nature, mais accuser la distance entre la chair et l'esprit par une transposition des exigences vitales dans le registre spirituel. On assiste donc chez les Grandes Précieuses à la plus humaine des libérations que la femme ait jamais tentée. Il est en effet un genre d'erreur qu'il faut éviter : c'est d'embrasser le mouvement précieux du dehors dans sa révolution totale; de confondre les moments d'improvisation créatrice et ceux de la répétition et du cliché, les joueurs sincères et les tricheurs. Mais si l'on s'attache aux innovations de l'Hôtel dans le domaine du sentiment, on ne peut pas ne pas être séduit par une méthode et des ambitions si hautaines. Il est vrai : les aberrations de la Préciosité ridicule ont largement contribué à accuser le discrédit d'un mouvement de pensée qui jette un jour si intense sur le secret féminin. Mais ici encore on aurait dû, semble-t-il, reconnaître les poussées extrêmes de la réforme précieuse comme la révélation la plus nue de ce secret. Et nous n'entendons pas parler de l'autonomie sociale que certaines précieuses songèrent à revendiquer; cette querelle est d'ordre politique. On en connaît les audaces : libération de la femme, reconnaissance juridique du divorce, mariage à l'essai par le contrat à terme; égalité des droits de l'homme et de la femme, malthusianisme et eugénisme, etc. [25]... Mais nous pensons à la corruption même de l'ascèse sentimentale, à ses grimaces, à ses contorsions; c'est par elles qu'on peut surprendre le mieux sans doute les conquêtes et les échecs de la psychologie des Précieuses dont l'effort fut de rendre civile et lucide l'approche de l'homme et de la femme. De l'amour c'est autant la volupté que la connaissance qu'elles recherchent, et le mot de Saint-Evrémond ne vaut que pour les Précieuses ridicules : « Ces fausses délicates ont ôté à l'amour ce qu'il a de plus naturel, pensant lui donner quelque chose de plus précieux Elles ont tiré une passion toute sensible du cœur à l'esprit et converti des mouvements en idées [26]. »

A quel puéril et raide exercice de la tendresse ces Précieuses aboutirent, il suffit, pour s'en convaincre, de lire leurs lettres, d'ouvrir leur dictionnaire, d'y considérer leur art d'aimer, de parcourir les recueils de poésies et de romans précieux. Ces métaphores, ces hyperboles, ces symboles, ces clichés traduisent sans doute le durcissement ou la subtilité des pensées, l'horreur de la nudité, la sécheresse du cœur, mais parfois aussi bien les nuances du sentiment, les chaînes imposées à une sensualité trop vive, le goût des remises et de la contemplation. A observer davantage, on découvrirait dans ces résistances et dans cette hostilité organique à l'égard de l'amour normal, non pas une lassitude, ou une impuissance à aimer, mais au contraire une volupté pressante et inassouvie, les insatisfactions de l'instinct délibérément ou confusément transposées en efflorescences de l'âme. L'amour précieux, au cours de la première moitié du siècle, s'écarte en effet des « réalités », jusqu'à vouloir rompre avec elles; mais c'est pour les reconnaître et en jouir davantage; les images du rêve, les formes illusoires et patiemment recherchées d'un univers étranger à la vie, l'anéantissement de l'être dans la Nuit, ce « jour des Amants » [27], la vacuité du cœur appelant pour être remplie la Mort ou l'Amour des Anges [28], toute cette mysticité des Précieuses et des poètes précieux ou baroques fait songer, avec toutes les réserves que ce rapprochement comporte, à la mysticité précieuse de l'Ecole bérullienne.

Une certaine préciosité ne s'arrêta pas en effet à la seule propagande mondaine, ni même à la notion de l'amour poli et courtois : elle poursuivit à travers l'amour une activité plus mystérieuse. Par des voies qui nous sont aujourd'hui moins ignorées, elle en vint à une complication extravagante de l'épreuve amoureuse, à un renoncement de la personne virile et rationnelle, à des débauches de continences, à des rigueurs, à des ravissements. La Préciosité profane ne fut plus alors qu'une sorte de religion; elle présente de nombreux rapports avec la mystique précieuse, qui, dans le même moment, sous l'influence des maîtres de l'Ecole française, Olier et Bérulle, préférait à l'ascèse augustinienne l'acte unitif de l'adoration [29]. Cette réforme s'inspire d'un esprit et d'actes identiques à ceux de l'amour profane précieux. L'adorant s'anéantit en Dieu ainsi que l'amoureux dans l'être aimé. La personne est abandonnée, perdue et comme morte en une volonté étrangère. Indifférente à soi, renonçant à son être, à son moi volontaire, entièrement donnée, elle n'existe plus que dans l'objet de son adoration.

Révérence, respect singuliers envers Dieu, dont les Oratoriens firent une éminente vertu, élévation, admiration, estime, louanges et bénédictions, hommages, sont les pratiques et les Actes d'honneur de la mystique bérullienne. Ils appartiennent également à la précieuse [30]. L'essence de cet amour contemplatif est l'amour même; il a Dieu ou la créature comme fin, non le salut ou le bonheur. Aucun égoïsme ne l'effleure. Aucune attente de joie pour soi-même; mais toutes les satisfactions, toute la gloire pour l'être aimé. Un tel amoureux sur terre prend la femme comme centre de ses adorations. Il l'aime pour elle; en elle il n'y a pas lui, mais rien d'autre qu'elle, sa gloire à elle, ses volontés ou ses caprices, ses tendresses ou ses cruautés.

Nous l'avons déjà indiqué : l'œuvre cornélienne reflète, dans son ensemble, toutes les manifestations du mouvement précieux, les meilleures et les pires. Tout d'abord Corneille a tiré le plus grand parti de cette police que la Marquise et les Précieux ne cessèrent de faire sentir sur le langage et sur les mœurs. Des poésies de la jeunesse, du *Clitandre* aux premières tragédies, l'effort d'épuration est bien sensible. Nul autant que Corneille à son époque ne parvint à une telle pudeur, nous ne dirons pas seulement de langage mais de cœur. On sait qu'il a sévèrement retouché les premières leçons de ses Comédies [31], et supprimé la trace la plus légère de termes, de gestes, d'allusions licencieux. Dans l'examen de *Polyeucte*, il ose écrire : « Si j'avois à y exposer celle (l'histoire) de David et de Bethsabée, je ne décrirois pas comme il en devint amoureux en la voyant se baigner dans une fontaine, de peur que l'image de cette nudité ne fît une impression trop chatouilleuse dans l'esprit de l'auditeur; mais je me contenterois de le peindre avec de l'amour pour elle, sans parler aucunement de quelle manière cet amour se seroit emparé de son cœur [32]. » La pudeur s'est faite impérieuse pour l'homme comme pour l'écrivain; elle dicte de telles exigences qu'elle conduit celui-ci à un nouvel art d'exposition.

Certes, ce n'est pas à l'amour mystique des Précieuses que Corneille pouvait longtemps s'arrêter. Il y sacrifiera pourtant quelquefois, surtout au début de sa carrière et vers la fin (Angélique dans *La Place Royale*, Plautine dans *Othon*, Pulchérie dans *Pulchérie*), et, bien entendu, dans quelques parties de son théâtre sacré. Mais en général son romanesque amoureux a plus d'égoïsme et de virilité. Chez Corneille le sentiment du moi agressif, conquérant et têtu, ne pouvait s'accorder à l'esclavage amoureux de la mystique précieuse, à cette sorte de masochisme transcendant. Il laissera à son frère Thomas, à Quinault, à Du Ryer, à Gilbert ou à Mlle Desjardins, l'habileté d'exploiter cette veine du romanesque où périront l'amour-propre et jusqu'à l'honneur en faveur de la femme aimée. Toutefois le caprice féminin dessinera souvent dans son œuvre, surtout à partir d'*Œdipe*, le héros de galanterie et l'amour-service.

Mais le culte du moi, celui de l'honneur, un génie volontaire, rendaient Corneille attentif aux démarches fières de la femme précieuse. Il ne pouvait rester insensible à cet effort du sexe faible contre la servitude passionnelle. Que la précieuse prît conscience d'une défense possible contre l'instinct et les hasards de la passion, qu'elle osât introduire une règle dans la vie sentimentale, une discipline et une politesse dans le désordre et la familiarité, Corneille pouvait-il refuser à la femme ces biens qu'il réclamait si passionnément pour l'homme ? Ces amazones de l'amour, sensuelles et raffinées, n'étaient-elles pas fraternelles à ces cavaliers beaux causeurs ? Elles inventaient un type féminin indépendant, s'essayant à la maîtrise amoureuse non par vaine coquetterie ou par défi, mais par dignité. Alidor dans *La Place Royale* ne rêvait-il pas pour lui et pour Angélique, hors des chaînes et de la dictature de la sensibilité, d'un amour scellé par le plus libre des consentements ?

Corneille n'a guère varié sur ce point au cours de sa carrière dramatique : sa psychologie amoureuse est en parfait accord avec l'ensemble de sa psychologie du héros. La notion de gloire le plus souvent s'applique aussi bien à l'exercice guerrier qu'à celui de l'amour. Peut-être apercevons-nous ici le vrai contact de Corneille avec la Préciosité de son époque. Il en approuva les éléments de grandeur, en particulier ces rapports qu'elle sut retrouver entre la gloire et l'amour. Le Moyen Age chevaleresque et courtois les avait déjà illustrés par ses mœurs, ses institutions et sa littérature. Les Précieux du XVIIe siècle en firent la base de leur idéal. La gloire mondaine n'est pas sans doute la gloire intime et l'idéal poursuivi n'est pas le même ici et là. Or, le tragique amoureux cornélien n'est pas le tragique social mais celui de l'esprit. Corneille intègre à son univers les jeux polis de la gloire et de l'amour mondains; mais chez lui ils se font sévères et engagent presque toujours la gloire intime, âme de l'être cornélien. Ils ne sont vraiment tragiques que dans la mesure où l'amour sait nous convaincre qu'il est sincère. Lorsque celui-ci tombe dans la galanterie, se réduit à une convention littéraire et mondaine (la plupart des amours, dès *Pompée*, sont sur ce modèle) ils cessent de nous émouvoir, sinon encore de nous intéresser.

A ce sujet, nous dénoncerons, le moment venu, une ambiguïté singulière dont voici l'essentiel : redonner à l'amour sa gloire intime, c'est-à-dire en définitive sa pureté, sa loi et ses exigences propres, c'est le considérer comme une fin en soi, au même titre qu'un devoir. Mais il reprend ainsi sa solitude, son intransigeance, son visage de folie et de désordre et jusqu'à son mystère; il met alors en péril toute politesse comme tout groupe social.

C'est pourquoi l'amour précieux du xviie siècle pour atteindre
ses buts, politesse mondaine et inspiration du héros, devait devenir un art de feindre et se subordonner à une politique : politique sociale, ou bien politique de l'esprit. Il n'est pas sûr que
Corneille ait toujours nettement marqué à laquelle de ces fins
il pressait l'amour de répondre. De toutes façons, il le subor-
donna tantôt à l'une et tantôt à l'autre. L'ambiguïté même de
la notion de gloire recouvre, dans son théâtre, des activités fort
différentes. Le glorieux cornélien est grand par la gloire intime;
mais très souvent il ne poursuit que des fins politiques. Sa
« gloire » s'attache alors au pouvoir, à la conquête du trône;
les intérêts politiques l'animent. La satisfaire c'est satisfaire l'ambition, les projets de faste et de grandeur. Corneille a eu cet
avantage de rendre héroïque une action soutenue par l'ambition
et les vicissitudes des conflits politiques. C'est une des origina-
lités de son génie que d'avoir fait courir le frisson tragique, horreur et pitié, à travers les froids calculs, les ruses et les intrigues de cour, les événements et les grands moments de l'histoire.
L'amour loin de diriger ces intérêts est au contraire asservi par
eux. La gloire triomphe de l'amour dans la tragédie héroïque, ce
qui revient à dire que l'amour y est sacrifié à la politique. Certes
on ne choisit pas d'aimer : c'est le cœur qui engage. Mais le glorieux ne pourrait souffrir une mésalliance. Les rois ici n'épou-
sent pas les bergères, ni les reines les bergers. Ce thème de la
gloire, ennemie ou complice du cœur, apparaît dès Cinna. Mais
il est plus qu'ébauché dès Le Cid dans le personnage de l'Infante. Corneille le reprendra jusqu'à Pertharite. Après 1667 il
en justifiera la portée dans ses adresses au Lecteur de Sertorius
et Sophonisbe [33]; ses tragédies jusqu'à Tite et Bérénice pousse-
ront fort loin cette vue d'un amour subordonné à un autre sentiment, en particulier à la gloire.

On pourrait croire qu'une telle conception s'éloigne de celle
de la Préciosité; mais on se tromperait. L'art d'aimer pour les
Grands Précieux n'est pas eudémonique mais politique. Chapelain revient souvent là-dessus. Dans son Dialogue sur la Gloire,
paru probablement vers 1652 et dédié à la Marquise de Rambouillet, il relate une sorte de promenade philosophique qu'il fit
en compagnie du Marquis de Montausier et de M. d'Elbène vers
la prairie d'Auteuil. Après une critique de M. d'Elbène sur l'appétit de la gloire, incompatible selon lui avec la vertu, Chapelain
n'hésite pas à justifier celle-là au nom de la politique : « C'est
tromper, dites-vous, que d'en user de la sorte, et toute tromperie fait injure à la nature et blesse la morale qui veut que l'on
procède en tout avec candeur et sincérité. Mais celle-ci ne blesse
ni ne choque la Politique, qui est la science architectonique à la-

quelle toutes les autres doivent soumettre leur devis pour les accommoder aux besoins des hommes. C'est tromper il est vrai, mais c'est tromper vertueusement que de ne tromper que pour faire mieux parvenir à la vertu [34]. » Vers la fin du *Dialogue*, Chapelain démasque le mensonge de l'héroïsme et la nécessité politique d'y recourir : « Cette illusion de la Gloire, tout illusoire qu'elle est, ne doit pas seulement être soufferte dans la société, mais... doit être maintenue et nourrie avec tous les soins possibles par ceux qui sont chargés du gouvernement, comme l'un des plus utiles instruments de la félicité humaine [35]. »

Corneille lui aussi connaît ce machiavélisme. L'amoralisme de l'ensemble de son théâtre est si éclatant, la *virtù* de la plupart de ses héros si constamment éloignée de la vertu morale, qu'il n'avait guère besoin d'en souligner lui-même le caractère : « La punition des mauvaises actions et la récompense des bonnes... n'est pas un précepte d'art, mais un usage que nous avons embrassé, dont chacun peut se départir à ses périls. Il était dès le temps d'Aristote et peut-être qu'il ne plaisait pas trop à ce philosophe puisqu'il dit « qu'il n'a eu vogue que par l'imbécillité du jugement des spectateurs [36]. »

Il nous faudra préciser la réponse de Corneille à l'égard de cette Politique de la valeur. La considérait-il comme illusoire à la façon d'un Chapelain mais nécessaire au jeu des politiques ? Ou bien la rattachait-il à l'homme même, à une demande de l'esprit ? Cette religion de la gloire, secrètement la tenait-il pour mensongère ? Mensonge vital, mais mensonge ? Et l'amour lui-même ? Le subordonnait-il à la politique, à l'Etat comme les Précieux à la vie mondaine ? Les pièces d'*Œdipe* et d'*Agésilas* sont dans la pure tradition précieuse ou galante — style et sentiments; un grand nombre de personnages à partir d'*Œdipe*, s'ils parviennent à vaincre leur tendresse, s'amusent aux galanteries, jouent les amoureux, soupirent et meurent selon les métaphores et les figures traditionnelles de la poétique précieuse. A ce jeu ils ne perdent pas la tête. La galanterie les sauve des engagements trop sincères et de l'amour-passion incompatibles avec les soins de l'ambition et de la politique. L'art d'aimer les console de ne pas aimer.

Ce glissement de l'amour à la tendresse et à la galanterie serait-il pour Corneille d'une nécessité d'ordre social ? Cette question est sans doute la plus délicate qui concerne l'attitude essentielle du personnage cornélien devant l'amour. Aussi bien toute la suite de cette étude s'efforce d'y répondre.

DEUXIÈME PARTIE

LA MÉTAPHYSIQUE AMOUREUSE
AU THÉATRE AVANT MÉLITE
(1620-1630)

CHAPITRE PREMIER

CORNEILLE ET LE THÉÂTRE AUTOUR DE 1630

Pour découvrir l'originalité de l'expression amoureuse du théâtre cornélien, il faut la replacer dans l'ensemble de la production scénique entre 1620 et 1630. Il n'est pas nécessaire de remonter plus haut; un tableau général du théâtre, durant la période qui va des *Bergeries* de Racan à *Mélite*, suffit pour dégager les caractères de la psychologie amoureuse communs à la plupart de ces pièces. Les emprunts, les imitations, les analogies ne manqueront pas d'apparaître entre elles et les œuvres de Corneille. Nous reconnaîtrons bien vite dans ses premières comédies non seulement une matière et une technique, mais encore une métaphysique de l'amour dont il n'est d'aucune manière l'inventeur : il les prend à ses devanciers. Ainsi, l'amour de *Mélite* ou de *Clitandre* ne doit rien aux modèles anciens ou à ceux de notre Renaissance, ni même, du moins directement, aux deux Comedia [1]; il ressemble à l'amour à la mode dans les livres: il se nourrit de ce qui fut sous Louis XIII l'actualité théâtrale. L'intrigue des comédies, les lieux et les décors, les personnages et les costumes, la peinture des mœurs rappellent des œuvres en vogue; ils sont au goût, ils ont la couleur de l'époque.

On s'en doutait : il n'y a pas en littérature de génération spontanée; tout art authentique est aussi une imitation. Il est aisé par exemple de reconnaître dans *Mélite* un argument répandu dans plusieurs comédies qui tinrent l'affiche vers 1630; dans l'égarement du jaloux Eraste à la fin de la même pièce un lieu commun de comédie, dans les fausses lettres de *Mélite* ou dans le spectacle des boutiquiers de *La Galerie du Palais* des recettes bien usées [2]. Il n'est rien, galanteries, langage précieux, goût de la conversation, épisodes romanesques ou réalistes, noms des personnages et jusqu'à une sorte de lyrisme sensuel, qui n'appartienne à la scène contemporaine. Voudrait-on l'oublier, Corneille le rappellerait lui-même, et, s'il était nécessaire, les insinuations d'ennemis [3], celles de Claveret entre autres : « A la vérité ceux... qui verront le peu de rapport que ces badineries ont avec ce que vous avez dérobé, jugeront sans doute que le commencement de la *Mélite* et la fourbe des fausses lettres, qui est assez passable, n'est pas une pièce de vostre invention [4]. » On croirait que, dans ses débuts, Corneille n'ait rien d'original si l'on s'en tenait à toutes les concurrences depuis longtemps signalées et d'ailleurs évidentes. Mais les rapprochements bien reconnus, il demeure une part irréductible, soit que Corneille ait réussi à donner à certains thèmes cent fois repris un ton et une allure jusqu'alors inconnus, soit qu'il ait su développer de façon singulière les lieux communs à sa génération.

Lorsqu'il commence à faire parler ses amoureux, quels modèles a-t-il sous les yeux ? Il dit dans son *Excuse à Ariste* :

> *Charmé de deux beaux yeux mon vers charma la cour*
> *Et ce que j'ai de nom je le dois à l'amour* [5].

On connaît à ce sujet l'alerte confidence de Fontenelle [6]. Mais le mot de la fin revient sans doute à l'abbé Guiot : « Sans la demoiselle Milet, très jolie Rouennaise, Corneille n'eût peut-être pas si tôt connu l'amour; sans cette héroïne aussi, peut-être la France n'eût jamais connu le talent de Corneille [7]. » Pourtant, il est trop évident que l'amour, ni aucun autre sentiment, ne font le poète, encore moins le dramaturge. Corneille le sait et là-dessus s'exprime admirablement : « Il n'en va pas de la comédie comme d'un songe [8]... » Avec autant de justesse il parle ailleurs de son métier d'écrivain : « Je n'avais pour guide qu'un peu de sens commun avec les exemples de feu Hardy, dont la veine était plus féconde que polie et de quelques modernes qui commençaient à se produire et n'étaient pas plus réguliers que lui [9]. » Voilà mettre les choses au point.

Dans la *Comédie des Comédiens* de Scudéry jouée en 1631-1632, l'acteur Beau-Soleil cite les pièces restées au répertoire de la troupe ambulante avec quelques noms d'auteurs [10]. Ce sont, à peu de chose près, après la mort du vieux Maître Hardy, après Théophile et Racan, les « quelques modernes » dont parle Corneille dans la Préface de *Mélite*. A Mairet, Scudéry, Rotrou, Pichou, il suffira d'ajouter Auvray, Mareschal, Claveret, Beys, Bazire, Gombauld et quelques autres encore de moindre talent; Troterel, le plus âgé de cette génération d'écrivains, donne *Philistée*, sa dernière pièce, en 1628.

Deux genres viennent d'être applaudis sur la scène, et le sont encore, dans ce premier tiers du siècle : la pastorale et la tragi-comédie. La pastorale, de la fin du XVIᵉ siècle à l'*Amaranthe* de Gombauld, connaît un succès total, presque unique; malgré une certaine désaffection du public et des auteurs de 1616 à 1622, elle atteint avec les *Bergeries* de Racan et la *Silvie* de Mairet sa plus grande gloire; un peu plus tard, précisément au moment où Corneille va paraître, elle connaît un regain d'activité grâce au souffle nouveau que lui inspirent l'*Astrée* et le roman en général. Vers 1628-1629 également, la tragi-comédie s'impose peu à peu sans évincer pourtant le genre pastoral. C'est en 1619 que Gilbert Giboin le premier [11] tire du roman de Nervèze, publié en 1598, une tragi-comédie de type romanesque. Hardy en écrira beaucoup. Mais il faudra attendre Rotrou, Du Ryer, Auvray, Scudéry, Mareschal, Rampale, pour voir s'épanouir le genre. Le répertoire, il est vrai, ne comprend pas ces deux genres seuls. De la *Tragédie mahommétiste* (1612) à la *Sophonisbe* de Mairet et à l'*Hercule mourant* de Rotrou (toutes deux de 1634), outre les douze tragédies de Hardy qui nous sont parvenues, on compte une cinquantaine de tragédies ou tragédies en journées, martyres de saints et de saintes. Mais sept seulement paraissent entre 1628 et 1634. Pour la comédie, le nombre de pièces est bien moindre encore : les *Corrivaux* en 1612 et *Gillette* en 1619 de Troterel, en 1627 la *Supercherie d'amour* du Sieur de Ch..., un an plus tard la *Célinde* de Baro; ce n'est qu'à partir de 1630 que Rotrou et Corneille inaugureront toute une série de comédies. Un peu avant 1630, la pastorale et la tragi-comédie restent donc les genres les plus répandus comme les plus goûtés, semble-t-il, du public. Des genres intermédiaires, des pièces sous des titres divers foisonnent sans doute au théâtre, mais on peut sans grave erreur les ramener le plus souvent aux premiers : bergeries, fables bocagères, pastorales dramatiques, comédies pastorales, tragédies pastorales, tragi-comédies morales ou allégoriques, tragi-comédies en journées [12].

C'est dans ces œuvres de l'époque Louis XIII, toutes plus ou moins tirées de modèles étrangers ou de romans français eux-mêmes inspirés par eux, que Corneille découvre les premières images et le fond psychologique de son théâtre. Plus directement, dès *Médée*, il subit l'influence de la Comedia espagnole; enfin il verra se dessiner dans le texte même des *Mocedades del Cid* non plus la galanterie et les subtilités du cœur, l'inclination ou le flirt, mais la violence de la passion en conflit ou en accord avec elle-même; non plus un romanesque de convention mais un romanesque vrai. Nous y reviendrons.

Pour débuter il imite les pièces qu'il voit réussir sur la scène, leur emprunte les éléments de l'intrigue, l'esprit et l'expression de leur métaphysique amoureuse. Il écrit *Mélite* qui reprend à peu près tous les traits de la comédie d'amour de la pastorale. Après *Mélite* il se tourne vers la tragi-comédie et le romanesque pur; donne *Clitandre*, la plus folle de toutes ses pièces : la peinture de l'amour y est aussi éloignée de la vie que l'intrigue elle-même. Mais il serait vain d'y voir quelque exigence profonde du génie : la moindre œuvre de Scudéry, de Rotrou, ou de Du Ryer, est aussi bariolée, aussi riche en intrigue compliquée, aussi délicieusement absurde.

A partir de *La Veuve*, tout en continuant à s'inspirer des modèles contemporains, Corneille tend à s'écarter du romanesque flamboyant de la tragi-comédie. Son art s'oriente vers la peinture du réel; une évolution semblable se fait voir, timide encore, dans l'analyse de l'amour. Toutefois, Corneille fera sa part au romanesque. Il ne l'abandonnera jamais tout à fait. De *l'Illusion comique* à *Suréna*, dans ses œuvres les plus romaines et les plus achevées, il affleure toujours. Il s'épanouit, même après *Pertharite*, dans ses tragédies héroïques et galantes. On assiste alors à une reprise de la métaphysique amoureuse qu'avaient illustrée quelque trente ans auparavant la pastorale et la tragi-comédie : héroïsme de l'amour, amour galant et précieux, tendresse. C'est l'époque de Thomas Corneille, de Quinault, de Boyer, de Racine (*Alexandre*), de Gilbert. Avec la mode, Corneille revient à ses premières amours; mais il semble bien qu'il s'agit là d'un goût sérieux plus que d'un opportunisme d'homme de théâtre : tout ce que nous savons de ses rapports avec les Précieux le prouve. Or, dès 1630, il a connu ce romanesque de l'amour, non pas comme une réalité inscrite dans les mœurs et le vif de son époque, mais élaboré et fixé dans la pastorale et la tragi-comédie. Quand il veut, par goût du réel, s'opposer à lui, c'est alors qu'il en est le plus proche, malgré l'apparence; à cet égard, *La Place Royale* est significative.

Aussi ne saurait-on trop souligner ce que doivent aux influences étrangères, Italie puis Espagne, l'expression générale de la sensibilité et la peinture de l'amour sous Louis XIII; il n'est peut-être pas inutile d'aller jusqu'à elles pour retrouver un instant le premier visage de cet amour que Corneille, à travers notre roman et nos œuvres théâtrales, reprendra dans ses comédies et, plus tard, dans quelques-unes de ses tragédies.

★

C'est à *l'Aminte* de Tasse que nos dramaturges allèrent d'abord. Dans le décor pastoral s'anime la terrible nudité de l'amour. Rien de plus artificiel que ces bergers sans troupeaux, livrés au printemps, aux jeux de coquetterie, au désir, aux scrupules de chasteté et d'honneur. Mais ce détour peut mener au réalisme psychologique le plus vivant. On le voit bien dans le chef-d'œuvre italien qui reste le modèle de la pastorale française et peut-être le plus important. Le parti pris de dépouiller les personnages de tout ce qui n'est pas la passion, la carence ou presque d'événements extérieurs — quelques scènes de vie champêtre et de chasse ne parviennent pas à altérer la pureté de la trame amoureuse — donnent du relief et de la densité à l'aventure du cœur. « Où que je me trouve je suis l'Amour, chez les bergers comme chez les héros et l'inégalité qui existe entre mes sujets, je la comble quand il me plaît [13] » dit l'Amour dans le prologue. Le merveilleux — miroirs, fontaines magiques, philtres — reste étranger à l'amour dans l'*Aminte*. Les sentiments des personnages, tendresse, désir, pudeur, jalousie, fidélité, indifférence, s'y développent suivant les seules lois du cœur. Mais la sensualité reste en définitive l'âme de l'amour. Ni les scrupules, ni les soumissions d'Aminte pour Silvia, ni la froideur si longtemps marquée de Silvia envers Aminte, n'y parviennent à cacher l'obsession du désir, les tentations de la beauté; ils ne font que les accuser davantage. Tasse ose d'autant plus qu'il suggère et transpose; sous l'espèce faussement naïve et spontanée d'un art savant, il se plaît à évoquer la passion la plus ivre. Tous ses personnages récitent passionnément l'amour. Le motif de l'abeille et du baiser, l'apparition au bord de la fontaine de Silvia nue, puis liée à l'arbre par le satyre, Aminte cédant malgré la peur de perdre la bien-aimée au désir de voir son corps, les paroles qu'il lui adresse en rompant ses attaches [14] : « Non, un tronc si rugueux n'était pas digne de si beaux nœuds. Quel avantage va-t-il rester aux servants d'Amour s'il leur faut partager avec les arbres ces précieux liens [15] ? », le cri du berger à la vue du voile égaré de Silvia et au faux récit de sa mort : « O voile, ô sang, ô Silvia, tu es morte... [16] », enfin une complaisance évidente à peindre, dans des tableaux vifs et libres, la nudité du corps de la femme, ne sont à aucun titre l'expression de l'innocence amoureuse mais celle d'une sensualité aiguë et délicate. Du désir du satyre, le désir d'Aminte (et même celui de Silvia) ne se distingue que par le raffinement et la tactique employés à le satisfaire. Mais le frémissement de l'instinct, ici et là, est bien le même. Partout est exalté le culte de la vénusté et des sens.

Nos écrivains, en puisant dans ce texte la volupté, ne firent que surcharger le décor de la pastorale italienne, multiplièrent les sortilèges, les enchantements; la sensualité du satyre devint de l'impudeur, son naturel une bêtise, ses propos une bouffonnerie; on accusa lourdement l'opposition Aminte-Satyre, rompant ainsi l'accord secret que l'auteur sut établir. L'explosion, dans la pièce de Tasse, de l'ardeur amoureuse en gestes, en attitudes et en mouvements, se figea, chez nous, en morceaux lyriques ou oratoires sur la chasteté et l'honneur, sur l'inconstance et la fidélité. Une rhétorique malhabile dévora les naïvetés inspirées ou concertées. Jamais les imitateurs français ne retrouvèrent le naturel que donne à l'*Aminte* son caractère délibérément artificiel. Peut-être faut-il en accuser tout d'abord Battiste Guarini, le premier suiveur italien. Tasse s'était gardé d'introduire dans son poème la métaphysique et la dialectique amoureuses que son siècle venait de connaître grâce à ses théoriciens de l'amour. Tout au plus en avait-il indiqué l'essentiel dans un savant dosage, avec un sens de l'exigence artistique et de l'allusion [17] que seuls les lettrés et l'aristocratie de la Cour de Ferrare purent goûter. Il n'en est pas de même pour Guarini.

Toutes les discussions sur la nature de l'amour, son climat érotique, sentimental ou spirituel, ses faiblesses et ses victoires, le conflit de la raison et du cœur qu'avaient soulevés la *Philosophie d'amour* de Léone Hebreo, les *Azolani* de Bembo [18], les *Dialogues* de Pietro Aretino, l'*Orazione contra le cortegiane* de Sperone Speroni, Guarini s'en empare et en charge son *Pastor fido*. Ce que cette œuvre perd en émotion, elle le gagne en intérêt; on a pu justement la considérer comme un drame métaphysique où l'aventure de Silvio, d'Amarilli et de Mirtillo ne serait pour Guarini qu'un prétexte à montrer en amour le conflit de la nature et de la loi [19]. Bref, Guarini inaugure la pastorale érudite; là, nos auteurs, de Filleul à Corneille [20], goûtèrent l'art d'aimer, les dissertations, les raisonnements sans fin sur l'amour plutôt que l'amour même; là aussi ils prirent le goût d'en formuler les principes et les lois. Pour la complication et le romanesque de l'intrigue, Bonarelli leur fournit sa *Filli di Sciro*, *Luigi* Grotto son *Pentimento amoroso*, Antonio Ongaro sa pastorale marine de *L'Alcée*.

Ces diverses analyses que les modèles italiens donnent du sentiment amoureux nous les retrouverons dans notre théâtre du début du XVIIe siècle, malgré des changements dus sans doute au génie propre à notre race et à nos écrivains, mais aussi à l'influence de l'Espagne, qui se mêle à celle de l'Italie aux environs de 1620. Sous la Cour d'Anne d'Autriche, qui vient de remplacer celle de Marie de Médicis, l'influence espagnole règne vraiment en France dans les mœurs, la mode, la façon de sentir et de s'exprimer. Elle triomphe non seulement dans l'habillement, les fêtes, la vie même du pays, mais encore dans la littérature, la religion et la politique.

Des hommes d'Etat espagnols — Antonio Perez entre autres — donnent l'esprit et la lettre à l'élite française du moment. L'ancien ministre de Philippe II apprend à Henri IV la langue espagnole. Il ne faudrait pas toutefois exagérer l'importance politique et mondaine de Pérez [21]. Elle se confond surtout au début avec l'influence espagnole en général; celle-ci, en effet, remonte bien au delà de l'avènement d'Anne d'Autriche, du moins dans nos lettres et nos mœurs. On peut la pressentir après le traité de Vervins : dès ce moment, la France libérée de l'hégémonie espagnole n'eut plus à se garder de l'espèce de fascination que ce peuple exerçait sur l'Europe entière et tout particulièrement sur elle. Ne la redoutant plus, elle s'y abandonna.

Il n'est pas aisé de préciser ce qui revient dans notre théâtre à l'influence de la Renaissance italienne et ce qui revient à celle de la Renaissance espagnole en ce qui concerne la peinture de l'amour. En gros, l'Italie nous en fit connaître l'expression voluptueuse, l'Espagne l'exaltation et l'héroïsme. Mais les deux influences sont souvent inextricablement mêlées dans nos pastorales et nos tragi-comédies. On sait que le théâtre espagnol de la Renaissance n'a pas accueilli le genre pastoral [22]. Sans doute pourrait-on le reconnaître dans le vieux répertoire des églogues, des dialogues d'amour ou de piété, dans les chansons de Juan del Encina; mais le dynamisme et l'esprit de *La Célestine* de Rojas, quelques œuvres moins célèbres, celles de Lucas Fernandez, Gil Vicente, Francisco de Aguayo, Fernando de Cordoro, etc... entraînèrent de bonne heure les dramaturges vers la comédie que Lope de Véga devait si abondamment remplir [23]. *La Célestine* est une préfiguration géniale de cette complexité sentimentale, réaliste et romanesque, brutale et précieuse, qui allait vivre dans la Comedia. Pour parvenir à se joindre, Caliste et Mélibée s'enfonçaient sans s'avilir dans les bas-fonds de Tolède. Leur désir était leur soif et leur damnation. Amour à peine consommé et déjà dans la mort. Amour charnel mais auquel l'âme communique un étrange frémissement. La sensualité galante des renaissants italiens est ici oubliée : l'amour cesse d'être un libertinage. Au long de ses vingt et un actes, dans son univers bariolé de gens du peuple, de soldats, de parasites et d'une élite aristocratique, *La Célestine* mêlait les plaisirs de l'amour vénal à la passion vraie, des couples hasardeux à un couple rayonnant, les mystères de la religion à des activités scandaleuses, la crainte de Dieu au blasphème. A l'opposé de l'immobile pastorale de Tasse, elle révélait à la Comedia un rythme endiablé, les secrets d'un art touffu mais puissant. Avec elle l'amour devenait une force et une fatalité.

Il y manquait encore l'élément essentiel dont Lope et Calderon firent le ressort dramatique de la Comedia : l'accord ou le désaccord de la passion avec les rigueurs d'une loi, extérieure ou intime. Qu'une bonne partie de la Comedia soit d'inspiration italienne, cela ne fait aucun doute : même considération voluptueuse de l'amour. Aux nouvelles de l'Aretin, de Bandello, de Giraldi, de Firenzuola, ainsi qu'aux comédies italiennes, les dramaturges puisent inlassablement : aventures, imbroglio sentimental, libertinage, sensualité, ils vont chercher leurs modèles en Italie [24]. Mais l'authentique Comedia révèle une tout autre conception de l'amour. C'est celle que l'on retrouve dans l'œuvre de Montemayor et du roman espagnol dont l'influence se fera sentir la première en France sur notre roman et sur notre théâtre. La *Diana enamorada* [25] prête à l'amour un caractère sérieux, noble; un amour-propre têtu n'y peut souffrir le badinage, l'ironie ou le cynisme amoureux. Les ruses, les complaisances du désir, l'adultère, l'impudeur qui s'étalent si hardiment dans la nouvelle et la comédie italiennes s'effacent ici devant la droiture de l'âme et du caractère, devant l'honneur de la personne. Non que les hardiesses de la sensualité ne s'aventurent fort loin; non que le romanesque du sentiment n'entraîne les héros aux plus folles situations. Mais si la *Diane* tire de la pastorale son cadre de bergeries, ses chaînes d'intrigues et son merveilleux, elle apporte une fierté, une dignité de l'être, bien à elle cette fois. Proposant à la passion d'être généreuse et subtile, d'accepter la loi du point d'honneur, elle suscite à l'amour de fortes épreuves, des scrupules et des conflits; elle l'élève au niveau d'une action morale ou tout au moins volontaire. Le caractère chevaleresque de cet amour, son romanesque viril, la Comedia en dégagea les éléments dramatiques. Lope de Véga, Montalvan, multiplièrent les thèmes de ces luttes entre amour et honneur où la volonté prend une part si noble. Calderón surtout durcit à l'excès cette matière tragique jusqu'à offrir des illustrations schématiques, grandes et exemplaires, de ce que peut le courage. Nos romanciers, d'Urfé, Gomberville, Desmarets de Saint Sorlin, à leur suite, nos auteurs de tragi-comédies, Rotrou, Pichou, Beys, Du Ryer, Scudéry, Corneille enfin, en tirèrent parti selon la sensibilité et le talent qui leur est propre. Seul, ou à peu près seul, Corneille, dans la confusion du romanesque et du réel, du discours et de la passion, de l'espagnolisme outrancier, de la mystique sentimentale et des observations d'une exacte psychologie, pressentira le vrai de l'attitude et du signe humains; seul il isolera les régions et le drame essentiels de l'homme. C'est là la reconnaissance du génie.

CHAPITRE II

DE MÉLITE A L'ILLUSION. — L'ESPRIT DU DÉCOR
NOUVEAU. — LA COMÉDIE D'AMOUR

C'est une manière d'évasion poétique qui caractérise la pastorale et la tragi-comédie; elle répondait sans doute à une rêverie, à une soif d'aventure, à un sentiment du romanesque amoureux que le réalisme classique ne parvint jamais à recouvrir tout à fait au cours du XVIIᵉ siècle. Une prédilection pour les terres inconnues, les horizons méditerranéens, la lumière, les panoramas spacieux, la mer et ses embarquements; tant d'éléments naturalistes, loups, lions, abeilles, oiseaux; la présence du soleil, de la lune, des astres, de la nuit, complices des amants : cette obstination à enfermer la femme et l'amour dans un réseau de feuillages, de fleurs, de bêtes fabuleuses, de constellations; ce sens des formes ondulantes, massifs d'arbres, courbes de chemin et de ruisseau; ces évocations et ces arabesques luxuriantes ou musicales (épisodes de nudités surprises au bain, ou de l'écho); ces figurations et ces symboles traduisent une même nostalgie. C'est dans cette oasis de l'idylle que retournent à travers l'histoire les écrivains des époques affinées; ils organisent dans cette solitude imaginaire un monde d'allégories et une vie de l'amour accordés à des figures de fable, aux mouvements de l'âme la plus libre, à une songerie sans lieux et sans heure. C'est une vacance loin des villes, un dégoût de l'héroïsme et de l'agitation militaire, une évasion hors de la durée.

Cette grâce de la nature et du visage humain dans le loisir d'aimer, l'Hellade la première dans ses poèmes homériques et au début de ses légendes, l'avait placée comme une halte avant le péril et l'aventure guerrière. L'Asiate Pâris y figure comme le prototype de la bergerie, que reprendront Théocrite, Virgile, et plus tard, sous la Renaissance, Sannazar dans son *Arcadia* ou les chansons populaires et paysannes espagnoles, les *Serranillas*, ou encore Juan del Encina dans ses églogues de *Fileno* et *Gom-*

bardo e Cardonio. Dans un cadre faux et désuet à souhait, des bergers et des bergères de Cour cherchent à vivre comme au premier jour de l'homme et de la création; dans une absence de métiers, de devoirs, de dignités; aucun événement de la Cité, aucune inquiétude religieuse ou politique ne viennent altérer ces fruits d'une civilisation et d'une esthétique exquises qui recomposent pour les amants l'âge d'or et la liberté nécessaires à l'exercice absolu de l'amour.

Chez nous, de Nicolas Filleul à Gombauld, le genre pastoral, malgré la lenteur de son évolution dans la peinture des passions, passe du lyrisme au drame. Hardy, Racan, Mairet, Mareschal, peut-être aussi Gombauld, modifièrent assez profondément la structure et le contenu sentimental de la pastorale pour qu'elle préparât le mouvement dramatique de 1630 et vînt déboucher dans la comédie et la tragédie cornéliennes [1]. Cette évolution est difficile à suivre à travers des œuvres qui se répètent sans cesse, des progrès peu visibles, recouverts eux-mêmes par des régressions ou des repentirs. Dans ces œuvres mineures, l'expression amoureuse, métaphysique ou lyrique à l'origine, est presque entièrement dite ou rythmée par le discours; mais peu à peu elle s'appuie sur un drame réel; la passion cesse d'être une expression ou un chant; elle habite le cœur des personnages. Des discussions et des morceaux poétiques où l'auteur, se substituant à ses personnages, commentait tel conflit entre l'amour et la vertu, la chasteté ou l'impudeur, la force de l'instinct et celle de l'honneur [2], on passe aux conditions, au développement et au dénouement du drame à l'occasion d'une aventure intime; le cœur est cette fois la pastorale; il bat dans la joie ou la douleur d'aimer, dans la crainte et la jalousie, dans le doute et l'espérance [3]. Pour si peu marquée qu'apparaisse cette transformation, elle ne laisse pas d'annoncer une des tendances du théâtre cornélien vers l'observation et la « naïve peinture » de la vie.

Le décor où Corneille fait évoluer ses amoureux dans les premières comédies rompt en effet avec la traditionnelle rocaille arcadienne du théâtre et du roman. Le salon provincial, puis le salon parisien, remplacent le cadre de l'idylle pastorale ou de la tragi-comédie. Le nouveau spectacle, pour les yeux du moins, fut une surprise. A la toile des anciens décors de Mahelot et de Laurent [4] où étaient peints les forêts et les bocages, les grottes, les fontaines d'amour et leurs bêtes légendaires, les palais, les cercles des magiciens, les paysages les plus divers, Sicile, Gaule des Druides, îles grecques, Chypre, Candie, l'Angleterre, les fleurs étranges, les oranges et les grenades, Corneille substituait un carrefour de ville de province avec ses rues, ses maisons, ses fenêtres, ses portes, ses perrons, une place de Paris, des échoppes, des librairies; ici s'animaient des manières et des élégances; de jeunes femmes dans leurs robes à plis et de soie claire, la chaînette à la ceinture retenant un petit miroir; des yeux cachés sous le masque ou sous le *mimi;* des jeunes gens coiffés du feutre, la cape sur l'épaule, l'épée au côté, les bras roides dans le satin avec cette main au bout qui sort d'une broderie de manchette; bourgeois, cavaliers, hommes de cour, jeunes filles à marier, belle et riche veuve, des valets, des dames de compagnie, des carrosses, des fêtes. Cela changeait du peuple monotone des bergers et bergères, de leurs « habits de bocage », des grands chapeaux, de la houlette, du solennel magicien, du satyre hilare ou effaré. Un goût nouveau se laissait deviner, une esthétique nouvelle.

D'autre part il n'est pas douteux que le décor réaliste de la comédie cornélienne qui allait désormais enfermer la psychologie amoureuse trahissait un souci de décrire un monde non plus conventionnel mais réel, de ramener la scène à un même lieu, de donner aux événements la couleur de la vie, d'éviter la décoration et le lyrisme purs. Corneille fuit l'exotisme; il cherche une localisation plus ramassée et plus précise; son inspiration cesse d'être capricieuse, abstraite; elle se veut analytique, réaliste, sans surprise. Les figures de la vie deviennent son modèle, non celles du rêve ou de l'illusion. « J'ay le cœur dans les bois [5] », dit une amoureuse dans l'*Amaranthe* de Gombauld; mais Florame dans *La Suivante :*

> *Et bien que mes discours lui donnassent ma foi,*
> *De retour au logis, je me trouvois à moi [6].*

Telle est l'orientation nouvelle de la comédie qui « n'est qu'un portrait de nos actions et de nos discours [7] ». Corneille ajoute : « Sur cette maxime je tâche de ne mettre en la bouche de mes acteurs que ce que diraient vraisemblablement en leur place ceux qu'ils représentent et de les faire discourir en honnêtes gens et non pas en auteurs [8]. » On voit l'importance pour notre théâtre et l'analyse psychologique d'un changement aussi radical. Il est vrai qu'il y a loin de la préface à l'exécution.

En réalité, la comédie de Corneille, comme la pastorale et la tragi-comédie, relève du divertissement. Sous l'habit bourgeois ce sont encore les mêmes types de la pastorale et, plus profondément, le même esprit et les mêmes activités. Jeunesse sans profession : libre, séparée ou presque de la famille, des devoirs civiques et militaires. Monde du loisir et de la vacance dérobés pour un jour aux travaux, à la misère de la maladie et du vieillissement, en aventure amoureuse, du badinage à l'amour grave et fidèle, du baiser libertin à la ferveur et au serment. Comédie de la jeunesse. Les personnages, pour la plupart, ont l'âme de leur créateur; un peu plus de vingt ans. Ils ignorent l'amour et vont à lui en le parlant. Même Clarice (*La Veuve*), si peu femme elle-même, si oublieuse de son premier mari, paraît la plus naïve, la plus disponible de toutes ces amoureuses. Des groupes gracieux et ardents. Des caractères divers mais tous sortis de la même lignée. Un même air de famille. Desseins, inquiétudes, joies et tristesses, jeux pareils. En dehors de la Cité réelle, dans une sorte d'Utopie.

C'est toujours l'Arcadie littéraire, malgré le cadre provincial et bourgeois, où n'entrent ni le héros, ni le prince, ni l'homme de loi, ni aucun fonctionnaire. On n'y voit nulle forteresse réelle, nul hôtel de ville, nulle cour, nul palais de justice. Dans un décor nouveau, les bourgeois et les gentilshommes reprennent le songe et la mystique des bergers. Comme eux, ils n'ont aucun goût pour l'uniforme ou le métier. Ils rêvent, ils aiment. Un homme hasardeux et insouciant, plus profond ou moins grave que celui de la fonction, se découvre, s'évade des activités et des intérêts pratiques pour gagner les fêtes du caprice et de la passion. Des aristocrates de la pastorale aux démocrates de la comédie la même veine se reconnaît : c'est celle du romanesque amoureux [9]. L'amour anime cette jeune humanité qui cherche son climat favori : la conversation, les bals, les jardins, les masques, le déguisement, le quiproquo, l'intrigue, l'ironie, l'épreuve, la rêverie, la confusion et le hasard du sentiment; que ce jeu se transforme et prenne chez Corneille un tout autre caractère, nous aurons soin de le montrer. Pour l'instant nous ne cherchons qu'à reconnaître la secrète filiation de la pastorale à la comédie cornélienne sous les espèces diverses du décor. Au sujet de cette dernière, si nous parlons de réalisme, ce sera dans un sens tout particulier qu'éclairera cette filiation même. Car cet univers léger, dansant, éloquent, pudique ou hardi, paré ou cynique, on pourrait le croire imaginé plus qu'observé, mais on se tromperait sans doute. Il semble artificiel, théâtral, abstrait; mais justement c'est par là qu'on peut affirmer qu'il est vrai et réel : il peint la jeunesse et celle-ci a ces traits, l'amour naissant et ce dernier a ce visage. Rien, en effet, ne donne plus que la jeunesse l'impression de l'inconstant, du sérieux, de l'outré, du fervent, de l'absolu. Ensemble, le meilleur et le pire : la légèreté mais le pédantisme, la grâce mais la grimace, l'extrême pudeur mais l'extrême licence, le diamant mais la verroterie. Le jeune Corneille est tout cela quand, à Rouen, il entrevoit les premières images de son théâtre : une jeunesse soumise à des jeux, des règles et un langage propres; évoluant dans un cercle où les droits et les devoirs des grandes personnes ne pénètrent pas. Age heureux; sursis de léger scandale et d'impunité avant l'homme et son moment éthique. On voit que ce monde a toutes chances s'il est décrit avec exactitude — et c'est ici le cas — de se situer hors de l'expérience et de la terre des hommes. La peinture de Corneille reste réaliste tout en élisant son modèle dans les manifestations du loisir amoureux et de l'irrationnel. Le romanesque n'y est pas de convention mais d'observation. La part qui revient à Corneille se dessine.

Il ne faudrait pas cependant l'exagérer. Ce réalisme dans la décoration et la peinture de la vie bourgeoise, il n'appartient pas à Corneille de l'avoir le premier introduit dans la littérature ni même au théâtre. Le roman avant *Mélite* avait déjà représenté des aventures directement tirées du spectacle de la vie, dans un cadre de province ou de ville française [10]. Les dramaturges eux aussi avaient eu quelquefois le goût d'un cadre et d'un récit à la ressemblance de la nature. En tête de sa comédie facétieuse de *Gillette*, dans une lettre datée du 12 août 1619 adressée à Monsieur son intime, Troterel écrit : « Mon intime, estant allé voir, il y a bien un mois, un mien parent, lequel demeure demie lieuë près la ville des Lexobiens; ainsi comme nous deuisions de plusieurs choses plaisantes, selon son humeur joviale, entre autres bons contes du tems, il m'en récita un de l'amour follastre d'un gentilhôme son voisin avec sa servante : auquel ayant pris grand plaisir, parce qu'il est fort comique, je me suis aduisé de passer huit jours de ces ardentes challeurs caniculaires, à luy donner forme de comédie... [11]. » Baro, au premier acte de sa *Celinde* indique que « tous les marchands ouvrent leurs boutiques [12] ». Dans *La Lizimène* de Coste, au début du quatrième acte, un mercier vend sa camelote [13]. Et l'on trouve un autre mercier qui fait un boniment dans une pastorale d'un anonyme publiée en 1632, *Le Mercier inventif* [14].

Mais ni Corneille ni ses contemporains les plus novateurs n'ont encore une vue pleine sur les principes du réalisme classique. Ils poussent leurs investigations tantôt dans les pays de l'imaginaire, tantôt dans ceux de la réalité vivante. Leur art hésite entre inventer et observer. Ils pressentent, amorcent, abandonnent les éléments et l'ordre classiques. *Mélite,* puis *Clitandre,* sont à cet égard bien révélatrices; l'une se rapproche de la vie, s'écarte du poème; son expression est celle de la conversation, son intrigue celle d'une expérience; l'autre propose une chaîne d'événements extérieurs et psychologiques arbitraires, mal soudés les uns aux autres ou selon le caprice [15]. Corneille semble s'en réjouir dans la préface de *Clitandre* : « Pour peu de souvenir qu'on ait de *Mélite,* il sera fort aisé de juger, après la lecture de ce poème, que peut-être jamais deux pièces ne partirent d'une même main, plus différentes et d'invention et de style... Ceux qui ont blâmé l'autre de peu d'effets auront ici de quoi se satisfaire, si toutefois ils ont l'esprit assez tendu pour me suivre au théâtre, et si la quantité d'intrigues et de rencontres n'accable et ne confond leur mémoire [16]. » En vérité, Corneille ne s'en tient jamais à une seule formule. Il fut toujours hésitant et partagé sur ce point de difficulté — art de connaissance, art de délectation — si bien qu'une bonne partie de sa peinture de l'amour se situe sur le plan de l'analyse psychologique, l'autre dans les régions du mythe et de la poésie. On peut, pour expliquer cette richesse, supposer qu'il y avait en lui un démon plus impérieux encore que la raison et l'ordre, ou bien qu'il sentait obscurément la vertu d'une création libre. Il faudrait alors en dire autant de ses prédécesseurs immédiats : la plupart ont connu les mêmes scrupules, les mêmes interrogations. Leurs œuvres décèlent le double caractère d'un art classique et d'un art opposé à ce dernier.

Entrons dans quelques détails. Si Corneille a pu faire « rire sans personnages ridicules, tels que les valets, les bouffons, les parasites, les capitans, les docteurs... [17] », c'est que la pastorale, avant lui, en avait débarrassé la scène. Les goinfres, les pédants, les matamores, les amoureux stupides, le satyre même, légués par la commedia italienne ou la comedia espagnole, Racan, Hardy, Mairet, Gombauld les avaient éliminés peu à peu de leurs pastorales. Finalement ils n'avaient retenu qu'un monde de jeunes gens et de jeunes filles dont l'occupation unique était l'amour. Des frères, des sœurs, des amis, le cercle étroit des parents, une vieille femme sorcière ou entremetteuse, nourrice ou suivante, le magicien. Or, tout ce petit monde est celui que Corneille utilise et intègre à sa comédie. Il reprend aussi une intrigue d'amour que la pastorale avait lentement dégagée du cycle des amours non répondus emprunté au *Pastor fido* ou à la *Diane*. Un coup d'œil sur les arguments permet d'en voir à nu le mécanisme fort simple [18]. Il s'agit d'une comédie d'amour à peine modifiée d'une pièce à l'autre où, comme dit Corneille : « J'ai presque toujours établi deux amants en bonne intelligence, je les ai brouillés ensemble par quelque fourbe et je les ai réunis par l'éclaircissement de cette même fourbe qui les séparait [19]. »

Mais cette intrigue se répète à longueur de pastorale, depuis le *Pyrame* de Théophile, les *Bergeries* de Racan (amour d'Alcidor et d'Arthénice traversé par le jaloux Lucidas), la *Silvie* de Mairet (amour de Thélame et de Silvie, jalousie de Philène), l'*Alcée*, le *Triomphe d'amour*, *Dorise* de Hardy, l'*Infidèle confidente* de Pichou (Lorise jalouse de Lisanor et Céphalie), *La Madonte* d'Auvray (Leriane jalouse de Madonte et Damon), vingt autres pièces.

Pour voir à quel point l'imitation de Corneille est appliquée quant à l'intrigue, nous donnerons ici un exemple : l'argument des *Urnes vivantes* (1618), de *La Carline* (1626), dont la source est le *Pentimento amoroso* de Luigi Grotto, pièce que Roland Brisset en 1591 traduisit dans sa *Diéromène* [20]. C'est celui également de *Mélite*.

Dans la pièce de Boissin de Gallardon, Polibelle aime Phélidon, Roserin Polibelle; Roserin repoussé cherche à brouiller les amants. Il fait croire à Polibelle que Phélidon aime Alcyone, à celle-ci qu'elle est aimée de Phélidon. Alcyone va s'étendre à côté de Phélidon endormi. Roserin montre le couple à Polibelle désespérée. Sur un faux rapport du jaloux, Phélidon la croit morte. Il se réfugie dans une caverne. Polibelle le rejoint trop tard; ils succombent dans les bras l'un de l'autre.

Antoine Gaillard reprend le même sujet quelques années plus tard sous forme d'une comédie pastorale : *La Carline*. Ici les amants sont Carline et Palot, le jaloux Nicot. Ce dernier persuade à Lysète, amoureuse elle aussi de Palot, de l'embrasser pendant son sommeil, puis il montre à Carline le spectacle. Elle songe à mourir. Palot est désespéré de se voir abandonné. Intervient un homme des bois, Silvain, qui annonce à Nicot que Carline et Palot sont morts. Effrayé, Nicot retourne à Lysète, et Palot à Carline.

Dans la *Diéromène* de Grotto, Nicogino aime Diéromène. Le berger Ergasto, jaloux, la persuade qu'il lui est infidèle. La similitude des sujets et de celui de *Mélite* est évidente; l'artifice pour séparer les amoureux seul diffère. Chaque auteur met sa coquetterie à employer une technique propre. Ici le jaloux conseille à la bergère naïve d'aller coucher auprès de celui qu'il faut évincer (*Les Urnes vivantes*); là de l'embrasser (*La Carline*); là enfin on use de lettres supposées (*Mélite*). Il y a d'autres stratagèmes : le miroir enchanté d'un magicien (*Les Bergeries*), un moucheron (*Silvie*), un anneau (*Madonte* d'Auvray); les lettres sont encore utilisées dans le *Trompeur puny*, l'*Hypocondriaque*, etc...

L'apparente complexité de *Clitandre*, le romanesque des épisodes, la vaste tapisserie polychrome où se déroulent tour à tour les scènes du guet-apens dans la forêt, la tentative d'assassinat de Caliste puis de Rosidor, le combat sanglant de Pymante et de ses acolytes contre Rosidor, la délivrance de Caliste, le déguisement et la marche à travers les bois de Dorise et de Pymante traqués, la tentative de viol dans la grotte, la chasse du fils du roi, l'orage, le cheval foudroyé, l'arrestation de Clitandre, le cachot où il se lamente, la sentence du roi, la découverte des

coupables, les aveux, le spectacle des cadavres, celui du prisonnier enchaîné, toutes ces péripéties qu'on a pu croire originales,
constituent le tout-venant de la tragi-comédie. Un tel romanesque en effet ne devait guère surprendre les habitués du théâtre; les pièces qu'ils allaient entendre, ou qu'on pouvait lire,
offraient la même confusion, le même dynamisme des événements;
la couleur était partout celle du roman [21]. Par exemple, dans la
seconde pièce de Du Ryer, *Clitophon et Leucippe,* jouée en 1629,
Calistenne, jaloux de Clitophon, décide d'enlever Leucippe. Il n'y
peut réussir; c'est Calligone qu'il enlève par erreur à sa place.
Les deux amants, Clitophon et Leucippe s'enfuient en Egypte
accompagnés de Clinias et d'un domestique, Satyre. Ils arrivent à Alexandrie, puis à Memphis. Dans cette dernière ville,
ils sont condamnés à être sacrifiés aux dieux par l'ordre du tyran
d'Egypte, Buzire. Un certain Ménélas, qui par bonheur se trouve
être le père de Satyre, sauve les fugitifs d'une manière bien
curieuse. De la prison on conduit les infortunés au supplice;
mais Charmide, roi d'Alexandrie, accourt, interrompt le sacrifice
et sauve Clitophon. Leucippe restée aux mains du tyran Buzire
est menée de nouveau sur la colline pour y être égorgée. En
réalité on assiste à un sacrifice simulé : Ménélas a placé sur la
poitrine de Leucippe une vessie pleine de sang; il a fait absorber
à la jeune fille un soporifique. La cérémonie accomplie, il la cou-
che dans un cercueil. Clitophon, au milieu des troupes de Charmide, a aperçu de loin ce terrible spectacle. A la nuit il gagne la
colline. Ménélas le tire d'erreur et lui fait voir la morte vive. On
est maintenant chez le roi d'Alexandrie. Clitophon, conseillé par
Ménélas, déclare à Charmide qu'il est le frère de Leucippe.
Charmide s'éprend de la jeune fille. On se tire une fois encore
de ce péril : dans un duel contre le roi Buzire, Charmide est tué.
Mais les amants n'auront pas longtemps à souffler. Un pirate
enlève Leucippe, et Clitophon part à sa poursuite. Son navire
rejoint celui du ravisseur. Alors Clitophon peut apercevoir Leucippe sur le tillac; on lui tranche la tête, on jette son corps à
la mer. A Ephèse, nous retrouvons Clitophon et Leucippe qui
a échappé au corsaire (on avait décapité une jeune esclave à sa
place). Une nouvelle aventure sentimentale commence pour eux.
Leucippe, sous le nom de Lucène, est au service d'une grande
dame, dont le mari a disparu, et qui tombe amoureuse de Clitophon. Elle met Leucippe-Lucène dans la confidence. Le mari
reparaît, prend ombrage de Clitophon, le fait enfermer dans une
tour, lui fait croire que Leucippe est morte. Clitophon est désespéré. Sur le point de mourir il est sauvé par son père. Il retrouve
Leucippe. Ils ont bien mérité de se marier.

Ligdamon et Lidias de Scudéry, *Céliane, Amélie* de Rotrou,

La Belinde de Rampale, *La Sœur valeureuse* de Mareschal ne sont pas moins chargés d'épisodes ni moins colorés que la pièce de Du Ryer. Ici les amoureux, séparés dès le début du premier acte, ne se retrouvent qu'à la fin pour se marier; ils ont à surmonter les épreuves les plus diverses : une tentative de suicide, un duel, un combat contre les Neustriens, une condamnation aux lions, une méprise malheureuse due à la ressemblance; l'un d'eux, pour rester fidèle, doit boire du poison, etc... (*Ligdamon et Lidias*). Ailleurs, ils doivent s'embarquer pour fuir la sévérité du roi, perdent dans la nuit le chemin qui les conduisait au port, s'endorment dans une forêt. Un vieux magicien veut s'emparer de la jeune fille et abuser d'elle. Elle lui échappe en le menaçant de lui crever les yeux; elle passe dans l'île de Chypre, se déguise en homme, est courtisée par une fille, doit dévoiler son sexe. (*La Belinde.*) De telles merveilles Rampale se félicite, en réclame la paternité : « sans faire parade de la despouille des autres, je vous donne icy les fruicts cueillis dans mon propre fonds, lesquels s'ils ne sont parfaictement délicats, je ne crois pas aussi qu'ils soient entièrement fades [22] ». Il n'avait pourtant, comme les autres, qu'à puiser au fonds commun. Rotrou ne s'en prive pas. Dans *La Céliane*, l'amant fuit une maîtresse trop rigoureuse ou peut-être jalouse. Elle, déguisée en homme, part à sa recherche, le rencontre dans un bois, le force à combattre, est blessée. Il la ramène chez un ami qui s'éprend d'elle, mais a horreur de tromper à la fois un ami et une maîtresse qu'il servait, et projette de se tuer. L'amant généreux donne à l'ami celle qu'il aime; ce qui n'arrange rien : elle veut s'empoisonner. La sœur de l'ami, indignée du procédé de son frère fait déguiser en homme la jeune fille délaissée; celle-ci s'entend avec sa rivale, s'enferment toutes deux dans une chambre et par leurs caresses feintes finissent par dégoûter l'ami (*La Céliane*).

Telle autre tragi-comédie réussit dans ses cinq actes à contenir l'assassinat d'un mari, la poursuite des amants accusés d'avoir conspiré cette mort, l'emprisonnement au Châtelet de la femme, les visites de l'amant et l'enlèvement de la prisonnière grâce à la complicité d'un boucher et du geôlier, un combat d'honneur où les amantes habillées en hommes se proposent en champion de l'amant, l'emprisonnement de ce dernier à la cour du roi, un nouveau déguisement et un nouveau combat, enfin un dénouement heureux (*Lisandre et Caliste*).

Ces quelques exemples suffisent : il n'y a pas de solution de continuité entre la comédie d'amour qu'illustrent la pastorale et la tragi-comédie vers 1630, et celles des premières œuvres de Corneille jusqu'à l'*Illusion*. Les similitudes de toutes sortes restent fort nombreuses; dans leurs jeux, à travers leurs aventures, les amoureux refont les mêmes gestes, usent de pièges, de stratagèmes, de quiproquos semblables. On a fait récemment le relevé précis de ces imitations et de ces concurrences [23]. Partout ce sont mêmes imbroglios sentimentaux, reconnaissances, enlèvements, complots; partout une petite comédie d'amour avec ses nuits d'amants à la belle étoile, ses lettres égarées ou fausses, ses carrosses, ses filles en garçons et ses garçons en filles; une comédie aussi tendre, baroque ou cynique dans ses images d'Epinal, ses masques, ses couronnes de carton, ses tapisseries. Mais il nous faut aller plus avant et voir si les éléments de la psychologie amoureuse de *Mélite* à *L'Illusion,* sont eux-mêmes originaux ou empruntés.

CHAPITRE III

PSYCHOLOGIE AMOUREUSE : INSPIRATION SENTIMENTALE ET INSPIRATION RÉALISTE

Les deux inspirations fondamentales de l'amour — don de soi et égoïsme — la tradition spirituelle ou sentimentale et la tradition gauloise que Corneille a mêlées dans ses premières œuvres (comédies et poésies), sont partout illustrées dans le roman, le théâtre et la littérature en général sous Henri IV et Louis XIII. Elles marquent la double nature de l'amour : goût d'éternité où l'âme s'appareille, et force nue du désir. L'amour se cherche dans la durée ou dans l'éternel, dans la multiplicité ou dans la profondeur. Sans doute la femme demeure un objet de culte : poursuivie sur toutes les routes, sur toutes les mers, prisonnière de tyrans, de pirates, de parents égoïstes, ou indignes. Le sens chevaleresque, la notion d'honneur, la dignité, la constance, la générosité, l'admiration composent cette psychologie du sentiment [1].

Mais ni le roman pastoral, ni le roman chevaleresque et héroïque, ni la pastorale, à partir de Racan, ne parvinrent à refouler tout à fait l'autre inspiration. Des forces obscures ne manquent pas de les habiter : désir, libertinage, licence, viol. Certaines œuvres s'aventurent même vers les misères de l'amour et le tragique de la sexualité, parfois vers la passion aberrante (*Endymion ou le Ravissement, La Belinde, L'impuissance*. Ces ouvrages connus, telle scène de *Clitandre*, l'ambiguïté et la confusion de sentiments dans plusieurs pièces de Corneille cessent de surprendre et de sembler originales [2].

La source de ces inspirations est de toute évidence dans l'*Astrée*. D'Urfé est bien de son époque : entre les Renaissants et Corneille il annonce, tout en enfermant son opposé, le réalisme psychologique. D'Urfé en effet avait recueilli certains éléments de tradition française que lui transmettaient notre moyen âge, sa chevalerie, son histoire et ses légendes, ainsi que notre Renaissance et son humanisme si curieusement traversé par les théories

du platonisme et du néo-platonisme. L'effort entrepris par ses prédécesseurs immédiats dans la poésie, le roman ou l'essai philosophique, pour élever les choses de l'amour jusqu'à l'âme, il le continue tout en le limitant; il ne prend du platonisme que ce qui
convient aux aspirations de ses contemporains; dans l'*Astrée*, l'âme
ne cherche plus Dieu à travers l'amour humain; elle se replie sur
l'objet même de son amour et parvenue à sa perfection s'y repose; elle ne s'arrache plus à son bien terrestre; la durée, non
l'Eternel, reste son viatique.

A ces influences indigènes que subit d'Urfé, il faut ajouter celle
de la pastorale italienne et des théoriciens de l'amour. Elles se
mêlent et fleurissent dans un cadre national, mais l'esprit de notre
race, dans ce premier tiers du XVIIe siècle, s'apparente si bien à
l'esprit espagnol qu'il ne tarde pas à évincer dans les choses du
sentiment l'inspiration sensuelle et galante de l'Italie. Le goût du
baroque, du romanesque et des grandes entreprises, le sens de la
liberté et de la dignité humaines, le culte de l'honneur et les coquetteries non moins sévères du point d'honneur, se traduisent
dans la réalité historique française par les conflits entre le Par-
lement, les nobles, les petites gens et le Roi, et sur le plan religieux par les schismes, les hérésies, les convulsions de la foi militante ou le scandale des esprits forts.

A cette société d'Urfé offrit l'*Astrée* ou l'idéal du parfait amant;
elle réalisait dans une forme à la fois savante et sensible ce que
ses prédécesseurs sous le règne de Henri IV, Des Escuteaux et
Nervèze, avaient tenté un peu au hasard et sans beaucoup de talent. Le but constant de ces romanciers avait été de refuser à la
passion les images forcenées ou grivoises héritées du moyen âge,
celles-là mêmes que les nouvellistes et les conteurs italiens avaient
remises à la mode sous la Renaissance. Ils ne faisaient que suivre
en cela le nouvel idéal pressenti par Marguerite de Navarre, par
les philosophes néo-platoniciens et néo-stoïciens, par les poètes pé-
trarquistes. Tous ces écrivains avaient cherché à purifier l'exercice
ou tout au moins l'expression de l'amour. Les femmes jouèrent
un rôle décisif dans cette lutte contre la grossièreté des mœurs
et du langage; on sait qu'un mouvement mondain et précieux sous
Henri IV précéda celui de l'Hôtel de Rambouillet [3]. Plus épars,
moins systématique que celui qui remplira le règne de Louis XIII,
il n'en devait pas moins préparer les belles manières et cette civilité que le XVIIe siècle mena si loin. Il favorisa également l'éveil
du sentiment et de la spiritualité dans le domaine de l'amour.

Les lecteurs étaient depuis longtemps avertis de l'idéal amoureux que leur proposait l'*Astrée*. Nos dramaturges retrouvèrent
dans ce roman — mais cette fois mieux conduite et jointe à une
psychologie et une science du cœur plus vastes — la préoccupa-

tion morale à laquelle d'autres romanciers bien avant d'Urfé les avaient habitués. Ils découvrirent aussi bien davantage. Jamais dans nos lettres l'amour n'avait empli une durée si longue, animé d'aussi nombreux, d'aussi divers personnages, éveillé tant d'émotions, du premier émoi au désespoir des amants; l'amour était décrit dans sa légèreté, dans sa constance, dans ses coquetteries et ses jeux, dans son sérieux et ses subtilités, dans ses formes généreuses et volontaires; sensuel, violent, sauvage, mais aussi chaste, discipliné, respectueux; mille nuances de crainte, d'indifférence, de mépris, de colère, de haine, d'admiration, d'adoration, d'extase; tous les âges de l'amour, tous ses tempéraments; ses égoïsmes et ses sacrifices, ses émotions religieuses à défaut de la foi en Dieu.

L'*Astrée* ne suivait pas en effet la seule tradition d'un amour épuré, fidèle, soumis, reflet ici-bas de l'amour divin. A Céladon d'Urfé opposait Hylas :

> *J'ayme à changer, c'est ma franchise*
> *Et mon humeur m'y va portant* [4]

Les propos qu'il lui prêtait n'étaient approuvés, il est vrai, que d'un tout petit nombre d'adeptes — Stelle, Floriante, Ormante — mais d'eux se dégageait avec assez de netteté le refus d'éterniser l'amour et de lui conserver son mystérieux prestige; ils parvenaient à donner une sorte de consistance et même de justification à une nouvelle manière d'aimer. Du moins faisaient-ils entrevoir une conduite possible, viable, tout à fait différente de celles de Céladon et de Sylvandre. A l'humble attitude devant la femme, maîtresse au plein sens du mot, à l'abdication de la puissance virile et de la personnalité, Hylas opposait la joie d'être disponible, l'égoïsme, la conquête amoureuse toujours reprise, la hardiesse du désir, les fiertés de l'amour-propre.

Au théâtre ces derniers traits seront reconnus et fixés bien souvent. Par Léontidas (*Madonte*, I, 2), Belanire (*Le Jaloux sans sujet*, I, 1), Criton (*L'Esprit fort*, passim), Hylas (*L'inconstance d'Hylas*, V, 5), Nisbé (*Lizimène*, V, avant-dernière scène), etc... [5] L'influence de l'*Astrée* sur la scène est considérable; il est curieux de noter qu'elle s'exerce surtout vers 1628 au moment où Corneille écrit *Mélite*. En 1628 et 1629 paraissent en effet deux tragi-comédies tirées du roman célèbre : *Madonte* d'Auvray, *Ligdamon et Lidias* de Scudéry. A la même source, un an après, puisent Gombauld pour son *Amaranthe*, Mairet sa *Silvanire*, Mareschal son *Inconstance d'Hylas*, Baro sa *Clorise*, quatre pastorales. Auvray, donne une tragi-comédie *Dorinde* (1630), Rayssiguier une tragi-comédie pastorale : *Astrée et Céladon* (1629 ?), Pichou, *Ro-*

siléon, œuvre perdue; Mairet depuis longtemps avait fait repré-
senter *Chryseïde et Arimand* et d'Urfé lui-même sa *Sylvanire.*

Dans sa brève analyse des œuvres de la jeunesse de Corneille,
Lanson écrit : « Ces honnêtes gens traitent l'amour comme on
faisait dans les ruelles, et c'est pour cela qu'un reflet de l'*Astrée*
éclaire leurs propos; c'est dans la vie que Corneille l'a saisi [6]. »
On ne peut être plus subtil ni moins exact. A l'origine des premières comédies, il y a l'*Astrée,* ou les œuvres de théâtre qui s'en
inspirent, et non l'observation de la société mondaine; c'est par
le livre que Corneille commence à découvrir celle-ci. Il ignore la
fréquentation des ruelles. Plus tard seulement il pénétrera au plus
vivant des groupes mondains, se joindra aux propagandes et aux
activités précieuses. Il en saisira, il en aimera l'esprit. Pour l'instant c'est la lecture des romans et des pièces de théâtre qui prête
à ses comédies « ce reflet de l'*Astrée* ». Ce n'est pas seulement
dans les galanteries et les propos tendres que les réminiscences se
trahissent mais dans la théorie même de l'amour. Quand Corneille
veut s'en dégager, poussé par quelque autre exigence, goût de
l'amour sans retards ou moins soumis, sentiment du naturel et de
la vie, il ne parvient jamais à faire oublier le souvenir de ses premières lectures. Sa hargne contre la morale précieuse, timide encore dans *La Suivante* (personnage de Florame), puis éclatante
dans *La Place Royale,* montre à quel point il en est pénétré. Quoi
qu'il en soit, il reste que dans les comédies, et même dans *Médée*
et un grand nombre de pièces après *Pertharite,* se formule moins
une psychologie qu'une métaphysique de l'amour; qu'on y parle
mieux de l'amour qu'on ne l'éprouve vraiment. Mais c'est ainsi
qu'on va à sa rencontre par le besoin qu'on a de l'exprimer. Les
interminables discussions de l'*Astrée,* du roman sentimental ou des
pastorales et tragi-comédies, ne sont pas toujours vaines et puériles; quelque chose de grave les anime; les prolonge comme un
jeu où le joueur garde obstinément une espérance : celle d'être
enfin pris et de se prendre au jeu. Elles sont la jeunesse, les premiers moments de l'amour. Le mot de La Rochefoucauld est bien
précieux : « Il y a des gens qui n'auraient jamais aimé s'ils n'a-
vaient entendu parler de l'amour [7]. »

Les jeunes gens des comédies cornéliennes sont de ce nombre.
Ils inventent l'amour, ce qui est la meilleure manière de le connaître; l'enferment pour le goûter dans un jeu de paroles, d'images, de manières et de gestes convenus. Une sorte de rituel, une
rhétorique à la fois pleine de surprises, d'improvisations et de stéréotypes. « Les passions de l'âme ayment la conférence », lit-on
dans la *Dorinde* d'Auvray [8]. Sous les masques et les feintes du
langage il arrive bien souvent qu'on surprenne l'éclosion de l'a-

mour. Filer le doux, soupirer, faire le mourant c'est se préparer à être amoureux et mélancolique et désespéré. C'est créer le climat de la tendresse, forcer la quête de l'amour.

On retrouve aisément la double attitude des amoureux de l'*Astrée* (Céladon-Hylas) dans les premières comédies de Corneille, comme d'ailleurs dans toutes les pièces de l'époque. L'attitude grave est celle d'un groupe imposant d'amoureux, de *Mélite* à l'*Illusion* : Tircis, Rosidor, Philiste, Lysandre, Florame même et Clindor; et d'amoureuses : Mélite, Caliste, Clarice, Célidée, Daphnis, Angélique, Isabelle. Leur amour est au niveau des regards et de l'âme. Si décisif qu'il jette les amants dans une soudaine solitude; l'instinct du bonheur pourrait à la rigueur expliquer leur passion si celle-ci ne se trouvait menacée. Sous l'apparente légèreté, sous la grâce des accordailles et de l'inclination frémit alors un sentiment plus inquiet, plus absolu. Ces jeunes gens et ces jeunes filles font l'expérience de leur âme. Ni insouciants, ni veules, ni infidèles mais attentifs au danger, parfois même farouches à défendre leur amour. Nous verrons qu'il prend de la hauteur et de la dignité, ne s'achève pas toujours en muséries langoureuses ou attendries. On pressent une sorte de sublime dans cette élévation de l'émotion amoureuse au sentiment, au point que la comédie ne pouvait pousser ce dernier trop avant sans glisser à la tragédie. *La Galerie du Palais* met à nu cette difficulté et le problème technique qu'elle pose : comment ne pas outrepasser la comédie ? Corneille s'en tire par un imbroglio qui fait naître un malentendu, non une brouille réelle qui eût été tragique. Si *La Place Royale* reste une comédie ce n'est que par son héros escamoteur d'un splendide scrupule; le fond de la pièce reste sévère et proche des larmes. *Médée* est la première manifestation du tragique; les comédies la préparent et l'annoncent par l'inquiétant problème amoureux qu'elles essaient d'esquiver. Celui-ci relève d'une inspiration grave et lucide de la passion, répandue dans toute la littérature sentimentale de l'époque.

C'est à une véritable mystique du sentiment que ce groupe d'amants nous conduit. Philiste (*La Veuve*) est soumis, discret, le « mourant » de Clarice. C'est « par la douceur » d'une longue hantise [9] » qu'il a su se faire aimer. Il n'ose encore se déclarer; il décrit son embarras, les peines qu'il endure :

> *Un esprit amoureux, absent de ce qu'il aime,*
> *Par sa mauvaise humeur fait trop voir ce qu'il est :*
> *Toujours morne, rêveur, triste, tout lui déplaît;*
> *A tout autre propos qu'à celui de sa flamme,*
> *Le silence à la bouche, et le chagrin dans l'âme,*
> *Son œil semble à regret nous donner ses regards* [10].

Lysandre (*La Galerie du Palais*) s'anime parfois de façon bien troublante pour Célidée; sa réplique jaillit d'une âme si fervente qu'elle est bien près de briser le cadre de la comédie. Nous songeons à la scène de réconciliation des amants : c'est déjà la langue chaude et dorée qui sera celle du *Cid* :

> *Vous lirez dans mon sang, à vos pieds répandu,*
> *Ce que valoit l'amant que vous aurez perdu;*
> *Et sans vous reprocher un si cruel outrage,*
> *Ma main de vos rigueurs achèvera l'ouvrage :*
> *Trop heureux mille fois si je plais en mourant*
> *A celle à qui j'ai pu déplaire en l'adorant,*
> *Et si ma prompte mort, secondant son envie,*
> *L'assure du pouvoir qu'elle avoit sur ma vie* [11].

Tircis (*Mélite*) vient de provoquer en duel son rival. Mais ce dernier s'esquive. Tircis ne peut souffrir cette lâcheté. Que Mélite lui préférât un amant qui vaille mieux que lui, non ce pleutre ! Ce n'est pas mériter son choix ni « soutenir son jugement [12] » que de n'oser se battre et mourir pour elle. La jalousie, on le voit, part de haut : elle est cette honte que l'amoureux éprouve d'avoir manqué de jugement. S'est-il trompé sur celle qu'il aime ? Il ne peut le souffrir. Et la mépriser serait se mépriser soi-même [13]. La passion est ici encore ramenée à son centre qui est l'âme; c'est une sédition dans l'être même. Le tragique de l'amour cornélien apparaît ici, celui-là même qui poussera Rodrigue immobile à appeler la mort. Déjà dans *Mélite* le rire de l'amour s'altère, les couleurs brillantes se plombent. A l'allure de danse du premier acte, à son libre et gracieux badinage succèdent l'amertume, la violence, le deuil. Soudain tout va à l'extrême. L'amour engage si avant les êtres qu'une fois unis ils préfèrent mourir plutôt qu'être séparés. *Mélite* s'achève sur cette troublante révélation :

> *Je ne l'avois pas su, Parques, jusqu'à ce jour,*
> *Que vous relevassiez de l'empire d'Amour* [14].

Eclairé dans son premier éveil par la beauté, l'amour s'achève donc par une noble alliance, par ce pacte de joie et de mort que scellèrent dans le roman et le drame de plus célèbres amants. On peut y voir, sans vouloir aller trop loin, plus sans doute qu'une intelligence froide et attentive, une conquête grave de l'amour. Amour des âmes, intransigeant, solitaire. Il se mêle à la nuit, à la rêverie, à la musique, à la mort; pousse les amants au duel, au suicide, au couvent [15].

Tout le théâtre contemporain de *Mélite* est lui aussi empli de cet amour respectueux, absolu. Le Roi Licogène (*Argenis et Poliarque*) déclare à Argenis ce pouvoir souverain :

> *Je prise plus le bien de viure soubs sa loy*
> *Que de voir l'univers assubietty soubs moy,*
> *Et mon cœur glorieux de porter son image*
> *Ne fait plus de desseins que pour luy rendre hommage* [16].

Et Poliarque dans la même pièce :

> *L'amour dont le pouuoir me liure ses attainctes*
> *Est plus fort que les loix, et que les choses sainctes* [17].

La passion exaltée a parfois la couleur et le ton cornélien (*Le Jaloux sans sujet*) :

> *Mais pour bien mériter cette heureuse conqueste,*
> *Madame, où voulez-vous que j'expose ma teste ?*
> *Quels maux faut-il souffrir que je n'ay point soufferts ?*
> *Faut-il rompre des monts, faut-il passer des mers,*
> *Courir où la discorde a la guerre allumée*
> *Et soustenir tout seul tout l'effort d'une armée* [18] ?

Tout comme Clarice (*La Veuve*, III, 8) Lorise (*L'Infidèle confidente*) attend son galant à la fenêtre qui donne sur le jardin; la nuit est tombée :

> *Jamais un moindre bruit n'a choqué le silence...*
> *La lune est sans esclat, aucun feu ne reluit*
> *Sur le crespe ombrageux de cette heureuse nuit* [19].

Aristandre ouvre *La Généreuse Allemande* par une louange intarissable à l'amour et à la femme aimée :

> *Le soleil pour la voir seulement luit au monde...*
> *L'Aurore en l'admirant tombe en gouttes menües,*
> *L'air enflammé d'amour ouure et chasse les nües*
> *Tant d'estoilles qu'on voit briller dedans les Cieux,*
> *On les croit des flambeaux, ce ne sont que des yeux :*
> *Les Sangliers et les Ours, qu'elle fuit et terrasse,*
> *S'arrestent en fuyant pour admirer sa grâce*
> *Et preuenant le coup de son feu inhumain*
> *D'une langueur d'amour luy tombent sous la main* [20]...

L'art de Corneille élimine assez vite ces allégories : bêtes, arbres, fleurs, sources, cessent de prêter leurs symboles à l'amour. Les choses de la nature n'apparaissent que rarement à travers les propos de ses personnages. A peine peut-on en relever ici et là quelques traces, quelques indications rapides [21]. Même un certain pittoresque de la vie mondaine, cocher, robe, gant, soie, linge ou termes empruntés aux métiers et à la chasse, disparaît avec la langue de la tragédie. Corneille n'use plus de l'alchimie savante et mystérieuse de Théophile dans son *Pyrame* mourant :

> *O fleurs si vos esprits, jamais se transformans,*
> *Despouillèrent les corps des malheureux Amans,*
> *S'il en est parmy vous, qui se souuienne encore,*
> *D'avoir souffert ailleurs qu'en l'Empire de Flore,*
> *Doux objects de pitié ne soyez point jaloux,*
> *Si la faveur d'amour m'a traicté mieux que vous* [22].

Il ne reprendra cet accent ni à l'invocation à la Nuit des *Bergeries* de Racan [23], ni au dialogue passionné de Thélame et de Silvie où conspirent pour le bonheur des amants le soleil, les « myrthes », les taillis fleuris, les « zéphirs du mont et de la plaine », les alisiers et les rossignols [24], ni aux innocences de la *Diane* de Montreux [25]. Mais il lui restera de ses lectures une prédilection pour la complainte amoureuse et le chant de l'âme touchée par une émotion trop forte :

> *Hélas ! que de tourments accompagnent ses charmes !*
> *Et qu'un peu de douceur nous va coûter de larmes !*
> *Il me faut donc te perdre, et, dans le même lieu*
> *Où j'ai reçu ton cœur, recevoir ton adieu !*
> *Sanglots, qui de la voix me fermiez le passage,*
> *Jusques à cet adieu permettez-m'en l'usage...*
>
> (*Comédie des Tuileries* [26])

Ou encore dans *Mélite* :

> *Maintenant que le sort, attendri par nos plaintes,*
> *Comble notre espérance et dissipe nos craintes,*
> *Que nos contentements ne sont plus traversés*
> *Que par le souvenir de nos malheurs passés,*
> *Ouvrons toute notre âme à ces douces tendresses* [27]...

C'est la même touche lyrique de la *Silvanire* de Mairet :

> *Maintenant que le Ciel de nos larmes touché*
> *Nous a rendu le bien qu'il nous auait caché* [28]...

★

On ne trouve pas toujours dans les premières comédies cet effort pour élever la passion au niveau d'un sentiment et quelquefois d'une vertu, ni cette pudeur dans les relations entre amants qui donne à celles-ci tant de noblesse. Le groupe des amants graves a son pendant : celui des amants volages, Cloris, Doris, Hippolyte, Philis, Lyse, Florame, Jason. Leur amour est un jeu; il ne s'embarrasse pas de scrupules. Ils savent en perdre le mystère :

> Pour moi, j'aime un chacun, et sans rien négliger,
> Le premier qui m'en conte a de quoi m'engager :
> Ainsi tout contribue à ma bonne fortune [29].

Même Tircis joue la comédie et le flirt galant :

> J'aime à remplir de feux ma bouche en leur présence;
> La mode nous oblige à cette complaisance;
> Tous ces discours de livre alors sont de saison :
> Il faut feindre des maux, demander guérison,
> Donner sur le phébus, promettre des miracles;
> Jurer qu'on brisera toutes sortes d'obstacles;
> Mais du vent et cela doivent être tout un [30].

Florame n'aime guère les Philiste-Céladon [31]. Célidée n'est pas sûre de son cœur [32]. Et moins encore Alidor [33]. L'attitude androcentrique de ce dernier amoureux est franchement hostile à celle des héros tendres de l'Astrée; nous aurons à y revenir. Alidor s'insurge contre l'amour soumis et la dictature féminine. Mais ce n'est pas une sorte de misogynie qu'il accuse. Déjà Tircis et Florame avaient montré la même bravade sans pénétrer aussi avant que lui et Célidée elle-même dans le drame de l'âme libre en révolte contre les enchaînements de l'amour. Corneille a donné à ce conflit un développement psychologique et une perspective métaphysique qui ne pouvaient manquer de grandeur. Qu'il soit allé plus loin que tous ceux qui l'ont précédé dans cette voie, qu'il soit ici presque neuf et seul, la suite de notre étude tâchera de le faire paraître.

Un refus d'aimer à la Céladon percerait également dans la légèreté et l'ironie souriante de certains personnages, des jeunes filles surtout, Cloris et Philis, ainsi que dans l'affairisme amoureux de Florame, Clindor et Jason. Tous trois ne cherchent pas dans l'amour « le seul bien d'aimer ». La fortune, la situation ou

la faveur des amoureuses en sont la plus sûre amorce. Florame
(*La Suivante*) n'a cajolé Amarante que pour s'introduire auprès
de sa maîtresse bien rentée, Daphnis. Il a peu de fortune et cherche à faire un bon mariage. Volontaire, ardent et quelque peu cynique, il fera avec Géraste, père de Daphnis, sorte de vieillard encore vert et galant, un marché en due forme : je consens à vous
céder ma sœur en mariage; de votre côté consentez à me céder
votre fille. Ce n'est plus un chevalier d'amour; ce n'est pas encore
un chevalier d'industrie. Mais Clindor et Jason sont bien près de
l'être. L'un, après avoir quitté le toit paternel, devient tour à
tour voleur, vendeur de médecines, diseur de bonne aventure, écrivain public au cloître des Innocents, clerc, montreur de singe à
la foire Saint-Germain, poète pour chansonnier, romancier, tra-
fiquant de baume et de mithridate, solliciteur au Palais. Quand la
pièce commence il est le suivant du capitan fanfaron Matamore
et vit aux crochets de ce fantoche de héros. Amoureux sans scrupule il louvoie entre une servante Lyse et sa maîtresse Isabelle.
Il ne lui déplairait pas de les garder toutes deux à la fois, l'une
pour le plaisir, l'autre pour la fortune. Aussi ment-il à l'une et à
l'autre avec une effronterie tranquille. Cet amour, il est vrai, devient soudain grave et noble, mais les débuts ne le sont guère.
Quant à celui de Jason pour Hypsipyle, il suffit ici de rappeler
la fin du couplet à Pollux :

> *Et j'ai trouvé l'adresse, en lui faisant la cour,*
> *De relever mon sort sur les ailes d'Amour* [34].

On retrouverait cette inspiration d'un amour contraire à « l'honnête amitié » et à l'esprit précieux dans les *Poésies* parues en
tête de *Clitandre*. Si l'on peut y relever un certain nombre de vers
tendres et galants — Ode sur un prompt amour, Sonnet pour Mélite, la Chanson qui met en garde celui qui feint d'aimer, surtout
le Dialogue entre Tircis et Caliste embué d'émotion contenue et
d'un accent si direct — il est aisé de voir que ces poèmes élégiaques
ne sont pas la seule note du recueil. D'autres pièces de vers ap-
portent des vues plus réalistes sur l'amour :

> *Que l'on commence d'être heureux*
> *Quand on cesse d'être amoureux...*
> *Prends donc, comme moi, pour devise*
> *Que l'amour n'est qu'une sottise* [35].

De ces pirouettes il faut rapprocher la chanson alerte où Corneille
se montre peu disposé à se laisser submerger par la tendresse; ou-

blieux, voluptueux et indifférent, on pourrait le croire de sang-
froid devant elle :

> *Quand je vois un beau visage,*
> *Soudain je me fais de feu;*
> *Mais longtemps lui faire hommage,*
> *Ce n'est pas bien mon usage...*

> *Plus inconstant que la lune*
> *Je ne veux jamais d'arrêt :*
> *La blonde comme la brune*
> *En moins de rien m'importune;*
> *La blonde comme la brune*
> *En moins de rien me déplaît* [36].

Cette impression, d'autres poésies l'aggraveraient encore, s'il est
vrai que la galanterie, l'ironie qui s'y donnent libre carrière, s'é-
loignent de l'amour. Nous citerons le sonnet où il est question d'un
nœud de ruban envoyé par un amoureux à sa belle; le madrigal
« pour un masque donnant une boîte de cerises confites à une
damoiselle »; les stances sur une absence en temps de pluie; enfin
un autre madrigal qui n'est qu'un jeu d'esprit sur l'Amour-aveu-
gle : pour diriger ses traits au cœur du soupirant, Philis lui prête
ses regards [37]. Restent les Epigrammes traduites du latin d'Au-
doënus que l'abbé Granet n'osa insérer quand il fit paraître en
1875 les œuvres diverses de Pierre Corneille : « Je n'ai pas fait
difficulté de supprimer les plaisanteries d'un goût peu délicat et
divers traits d'une galanterie trop libre [38]. » Nous nous en tien-
drions à cette pudeur et à ce silence, si l'étude des comédies ne
faisait paraître une saine et vive sensualité chez cet auteur qui
passe généralement pour en manquer tout à fait. On ne peut en
effet oublier ni la violence de Pymante dans *Clitandre*, ni le li-
bidineux vieillard de *La Suivante*, ni la verdeur du langage des
premières leçons de *Mélite* et de *Clitandre*, ni la tirade de Rosine sur l'infidélité :

> *L'incomparable ami, mais l'amant ridicule,*
> *D'adorer une femme et s'en voir si chéri,*
> *Et craindre au rendez-vous d'offenser un mari...*
> *N'as-tu jamais appris que ces vaines chimères*
> *Qui naissent aux cerveaux des maris et des mères,*
> *Ces vieux contes d'honneur n'ont point d'impressions*
> *Qui puissent arrêter les fortes passions* [39] ?

Gaillardises, équivoques, gestes hardis, baisers, sont très loin parfois de l'extrême décence qui règne partout ailleurs dans ce théâtre. Ils portent la marque de l'époque. On sait que Corneille dans les éditions postérieures corrigea scrupuleusement tout ce qu'il jugea s'écarter de la bienséance. Aux épigrammes sans grâce et d'un goût douteux sur l'Amour nu, les Huguenotes de Paris, les disputes et les réconciliations des époux [40], il faut joindre celle qu'il adressa au comte de Fiesque, fort courte et qui donne le ton :

> Quand je vois, ma Philis, ta beauté sans seconde,
> Moi qui tente un chacun, je m'y laisse tenter;
> Et mes désirs brûlants de perdre tout le monde
> Se changent aussitôt à ceux de l'augmenter [41].

On retrouve ce dernier trait dans la bouche de Tircis (Mélite) [42]. C'est le même Tircis qui conseille à son ami Eraste de ne point se marier à une jeune fille belle et sans richesse :

> La beauté, les attraits, le port, la bonne mine
> Echauffent bien les draps, mais non pas la cuisine.

et il ajoute que, dans ces conditions, le mariage

> Pour quelques bonnes nuits, a bien de mauvais jours [43].

Nous citons ces vers d'un caractère plus grivois que sensuel pour montrer tous les liens qui rattachent Corneille aux dramaturges de son temps en ce qui concerne la peinture de l'amour. Ces derniers, il est vrai, sont beaucoup moins discrets, soit qu'il s'agisse de cette espèce de lyrisme sensuel que Corneille n'a pas éliminé de ses premières œuvres [44], soit encore de réalités et d'images plus précises [45].

CHAPITRE IV

AMOUR-CONNAISSANCE ET AMOUR GLORIEUX

A cette peinture grave ou souriante de l'amour, Corneille ajoute d'autres traits. Il pose dès les comédies un certain nombre de « questions d'amour » qui relèvent beaucoup plus de l'intelligence que du cœur; elles font naître une série de conflits et une sorte de logique passionnelle. Ces questions touchent aux rapports de l'amour avec la volonté, la raison, le jugement; engendrent de subtiles curiosités, des délicatesses, des complications sentimentales et finalement cette fameuse théorie, bien mal interprétée le plus souvent, de l'amour cherchant l'estime ou les mérites de l'être aimé. Il faut y joindre les notions de gloire, d'honneur, de point d'honneur, de générosité, qui constituent les éléments constants de la psychologie cornélienne des passions. Nous préciserons ces notions. Retenons seulement ici leur emploi.

L'amour implique la connaissance des mérites. Un amoureux de la *Galerie du Palais* ôte le bandeau à l'Aveugle Enfant :

> *Nous sommes hors du temps de cette vieille erreur*
> *Qui faisoit de l'amour une aveugle fureur,*
> *Et l'ayant aveuglé, lui donnoit pour conduite*
> *Le mouvement d'une âme et surprise et séduite.*
> *Ceux qui l'ont peint sans yeux ne le connoissoient pas.*
> *C'est par les yeux qu'il entre et nous dit vos appas :*
> *Lors notre esprit en juge; et, suivant le mérite,*
> *Il fait croître une ardeur que cette vue excite* [1].

Ce texte n'exclut pas la fatalité des rencontres amoureuses. C'est à partir d'elles qu'interviennent les facultés et les énergies de l'âme; jugement, raison, volonté. Chez Corneille la première touche de l'amour reste mystérieuse :

> *Mais donnez-moi loisir de la trouver aimable :*
> *Un regard y suffit, et rien ne fait aimer*
> *Qu'un certain mouvement qu'on ne peut exprimer...*
> *Le coup en vient du ciel, qui verse en nos esprits*
> *Les principes secrets de prendre et d'être pris.*

> (*La Comédie des Tuileries*)

> *Souvent je ne sais quoi qu'on ne peut exprimer*
> *Nous surprend, nous emporte, et nous force d'aimer.*

> (*Médée*)

> *Souvent je ne sais quoi que le ciel nous inspire*
> *Soulève tout le cœur contre ce qu'on désire,*
> *Et ne nous laisse pas en état d'obéir,*
> *Quand on choisit pour nous ce qu'il nous fait haïr.*
> *Il attache ici-bas avec des sympathies*
> *Les âmes que son ordre a là-haut assorties.*

> (*L'Illusion*)

> *Quand les ordres du ciel nous ont faits l'un pour l'autre.*
> *Lyse, c'est un accord bientôt fait que le nôtre.*

> (*La Suite du Menteur*)

> *Il est des nœuds secrets, il est des sympathies*
> *Dont par le doux rapport les âmes assorties.*
> *S'attachent l'une à l'autre et se laissent piquer*
> *Par ces je ne sais quoi qu'on ne peut expliquer* [2].

> (*Rodogune*)

Mais ces divers mouvements de l'âme, les règles imposées par l'amour même à l'amour, le climat du sentiment où respirent le plus lucide et le plus dur de la conscience, étaient représentés avant Corneille de façon large et constante dans le roman et au théâtre.

Amour-connaissance ? On lisait déjà dans *L'Astrée* : « Nous ne pouvons aimer que ce que nous connaissons. » Sylvandre répliquait à Hylas : « Je ne sais comment tu te peux imaginer qu'on puisse aimer ce qu'on ne connaît point [3]. » Dans ses *Epîtres morales* d'Urfé définissait l'amour « une vertu contemplative par laquelle nous venons à désirer les choses que nous cognoissons estre bonnes [4] »; précisait celui des anges et celui des hommes dans un texte qui pourrait servir d'introduction aux actions de *L'Astrée* [5].

Amour-prédestination ? Qu'il s'agisse d'Astrée et de Céladon, d'Alcandre et de Circeine, de Calidon et de Célidée, de Pâris et de Diane, etc... la force qui tire ces amoureux des quatre coins du Forez pour tourner l'un vers l'autre leurs visages dans cette minute inéluctable de la rencontre, demeure humainement inexplicable. D'Urfé, pour le faire entendre, a recours au mythe ancien de l'aimant : de toute éternité telle âme est aimantée vers telle âme; elle ne peut vaincre cette attirance [6]. Chryséïde déclare : « Mais sache, ô grand Roi, qu'estant à peine sortie de l'enfance, les Dieux voulurent que j'aymasse un chevalier; je dis que les Dieux voulurent, car si ce n'eust esté par le vouloir des Dieux et qu'ils ne l'eussent escrit dans l'ordre infaillible du destin [7]... » Veronneau (*L'Impuissance*) après un essai de description physiologique revient au mythe traditionnel [8]; même théorie chez Rampale [9] (*La Belinde*) chez Rotrou (*Diane*) qui en tire une conclusion inattendue [10].

Amour volontaire et amour raisonnable ? Nos romanciers et nos dramaturges en parlaient fort bien avant 1630 : « ...l'Amour estant un acte de volonté qui se porte à ce que l'entendement juge bon, et la volonté estant libre en tout ce qu'elle fait, il n'y a pas apparence que cette action qui est la principale des siennes, dépende d'autre chose que d'elle-même. » « La volonté dont naît l'amour [11]... »

Le théâtre propose de semblables maximes. Daphné (*Alcimédon*) :

> *Souffre enfin que mon cœur hors de captivité*
> *Ne recoiue des loix que de ma volonté* [12].

Adraste (*Lisandre et Caliste*) :

> *Non, non, il faut aymer d'un amour nécessaire*
> *Qui recoiue des loix et n'en puisse pas faire,*
> *Il faut que la raison luy serue de flambeau,*
> *Qu'elle le fasse naistre et le mette au tombeau;*
> *Alors que nous croyons sa déffaite impossible,*
> *C'est nostre lâcheté qui le rend inuincible* [13].

Poliarque (*Argenis et Poliarque*) :

> *Considère combien l'audace est nécessaire*
> *Aux desseins hazardeux d'une amour volontaire* [14]

Dans *le Jaloux sans sujet*, on discute sur cette liberté d'aimer et le pouvoir de la volonté :

> *Nos sens se plaisent tous à la diuersité,*
> *Nous trouuons en tous lieux un nombre de merveilles*
> *Qui peuuent diuertir nos yeux et nos oreilles,*
> *La clarté du soleil, le murmure des eaux,*
> *Le coloris des fleurs et le chant des oiseaux;*
> *Nostre esprit est remply de mille connoissances,*
> *Et celle que l'on tient de toutes nos puissances*
> *La plus libre, de qui l'esprit mesme est sujet*
> *Sera seule captive et n'aura qu'un objet ?*

A quoi Eraste répond :

> *Ces nouvelles couleurs et ces bruits rauissans*
> *D'un mouvement aisé se donnent à nos sens;*
> *Mais nostre volonté se donne à ce qu'elle aime* [15].

Des indications laissent pressentir les ressorts dramatiques de conflits à peine ébauchés entre la passion et la maîtrise de soi, l'amour et la gloire, la liberté et l'amour, l'estime de la personne et l'amour. Dans la *Panthée* de Hardy, Cyrus respecte sa prisonnière malgré l'inclination qu'il a pour elle. Il parle avec orgueil à Panthée de cette manière de victoire :

> *Iaçoit que tes regars puissent contagieux*
> *Couler un doux poison dans l'âme par les yeux,*
> *Ma raison le repousse, et croit victorieuse*
> *Mériter un rameau de palme glorieuse.*

Elle lui répond :

> *N'en doute point Cirus, domter ses passions*
> *Vaut plus, que debeller cent mille nations* [16].

Dans *Dorise*, du même auteur, la Nourrice donne à sa maîtresse Sidère aveuglée d'amour, un conseil qu'elle croit salutaire :

> *Tel charme disparoist soumise à la raison,*
> *Elle brise les fers de semblable prison* [17].

Lindorante (*Le Vassal généreux*) reconnaît la puissance de la volonté et de la raison sur la passion :

> *Nous voulons estre attaints quand cet Archer nous blesse;*
> *Sa force ne luy vient que de nostre faiblesse;*
> *Et quand il nous surprend, c'est par la trahison*
> *Que quelqu'un de nos sens a fait à la raison :*
> *L'âme pour ce Tiran est tousjours assez forte,*
> *Mais lors que le désir trahit le jugement*
> *Il bouleverse tout par son aueuglement* [18].

L'Amour-estime ? Déjà dans l'*Heptaméron* de Marguerite de Navarre un amoureux en expose fort clairemént la théorie : « J'ai tant aymé une femme, que j'eusse mieulx aymé mourir, que pour moy elle eust faict chose dont je l'eusse moins estimée. Car mon amour estoit tant fondée en ses vertuz, que, pour quelque bien que j'en eusse sceu avoir, je n'y eusse voulu veoir une tache [19]. » Dans *L'Astrée* cette vue est vingt fois formulée : « Il est impossible d'aymer ce qu'on n'estime pas. » « L'amour c'est un désir de posséder quelque chose de grand et de mérite. » « Je l'ayme comme son mérite m'y oblige. » [20]

Il ne s'agit pas, bien entendu, de ce mécanisme un peu ridicule qu'on a tiré, on ne sait trop comment, du texte cornélien, et qui, poussé à ses extrêmes conséquences, promettrait bien des surprises. Belinde (*Le Jaloux sans sujet*) en aperçoit quelque chose; elle explique à Perside :

> *Et quoy ! si nous n'aymions que les choses parfaites*
> *Et qu'il nous fust permis de choisir librement,*
> *On nous verroit dix mille après un seul amant;*
> *Le Ciel à tous momens receuurait des outrages,*
> *Et verroit mespriser presque tous ses ouvrages* [21].

Au reste, Corneille lui-même met les choses au point : les mérites ne peuvent rien sur un cœur prévenu :

> *... quand ce cœur est pris et la place occupée,*
> *Des vertus d'un rival en vain l'âme est frappée :*
> *Tout ce qu'il a d'aimable importune les yeux;*
> *Et plus il est parfait, plus il est odieux* [22].

L'honneur et la gloire, qui combattent ou secondent l'amour dans toute l'œuvre cornélienne, font également partie de la psychologie traditionnelle au théâtre avant 1630. La pastorale ou la tragicomédie reprenait, il est vrai, les développements bien connus

de Tasse dans son *Aminte,* et de Guarini dans son *Pastor fido.*
Tantôt on retrouve cette nostalgie d'une liberté perdue que module le chœur dans l'évocation de l'Age d'Or, la malédiction proférée contre l'honneur, le culte de la Vénusté et des plaisirs [23].
Arténice dans les *Bergeries* ne fait guère que traduire le texte
italien [24]. Hylas (*Silvanire* de Mairet) essaie de convaincre Silvanire et Aglante de passer outre cet honneur qui n'est qu'un
« démon nuisible » :

> *C'est une inuention de vos mères rusées,*
> *Qui seiches comme cendre, et de vieillesse usées*
> *Par ces noms enchanteurs d'Honneur et de Vertu*
> *Vous défendent un bien qu'elles mesmes ont eu...*

Mais Silvanire :

> *Je veux que cet honneur que tu n'approuues pas*
> *Soit de mes actions la reigle et le compas* [25].

Ou bien nos dramaturges suivent le texte de Guarini et le sens
nouveau que ce poète donne après Tasse à l'Age d'Or et au
thème du Printemps. L'auteur du *Pastor fido* y prend le contrepied du poète de la Cour de Ferrare. Il coule dans le moule de
la strophe de l'*Aminte* une pensée tout opposée en ce qui concerne les rapports de l'homme et de l'amour [26]. La plupart des
contemporains de Corneille, avant ou après lui, usent constamment de ces notions qu'ils tirent dans des sens divers. Lisanor
(*L'Infidèle Confidente*) apprend qu'il est injustement soupçonné
d'avoir assassiné Lorise :

> *Voilà le pire trait que j'ay receu du sort,*
> *Mon honneur ne sçauroit me permettre de viure*
> *Et souffrir les assauts que l'outrage me liure...*
> *La vie ne m'est rien à l'esgal de l'honneur*
> *Qui préside à mes jours et conduit mon bonheur* [27].

Isimandre (*Orante*) a reçu un cartel d'Ormin :

> *Dures extremitez où le destin m'engage :*
> *Amour oste le cœur et non pas le courage :*
> *Si je fais ce combat, je hazarde mon heur,*
> *Et j'en serois indigne, en viuant sans honneur* [28].

C'est en raccourci le débat amoureux de type cornélien. Il est indiqué également dans l'*Agésilan de Colchos* joué quelques mois avant le *Cid* :

> *J'ai dû pour mon honneur poursuivre ton supplice*
> *Je dois pour mon amour t'offrir ce sacrifice* [29].

Il fait le fond psychologique des histoires « de Dorinde et de Gondebaut dans *L'Astrée*, comme celles d'Euric et Daphnide et Alcidon, d'Eudoxe et d'Ursace. « Aussi n'y a-t-il rien qui touche plus vivement qu'opposer l'honneur à l'amour [30] » dit d'Urfé. Les définitions ont toutes la netteté désirable : « L'honneur, c'est une opinion que nous laissons de nous et de notre courage. Et l'amour, c'est le désir de posséder quelque chose de grand et de mérite. Et c'est pourquoi, Madame, je ne ferais jamais difficulté de mourir en une généreuse action, ni en vous faisant service, en la première pour la gloire qui m'en demeurerait, en la dernière pour l'affection que je vous porte [31]. » L'amour d'Eudoxe pour Ursace, simple chevalier, annonce ces conflits cornéliens où la gloire de la femme, les droits de la naissance prévalent sur les inclinations du cœur. La fille de Théodose, malgré son amour pour Ursace, épouse Valentiniam. Trompée, traitée odieusement par l'empereur, elle n'en reste pas moins fidèle. Si j'étais libre de disposer un jour de moi, dit-elle à Ursace qu'elle n'a cessé d'aimer, je vous prendrais pour mari. Mais, ajoute-t-elle, « je veux croire que vostre amitié est telle que vous ne voudriez pas qu'ayant été impératrice je véquisse d'autre sorte et tinsse un moindre rang [32] ».

On trouve dans le *Vassal généreux*, de Scudéry :

> *Qui survit à l'honneur, est indigne de vivre.*

ou encore (*Lisandre et Caliste*) :

> *C'est estre plus que mort que vivre sans honneur.*

et plus loin, dans la même pièce :

> *Une âme généreuse establit son bon heur*
> *Dans la possession d'un véritable honneur,*
> *Pour garder ce trésor plus cher qu'un diadesme*
> *Elle doit se porter au mespris d'elle mesme* [33].

Les héroïnes de théâtre   et de roman — sont aussi jalouses

de leur gloire que celles de Corneille. Isolite (*Isolite ou l'amante courageuse*) vient de tuer Fanachile; elle s'écrie :

> *Et quand les dieux voudroient s'opposer à ma gloire*
> *Je ne sçay s'ils auroient sur moi cette victoire.*
> *Non, je l'ay résolu, mon courage est plus fort*
> *Que père ny que Roy, que prison ny que mort* [34].

La gloire est un stimulant de l'amour, ou inversement, pour Scudéry comme pour Corneille, (*Ligdamon et Lidias*) :

> *Rends ta Dame amoureuse auec ta renommée.*

ainsi que pour Du Ryer (*Argenis et Poliarque*) :

> *Jamais Mars, et l'Amour, ne furent estrangers*
> *Dedans un cœur royal qui braue les dangers.*

et pour Auvray (*Madonte*) :

> *Et l'Amour est vertu dans l'âme d'un guerrier*
> *Que la victoire appelle à cueillir un laurier* [35].

Elle va souvent de pair avec l'orgueil du Moi, ou se confond avec la générosité; elle prend le ton bravache des Premières comédies et même du *Cid*. Ce ton est familier à Scudéry (*Ligdamon et Lidias*) :

> *Et si dans le combat un gain je me propose,*
> *C'est celui de l'honneur, et non pas d'autre chose,*
> *Toute autre récompense est au-dessous de moy,*
> *Le nom de Roy me manque, et non le cœur de Roy* [36].

On va même à l'essentiel des maximes et de l'esprit cornéliens; témoin ce vers admirable de *La Généreuse Allemande* :

> *Et de sa volonté faire un second destin* [37].

ou encore (*Pyrame* III, 2) :

> *Tout homme de courage est maistre de son sort.*
> *Il range la fortune à son obéissance,*
> *Son devoir ne cognoist de loy que sa puissance.*

CHAPITRE V

LA PART CORNÉLIENNE

A rapprocher ainsi ces notions communes à toute une littérature ne risque-t-on pas de placer sous un même vocable des contenus psychologiques divers ? Sous le mot d'honneur ou de gloire qu'entendent les auteurs de la pastorale ? ceux de la tragi-comédie ? et qu'entend Corneille lui-même ? Est-ce que la vertu — toujours au regard de l'amour — consiste dans la réserve féminine ? Se confond-elle avec la chasteté ou avec la pudeur ? Les écrivains avant Corneille ne semblent pas l'avoir située hors de la résistance à l'abandon charnel qu'ils considèrent comme un péché ou un vice. Corneille en parle tout autrement; pour lui, vertu ne signifie pas pureté. L'honneur de la femme ne consiste pas à se garder pure charnellement; il s'exerce sur un tout autre plan. Une fois seulement, dans *Théodore vierge et martyr,* Corneille aurait pu s'accorder avec quelques-uns de ses prédécesseurs. Théodore veut s'offrir vierge à l'époux. C'est précisément cette pureté que la païenne Marcelle prétend souiller en elle. Théodore pouvait donc reprendre le thème de la pudeur chrétienne; mais Corneille ne s'y est pas tenu. On soupçonne à quelles méprises on peut être conduit en comparant des textes séparés du fond et de l'esprit de l'œuvre tout entière. Il nous faut donc revenir et regarder de plus près de tels rapprochements.

Dès la fin du XVI⁰ siècle, la pastorale choisit l'amour comme thème unique; il n'est guère de pièces où ne paraissent Cupidon et Diane, la lutte entre l'Amour et la Chasteté [1]. Dans les *Ombres* de Nicolas Filleul, une des quatre églogues du théâtre de Gaillon, bergers et bergères chastes enchaînent Cupidon. Le jeune dieu tire vengeance de ce peuple rebelle à l'amour : les insensibles sont enfin touchés et disent l'atteinte du mal mystérieux :

> *Quelle Circé, Clion, quel venin m'a changée ?*
> *Mais qu'est-ce qui me rent de moy mesme estrangée [2] ?*

Chez Fonteny et Montreux, au milieu d'intrigues un peu plus compliquées, d'amours sans réciprocité, le conflit s'accuse encore entre Diane et Cupidon. La sensualité des Renaissants, la tradition gauloise qui se maintiennent dans le satyre, ne laissent aucun doute sur le peu de goût de ces auteurs pour la chaste déesse. L'instinct et le désir triomphent d'elle aisément. Les contraintes de l'honneur ne pèsent guère; encore n'est-ce jamais que cet honneur mal défini de l'*Aminte*, qui repose dans l'opinion, non dans la grandeur d'âme individuelle. Parfois il n'est que le qu'en dira-t-on. Dans *La Chasteté repentie* de la Valletrye, Diane vaincue par l'Amour, consent à « visiter les bergers ». Elle veut bien devenir femme mais tient surtout à ce qu'on n'en sache rien. Elle réclame à l'Amour d'être discret :

> *Mais n'en parle jamais et jamais ne décelle*
> *Le bruit accoustumé que j'ay d'estre pucelle :*
> *Car on me pensera toujours vierge aussi bien*
> *Comme si je l'estais quand on n'en saura rien [3].*

On voit de quel scrupule se pare un tel honneur. On est loin de cette satisfaction intime que Marguerite de Navarre opposait à l'honneur du monde : « Car quand tout le monde me diroit femme de bien et je sçaurois seule le contraire, la louange augmenteroit ma honte et me rendroit à moy mesme plus confuse [4]. » On retrouvera cet honneur véritable dans Corneille.

Ailleurs, l'honneur dont la société semble faire une loi, est répudié, au nom de la société même. S'il était toujours écouté, dit de La Roque (*La chaste Bergère*), la chasteté « feroit périr le monde [5] ». Et Montreux de conclure dans *La Diane* (c'est la bergère qui parle) :

> *Il n'y a point d'autre gloire en amour*
> *Que le désir de jouir quelque jour [6].*

Cette franchise reparaît dans la pastorale d'Albin Gautier, *L'Union d'Amour et de Chasteté [7]*. Une vive sensualité y force aisément les retards et les défenses de la chasteté ou de l'honneur. Et ce n'est pas les bergers qui l'emportent en audace sur les bergères. Une jeune fille (*Athlette*) répond à Rustic son soupirant qui voudrait baiser sa bouche et son sein :

> *Tout est à toy, faits ce que tu demande* [8].

Honneur et pudeur sont confondus de façon évidente dans *La Belinde* de Rampale :

> *Sire, j'en suis honteuse, encore que je jure*
> *Qu'en cela mon honneur n'a point reçu d'injure...*
> *Et m'a toujours seruie auec tant de respect*
> *Qu'un ange auprès de moy m'eust été plus suspect* [9].

Lysette (*La Carline*) vient d'échapper au satyre Turquin; elle remercie Diane :

> *C'est toy Diane où j'ay tout mon recours,*
> *Qui m'as donné promptement le secours,*
> *Ayant le soin de l'honneur des pucelles* [10].

Charixène (*L'Impuissance*) est plus précise encore :

> *Il faut ainsi traicter rudement ces infames*
> *Qui n'ont pas le pouuoir de contenter les femmes :*
> *Que sert-il de les craindre ? Ils n'ont point de valeur,*
> *Et ne sçauroient jamais trouuer le poinct d'honneur* [11].

Et Clorette (*Les Corrivaux*), à qui sa tante vient de conseiller d'être sage et de ne pas « tacher son honneur », s'écrie une fois seule :

> *Cette vieille tousjours m'admoneste et me presche*
> *De la même façon que fait un sermonneur*
> *Que ie garde l'endroit où gist le point d'honneur* [12].

C'est presque une définition.

Nicolas Chrestien des Croix, dans *Les Amantes ou La grande Pastorelle*, se propose, suivant en cela l'esprit de *La Diane ena-morada*, de donner à la chasteté une signification plus haute, ou, si l'on préfère, différente. Parlant de la valeur morale des *Amantes* il écrit : « Leurs pudiques amours ne représentent que l'inno-cence : mais leur vertueuse constance les authorise à vostre Maiesté... Leur guide est une Muse Chrestienne... [13]. » C'est assez préciser l'élément nouveau qu'il entend faire entrer dans la pudeur; la source d'où procède cette vertu de chasteté n'est plus l'honneur mondain mais l'innocence. Encore que l'illustration scénique des *Amantes* ne réponde guère à une telle affirmation, il reste important que Chrestien des Croix ait marqué ce nouveau rapport entre la chasteté et l'honneur.

Toutefois, que ce soit l'honneur mondain ou l'innocence qui retienne les bergères dans leur farouche chasteté, on ne trouve rien dans les aventures de la tendresse qui ressemble si peu que ce soit à l'honneur cornélien. Le théâtre pastoral d'Alexandre Hardy marque bien une date dans l'évolution du genre, mais n'ajoute guère à la psychologie amoureuse. Cet écrivain ne se réclame jamais de l'œuvre de ses contemporains mais des modèles de Tasse et de Guarini. « Docteurs du pays latin sous lesquels j'ay pris mes licences, et que j'estime plus que tous les rimeurs d'aujourd'huy... [14] » dit-il. Cette profession de foi est ratifiée par l'exégèse moderne : la comédie espagnole n'a eu aucune influence directe sur Hardy. Il a pu connaître la nouvelle et le roman espagnols par les traductions françaises, sans toutefois découvrir les ressorts que la Comedia elle-même avait su en tirer [15]. Hardy s'en tient donc aux Renaissants italiens; avec lui revient l'éternel thème de la chasteté des amantes insensibles [16]. Toutefois, on ne saurait omettre certaines nuances que ses pièces ajoutent à la peinture amoureuse. Corneille a pu en tirer parti. Hardy, tout en reprenant les types de la pastorale italienne — satyre, dryade, amoureux, parents, entremetteuse — ainsi que le décor et le costume bocagers, fait évoluer l'idylle sentimentale en suscitant chez ses amoureux un certain courage, une volonté de défendre l'amour contre les obstacles du dehors : entreprises de jaloux, influence de magiciens ou opposition des pères. Aminte n'avait contre lui que le cœur de Silvia; la pastorale italienne n'était que le divorce, apparent d'ailleurs, de deux cœurs. L'intériorité de ce drame, sa savante simplicité, son action suspendue aux mouvements de la passion et comme immobile, le dramaturge-né qu'était Hardy ne pouvait s'en contenter. Aussi multiplie-t-il les chances et les occasions de conflit; il complique l'intrigue, ménage d'habiles rebondissements de l'action, fait entrer dans la pastorale ces jaloux riches et prétentieux, ces vieilles femmes hargneuses ou complaisantes, jeteuses de sortilèges, ces pères de famille qui traversent si tragiquement l'idylle. Il fait ainsi perdre à la pastorale de l'*Aminte* le caractère artificiel que Tasse avait poussé si loin pour atteindre l'universelle nature de l'amour.

Faire pivoter autour de la passion amoureuse d'autres passions : avarice, ambition, jalousie; ne pas la laisser seule envahir l'action scénique; la placer dans un milieu humain, famille

et société, c'est vouloir peindre plutôt la condition humaine que
la nature humaine. Il s'ensuit deux conséquences souvent remarquées; en premier lieu la pastorale avec Hardy se rapproche
de la comédie : le cadre, l'intrigue, le ton ne sont déjà plus
tout à fait ceux du genre pastoral. Enfin, sous l'habit des bergers, la famille française du début du siècle s'empare du théâtre.
Corneille ne fera que l'y maintenir. Ces incidences neuves
devaient naturellement peser sur les personnages de la pastorale
et sur leur psychologie. En fait, à ces jeunes garçons, à ces jeunes
filles qui aiment, les parents ne manquent pas de souligner la
fin pratique, bourgeoise, de l'aventure amoureuse. L'honneur de
l'amour c'est le mariage; et la vertu, la chasteté jusque-là. Si les
conseils ne suffisent, on use d'autorité. Il n'y a pas là sujet à
romanesque. Les filles de Hardy, comme d'ailleurs les garçons,
mais à un degré moindre, montrent une sorte de personnalité
altière, une façon à la fois prudente et hardie de s'engager à
fond avec l'être de leur choix; ils sont attentifs aux choses de
société ou de famille, politesse, civilité, mariage, respect envers
les ascendants, égalité des fortunes, etc... Si quelques couples
passent outre, si la jeune fille propose à son amant de l'enlever
ou accepte qu'il l'enlève, ce n'est pas pour rompre cet équilibre
social et moral, mais plutôt pour l'assurer contre l'aveuglement
ou l'avarice des parents, ou encore contre l'orgueil d'un prétendant trop riche. Ce parti extrême semble moins l'effet de l'égarement de la passion que du bon sens et d'un refus de romanesque. De là aussi cette franchise entre amants et cette défense
— le courage, la ruse, le mensonge deviennent des armes —
contre la famille ou le sort.

En ce sens, rien n'est plus près de la comédie cornélienne et
en général de la comédie réaliste du XVIIe siècle, que le duo
d'Alphée et de Daphnis tout au long du chemin où le berger
raccompagne chez elle la bergère égarée. L'aveu de Daphnis, la
jeune fille qui se hâte, sa pudeur, sa méfiance, mais aussi sa
candeur et cette coquetterie qui hésite puis se hasarde, ce visage
écoutant qui voudrait ne point entendre et ne peut pas; tout à
l'heure ce rendez-vous que l'ingénue saura donner de la fenêtre [17], c'est « la vieille et l'éternelle matière de la comédie
moyenne [18] ». Nous voici donc avec Hardy à cet amour qui veut
se régler sur le bon sens, l'obéissance filiale, les vertus bourgeoises, l'honneur du monde. Règles un peu extérieures, d'une
morale commune et laïque que nous retrouverons dans les premières comédies de Corneille; mais en vain les chercherons-nous
dans la tragédie; ici, dans ses plus hauts moments, l'amour aura
pour loi la fidélité à soi jurée, c'est-à-dire la gloire intime.

A l'époque où écrit Hardy on trouverait aisément dans un

grand nombre d'ouvrages les mêmes rapports de l'amour avec le bon sens bourgeois et l'opinion. Dans l'*Isabelle ou le Dédain de l'Amour* de Paul Ferry, on tire les choses au clair [19]. Boissin de Gallardon, dans les *Urnes vivantes,* précise le « thrésor d'honneur », ainsi que les conditions qui permettent d'en faire abandon sans qu'il périsse pour cela [20]. Honneur, virginité, mariage, c'est toujours la même morale pratique.

Nous rapprochons-nous de Corneille ? Au terme d'une étude sur la pastorale dramatique on a affirmé qu'un amour étranger à la tradition pastorale serait né avec les *Bergeries* de Racan, une nouvelle manière d'aimer à la fois plus vive et plus grave, plus désolée aussi, s'élevant jusqu'à la contemplation de l'amour divin; un honneur précis, celui de la race et du nom s'opposerait cette fois à l'amour (et l'on pourrait entendre qu'il s'agit de l'amour et non de l'amour paternel); enfin nous toucherions ici « la matière et la grande noblesse de la tragédie cornélienne [21] ». Nous n'avons rien trouvé de semblable dans *Les Bergeries* : loin d'orienter l'amour vers la conception cornélienne, elles ne font que reprendre la tradition de la pastorale qui depuis l'*Aminte* est celle de la fatalité du désir. Il s'agit bien chez le vieillard Damoclée d'un débat entre le sentiment de l'amour paternel et celui de l'honneur de la famille; mais Artenice à aucun moment ni d'aucune façon ne connaît une telle opposition entre honneur et amour. L'amour que peint Racan n'entre jamais en conflit avec un autre sentiment. Il ne trouve aucune contradiction si ce n'est chez Arténice la voix secrète de la bonne déesse qui lui défend de se marier avec un étranger. Mais cette lutte ne sert qu'à faire rebondir les péripéties de l'intrigue; elle ne trouble pas le cœur d'Arténice; c'est un artifice scénique sans rapport avec la passion. Ce qui frappe dans *Les Bergeries* serait plutôt la fatalité passionnelle qui entraîne tous les personnages et donne à leurs entretiens une sorte d'angoisse. Racan n'est pas dramaturge mais poète; dans sa pastorale où aucun caractère n'est vraiment dessiné, il n'a pu s'empêcher de faire parler à tous ses amoureux une même langue. Une acceptation sans réserves de l'*amor fati,* l'envahissement des puissances de la nuit et de la forêt, et même au fond de cet amour on ne sait quelle terreur, c'est bien, croyons-nous, la première fois que dans nos lettres la passion prend un accent racinien [22]. Si l'on se souvient du dépouillement de tout faste chevaleresque et de toute mythologie, des couplets de l'âge d'or et de l'honneur, de l'abandon des amants jouissant « des privautez de femme et de mary [23] », on ne peut plus douter que l'esprit de l'*Aminte* ne soit celui des *Bergeries*. S'il fallait nommer un répondant futur de cette peinture passionnée et de cette angoisse amoureuse ce ne serait pas Corneille mais Racine; entre Racan et lui, Rotrou et Tristan trouveraient place.

C'est à une attitude bien différente envers l'amour que Corneille nous conduit de *Mélite* au *Cid*. S'il est vrai qu'il prête à quelques-uns de ses personnages les traits de Céladon ou d'Hylas et la métaphysique amoureuse du théâtre contemporain, il laisse entrevoir un esprit tout opposé; de la simple bravade à l'égard de l'amour, d'une méfiance et d'une ironie un peu lourde contre le mariage, on passe à la révolte contre les soumissions et les enchaînements du parfait amour. Il nous reste à montrer cette évolution.

CHAPITRE VI

L'AMOUR CRÉE LE CONFLIT DRAMATIQUE :
LA PLACE ROYALE

Une sorte de culte à la vénusté triomphe dans la première épure
que Corneille produit du sentiment de l'amour. Mélite y naît,
Vénus marine, entourée des Grâces et de l'Amour. Elle trône
au centre de la pièce, tous les regards fixés sur elle [1]. Point encore
ce mélange de beauté et de gloire, dont Corneille fera bientôt
son propos. La beauté nue fait encore tout le mérite. Ce n'est
pas par le sérieux, la constance ou la vertu que pèche l'héroïne. Ses amoureux sont plus épris de sa jeunesse et de sa
beauté qu'attentifs aux délicatesses du cœur. Corneille débute
avec une pièce jeune, un amour jeune. Mais du simple jeu de la
galanterie on passe vite à un amour sérieux, attentif [2]. *Mélite*
reste toutefois une modulation plus qu'une analyse, un lyrisme
plus qu'une observation; mais le chant est brisé ici et là par
l'interrogation d'une âme qui essaie de se définir. Dans *Clitandre*,
Corneille a osé une scène d'une interminable et tranquille sensualité. Rien n'y manque; ni la désolation du lieu, ni la jeune
femme aux abois. La scène est bien aventurée. On y voit Corneille insister avec lourdeur, s'attarder, s'embarrasser hardiment;
au lieu de nuances, de sous-entendus, de fuites, il éclaire de face,
explique, écrase tout [3]. Deux personnages forcenés y préfigurent
les âmes noires et splendides dont il parera bientôt sa tragédie.
L'un d'eux ne manque pas déjà de carrure; il se dessine avec
lenteur et si gauchement qu'il finit par nous laisser une image
fruste mais vivante. Homme de masques et d'épée, couard et
rusé, d'une sensualité ferme et obstinée. Il manque peut-être
un langage au caractère de Pymante; mais l'allure, l'épaisseur,
le poids du personnage sont là [4]. Auprès de ces violences, l'amour
des autres personnages apparaît sans force. A aucun moment
on n'est convaincu de sa réalité. Rien de plus faux, de plus

convenu, que ces discours enflammés et ces pointes, que ce rou-
coulement édénique et précieux. Peut-être faudrait-il, pour les
accepter, ne voir en eux qu'une attendrissante image d'Epinal;
ce vague décor de forêt, cet irréel château, ces combats dans la
buée du matin, ces visages, ces gestes, ces voix de marionnettes,
ils pourraient bien, si l'on y consentait, conduire au pays du
songe. Il y manquerait pourtant on ne sait quel halo de poésie,
quelle secrète puissance du chant. L'amour est peint sous des
traits qui veulent être jeunes et vifs; ils ne sont que figés. Enfin,
de quelque façon qu'on prenne ces personnages, il faut bien consentir à être déçu.

La Veuve nous ramène à la comédie d'observation; la langue
ne s'y hausse jamais, fuit le sublime et le trivial, le romanesque
et le lyrique. L'amour se contente d'un orage sentimental, alerte
venue du dehors, d'ailleurs vite apaisée. C'est l'avènement de la
pièce de boulevard : conversation galante, équivoques, contra-
riétés et finalement mariage.

Dans *La Galerie du Palais*, Corneille est attentif à pénétrer de
plus rares secrets. Il renouvelle la psychologie et le ressort de
l'intrigue amoureuse. D'un coup, le jeu théâtral et même la
comédie prennent une valeur et un sens neufs. L'amour n'est
plus brisé par une force extérieure mais intérieure. Deux couples d'amants font entre eux une sorte de blanc chassé-croisé.
L'échange n'est pas le résultat d'un malentendu, mais d'une décision. Là est l'originalité de *La Galerie du Palais;* elle n'est pas
mince. Il y a bien dans *La Comédie des Comédiens* de Scudéry,
représentée la même année (1632) une intrigue qui ressemble à
celle de *La Galerie du Palais*. C'est une sorte d'églogue jouée
dans la pièce par les comédiens devant M. de Blandimare :
« *L'Amour caché par l'Amour* [5]. » Pirandre aime Mélisée et
Florintor Isomène. Pour éprouver leur amour, ils feignent tous
quatre d'aimer en lieu différent, Mélisée Florintor, et Isomène
Pirandre. Les parents se laissent prendre aux apparences et
nouent les fiançailles; les jeunes gens sont désespérés. Le sens
de l'épreuve est marqué ici et là [6]. L'une des amoureuses, après
avoir échangé son fiancé, explique :

> *Trop amoureux Berger sçaches que ma rigueur*
> *Ne fut jamais d'accord au sentiment du cœur.*
> *Pour esprouuer le tien, je me feignois cruelle,*
> *Et je bruslois pourtant, d'une ardeur mutuelle* [7].

Mais « *l'Amour caché par l'Amour* » reste un simple jeu;
le conflit amoureux est seulement indiqué. La pièce ne tient d'au-

cune manière ce que son titre admirable et sa conclusion laissent
entrevoir :

> *Icy l'amour rend ses oracles*
> *Mais le plus grand de ses miracles*
> *Fut l'Amour caché par l'Amour* [8].

Il en va tout autrement de *La Galerie du Palais*. Dans l'instant
où l'amour semble le plus fortement noué, le consentement des
parents obtenu, le mariage proche; quand les partenaires savent
que leur espérance n'est ni faible ni menacée, mais forte comme
une certitude, c'est alors que la jeune fille se trouble, n'est plus
sûre de la foi de celui qu'elle aime ni peut-être de la sienne propre [9]. Dans cet amour jusqu'ici sans nuage se lèvent un doute, une
inquiétude. Célidée feint de quitter celui qui est tout pour elle.
Quels sont au juste ses sentiments ? Ce projet sera grand ou dérisoire selon le mobile. Mais Célidée livre mal son secret. Peut-on
parler de feinte quand on croit discerner chez elle un amour si
peu constant ? Est-ce un goût du changement, légèreté, caprice,
ennui, un désir de liberté venu du fond de son être qui la pousse
à trahir son amour ? Ou encore le désir de vérifier son pouvoir sur
l'être aimé ? Est-ce tout cela à la fois ? Quelques paroles qu'elle
laisse échapper retiennent de la juger trop vite :

> *Pour régler sur ce point mon esprit balancé,*
> *J'attends ses mouvements sur mon dédain forcé;*
> *Ma feinte éprouvera si son amour est vraie* [10].

Dans ce combat qui partage son âme, elle semble assez hardie pour
préférer la vérité au bonheur d'aimer. — Nous voici tous deux,
pense-t-elle, emportés par une joie que nous subissons. Quelle assurance ai-je d'être aimée s'il ne me prouve qu'il m'aime ? Et
moi-même suis-je sûre d'aimer quand je ne connais pas que j'aime
et qui j'aime ? On sait que cette notion de l'épreuve est loin d'être
étrangère à l'amour. La chevalerie s'en est fait constamment une
loi. L'amour ne peut que s'imposer une règle s'il veut s'affirmer et
se dépasser. Ni l'incertitude, ni la méfiance, ni la suspicion ne réclament l'épreuve; encore moins un faible amour. Mais l'ardeur,
la fidélité, le plus haut de l'âme la recherchent et même la pro-
voquent comme la seule et suprême vérification. Bref, malgré des
motifs troubles, équivoques, et même sans noblesse [11], l'épreuve
imposée par Célidée garde une allure de courageux défi. De toutes
façons la passion propose cette fois la contradiction et engendre
le conflit. Cette épreuve est déjà l'interrogation d'une conscience
descendue dans l'amour. C'est déjà le heurt entre le sentiment du

bonheur que donne l'amour et le sentiment non moins tyrannique d'une exigence spirituelle. Ce conflit dans l'amour même, voilà l'essentiel de la pièce. Il ne s'agit plus, comme dans les comédies précédentes, des jeux de l'amour et du hasard, mais des jeux de l'amour et de l'amour.

On peut comprendre par là le genre de sérieux qui se glisse à travers le délicat tissu de cette comédie; le cœur même la noue. Feinte encore comique; au delà ce serait le drame. *La Galerie du Palais* s'avance sans l'outrepasser jusqu'à cette pointe du rire, qui proche de se rompre, communique on ne sait quelle inquiétude. En faisant de l'amour le ressort de l'intrigue, Corneille confère aux gestes et aux propos de ses personnages, un caractère presque tragique; mais il sait en faire avorter le trop grand pouvoir d'émotion; il s'ingénie à nous faire entendre qu'il ne s'agit entre les amants que d'une situation fausse. Il ne pousse pas trop avant l'émoi sentimental de Célidée et le petit drame qu'il a soudain fait surgir. S'en tenant à une ébauche de psychologie, il reporte l'intérêt sur l'intrigue elle-même. Ce n'est pas sans raison qu'il a mis en sous-titre à *La Galerie du Palais* « l'amie rivale ». La jalousie, les machinations des tiers, sans être le ressort initial de l'intrigue, en composent pourtant le jeu. L'échange des partenaires dans la partie engagée, les curieuses perspectives qu'il crée, l'imbroglio comique, retiennent l'attention du spectateur et lui font oublier l'étude plus subtile des passions.

Corneille dans *La Suivante* précise jusqu'à la rendre éblouissante une manière de comique entièrement jailli de la féerie de l'équivoque et du quiproquo. Dans *La Place Royale*, il ramène la comédie au texte même du caractère et du cœur. Il y a dans *La Suivante*, si bien prise dans la série des comédies, si pareille à toutes les autres, un parti pris qu'on ne retrouve aussi net que dans *La Place Royale*; mais ici et là le but que poursuit le dramaturge n'est pas le même : *La Suivante* est le développement d'un quiproquo, *La Place Royale*, d'un caractère.

Dans *La Suivante*, l'analyse des sentiments est rejetée à l'arrière-fond de la scène. A l'avant, sous un éclairage plein, un tourbillon de mensonges et de malentendus aveugle non le spectateur qui tient les ficelles et sait le fin mot de l'histoire, mais les personnages eux-mêmes, les jette de surprise en surprise, les confond, les comble un instant de fausses lueurs pour les plonger de nouveau dans les plus étranges événements; ne sachant plus qui croire ni à qui se fier, ils en viennent à douter d'eux-mêmes, de leurs propres paroles, de leurs propres yeux; ainsi poussés, ballottés de mot en mot et d'obscurités en obscurités comme en une partie de colin-maillard, ils entraînent le spectateur dans leur vertigineuse ronde jusqu'à lui faire perdre le souffle.

Corneille ne s'est pas contenté de la seule guirlande du quiproquo. Certes, il a développé ici beaucoup plus qu'ailleurs et avec un brio très sûr, un comique tiré des situations. Celles-ci finissent par envahir toute l'action comique au point de se confondre avec elle. Toutefois à travers le long entrelacs d'illusions, s'insinue frêle mais vivante l'histoire du cœur; on ne la perd jamais tout à fait. La jalousie, le dépit de la Suivante [12], la joie puis la crainte et la douleur des amants, leur colère et leur fierté, frémissent sous le réseau des surprises et des mensonges. Corneille reste encore attaché à l'analyse intérieure dans la pièce même qu'il s'efforce de réduire à un artifice. C'est sur cette impression dernière qu'il entend nous laisser. Dans un amer monologue qui termine la comédie, il rappelle au spectateur à peine sorti de la forêt de l'équivoque et de l'illusion, le drame du cœur qui vient de se jouer [13].

Ce n'est qu'avec *La Place Royale* que Corneille découvre tout à fait le conflit de l'amour et de la liberté. Découverte décisive non seulement pour l'art d'aimer, original et sévère, qu'il allait peu à peu concevoir, mais aussi pour les futures perspectives et l'orientation de l'œuvre en général. Corneille tombe en arrêt sur un point de difficulté qu'il aborde franchement, éclaire d'une lumière brutale, ne peut dénouer et finalement tranche de cette manière maladroite et fière qui est la sienne. Il s'agit cette fois de résoudre la plus surprenante des contradictions : l'amour. Jusqu'ici les jeunes amoureux, malgré leur sens aigu de l'indépendance, ne semblaient pas trop souffrir de la perdre; s'ils exaltaient leur franchise, se moquaient du mariage, ils n'étaient plus que respect et amour lorsque passait un beau visage. Dans *La Galerie du Palais*, Corneille a bien flairé le périlleux passage, mais il s'est contenté d'une chaude alerte; il n'a pas insisté. Ce n'est qu'avec *La Place Royale* qu'il affronte le royal conflit : l'antagonisme entre la liberté et les enchaînements de la passion. Sur l'importance qu'il y attache on ne saurait se méprendre : il en fait l'action même de sa nouvelle comédie.

Ce n'est pas la première fois sans doute que ce thème est traité. On peut relever dans les œuvres de l'époque de nombreux traits qui annoncent le caractère d'Alidor et même son propre drame : goût d'indépendance, hargne contre le mariage, refus d'aimer en même lieu, etc... Angelie dit de Criton (*L'Esprit fort*) qu'il désire :

Enfin estre à soy mesme et son juge et sa loy [14].

Nisbé (*Lizimène*) repoussé par Lizimène se réjouit de n'être pas
aimé :

> *Je me mocque d'Amour et je luy fais la nique :*
> *Bel Astre lumineux tu vois ma liberté*
> *Plus à clair qu'on ne voit ta diuine clarté...*
> *Pourquoy donques faut-il qu'un homme rende hommage,*
> *Tout aueuglé d'Amour aux beaux traits d'un visage*
> *Dont le temps déuorant trop prompt et passager*
> *Fait que cette beauté dans bref se voit changer ?*
> *Je suis contre l'Amour* [15].

Léontidas (*Madonte* d'Auvray) paraît jaloux de garder sa liberté :

> *Ma jeunesse, au milieu des pompes de la Cour*
> *N'a jamais recueilli que les roses d'Amour;*
> *Quand mon cœur étoit pris d'une flamme divine*
> *Ma liberté soudain en détournoit l'épine* [16].

De même Floridor (*Floridor et Dorise*) redoutait de s'attacher trop
fort « aymant mieux avoir quantité de petites amours qui ne puis-
sent le contraindre qu'à ce qu'il voudroit [17] ». Enfin dans *La Parthénice de la Cour*, on trouve précisément un certain Alidor qui
a pris la résolution « de n'engager jamais ses volontez sous la
puissance d'une fille ». Mais l'amour est plus fort que sa volonté.
La page de Du Verdier ne manque ni d'agrément ni d'intérêt. La
voici : « La nuit, mère commune du repos, ne fut pas douce par
tout. Parthénice la passa avec un petit mescontentement de voir
ses plaisirs différez; ... et Alidor auecque plus d'inquiétudes que
tous les autres, car se souuenant du changement de sa condition,
et cognoissant desja quelle différence il y auoit d'estre libre ou
captif : il se pleignoit de son malheur, qui le forçoit d'aymer
contre la résolution qu'il auoit faite auparauant de n'engager jamais ses volontez sous la puissance d'une fille, et eust bien voulu
vaincre sa passion s'il eust esté en son pouuoir : mais son amour
estant desja deuenüe extreme il ne peut estre maistre de ses désirs, et fallut que sa grandeur cedast à celle de cette Déïté, sous
laquelle toutes les choses du monde flechissent. Pourquoy (disoit-il
en son cœur) veux-je résister à moy-mesme, je n'ay jamais eu un
plaisir esgal à celui de voir Philocriste et je m'en veux priuer : je
ne sçais quelle raison je puis apporter à cela, car il n'y en a point
qui soit assez forte pour me persuader que je ne la doiue point
aymer. C'est une chose très douce que de viure en franchise, il est
vray ? Mais quoy, sommes-nous esclaues ou retenus dans quelque
dure prison quand nous aymons; nullement ce n'est qu'à nostre

volonté; nous disposons tousjours de nous, et sans faillir on ne peust appeler seruage l'affection que nous auons pour une personne qui le mérite... Ces fantaisies qui renaissoient autant de fois qu'elles mouroient, ne luy pouuans permettre de dormir il feit quelques vers pour exprimer ses passions [18]. »

D'autre part, un texte que Chapelain lut à l'Académie, l'année même où parut la pièce de Corneille, fait songer aux maximes du héros de *La Place Royale* et à son attitude hostile envers l'amour. Ce *Discours contre l'Amour* [19] est une polémique, parfois violente bien qu'académique, contre les mystiques amoureuses toutes plus ou moins inspirées du platonisme. Chapelain s'y élève tout d'abord contre le culte du Dieu Amour et le mystère qu'on prête à cette divinité :

« Ayant reconnu... que les désordres causés par l'Amour ne sont excusables que sur l'opinion de sa divinité, introduite par la faiblesse humaine, célébrée par tous les poètes et appuyée même par ceux d'entre les philosophes que l'on a honorés du nom de divins... Que ses partisans doncques l'exaltent et le déïfient tant qu'ils voudront, je dirai hardiment qu'il n'est point, comme ils le publient, l'esprit universel qui donne la vie et le mouvement à la machine du monde [20]... »

Il dresse ensuite un tableau des méfaits de l'amour :

« C'est pour cela qu'on voit régner parmi ceux qui lui obéissent, ces profondes mélancolies, cette aversion pour tout ce qui n'est pas l'objet aimé, cet oubli de l'honneur, cette perte de temps, cette profusion de biens, ce mépris de la santé et enfin ce trouble de la raison dont les amants font gloire comme seules perfections qui les rendent dignes de ce nom... Il (l'amour) est né pour détruire la nature de l'homme. Il n'altère pas seulement la condition des hommes, il les consume, il les anéantit... En ceux que transforme l'Amour, on ne remarque rien de ce qu'il y avait auparavant, tout y est effacé, tout y est corrompu, tout y est aboli. L'homme créé pour révérer les dieux, pour obéir aux lois, pour servir à la patrie, pour aider à son semblable et pour tirer profit des semences précieuses que le Ciel a jetées en son âme, n'a pas plutôt avalé le poison de l'Amour, que, par un effet magique, il perd sa première forme et devient non seulement autre qu'il n'était, mais encore le contraire de ce qu'il était. Il idolâtre une beauté mortelle...; il observe les iniques ordonnances de son tyran...; il sert avec ardeur la dame qui le fait mourir...; il n'épargne rien pour satisfaire aux désirs de celle qui est née son inférieure et montre de l'insensibilité dans les besoins de ceux que la nature lui a rendus égaux; enfin il laisse périr les riches présents des cieux, ou même il les convertit à son propre dommage. Or serait-il possible que ce qui cause tous ces désor-

dres fût un dieu ? Serait-il possible, dis-je, que ce qui force
l'homme à devenir ennemi de soi-même fût un dieu ?... S'il y a,
dis-je, quelque chose de divin en l'Amour, ce serait seulement ce
je ne sais quoi de divin que les médecins remarquent dans les
maladies, qui trompe l'art et qui n'est point sujet à ses maximes,
qui par la voie de la guérison conduit le malade à la sépulture,
et qui tue lorsque tous les signes favorables donnent assurance
d'une prochaine santé... Le captif (d'amour) fut lui-même le ministre de sa servitude... Au plus fort de son martyre il chante
les louanges de son persécuteur et... ses chaînes lui sont si chères
qu'il les préfère à sa liberté. »

Enfin viennent les maximes salutaires : « Séparez l'homme de
l'amour, et d'un seul coup vous sauverez l'homme et ruinerez
l'Amour... vous éclairerez, vous purifierez le cœur, vous rendrez
à la volonté sa liberté première, vous renouvellerez l'empire de
la raison, vous ferez une réforme générale en toutes les facultés
de l'âme, vous rétablirez l'homme dans son innocence naturelle [21]... » Ces pages sont des premiers mois de 1635. Il n'est
pas impossible que Corneille les connût. *La Place Royale* reprend,
dirait-on, la matière et l'esprit du *Discours contre l'Amour*, qu'elle
transpose dans une action dramatique.

Rappelons l'argument; depuis un an Alidor aime Angélique.
Amour partagé, loyal, fier, de part et d'autre. Ils vont se marier.
Alidor brusquement décide de rompre. Ni parents, ni jalousie, ni
événements extérieurs n'ont causé cette rupture. La seule et va-
lable raison est celle-ci : Alidor a la prétention d'être un homme.
Il veut rester libre, maître de soi. Il entend garder cette possession de soi-même qu'il juge le bien le plus précieux au monde.
Avant de connaître Angélique, ce sentiment d'indépendance le
jetait dans une sorte de solitude au milieu même de ses amis.
Lui-même ne comptait pas son esprit entre « les ordinaires [22] ».
Un parti pris de distinction, de séparation; légère avance d'une
individualité altière sur le milieu social, sur des jeunes gens ef-
facés et sans élan. Telle est bien la première touche du caractère
d'Alidor. Qu'il tire quelque orgueil de cette manière de vie solitaire, cela va de soi. Mais on ne saurait parler de vanité quand
on le voit suivre des règles peu communes. Son mérite est de ne
point souffrir la dépendance, les marques en lui d'un désordre,
d'une confusion. Or, précisément, cette atteinte à la liberté, cette
humiliation, lui sont communiquées de la façon la plus cruelle et
la plus tendre à la fois par Angélique. C'est soudain au cœur de
cette *Place Royale*, de cette obstinée volonté, l'invasion d'une volonté étrangère non moins précise et redoutable. Puissante par
sa faiblesse même; pleine de charmes et de poisons. Cet amour

l'offense, l'humilie d'autant qu'il en découvre et chérit la force, d'autant qu'il désire Angélique. Le voici qui doute maintenant de ce qu'il croyait en lui de mieux défendu : la possession de lui-même. Cette alerte fait naître une tragédie où s'affrontent pour s'unir deux âmes libres et intransigeantes. Lutte vivante, qui s'inscrit dans la chair même, par cette peur et cette honte dont Alidor nous révèle la morsure. Il ne peut faire qu'Angélique ne règne dans sa pensée de façon absolue; ses plaisirs, ses pas, sont désormais bornés par elle; il sait que les yeux d'Angélique sont plus forts que sa volonté. Il en souffre, il s'en plaint; il en éprouve de la honte. Première atteinte de l'amour qui comporte toujours la défaite d'un des partenaires, quand ce n'est pas de tous deux, le sentiment d'un naufrage, le vertige ou même la faillite d'une volonté [23].

Aux yeux d'Alidor ainsi perdu et sans courage, emporté si loin de lui-même, tremblent soudain de sombres présages. Il se voit dans les fers, parle de l'amour comme d'un malheur, du mariage comme d'un joug inhumain :

> *Angélique est trop belle :*
> *Mes pensers ne sauroient m'entretenir que d'elle;*
> *Je sens de ses regards mes plaisirs se borner;*
> *Mes pas d'autre côté n'oseroient se tourner;*
> *Et de tous mes soucis la liberté bannie*
> *Me soumet en esclave à trop de tyrannie.*
> *J'ai honte de souffrir les maux dont je me plains,*
> *Et d'éprouver ses yeux plus forts que mes desseins* [24].

Angélique devient l'ennemie. Alidor ne fait ainsi que reconnaître la violence de l'amour; il est touché par elle jusqu'au plus intime de la vie. Alidor reste assez lucide pour découvrir en lui les ravages de la passion, le dépérissement des forces vives et libres, l'altération d'une conscience qui n'a plus ni l'assurance de ses vues, ni la liberté de ses déterminations. Il faut bien saisir la force d'un tel sentiment pour comprendre la vérité du personnage et l'âpreté de la riposte. Il est trop aisé de dire qu'Alidor aime faiblement, et de traiter son attitude envers Angélique de caprice ou même de simple jeu. Le drame est moins léger ou, si l'on veut, la comédie plus profonde. Les aveux d'Alidor sont si catégoriques qu'on ne peut s'y tromper : « J'idolâtre Angélique », dit-il avec désespoir [25]. Le vrai de l'amour fait donc toute la tragédie. Il est profondément vrai que l'amour met toute âme généreuse en extrême péril de se perdre, et même de se renier; il peut bien apparaître alors comme une terrible méprise.

Plus l'âme est grande et belle, plus elle risque d'être emportée loin d'elle. Comment pourrait-elle tolérer cette aliénation de sa force, cette éclipse de sa lucidité ? Ainsi, c'est l'amour et non quelque autre sentiment, orgueil, amour-propre, vanité, caprice, qui jette Alidor dans la rébellion. C'est lui qui le force à prendre le parti héroïque : rompre avec Angélique. On peut s''étonner — et Alidor lui-même — de la cruauté de la riposte. Mais c'est oublier que le désir de se venger est naturel chez l'amoureux qui a peur de l'amour; c'est un éveil et la première contre-attaque pour repousser la puissance antagoniste. Si Alidor, un instant, soupçonne quelque injustice dans cette rupture, doute si elle est raison ou caprice, s'accuse de lâcheté et de trahison, il n'oublie pas qu'il regagne ainsi sa liberté perdue et qu'enfin ce coup — comme il le dit lui-même — n'est qu'un effet de générosité [26].

Il y a plus : Alidor semble apercevoir dans cet acte désespéré une poursuite plus noble encore que celle d'une indépendance perdue. Il ne s'agit, certes, que d'une indication rapide mais assez précise toutefois pour que nous y prenions garde. Il ne se résoudra au mariage que d'une volonté « franche et déterminée »; ainsi celle avec qui il s'unira « lui en sera redevable et non à ses attraits [27] ». Il faut avouer qu'Alidor ne s'explique pas longuement sur un point d'une telle importance. Mais si l'on rapproche sa maxime du passage si explicite qu'écrivit Corneille dans la Dédicace de *La Place Royale* : « la personne aimée nous a beaucoup plus d'obligation de notre amour alors qu'elle est toujours l'effet de notre choix et de son mérite, que quand elle vient d'une inclination aveugle et forcée par quelque ascendant de naissance à qui nous ne pouvons résister. Nous ne sommes point redevables à celui de qui nous recevons un bienfait par contrainte et on ne nous donne point ce qu'on ne saurait nous refuser [28] », une lumière surprenante est projetée sur la morale cornélienne du couple. Non seulement Alidor décide de s'affranchir de l'humiliation qu'entraîne l'esclavage de la passion, de s'en punir en perdant volontairement Angélique, de se guérir de son mal, mais encore il semble souhaiter pour celle qu'il aime une punition et une guérison semblables. Cela n'est pas une preuve de peu d'amour. Il y a dans cette façon d'aimer une grandeur et une pureté peu communes. C'est déjà, et plus qu'une ascèse amoureuse, une volonté de faire remonter l'amour à sa source, de lui restituer sa gratuité absolue. Alidor annonce Rodrigue, Polyeucte, Suréna. Et de façon un peu différente Attila. Il n'y a point d'erreur à considérer l'amour comme une liberté qui s'enchaîne à une liberté. Alidor pense ne pouvoir résoudre la contradiction qu'en renonçant à Angélique. *Le Cid* proposera une solution plus hardie, plus humaine. Mais ce sera toujours, en ce qui concerne l'amour, le même et royal problème de nouveau repris.

Pour l'instant Corneille se contente de le circonscrire avec netteté et de préciser un art rigoureux d'aimer; le délire passionnel, pense-t-il, ne saurait être la nature ni la fin véritables de l'amour; une telle inclination en est même le contraire puisqu'elle est privation de liberté.

Corneille peut risquer comme son Alidor de paraître extravagant. Il est vrai que dans sa Dédicace, il ne semble pas très disposé à prendre à son compte les règles qu'il met dans la bouche de son personnage. Il dit, non sans malice, n'oser s'en porter garant, car il craindrait de mériter ainsi la haine « de la plus belle moitié du monde et qui domine si puissamment sur les volontés de l'autre. Un poète n'est jamais garant des fantaisies qu'il donne à ses acteurs; et si les dames trouvent ici quelques discours qui les blessent, je les supplie de se souvenir que j'appelle extravagant celui dont ils partent et que par d'autres poèmes, j'ai assez relevé leur gloire et soutenu leur pouvoir pour effacer les mauvaises idées que celui-ci leur pourra faire concevoir de mon esprit [29]. »

On voudrait bien le croire s'il n'avait pris soin dans cette même dédicace d'établir la doctrine d'Alidor et de la rendre plus rigoureuse si possible. On y apprend de lui que le conflit amoureux n'a pas besoin d'autres incidences que les siennes pour être une source de grandeur tragique tout à fait originale et inconnue. Qu'il n'ait pas toujours aperçu avec netteté la voie qu'il indiquait à son siècle et même aux âges à venir, qu'il en ait même plus tard mésestimé l'importance, cela pourrait expliquer, dans une certaine mesure, l'erreur où l'on ne cesse de tomber, qui est de ramener toute la tragédie cornélienne, à la lutte entre le devoir et la passion. A la vérité, quand il est posé, l'amour chez Corneille, ne trouve sa contradiction essentielle qu'en lui-même. Il peut bien lui arriver — et ceci est un trait de vérité — de rencontrer quelque obstacle étranger à sa nature. Corneille n'isolera pas la passion du milieu humain; il l'aventurera vers les conflits de l'honneur, du civisme, de la patrie, de l'amitié, de l'ambition, de la parole donnée, du sacrifice de soi, de la vengeance, de l'amour divin. Mais ces multiples rencontres ne sauraient cacher le combat que l'amour livre à soi-même. La Place Royale dans sa beauté abstraite en est la première et fulgurante expression : la sédition s'y élève au cœur de l'amour. Corneille pourra bien un jour nous faire entendre qu'à son sens « le devoir de la naissance et le soin de l'honneur l'emportent sur toutes les tendresses qu'il inspire aux amants [30] », on ne se fera aucun scrupule de penser contre lui qu'une bonne part de son œuvre tire sa

vraie grandeur de l'accent et de la loi qu'il donne précisément à
ces tendresses. *La Place Royale* jette donc un jour aigu sur la
nature de l'amour et sur toute expérience amoureuse. Qu'elle propose une solution satisfaisante, c'est tout autre chose. Alidor renonce à Angélique : c'est assez dire. Son cri de triomphe :

> *Je cesse d'espérer et commence de vivre;*
> *Je vis dorénavant, puisque je vis à moi* [31]

souligne l'échec de la tentative. Il a sauvé, pense-t-il, sa liberté,
en se retirant en soi-même, en vivant à soi. Le voici retourné à sa
solitude, à son indépendance, à son libre arbitre. Mais cette liberté
absolue est le néant même; elle n'est ni réelle, ni vivante. Alidor
est le moment anarchique, pur, de la liberté. Moment de jeunesse.
Superbe, certes, mais utopique et sans vertu. Double face, sublime
et dérisoire.

Qui n'admirerait, en effet, chez Alidor, cet héroïque refus de
l'esclavage passionnel, cette volonté qui tient si hardiment à l'exercice intégral de son pouvoir, cette conscience armée qui s'assure
contre le désordre, la peur, l'étouffement, la douceur dissolvante
de la passion ? Qui n'accorderait qu'il y a une tendresse de qualité
dans ce cœur profondément touché par l'amour mais qui refuse
d'en accepter la dictature ? Une âme belle peut bien se mépriser
de se découvrir tout à coup si tendre, si menacée et vulnérable; elle
bute là et se meurtrit. Qui ne l'admirerait lorsqu'elle prétend garder sa singularité, la distinction qui lui est propre et ses possibilités ? Si l'on accorde à Alidor que cette prétention est juste, noble,
on ne peut que reconnaître la ponctualité de cette conscience à
travers ses démarches hardies et conséquentes. Alidor serait déjà
plus qu'une ébauche du héros amoureux cornélien. Il ferait entrevoir cette morale mondaine dont Corneille devait bientôt,
mieux que tout autre au théâtre, dégager et préciser les formules.
Le principe en fut non la Raison mais la Gloire, viatique pour
toute une génération d'hommes violemment épris de liberté intérieure et dégagés de l'orthodoxie chrétienne.

Toute expérience de l'amour apparaît ambiguë, désastreuse,
pour l'amour même qu'une âme sévère et lucide n'entend pas su-
bir mais diriger. Cette conscience ne peut être qu'attentive, pleine
d'inquiétude et de précaution, lorsqu'elle découvre en elle cette
invasion irrésistible de l'amour; la fuite, une sorte de fureur
et de malédiction ou mieux encore, comme chez Alidor, une lutte
systématique, appliquée, arbitraire, injuste si l'on veut, demeurent la seule action possible et efficace contre la passion; les signes trop évidents d'un mal qui dévore, les images insoutenables
d'un avenir incertain, diminué, l'insécurité d'un présent dont il

n'est plus maître, jettent inévitablement l'amoureux dans le parti de la défense et de la contre-attaque. Il y a donc quelque conséquence dans l'attitude d'Alidor, quelque étrange beauté dans son combat.

Il faut maintenant regarder l'autre face. L'attitude, la dialectique d'Alidor, hautaines et pures, restent toutefois sans vertu. L'erreur est de prendre l'amour comme une pensée et non comme un sentiment. Cette recherche de la liberté pour elle-même est vaine; Alidor s'éloigne d'elle, et même lui tourne le dos, puisqu'il se met dans l'impossibilité de l'exercer en fuyant Angélique. Il pose fort bien l'antagonisme de la liberté et de l'amour; il a tort de demander à sa conscience de le résoudre; celle-ci n'est jamais si faible ni si aveuglée qu'elle puisse se trahir ou se nier sans le savoir. Elle ne peut triompher de cette lucidité cruelle et douloureuse, de cette résistance sans borne qu'elle ne cesse d'opposer à soi. L'amour seul pourrait apporter la solution, puisqu'il est seul la solution. Mais alors il faut s'y fier. Alidor n'ose pas. Il n'ose se déterminer et conquérir la liberté réelle dans l'exercice d'elle-même, c'est-à-dire ici dans l'amour. Il ne veut pas sortir de soi, de sa plénitude individuelle, de peur de s'altérer, de s'amoindrir, de se perdre. Amour hésitant, orgueilleux et honteux, en garde contre soi; amour qui fuit l'amour. Alidor est un prudent non un généreux; une logique non une intelligence. Il manque de nature. Finalement cette défense de l'intégrité individuelle est vouée à l'inaction. Elle se situe hors de la vie et dans le cas particulier que traite *La Place Royale* hors de l'amour. Une vérité abstraite, tyrannise Alidor; ce qui paraissait être une poursuite hardie de la liberté n'en est en réalité que l'abandon. La vie se retire de ce héros. Il n'est qu'une âme morte. Lâche devant l'amour et sans foi. Ce suprême reproche il l'entendra de la bouche d'Angélique [32]. Reproche pleinement mérité. Qu'Alidor refuse de donner à Angélique tout pouvoir, d'un mot sa personne, c'est la marque manifeste qu'il n'est assuré ni de lui-même ni d'aucun de ses biens; il ne se sent assez fort ni pour se risquer ni pour les risquer. Il n'a pas confiance, il n'a pas foi en lui. Comment pourrait-il avoir foi en elle ? Au fond tous les pressentiments qui viennent l'assiéger touchant l'avenir de sa passion, l'inégalité de l'humeur, la déficience de la volonté, la lassitude et la monotonie du mariage, le vieillissement de la femme aimée [33], s'ils parviennent à le troubler, à lui conseiller la prudence, c'est qu'ils sont en lui profondément sentis et actuels. Ils percent à jour le personnage, en révèlent l'humeur soupçonneuse, l'âme mélancolique. C'est déjà manquer de foi que penser ou craindre qu'on en pourra manquer, d'amour que d'en imaginer quelque affaiblissement, de courage que de douter d'en avoir un jour.

Ainsi ce qu'il y a d'humain et de noble chez Alidor, c'est cette inquiétude, ce recueillement, cet arrêt dans l'instant où l'amour menace d'asservir tout l'être; ce raidissement, ce rassemblement d'une conscience proche de l'effacement. Cette réflexion est grave; elle descend dans les choses du cœur, les examine, les juge, les organise, essaie de leur donner une loi. Ce n'est pas mépriser l'amour mais exactement connaître que l'on aime. Alidor ne paraît vain que dans la mesure où il reste enfermé dans cette vérité amèrement découverte que le libre arbitre est incompatible avec la passion. Casuistique qu'il ne sait dépasser ni vaincre. La pensée n'est ici d'aucun secours. Bien au contraire : elle ne peut que nourrir de raisons et d'évidences un antagonisme irréductible. Le salut est ailleurs. Il est l'action. Il est l'exercice réel du libre arbitre, non sa poursuite à travers on ne sait quelle aventure d'esprit. Il est une liberté qui se fait volonté, acte, désir, force. « Une liberté dans le milieu des fers [31] », précise Alidor; et il pense bien. C'est la définition même de la liberté réelle. Mais il ne reste pas dans le milieu des fers, dans ce lieu non de pensée mais de création qui est vraiment *la place royale* de l'amour. Son acte constant est de s'en tirer, de rompre ses chaînes, de sortir de prison, de se mettre à l'abri des flèches de l'amour.

On le voit : Corneille propose un jeu de prince mais il n'engage cette fois qu'un mauvais joueur. De là le manque d'aplomb mais aussi le comique de la pièce. Alidor n'est que l'annonciateur d'un art d'aimer tout à fait original et satisfaisant; ses actes particuliers ne semblent pas répondre à l'audace, à la dureté de la théorie. Si Alidor n'était pas un complexe d'amour et d'égoïsme, si la haute idée qu'il se fait de la tendresse n'était pas traversée par de petites raisons, par des soucis et des intérêts peu louables, il s'acheminerait vers cette ascèse amoureuse pour qui Polyeucte témoignera. Mais aux nobles élans qui, par moments, emportent Alidor vers de sévères climats, s'ajoutent des sentiments moins généreux. On entrevoit chez lui un fond ténébreux d'égoïsme et de pauvreté. Il proclame magnifiquement la gratuité de l'amour, entend remonter à sa source qui est l'esprit ou la liberté; mais en même temps sa conduite, et parfois son langage, nous révèlent qu'en lui profondément règnent les contraintes de l'égoïsme et de l'amour de soi. Ses plus intimes mouvements restent ambigus et contradictoires. Créateur du spectacle, Alidor proclame la magnificence du programme et les règles du jeu; lui-même n'est pas acteur; il ne joue pas. Ou, si l'on veut être tout à fait juste envers lui, il joue un jeu quelque peu différent, parfois ressemblant et parfois tout à fait étranger à celui qu'il annonce. Toutefois, ce caractère extravagant n'ôte rien à la majesté des maximes. Leur efficacité éclatera lorsque Corneille ne les mettra plus seulement dans la bouche de ses héros mais les réalisera à travers leurs actes singuliers.

Dans cette première ébauche du couple, roide, austère, frémissante pourtant, en aucune façon convaincante, Corneille a maintenu l'un des partenaires — l'homme — dans sa sauvage et violente individualité. Il le laisse dans l'isolement de son unité, dans l'illusion de la liberté et du pouvoir; il refuse de l'intégrer au couple, c'est-à-dire à la loi qui le subordonnerait à un autre que lui. A ce refus, on pressent l'indomptable indépendance et le goût de solitude du personnage cornélien. Ici, ils paraissent dans une aventure d'amour dégagée de tout incident politique, religieux, juridique. Le couple s'y affirme, essaie de se nouer et se rompt sans être jamais traversé que de périls inhérents à l'amour. Dans *La Place Royale*, il n'y a en effet ni famille, ni clan, ni Etat. Tous les personnages y vivent non dans un tout, mais enracinés dans eux-mêmes. Sans fondements raciaux, familiaux; sans lien qui les rattache solidement aux parents, nombreux, certes, dans les comédies, mais sans parenté si l'on peut dire avec leurs enfants. Ceux-ci, admirablement seuls avec eux-mêmes, ne sont marqués d'aucun atavisme. De là cette précarité, cette désinvolture, cette actualité de leur caractère. Ils sont non d'un pays ou d'une époque mais d'une place et d'un moment. Instables, capricieux, utopiques. Age de la jeunesse échappée de la tutelle paternelle et proche du mariage. Instant abstrait, d'énergie spirituelle intense où le jeune homme, prenant conscience de sa personne, interpose entre le monde et lui des desseins et des images aussi éloignés des choses que des songes. Il croit penser et il n'a que des idées. Alidor n'échappe pas à cette condition. Il l'accuse plutôt.

Le moment n'est pas encore venu où Corneille saisira la fidélité amoureuse et le serment comme les seuls moyens efficaces pour s'assurer de cet amour libre dont Alidor aperçoit bien la beauté, mais non les voies qu'il faut prendre pour l'atteindre [35]. Le couple se fondera sur le serment, chacun dépassant enfin son indépendance et sa liberté particulières, chacun consentant non à se perdre mais à se trouver dans l'autre. Cette sortie héroïque de soi qui marque le passage de l'individualité à la dualité vivante du couple humain, du célibat au mariage, est le fondement de toute famille, de toute caste, de toute société. Corneille y verra justement la racine des sentiments et des vertus dont il emplira sa tragédie, amour, honneur, amitié, sainteté. Cette transition s'opérera d'un coup de *La Place Royale* au *Cid*. Le couple fier et constitué de Rodrigue et Chimène se tient debout du premier au dernier acte de la pièce, malgré de sévères obstacles; leurs individualités ne subsistent qu'engagées l'une dans l'autre et acceptant de s'intégrer à un tout. Féodales, rebelles encore il est vrai, la maison de

Don Diègue et celle de Don Gomès formant une façon de clan dans un Etat encore mal assuré. *Horace* et surtout *Cinna* feront épanouir cette conscience individuelle et farouche, en lui proposant un civisme puis une juridiction.

★

Mais Corneille est encore timide et hésitant; ses premières œuvres comiques s'achèvent sur une interrogation; avant la tragédie du *Cid, L'Illusion comique* est cette ultime interrogation. Une sorte d'angoisse donne à cette pièce des couleurs et des éclats de fête foraine, projette sur l'écran de la grotte magique une humanité de songe, des attitudes et des voix de marionnettes curieusement déformées. Le montreur d'images annonce le spectacle, les spectres parlants, la fantasmagorie. Sous nos yeux tremblent des habits de comédiens, pourpre et or, un équipage somptueux et princier; ces tissus éclatants, ces couronnes et ces bijoux, cette toilette de femme nous les retrouverons un peu plus tard : des corps vivants les rempliront pour une tragique journée. Mais on n'est pas encore à ce rêve dans un rêve, à cette illusion dans *L'Illusion*. Avant que les images de la vie paraissent, pourquoi soudain ces objets de merveille, ces artifices, ces instruments et ces accessoires de la parade scénique ? Est-ce le théâtre de la vie qui est ainsi annoncé ? Ou bien la vie du théâtre ? Qui joue ici, l'acteur ou l'homme ? Et que projette-t-on : le réel ou l'apparence, la vérité ou le mensonge, le commerce des vivants ou celui des ombres ?

On venait à peine de quitter ces deux amis, l'un breton, l'autre tourangeau; de suivre leur conversation, et leur promenade à travers la campagne de Touraine jusqu'à cette grotte du magicien Alcandre où règne une nuit qui « n'ouvre son voile épais qu'aux rayons d'un faux jour [36] ». Le théâtre ! la rampe entre le spectateur et le spectacle, cette large bouche comme un mur invisible où l'air devient inaccessible, le cercle magique qui sépare le monde des vivants de la féerie heureuse ou sanglante. Cela pourtant semblait commencer comme la vie même, ce père qui par trop de sévérité a chassé son fils Clindor, et, désolé maintenant de l'avoir perdu, s'est mis à sa recherche par tous les pays. Bien vainement. Auprès du Magicien il regarde la toile aux illusions. Mais la vie de ce Clindor depuis qu'il quitta le toit paternel, fut-elle différente d'un songe ? Après cent métiers le voici devenu une sorte de chevalier d'amour et d'industrie auprès d'Isabelle et de Matamore.

Tel est le prologue de la pièce qui s'ouvre maintenant sur une comédie-roman. On y reconnaît l'intrigue si souvent reprise des comédies; un peu plus complexe peut-être, puisque deux jaloux cette fois y trament le complot contre les amants. Clindor a le bonheur de tuer son rival; blessé il est arrêté, jeté en prison. Isabelle et Lyse le font évader. Le trio, après bien des tribulations, entre dans une troupe de comédiens. Au dernier acte de *L'Illusion* on les voit jouer une scène de tragédie qu'on pourrait prendre pour une suite de leur propre aventure. C'est la nuit, dans un jardin. Isabelle représente la femme d'un seigneur anglais; elle est venue y surprendre son mari qu'elle soupçonne d'être infidèle. Clindor tient ce dernier rôle; il arrive au rendez-vous pensant trouver la Reine et c'est sa femme qui l'accueille. Il meurt enfin poignardé par un envoyé du Roi [37]. Le rideau se relève sur cet assassinat. On voit alors les comédiens et leur portier autour d'une table en train de se partager la recette. Ainsi s'achève *L'Illusion* par la pièce dans la pièce « the play within the play » du théâtre élisabethain. Aux premières images d'un monde réel succèdent les images de la magie, puis les images pures du théâtre; apparences d'apparences et illusion d'une illusion. Tous les personnages de la comédie, déjà irréels et lointains (l'un d'entre eux, Matamore, est d'imagination pure), ces amours traversés par un duel sanglant, cette prison et cette rocambolesque évasion, cette tragédie enfin que jouent les personnages de la comédie, gardent — c'est évident — quelque signification cachée.

Touche-t-on ici le lieu commun d'un art ? une formule scénique ? ou plus profondément le goût secret et la pensée d'un créateur ? A la première question la réponse est facile : sans doute il s'agit bien d'une esthétique théâtrale, mais singulière et étrangère à l'ensemble du répertoire cornélien. Une série de miroirs y recule au delà du réel une humanité romanesque et baroque qui finit par s'effacer sous le fard et le masque tragiques. Théâtre de fiction et de transposition dont Corneille garda toujours un regret mal avoué, qu'il chercha à reprendre à travers le fabuleux et le merveilleux de l'Histoire, les machineries mythologiques, et qu'on retrouverait même au cœur de ses tragédies les plus sévèrement architecturées selon le goût classique. Toutefois, il ne s'agit encore que de structure. L'autre point plus délicat est de dégager dans *L'Illusion* l'attitude même de Corneille devant l'héroïsme et l'amour.

L'héroïsme serait-il ce gonflement démesuré, ou du moins commencerait-il par là ? par cette exagération, par cette *ubris* verbale ? Faudrait-il toujours supposer ce mensonge à soi dans les actes nobles, désintéressés ? Le tremplin de ce théâtre sublime serait-il le mensonge ? Là-dessus on n'ose trop rêver [38]. Ce mensonge énorme, gratuit de Matamore, qui gonfle si curieusement la première voile de l'héroïsme cornélien, cette bravoure sans brave,

ces éclats de voix, cette pièce du Verbe et de l'Acteur, ils sont
pourtant là, à l'instant décisif où le poète découvre son univers
tragique. *L'Illusion* serait-elle une préface à toute l'œuvre, une
de ces révélations qui éclairerait la singularité de la morale politique et du tragique cornéliens ? Car enfin Matamore c'est Rodrigue ou Horace sans les actes. Le langage, le ton de ces héros
sont communs; leurs élans, leur exaltation, leurs maximes les
mêmes. Et l'amour ? Qui ne s'étonnerait de cet intrigant qui débute lui aussi par le mensonge et finit par ressembler à son mensonge, par être sincèrement celui-là même qui n'était qu'un langage ? Si l'on tient que la scène tragique est une suite de son
aventure (Corneille s'est trop appliqué à les joindre l'une à l'autre pour qu'on ne se laisse pas volontiers abuser) quelle lumière
sur l'amour ! Ne serait-il qu'une illusion comme cette bulle
d'héroïsme ? Est-ce lui cette comédie répercutée dans ces miroirs sans fin ? dans ces images qui explosent comme des songes ? L'amoureux est-il cet acteur qui joue son âme, l'amour cet
artifice ? Comparses d'un jeu de quelle baraque foraine ? L'a-
mour de Clindor, mensonge ou vérité ? Qui croire ? Clindor auprès de Lyse, ou Clindor auprès d'Isabelle ? Clindor en prison,
ou dans le jardin tragique ? Le même homme et plusieurs lan-
gages, le même homme et des actions contradictoires.

Quand le rideau tombe sur la tragédie et se relève sur les
comédiens l'interrogation du vieillard retentit de façon mystérieuse :

> *Quel charme en un moment étouffe leurs discords,*
> *Pour assembler ainsi les vivants et les morts ?*

La réponse du magicien ne laisse guère de doute sur l'analogie
que Corneille entendait suggérer entre la vie et le songe, la condition humaine et la comédie :

> *Leurs vers font leurs combats, leur mort suit leurs paroles,*
> *Et sans prendre intérêt en pas un de leurs rôles,*
> *Le traître et le trahi, le mort et le vivant,*
> *Se trouvent à la fin amis comme devant* [39].

Pourtant son théâtre tragique allait répondre sans ambiguïté à
cette émouvante interrogation. C'est que Corneille aura décidément trouvé ce qui lui valut le surnom de grand : l'assise royale
de l'homme. Elle n'est ni son tempérament, ni les aveugles poussées de la chair et du sang, ni l'esprit seul et sa nostalgie, ni la
vie même, mais toutes ces choses ensemble sous la condition d'un
mouvement de l'âme qui les éclaire, les pénètre et finalement les
surmonte.

TROISIÈME PARTIE

L'AMOUR DANS LA TRAGÉDIE
CORNÉLIENNE

CHAPITRE PREMIER

POSITION DE CORNEILLE

Nous venons de parcourir le cycle des comédies de la jeunesse. A partir de *Médée* l'œuvre cornélienne, humaine, mais parfois aventurée hors de l'expérience, éclatante de réalités mais aussi de fictions, semble surgie d'un univers étranger. On la prendrait presque pour une Fable de l'homme. En marge le plus souvent de l'histoire et de la vie même, elle est le dessein d'un écrivain qui invente autant qu'il observe. Un mot de l'Examen de *Polyeucte* est révélateur. Corneille dit de ce poème qu'il s'y est donné la licence « de changer l'histoire en quelque chose[1] ». Un tranquille parti pris, un jugement hardi et sans retour sur la condition humaine, tel est bien le départ, le premier moment de son théâtre tragique. Avant toute enquête Corneille affirme la grandeur humaine; il ferme les yeux sur l'événement. Sans savoir encore s'il est digne de les porter il donne à l'homme ses titres de noblesse. Au préalable, face aux faits de nature et aux forces de la vie, il s'assure de soi, rompt délibérément l'équilibre entre les choses du monde et lui-même pour découvrir un ordre; ce monde y sera compté sans doute mais au rang désormais d'attribut. S'il n'avait écrit *La Place Royale* il semblerait qu'avec *Médée* et le *Cid*, Corneille soit d'un coup initié à cette idée que le bien essentiel repose dans le serment de ne jamais manquer de volonté. Il partage avec d'autres, certes, ce secret si vite perdu ou renié au siècle courtisan et bourgeois qui suivra la Fronde, et qui resta sous Louis XIII le refuge d'une aristocratie de grande allure. Religieux, politiques, philosophes, savants, hommes du monde, partisans, menèrent à cette époque une vie audacieuse de l'esprit. Comme eux, loin de prendre sa mesure des choses, Corneille la veut prendre de lui-même. Aussi, dès que paraissent la langue et les illustrations de son art tragique, son attitude est, de toute évidence, celle d'une foi.

Les convictions religieuses de cet écrivain ne font pas ici question : sa croyance, sa piété sont profondes, même agissantes. De rares mais suffisantes informations interdisent d'en douter. Il prie en toute simplicité dans la communauté de l'Eglise; il y remplit d'humbles fonctions : à Rouen, il est marguillier de l'église Saint-Sauveur; à Paris, à l'église Saint-Roch, il s'occupe des œuvres de la paroisse [2]. L'inquiétude ne l'effleure, ni le doute. Son imagination, si hardie à composer, ne s'égare jamais dans les voies du salut hors de la tradition et de l'autorité. Bien à l'abri des séismes spirituels et de l'invasion mystique du début de son siècle, sourd à l'interrogation qui montait des Loges de la Vallée sublime, il reste dans la règle. La parole des Livres est toujours pour lui lumière et non problème; il ne la discute ni ne l'interprète.

Mais précisément, ce croyant si plein des vérités de la religion est aussi l'écrivain qui proposera de l'homme une image nue et démunie de Dieu; il osera le montrer dans une solitude absolue, libre, assuré de l'être dans la mesure qu'il voudra; poursuivant des démarches et une action hors de toute prière et de tout appel, la foi en lui ne cherchant d'autres secours qu'elle-même et le courage seul emplissant l'espérance. Un tel regard et cette religion orthodoxe, le poète d'une foi si neuve et le paroissien de Saint-Sauveur, nous ne chercherons pas à les accorder. Corneille a vécu; s'il a porté allègrement ou douloureusement cette contradiction, nous n'en saurons sans doute jamais rien. L'œuvre en a-t-elle retenu quelque chose ? C'est ce qui, nous l'espérons, paraîtra par la suite.

On peut se demander : cet écrivain armé d'une créance si ferme ne courut-il pas le risque de marcher en aveugle vers la vie ? A-t-il senti le mystère et cette rumeur obscure autour de toute existence, même la plus hardiment engagée ? Ce haut préjugé sur l'homme le laissa-t-il disponible devant l'expérience ? Son observation n'en fut-elle pas altérée ? En fait il arrive heureusement à cette œuvre de nous entraîner aux confins d'un monde où tremblent des perspectives et des voix insolites; elle garde néanmoins les couleurs de la vie; elle ne nous laisse aucune impression d'arbitraire. Mythique, elle n'en est pas moins — et c'est là le miracle — une psychologie vraie. Ces formes de la volonté de puissance et de domination que Corneille jusqu'à la fin de ses jours retourna en tous sens mais dont il s'écarta parfois de façon si sensible, ne sont pas gratuites; elles restent la stylisation d'une humanité réelle, non son altération. La vérité de Corneille, nous voulons dire celle de son art, consista, cinquante années durant, à découvrir patiemment un univers de gestes et de discours susceptibles d'illustrer le mieux un système de valeurs. Personne n'ignore les moyens et les réalisations de sa technique entre toutes sévère; elle fut pour ce noble artiste, à partir d'une observation visionnaire de l'homme d'en projeter la découverte sur la scène, à travers des événements et des personnages rigoureusement déduits et stylisés. Installé au cœur d'une telle architecture, il apporta un enrichissement décisif à la connaissance de l'âme en ramenant le sublime dans l'homme. Il ne pouvait guère s'en tenir à la psychologie du fait divers, voulant rendre compte de toute l'humaine condition. Or le vrai de cette dernière est non seulement ce qu'elle fut, ce qu'elle est, mais aussi ce qu'elle veut être. L'inventer, c'est aller plus loin et plus profondément que la décrire. L'analyse racinienne, si exacte et somptueuse qu'elle soit, reste encore au bord de l'homme : pour ne citer qu'un trait précieux, le visage aimé de l'amour et l'avenir qu'il annonce, son sourire, manquent à cette peinture souveraine mais incomplète de la passion.

Il est évident que nous ne saurions entrer de plain-pied dans l'analyse du sentiment amoureux de la tragédie cornélienne; il nous faut au préalable préciser la psychologie du héros, son milieu, son attitude, son effort et ses maximes. Liée à cette psychologie d'ensemble et prise sous le même éclairage de l'âme héroïque, la psychologie de l'amour chez Corneille en a les caractères distinctifs. Si bien qu'à fixer ceux de l'héroïsme on se trouve en même temps produire ceux de l'amour. Or, une certaine analyse du héros cornélien, qui peut sembler aujourd'hui, sinon tout à fait inexacte, du moins trop schématique et incomplète, a précisément entraîné une étude de l'amour non moins infidèle à l'œuvre. Aussi reviendrons-nous sur celle-là quelque peu.

CHAPITRE II

LA NOTION DU SUBLIME

Le sublime est la respiration propre à l'homme; voilà ce que nous enseigne le génie de Corneille. Chacun de nous éprouve et reconnaît cette exigence du sublime qui noue toute tragédie réelle. C'est en effet au cœur même de l'âme que l'homme se joue et non ailleurs. Par les mots d'honneur et de gloire, les personnages cornéliens inlassablement rappellent cette intransigeance souveraine. Portés à la limite du possible par « cette gloire qui les prie[1] » et leur fait partager un destin de tourments et de scrupules, ils ne s'imposent d'autre devoir que celui de prouver à eux-mêmes et aux autres une formule de l'homme et du monde, qui leur paraît convenir à leur nature; ils ont juré de s'y tenir; ils témoignent pour elle. Cette formule peut reposer sur une discrimination du bien et du mal, du juste et de l'injuste, de la raison et de l'aveuglement. Dans ces cas, la tragédie de Corneille atteint le caractère moral qu'on s'est plu toujours à lui reconnaître. A d'autres endroits des illustrations démoniaques, non moins belles et enivrantes, découvrent des abîmes de cruauté, d'horreur ou de cynisme. Mais partout, qu'elle soit la justice ou sa justice, l'honneur ou son honneur, l'amour ou son amour, le héros observe la loi qu'il s'est donnée. Est-il une manière plus virile d'être pleinement soi-même et de se vérifier ?

Ce serait donc une erreur de situer le tragique cornélien sur le plan de la morale commune. Il est loisible sans doute de rapprocher, parfois même de confondre, les chemins où le héros s'engage et ceux de la vertu. Mais dans tous les cas la morale du cornélien est ce qu'il se doit; elle a exactement la forme de son être, jeunesse, naïveté, violence, ambition, générosité, cruauté. De même, ce n'est pas la morale commune qui juge les amoureux, mais leur amour. « Mon juge est mon amour[2] », dit expressément l'un d'eux. Ce qui ne veut pas dire que les commandements de cet amour soient moins rigoureux que ceux de la morale la plus sévère. D'autre part, on laisse parfois entendre

que l'action du cornélien, chevaleresque, militaire, civile, amoureuse ou sainte, n'est qu'un exercice de pure gratuité à travers
lequel se satisferait un goût du jeu, de l'illusion ou du merveilleux. Cette vue n'est pas sans acuité; elle n'embrasse pas pourtant toute la complexité de l'action; elle découvre la désinvolture,
l'aisance, la curiosité et même l'esprit que garde le héros dans
les circonstances les plus sévères; mais elle oublie que celui-ci
ne provoque pas l'épreuve, n'élit pas son exercice à la façon du
dilettante. La vie choisit pour lui. La crise cornélienne est un
carrefour où se croisent — moment tragique et inéluctable —
l'événement extérieur et l'événement humain.

L'héroïsme cornélien n'est pas en effet la seule résistance à la
force antagoniste, hasard, nécessité ou sort. Surtout il ne ressemble en rien à l'immobile et retirée méditation du héros d'El-
seneur. Ici l'hésitation, l'inquiétude et même le désespoir, sont
installés dans une tête d'adolescent qui ne sait sortir de l'alternative de l'être et du non-être. Le doute offusque les vues d'un
esprit partagé entre absence et présence, silence et parole, choses
visibles et choses invisibles. Hamlet a commerce avec les morts
et les vivants à la fois. Il est d'ailleurs et d'ici. C'est sa pensée
même qui mord sur la décision à prendre, non sur les gestes à
accomplir. Pour le héros cornélien, il n'y a aucune espèce de
doute dans la décision : un parti pris souverain avant toute délibération a fait choix de vouloir. C'est une foi qui donne à la
volonté cornélienne son assurance et sa lucidité d'aveugle. Aussi
le tragique dans cette œuvre n'est-il pas inhérent à la décision,
mais bien plutôt réside dans la soutenance ferme et sans retour
d'une telle décision à travers les incidences de l'exécution. C'est
en effet dans la vie même, dans l'être vivant, livré au monde et
non méditant, que s'embusquent les tentations, les contradictions douloureuses et les périls; ici commence le drame, c'est-à-
dire l'action du héros. Les vicissitudes de l'existence altèrent,
rompent l'ordre et la décision que ce dernier tente de leur opposer. Or, quelle relation pouvons-nous découvrir entre elles et le
courage du héros ? Il faut bien convenir qu'il n'y a aucune
mesure entre cette nature aveugle et cette action qui est la
sienne, lucide et seule valable. Celle-ci, il est vrai, ne se définit
que par la nécessité contre quoi elle s'épaule. Mais qu'elle ait
quelque prix, ce n'est pas au monde qu'elle le doit.

On ne peut donc saisir le héros cornélien dans sa seule réponse
à l'universelle condition. Certes, cette réponse existe; elle n'est
pas sans grandeur. Dans l'ordre naturel et dans l'ordre humain,
le héros insère son ordre, sa loi. Il donne au monde la forme
de son courage, poitrine et cœur, muscles et intelligence. Rodrigue s'est tourné vers Chimène : à partir de ce regard une race

bouge et le destin d'un peuple s'oriente. Il le faut bien : le héros
ne peut que mourir ou s'imposer. Mais à ce niveau il n'est encore
qu'une victoire sur l'événement. Il est bien davantage. Son conflit
n'est pas essentiellement de soi au monde; il est de soi à soi. Ici
se trouvent l'obstacle, la résistance véritables. Ici surgissent pour
le héros des périls plus émouvants que ceux qu'il rencontre dans
sa confrontation avec le monde; une aventure autrement valable : le risque d'être ou de ne pas être, de mourir ou de vivre
à ses propres yeux. La tragédie s'allume toujours sur les cimes
de l'homme. Par un mouvement juste, le héros vole à son fait et
à sa nature véritables, c'est-à-dire à l'âme libre, impérieuse chez
lui comme la force du sang. Il reconnaît la plus haute gloire dans
la plus sévère exigence et la réalité de l'esprit sous le double
aspect d'une liberté et d'une loi. A supposer qu'elle existât (la
méditation, l'utopie, définiraient encore mal cette activité pure)
il ne peut y avoir pour lui d'action absolue ou de l'esprit seul.
Il ne se reconnaît que dans l'essai de sa puissance, dans une
limitation. C'est là son glorieux exercice : se prouver ses prestiges et son pouvoir. Il décide donc de croire et d'éprouver qu'il
est libre, pour l'être vraiment. Sa foi éclaire et dessine toute l'expérience; la justice, la joie, l'amour, il les crée; ce sont des fruits
de l'homme.

A ce héros, il fallait un champ d'action. L'espace cornélien,
c'est la Cité. Espace précis où s'inscrivent une religion, une
législation, des hiérarchies, des fonctions publiques, des métiers.
Une même race — famille, clan ou société — avec quelques individus privilégiés, mais sortis d'elle, parfaitement reconnaissables,
élus pour en assurer la grandeur ou la ruine ou parfois pour l'entraîner vers une autre destinée. Cité défendue, mais ouverte de
toutes parts et aérée; où circulent les corps constitués de l'armée, de la cour, des fonctionnaires; véritable carrefour d'une
ville menacée par les convoitises, les périls étrangers et, malgré
son farouche chauvinisme, pénétrée par tous les exotismes. A
Séville, on élit un gouverneur pour l'Infant; mais les Maures
font voile vers la bouche du Guadalquivir. Au milieu des camps,
dans la Norique, Attila convoque une impératrice romaine et
une petite princesse de France. Corneille maintient ses personnages dans ce milieu vivant. Il est ainsi amené à faire paraître
leurs innombrables rapports à la société, aux personnes, au
temps. Même il n'a gardé d'omettre certains rapports fortuits de
la passion ou de l'émotion aux lieux et aux objets témoins. C'est
un trait de vérité : tous nos sentiments, les plus sauvages et les
mieux défendus, sont liés à l'opinion, à la rumeur publique, à la
mode; liés aussi à une civilisation, à un style; ils se nourrissent

de souvenirs, de songes, de remords; de mille présages qui composent un avenir de crainte ou de sécurité. Il y a pour un Castil-
lan une façon de ressentir un affront en partie dessinée par les
mœurs du pays, par les fastes et par le culte. Le complot tramé
par Emilie suit un cérémonial à la Louis XIII.

Qu'on ait pu parler de l'indigence, et même de la fausseté
d'une psychologie qui repose sur un si vaste empire, cela ne va
pas sans quelque méprise. En réalité, un art qui volontiers refuse
de considérer ce brassage de la sensibilité par la société pour ne
retenir du drame du cœur que ce cœur même dégagé des mœurs
ou de la cérémonie par exemple, un tel art peut bien se parer
de mérites exceptionnels, il reste limité.

Il en va tout autrement de l'art cornélien. Dans un cadre rigoureux et mouvant, un peuple est soudain secoué par une tempête.
Une sorte de raz-de-marée monte vers cette Cité des Hommes
où vit avec l'instinct du bonheur le besoin d'un ordre. L'attaque
vient du dehors, à l'improviste, et d'une violence inouïe; dispute,
guerre, complot, Dieu. Du plus bas au plus haut de la hiérarchie
sociale, chacun reçoit le coup. En bloc. Tous à leur poste. Ainsi
solidaires et engagés; ainsi nulle tour d'ivoire, nulle évasion possible, mais partout la mêlée, le tourbillon. Il s'agit, comme on
voit, non d'un cas, mais d'une situation dramatique. Dans la
pièce cornélienne, aucun personnage ne peut être indifférent, car
chacun est tenu de s'y tailler une place à sa mesure, de s'y composer un visage, une voix et une attitude singuliers. Il y a ceux
pour qui est nécessaire un oxygène pur, les autres la mi-hauteur,
les autres enfin la vallée. Il y a les neiges; il y a aussi les culs-
de-sac, les bas-fonds cornéliens [3]. Chacun est à sa place; le roi
fait son métier de roi, l'homme de guerre est sous les armes, le
juge à son tribunal, l'aimé devant l'aimée. Tous pris dans un
cadre, dans une fonction, dans une chaîne de travaux. Habillés,
couronnés, casqués. Jamais coupés de la Cité, jamais abîmés dans
la rêverie ou dans quelque délire passionnel au point d'être insensibles à ce qui se passe autour d'eux. Un long entraînement, un
perpétuel qui-vive ont fait d'eux des hommes armés pour la
défense et armés pour l'attaque. Aussi leur action est-elle toujours foudroyante. C'est elle qui donne à la tragédie sa couleur,
sa dynamique particulières. Les réactions sont si vives qu'on
perçoit par moment, non plus une respiration, mais une sorte de
halètement scénique. On projette d'enlever une jeune femme et
l'on entend aussitôt son cri poussé à la terrasse du jardin, les
mots de passe des ravisseurs, un carrosse qui s'éloigne. Un soufflet à peine refroidi sur la joue d'un homme d'honneur et l'insulteur gît à terre. Un étrange mari reçoit l'eau baptismale et
les idoles païennes s'écroulent dans le temple [4].

La tragédie ne garde pas jusqu'à la fin cette allure vive. Elle a un autre climat : celui de la conversation [5]. Le changement est sensible dans la plupart des tragédies. L'acte accompli, dépassé, le moment vient où le héros l'explique, le pénètre de raisons, le justifie. Il n'est plus au moment de l'héroïsme. Il n'a plus charge ni mission. Sa carrière est terminée. L'épée au fourreau, le sceptre déposé, le pardon accordé, le héros rentre chez lui; il est de retour. Devant lui il y avait des actes; maintenant des palmes et des trophées. Alors se prolonge avec complaisance un admirable goût du jeu qui réveille les émotions et les jugements, en fait naître de nouveaux, glisse d'une situation tragique à une immense et mâle conversation où il n'est plus question pour le héros de l'être encore, mais de parler d'héroïsme, de droit, de politique, de religion, d'amour. On passe du drame proprement dit à une psychologie du drame, à un éclairement *a giorno* des faits et des ressorts extérieurs et humains longuement décrits et analysés, qui finissent par composer un exposé systématique, une sorte de théorie de l'action; après l'orage, le pardon ou le meurtre, c'est le miel, la délectation cornélienne, recueillis, il faut en convenir, avec une patience et un art jamais égalés.

C'est bien d'une sorte de narcissisme moral qu'il s'agit, candide ou volontaire. Le héros découvre et même recherche dans les visages, dans les propos, l'effet produit par son exploit. Il ne cesse également d'expliquer et de s'expliquer les raisons qu'il a d'être glorieux. Dans son for intérieur, mais aussi en public, il veut goûter sa victoire. Son Moi, dans l'intime orgueil de ne ressembler à personne, n'est pas toujours assez pur pour ne s'admirer qu'en solitude; il s'aime et se proclame. On peut voir Médée, Rodrigue ou Nicomède, Horace ou Suréna, Polyeucte même, fixer dans des maximes sublimes le sublime de leurs actions. Ils tiennent à laisser d'elles une vue nette et une expression; ils n'y parviennent qu'après de curieuses et patientes démarches. Avec quel scrupule et quelle ardeur ils entendent expliquer et légitimer après coup leurs actes! Cela peut signifier autre chose qu'un besoin de justification, autre chose qu'une rigueur d'esprit ou qu'un sens moral. On peut leur prêter un désir plus naturel et donc plus fort : celui de jouir de paraître ce qu'ils sont. Ils deviennent ainsi de beaux parleurs; transforment en décisions et intentions ce qui fut mouvements et impulsions; en lucide délibération, l'éclair de la riposte et des réflexes; en connaissance de soi la spontanéité du jugement; en prévisions et calculs les improvisations les plus naïves. Appliqués à dessiner ce noble modèle d'eux-mêmes, à définir ce personnage de l'acte qu'ils furent, ils perdent bientôt cette ténébreuse grandeur, ou, si l'on préfère, ce rayonnement où les cachait la gloire. On croit saisir

— et eux-mêmes croient saisir — dans une transparente analyse
les ressorts de leurs actes, mais c'est une illusion. Ce schéma de
l'héroïsme cornélien cerné par le langage demeure toujours —
qui ne l'a éprouvé — un peu simple, un peu raide, un peu dérisoire; éloigné de toutes façons de l'ingénuité, de la souple plastique, de l'imprévisible allure du héros agissant. On en voit tout
de suite la raison : ce qu'il sait de lui-même recouvre et dévore
ce qu'il fut. Il arrive même qu'il éprouve quelque impuissance
à se définir sans se diminuer à ses propres yeux; il recommence
alors un discours qu'il trouve à chaque fois trop pâle, trop peu
fidèle; il l'enfle, ne pouvant mieux, et le charge de morgue ou de
redondance. Le héros plastronne, exhibe ses bulletins de victoire. Matamore gonfle Horace et Rodrigue, et Emilie, et Polyeucte... Cela corrige, de façon inattendue, une autre tendance
en ces héros plus profonde; elle va, comme on sait, à les isoler
du reste des hommes. Est-ce diminution, ombre de déchéance ?
Oui, si l'on veut à tout prix les laisser farouchement à leur
solitude Que pourrait ajouter à leur gloire ce sentiment commun à presque tous les hommes de la poursuivre ailleurs qu'en
eux-mêmes, d'aimer à la savoir connue des autres ? Mais si l'on
considère le double mouvement du héros cornélien d'être au
monde et d'être à soi, on découvre ici encore l'humanité particulière à cet être policé et solitaire. Descendu des sommets où
son génie un instant l'a porté, il ne refuse pas de se réchauffer
au feu de la vanité et de l'amour-propre.

Si l'on parle, à propos de Corneille, de théâtre d'action ou
de théâtre de pensée, on voit qu'il peut naître une confusion.
Il suffit de se placer à des moments divers de la tragédie : à
celui des actes ou à celui de la conversation sur les actes; dans
le champ clos ou dans le salon cornéliens. Mais les positions
et les propositions — c'est évident — ne sont plus semblables
ici et là. Entre le héros forçant passage dans le texte des événements, et ce causeur qui module sa victoire, on peut bien
reconnaître le même homme sinon le même exercice. Il y a loin
de cette présence à cette vacance du héros, de cette entreprise
à ce loisir. L' « à quatre pas d'ici » n'est pas la chambre d'Arthénice. On a fait pourtant basculer l'un sur l'autre ces divers
plans: il en est résulté une analyse du héros boiteuse ou faus-
sée. On a pu par exemple étudier l'action de Rodrigue contre
Don Gomès, et joindre au dossier du monologue le commentaire qu'en fait le Cid lui-même dans le duo célèbre. Or, l'action dans son moment, ne présente ni l'allure, ni les phases,
ni même l'esprit que le Cid, après coup, a bien voulu y reconnaître. Lui-même ne pouvait qu'interpréter et altérer sa propre
action en la racontant. Nous n'avons pas les mêmes raisons ou,

si l'on veut, la même excuse de l'imiter. Les préoccupations qui l'agitaient au moment où son père lui faisait part de l'affront, il les a oubliées devant Chimène désolée et justicière; ou plutôt il en a d'autres. Cet élan, cette joie, ce fier visage de jeune fille, maintenant ces vêtements de deuil, ces larmes, cet amour navré. Comment Rodrigue pourrait-il avoir même cœur, même bras, même regard ? Sa sensibilité et son optique sont changées, de si peu que l'on voudra. Ses personnages successifs surgissent de situations neuves; ils ne se recouvrent jamais. L'esprit, le cœur qu'il met à délibérer, ne sont pas ceux qu'il fait paraître à déchiffrer l'acte accompli. Ici, il agit; là, il est le récitant et le répondant de son acte [6].

On vient de reconnaître une confusion singulière; et mieux, peut-être en a-t-on dégagé la raison. Si l'on se refuse maintenant à voir en même temps ces phases successives qui sont acte et discours; si l'on s'en tient à une vue mieux circonscrite, limitée aux actes seuls, on tombe encore dans une étrange difficulté. Qui n'aperçoit en effet que l'analyse d'une action libre ne peut que dissocier les faits des motifs ? Classer, comparer, contrôler, parce qu'elle les connaît en même temps, tous les facteurs, ceux du dehors et ceux du dedans, les circonstances extérieures et les mouvements de l'âme ? mieux, qu'elle ne peut faire autrement ? Elle tient tous les fils, voit simultanément — et non successivement comme celui qui agit — le nœud de l'action et le dénouement, la délibération et l'exécution, les premiers et les derniers pas.

Or, il n'en va pas ainsi dans l'action même; elle offre un enchevêtrement, une sorte de balancement continuel des motifs et des essais. A mesure qu'elle progresse, elle découvre d'imprévisibles obstacles qui font varier à chaque coup d'œil le chemin, ralentissent, pressent et dirigent la marche parfois hors des voies délibérément choisies. D'où naît une délibération neuve à partir de ces neuves perspectives, d'autres encore, le héros quêtant le passage qui s'offre et non les passages possibles toujours trop éloignés de son corps et hors de son champ d'action. Aussi ne se tient-il presque jamais à ce qu'il a décrété une fois — ce serait entêtement — mais reconsidère sans cesse la situation, lui-même libre de parti pris et disponible. Seule, une foi obstinée et comme en flèche, soutient et porte en avant sa marche précipitée ou ralentie selon l'accident. On comprend que ce qui paraît d'une action est toujours peu de chose. Toutes celles que Corneille a portées sur le théâtre sont fulgurantes. On n'en aperçoit que l'issue : échec ou succès. Leur cheminement, le détail de leur résolution échappent.

Quant aux ressorts eux-mêmes qu'on a voulu isoler et saisir

dans quelque réflexion, dans quelque intime débat, ils ne peuvent que demeurer cachés. On chercherait vainement chez Corneille ce système qui pose des principes intellectuels créateurs
d'activité; des facteurs internes et des caractères source d'actes;
une action subordonnée à la raison, le pouvoir à la connaissance [7]. Jamais chez ces porteurs de couronne ou d'épée il n'y
a de conscience vraiment active en dehors des situations; ni
de réflexion qu'ils pousseraient au-dedans d'eux-mêmes avant de
passer aux actes. Ce ne sont ni des méditatifs ni des amateurs.
Ni davantage des intellectuels descendus après réflexion dans
la lice. Ni même des caractères. Rien n'est moins naïf, moins
disponible qu'un caractère; c'est un homme marqué. Que les
cornéliens aient du caractère, c'est tout autre chose. Mais ils
se reconnaissent à une heureuse inattention avant et après les
actes. L'éveil chez eux vient du dehors; secoués, alertés, attentifs par accident, jamais par volonté. Mais réveillés, savoir-faire
et intelligence à la fois, ils sont totalement présents devant la
dure et inflexible situation; collés à elle et les yeux ouverts.
Leur puissance prend force sur l'obstacle. Il ne peut y avoir de
remise pour ceux qu'un savoir-faire engage avant même qu'ils
aient pu délibérer. Le métier les jette sur-le-champ hors de la
prudence et du loisir de méditer par des 'ressorts nullement
intellectuels mais mécaniques. Cette précise et soudaine machine a déjà commencé de répondre à sa manière bien avant
que l'âme ait eu le temps de se reconnaître et de décider. Chez
eux la nature prévient, éveille et souvent déborde la raison.

En réalité les héros cornéliens abordent toute action d'une âme
franche et sans mémoire. Ils n'interposent pas, entre eux et l'acte,
les conseils de la prudence, les lumières du savoir, les granula-
tions du caractère, les interrogations de la conscience. Oublieux,
ils opposent à l'événement l'attitude d'une âme et d'un corps,
d'une technique et d'une foi. Entraînés à la résistance et à l'attaque, à la défense et à l'expansion du moi, non par une sorte
de dressage — ce serait les offenser et les mal connaître — mais
par une préparation à la fois psychologique et athlétique, ils ont
les gestes, les mouvements, les mots d'ordre et les consignes qui
conviennent à la situation présente. Devant elle, ils ne sont dému-
nis ni de moyens ni de lucidité. Les actions des héros dans leur
riposte à la menace extérieure, sont plutôt des réactions que des
actions; plutôt au niveau d'une adaptation et d'un métier qu'à
celui d'une raison et d'une liberté. Or, nous ne pousserions pas
si avant cette vue si nous n'étions assurés que c'est précisément
en cela que réside l'authenticité de l'acte libre chez Corneille.
Nous y reviendrons; mais il fallait souligner, au préalable, les
conditions réelles, tremplin et canal de toute action véritable.

On ne voit pas en effet comment on pourrait rendre compte
de cette résistance venue du fond de sa nature libre, si on laissait l'homme à l'écart des choses et séparé de l'obstacle. Il n'y
a jamais dans Corneille telle situation puis le héros devant, inter-
rogeant, délibérant, se décidant enfin à sortir du néant de la pensée, pour agir. Loin d'être source d'action, une pareille pensée
ne pourrait aboutir qu'à la prudence, au renoncement et au mépris. Rien de semblable dans la plupart des tragédies. Par endroits
elles offrent bien cet héroïsme de pensée : le héros ne daigne
plus agir parce qu'il a trop pensé. Mais c'est qu'alors, vieilli ou
moins soucieux d'improvisation que de système, Corneille veut
éclairer à fond une théorie de l'action absolue; aussi est-il amené
à une sorte d'héroïsme figé et dédaigneux, à l'ironie de Nicomède, au couplet désabusé de Tite, à l'immobile Suréna [8]. Pourtant, toutes les fois que le mythe de l'action pure n'élude pas
chez lui les vérifications de l'expérience, Corneille ne sépare pas
la pensée de l'action; il ne les oppose pas davantage l'une à
l'autre. Rodrigue, Médée, Polyeucte, Horace, Auguste, Grimoald,
Nicomède, tant d'autres, les font coexister. Chez eux la pensée
ne délibère jamais avant l'entreprise; elle est incorporée et comme
couchée sur les choses; toujours attentive et engagée, et non
méditative. Liée ainsi à la situation ou mieux en aplomb sur
elle, elle ne commence jamais rien; elle épouse en chacun d'eux
le mouvement de la vie si intimement et si constamment qu'ils
semblent être autant les maîtres que la proie de leur action.

Cette détente, cet éclair, surgissent d'un entraînement où
l'âme et le corps furent ensemble engagés. A cette conquête de
tout le possible corporel qu'à certaines époques exigent une race
et un milieu, ou beaucoup plus rarement à toute époque une discipline individuelle, se juxtapose une conquête psychologique.
A travers et par elles s'accomplit l'homme, tête et bras, œil et
regard, intuition et jugement. Le cornélien ne pense son action
que le temps nécessaire à passer l'habit militaire ou la robe du
néophyte, à boucler son ceinturon. Il délibère la main sur l'épée.
On surprend autour de lui un bruit d'armure, de toge enlevée
au clou, l'accomplissement de préparatifs et de gestes sans retour.
C'est toujours la violence en lui qui délibère. Dans cet éclair la
force du sang l'a déjà emporté à son front de combat. Seul le
cœur fait tout le courage. L'audace n'est qu'à ce niveau, athlétique, cavalière; jamais pourtant chez lui mécanique ou aveuglée.
L'action s'engage aussi prompte, aussi souple, aussi nombreuse
que l'événement, le héros restant merveilleusement accouplé aux
choses mais détaché d'elles aussitôt, et libre, selon leur apparition et leur effacement. Il n'est exact de dire que « le recueillement décisif du héros est l'action dans sa source [9] », que dans

la mesure où l'on précise la nature de ce recueillement et dans cette immobilité précaire tout le ramassement de l'énergie musculaire frémissante et prête au bond; dans la mesure seulement où l'on tient compte non pas de l'explosion de l'instinct, ce serait inexact, mais du tempérament et du savoir-faire.

Peut-on sérieusement s'attarder au monologue de Rodrigue pour y découvrir on ne sait quel scénario où s'ordonnent les phases traditionnelles d'un acte volontaire qui sont à concevoir puis à examiner les motifs et les mobiles, à les mettre en balance, à résoudre leur antagonisme, enfin à décider et à exécuter ? La stance marque exactement un arrêt de Rodrigue. La rupture de la mesure initiale alexandrine, le changement de registre musical, indiquent assez qu'il est touché au cœur même de la vie. La colère seule tout à l'heure le remettra debout. On voudrait qu'une réflexion lucide, méthodique, s'élevât de cet abattement ! Qu'un chant pût jamais être une délibération, cela ne va pas sans étonner. En vérité, l'intelligence peut-elle se satisfaire de la brusque décision que prend Rodrigue ? Peut-elle se rendre à cette ombre de dilemme qu'un collégien percerait à jour ? N'aperçoit-on pas au contraire la violence que fait le cœur à la raison ? la manière arbitraire, héroïque de se débarrasser du « penser suborneur [10] » ? Qu'on imagine un intellectuel, un philosophe, à la place de Rodrigue; espère-t-on en finir si vite avec les Stances ? L'amant de Chimène peut-il donner prise au reproche d'intellectualisme, lui qui, divisé le temps d'un éclair, se sent « honteux d'avoir tant balancé [11] » ? Quelle lumière sur le héros ! Il n'appartient qu'à lui d'avoir de ces hontes-là.

De même on s'assurera que le pardon d'Auguste n'est pas prémédité. Depuis la découverte du complot jusqu'à l'instant de pardonner, Auguste, il est vrai, ne cesse de pénétrer la raison et les raisons de ses ennemis. Que doit-il croire ? Quelle conduite suivre ? Quelle sanction prendre ? Il tourne, retourne les conseils de la sécurité, de la peur, de l'orgueil, de la prudence politique, du droit; tour à tour il cède aux sollicitations de la vengeance, à la joie de punir, de renoncer, d'absoudre. Auguste descend en lui, au plus intime de sa pensée, au plus aigu de sa conscience. Méditation du Souverain. Mais voici qui n'a pas fini de surprendre : aucune solution ne se montre. La délibération a épuisé tous les arguments, tous les motifs, tous les calculs, sans proposer une issue. Quand paraissent Cinna, puis Emilie et Maxime, Auguste n'a pu rien décider. Le pardon sera la solution naïve et sublime; aussi imprévue pour les conjurés que pour Auguste lui-même.

Si l'on reconnaît que la source des actes chez Corneille n'est ni une méditation, ni une pensée retirée des choses, on s'éga-

rerait encore à juger cette action aveugle et impulsive. Il reste
à comprendre que l'opposition pensée-action, l'une précédant
l'autre, l'impossibilité de les concilier, sont d'ordre logique.
L'esprit ne peut rompre cette limite entre l'homme pensant et
l'homme agissant; mais qu'est-ce qu'un esprit hors d'une expérience ? En réalité cette opposition est étrangère au héros cornélien. On eût pu sans doute s'en apercevoir plus tôt. Il suffisait de définir la notion du généreux chez Corneille, cet instant
sublime où pensée et action, cessant de s'opposer ou de revendiquer une priorité créatrice, coexistent. La générosité est une
pensée descendue dans une nature; un esprit non replié sur
lui-même, et, dans toute la force du terme, développé. L'homme
généreux — de souche noble — se sent lié à sa condition
d'homme, au monde tout entier, par les rapports visibles de
son corps à l'univers. Il devient une volonté, un désir: il quitte
les murs de la liberté où l'enfermaient l'idéalisme et le scepticisme pour consentir à la vie. La générosité s'éloigne de la
pensée abstraite; elle ne se retire jamais du sang et des entrailles; les mouvements de la vie l'éveillent et la portent depuis
l'humeur et la colère jusqu'au sentiment de la plus haute joie.
Nous sommes ainsi ramenés à la source de l'acte cornélien qui
est non une pensée mais une foi.

Action imprévisible, immédiate. Elle est ce moment et ce lieu
uniques, neufs à chaque fois, où se confrontent l'homme et le
monde, et le Même au Même. Rien de plus simple, rien de
plus nu de part et d'autre. Ici il faut bien reconnaître enfin
l'action dans son plein sens authentique, c'est-à-dire le génie.
Et il est évident que chez Corneille le héros a l'ingénuité, l'aisance et la grâce d'une création. A proprement parler son
action est poésie. Le héros s'invente sous nos yeux; avant l'entreprise, il s'ignorait; menée à bien il s'y découvre. Commence
alors la délectation qui lui est propre. Il se connaît par son
œuvre, s'analyse, s'y mire et parfois va jusqu'à se définir par
elle. Si l'on songe aux réactions de société, aux jeux de la
gloire et de l'amour-propre, à la traduction et nécessairement
à l'altération et même à la trahison de l'action nue par le langage, le héros à ses propres yeux et à ceux de tout le monde,
ne tarde pas à jouer un autre rôle, à ne ressembler que de fort
loin au personnage de l'action; il en porte — innocemment ou
avec lucidité — non plus le visage mais les masques.

CHAPITRE III

L'ACTION LIBRE

De ce centre qu'on vient de toucher paraîtraient de nouvelles perspectives, en particulier l'obéissance du héros et son pacte avec la liberté. On remarquerait tout d'abord qu'il agit toujours en service commandé, ce qui jetterait une lumière brutale sur le caractère et la réalité de l'héroïsme cornélien. Il n'y a sans doute au monde d'héroïsme que de métier; c'est seulement au niveau du métier et de la technique qu'un acte peut s'accomplir. Aussi Corneille ne l'enferme-t-il pas seulement dans un débat moral, dans un conflit de devoirs ou de sentiments; il l'axe sur les travaux et les jours, sur l'ordre humain, sur les nécessités de nature. Le héros est à son poste quand la tempête le surprend. Il ne peut l'esquiver. De là sans doute ce ton d'égal à égal qui marque dans ce théâtre, du moins dans les chefs-d'œuvre, les rapports sociaux. Esprit du collège, du stade, de l'armée, du couvent. Puéril, appliqué, scolaire. Ces traits ne peuvent échapper; Napoléon aurait fait de Corneille son premier ministre [1].

Le héros est intégré à un ordre qui le cerne de toutes parts; s'il lui arrive d'en créer un autre c'est à partir de l'ancien que s'accomplit l'évolution; l'ordre nouveau en garde toujours de nombreuses survivances. Le plein engagement, la pleine obéissance de l'homme cornélien ne font pas de doute : il accepte la vie de la Cité et toutes ses activités, en particulier la politique pour laquelle il semble né. Polyeucte fait exception; mais il devient « étrange », il ne fuit le monde qu'après en avoir rempli tous les pactes : militaire, civique, conjugal. C'est à la force de ces liens vivants qu'on doit mesurer la séparation et la solitude du héros.

Mais que la liberté pût s'affirmer au plus près de l'obéissance, et là seulement, Corneille n'en doute pas. Aussi ne situe-t-il jamais ses personnages hors d'une condition et d'un lieu; il les y fixe au contraire, redoublant les chaînes et les dépendances, leur imposant une place, un rang, un ordre et des ordres. Telle est la carrière. Il n'y a pas de théâtre moins utopique. L'action s'appuie à cette place où le héros rencontre l'obstacle, le défi, un objet à sa mesure. Il peut enfin réaliser sa nature et avoir le sentiment et la preuve qu'il est libre en effet. La lutte contre le sort n'est pour lui qu'une « illustre matière » à en découvrir une autre plus précieuse où l'ennemi est lui-même. Il ne s'agit plus seulement de la carrière des honneurs mais de la carrière de l'honneur; non plus d'une action qui réussit mais d'une action valable à ses yeux. C'est dire assez qu'une telle action il ne peut que la vouloir libre et dépassant l'obéissance. Que lui importe désormais le temps ou la cité ? Le cornélien s'est assuré d'autres séjours. On le voit bien à sa façon de remplir une fonction, d'exécuter un ordre; elle ne laisse pas d'être inquiétante. Non qu'il ne s'engage tout entier et volontiers, il sait trop ce qu'exige l'action. Mais il a une manière à lui de s'engager qui ne refuse pas mais juge l'obéissance. C'est le « devoir rendu [2] » par le fils ou la fille à son père, par le soldat à son pays, par le citoyen à l'Etat. Devoir en entier obéi, en entier rendu. Mais quelle lucide appréhension d'un pareil devoir ! Il sait qu'il lui faut obéir. Cette obéissance est une vue de l'esprit; elle n'est pas naturelle. Au cœur d'une fonction consciencieusement remplie, d'un devoir intégralement rendu, finalement au cœur même de l'obéissance, le personnage cornélien garde on ne sait quel sentiment farouche, orgueil ou révolte, jusqu'à ne plus désirer que cela au monde et préférer la mort à la perte de ce suprême refuge de liberté; tels sont sa présence et son alibi. Et il les appelle aussi bien sa gloire.

L'époque versaillaise qui vit végéter une bourgeoisie et une noblesse respectueuses jusqu'à paraître idolâtres, ne se trompa guère sur la démarche hautaine de celle qui l'avait précédée. Elle aperçut ce qu'avait de frondeur une obéissance jugée nécessaire et renvoyée à l'ordre des choses. Au nom d'un réalisme humilié qui au fond renouait la chaîne un instant secouée des dogmes et de l'autorité, s'accomplit sous le grand siècle cette régression sur un réalisme créateur. Bossuet, Boileau, Colbert, codifièrent les vues et les succès de cette réaction; le théâtre de Molière en partie, celui de Racine, la fable de La Fontaine, sous les vocables millénaires du fatal, du naturel, du vraisemblable, ramenèrent la disgrâce humaine.

Ce théâtre devait être celui de la puissance. Elle y rayonne en effet de Matamore à Auguste, d'Alidor à Cléopâtre (*Rodogune*) et à Suréna, jusqu'à composer une mythologie de la conquête. Ce pas de victoire sonne déjà dans les comédies. Univers de la jeunesse; conquête amoureuse où les manières de faire sont moins brillantes que les manières de dire. Mais dans ce tourbillon de fêtes, de bals, de regards et de beau langage, l'amour, nous l'avons vu, s'équilibre peu à peu à la manière des danses. De fières attitudes s'y font reconnaître, des essais de puissance. Tous ces jeunes gens cherchent à fortifier leurs chances, à affirmer leur nature, à sauver leur choix et leur âme. Qu'il s'agisse encore de paraître plus que d'être, de parade plus que de pouvoir réel, on n'en peut douter. Mais Alidor, dans *La Place Royale*, est bien près d'apercevoir la formule et le lieu cornéliens de l'amour héroïque. A partir du *Cid*, l'arc-en-ciel de tous les conquistadors du monde se déploie : chevalier d'honneur et d'amour, guerriers, chefs, hommes d'Etat, saints. Leur front de bataille : le point d'honneur, le civisme, la possession de soi, l'ordre, l'esprit, Dieu. Leur palme : la gloire.

Et certes, une distinction ici s'impose. La volonté de gloire ne se referme pas toujours sur le même objet; elle semble le plus souvent se confondre avec la passion de régner sur un cœur ou sur le monde. Le moi dans ses conquêtes (ambition, amour, générosité), ou dans sa défense contre ce qui voudrait l'humilier, le limiter ou le détruire (vengeance) ne tend guère qu'à la domination. C'est une passion véritable chez tous les cornéliens que cette soif de conquête et de possession. Elle meut la volonté, la raison et en général toutes les facultés de l'âme. Contrairement à ce qu'on a pu croire, c'est cette force toute passionnelle qui infléchit l'esprit et ses plus hautes fonctions, vouloir et jugement, vers ses buts dévorants et finalement les somme d'être alliés ou complices. L'inverse ne se produit pas, les passions conquérantes, ambition, vengeance ou générosité, n'obéissant jamais à la raison. Mais il peut arriver que la volonté de puissance se tourne non plus vers l'avoir de l'univers, choses et gens, mais vers l'être. Son objet n'est plus alors la possession mais la souveraineté. Le vouloir-dominer fait place au vouloir-être, Auguste maître de l'univers à Auguste maître de lui-même. Mais ce retrait de la puissance, cette conversion de l'avoir en être, s'opèrent encore chez le cornélien d'une façon passionnée et non rationnelle, comme on voit assez par le pardon d'Auguste, l'enthousiasme de Polyeucte, l'amour de Bérénice, d'Angélique ou de Suréna. Pour atteindre à l'acte libre du pardon ou à la pureté d'un amour sans terre, l'effort du souverain, de l'amoureux ou du saint, est soutenu par la violence de sentiments qui peuvent paraître excessifs ou même forcenés. Qu'il s'agisse de conquérir ou de se conquérir, de vouloir la puissance ou de l'abdiquer, la tension du héros est partout la même. Générosité, enthousiasme sont au même titre que la vengeance une passion; elles sont toujours un témoignage de puissance, mais cette fois tournée contre elle-même ou s'efforçant à se renoncer. C'est le moment de la plus haute gloire.

Tel est l'empire de cette conquête du monde et de soi-même dont Corneille eut la prodigieuse vision. Il y jeta ses personnages en avant d'eux-mêmes, fondant ainsi un permanent théâtre d'avant-garde, peut-être plus proche de l'épopée que de la tragédie. Le passé, l'histoire, le droit même, semblent parfois abolis sous cette foulée de la race des forts et des riches. Ce n'est pas une des moindres audaces de Corneille que d'avoir posé cette foi qui ordonne et crée l'univers des choses, des hommes, des droits et celui de l'esprit même. C'est pour chacun être celui en qui l'on croit.

D'après cette vue qu'il faut bien appeler mystique, Corneille tend à éluder le merveilleux et le mystère; à réduire l'âme humaine à ses faits intrinsèques, actes, pensées, sensations; à en marquer les rapports et les transformations. La magie, le fatal, le divin sont déposés. Rien à craindre désormais pour le héros, ni rien à espérer des puissances occultes. Mais en retour tout à espérer et tout à craindre de soi, le meilleur et le pire; cela dépend de lui, de son regard connaissant et attentif aux choses, celles-ci indifférentes, sans bonté ni menace. Ce qui reste de pouvoir à Médée la magicienne, d'incantation ou de prophétie, n'est plus que la force et le génie du Moi. Abandonnée de tous, sauf d'elle-même. Le surnaturel, dès la première tragédie, s'inscrit dans la structure humaine. Corneille va plus loin. Cette âme extraordinaire il ne veut la saisir que violemment tendue vers les formes et les buts qu'elle a conçus et s'est juré d'atteindre. Aussi est-il juste de dire que le héros s'invente et se fixe enfin d'après les images et la vision qu'il a de lui-même. Et il se développerait avec une rigueur absolue s'il n'était jeté dans une expérience réelle et confronté sans cesse avec la vie. Par là le Destin revient, mais vide absolument de fins providentielles ou magiques.

Un regard si clair devant soi, une telle avance du cœur, une espérance si hardie qu'elle s'empare de l'avenir comme de son bien, portent l'homme au delà des enchaînements et de l'antique destin. En fait, dans ce théâtre, l'événement humain toujours rayonnant déborde l'événement même; aussi la fatalité et le malheur y paraissent encore mais surmontés, exténués et comme nettoyés. Rien n'est plus éloigné à la fois du tragique antique et du tragique chrétien. Le fatal et le sacré laissent l'homme démuni et effaré. Ils lui communiquent l'angoisse et la vision d'un monde dont celui-ci n'est que le reflet. La mort seule ferait de l'un à l'autre la rupture, restituant à chacun sa pureté, à l'être ce qui est de l'esprit, au monde ce qui est des choses. Cette nostalgie est à peu près étrangère au tragique cornélien, enfermé tout entier dans les figures de ce monde et de l'homme. Corneille appelle ce dernier à prendre conscience et possession du domaine dont il est le souverain. Il l'installe sur cette terre afin qu'il reconnaisse son souffle, son cœur, son geste, sa parole et cette grâce unique qu'il est vivant et au monde. Or cette conscience ne peut être atteinte que dans l'effort et celui-ci n'est point accepté à la manière d'une épreuve qui chercherait sa récompense ailleurs qu'ici-bas. Le héros cornélien, loin de se résigner à la mort, l'appelle et la provoque; son dernier combat est la culmination de la plus grande vitalité. Il ne cherche pas ainsi à éveiller en nous la pitié ou la crainte mais une manière de pathétique intellectuel, si l'on peut dire, que la scène antique ne semble pas avoir connu. L'admiration est cette passion qu'il ne faut pas confondre avec l'étonnement. Elle s'adresse à l'intelligence qu'elle saisit toute, sans aller jamais, comme dit Corneille, jusqu'à nous tirer des larmes [3]. C'est l'esprit et non le cœur qui est touché par la présence soudaine d'objets entièrement neufs et différents de ceux qui lui sont accoutumés. Cette touche vierge suscite une sorte d'éblouissement et d'exaltation. Dans ces précieux moments le corps reste stupide alors que l'âme connaît la plus vive agitation. Si l'on songe que le sublime est cette chose extraordinaire et imprévisible que le héros propose à notre admiration, on saisit la source et l'effet de ce nouveau tragique qu'ignore l'esthétique aristotélicienne. A ce point parvenue, la tragédie n'est plus qu'un refus du tragique; son ancien pouvoir de terrifier, d'évoquer des images farouches et pitoyables cède à une autre mission, celle de révéler l'homme dans sa gloire et dans son règne.

CHAPITRE IV

L'expression de l'amour dans la tragédie avant *Clitandre* et *Médée* est dominée dans son ensemble par le tragique d'un théâtre de la cruauté apparenté à celui de la Renaissance. Cette conception de la tragédie du sang, violente, forcenée, commune d'ailleurs à notre théâtre et aux théâtres italien, espagnol et anglais du xvie siècle, ne se rattache pas, du moins directement, au théâtre de notre Renaissance [1]. A la rigueur, à s'en tenir à la formation d'un goût et d'un esprit, on pourrait suivre l'évolution de notre tragédie de Jodelle à Corneille, en passant par Garnier et Hardy, sans découvrir de rupture [2]; mais il faudrait pour cela oublier les œuvres dites irrégulières de 1600 à 1630. L'histoire de nos lettres ne s'accorde donc pas à cette vue théorique. Les inquiétudes, les recherches, les réalisations de nos auteurs aux environs de 1630 n'ont point leur départ dans Garnier; le sentiment de l'amour, sur la scène tragique au moment où paraît Corneille, emprunte ses traits essentiels à Sénèque, aux Nouvelles tragiques italiennes et espagnoles, à la pastorale étrangère ou française, à la tragi-comédie. La nouvelle dramaturgie, tout en procédant à cette époque d'une interprétation de l'esthétique aristotélicienne, vue à travers ses commentateurs italiens [3] et précisément dirigée contre ces genres venus d'au delà des Alpes et des Pyrénées, intègre à la tragédie un certain nombre d'éléments pastoraux et romanesques; mais c'est surtout à travers les Nouvelles et Sénèque qu'elle aperçoit les images terribles et pures de la cruauté, du viol, de l'inceste, les thèmes de la vengeance et de l'ambition. Nos écrivains tragiques du premier tiers du xviie siècle exploitent ce théâtre de la terreur qu'un demi-siècle plus tôt les dramaturges italiens eux aussi, de Dolce à Manfredi et Torquato Tasso, avaient constamment illustré. Il convient donc de dresser un tableau rapide de ces pièces tragiques en France

avant *Clitandre* et d'en dégager les caractères généraux pour
éclairer le fond sur lequel viennent s'insérer les aventures du
cœur.

Les vingt années qui précèdent les commencements de Corneille sur la scène tragique sont remplies par les tragédies de
Hardy auxquelles il est difficile d'attribuer une date précise,
mais antérieures pour la plupart sans doute à 1615 [4]. Suivent
huit tragédies classées par Lancaster dans « The Rouen Group »,
et la *Tragédie française des amours d'Angélique et de Médor;*
puis huit tragédies de source classique, entre autres l'*Hercule* et
l'*Edipe* de Jean Prévost, *La Perséenne ou la Délivrance d'Andromède* de Boissin de Gallardon; de 1619 à 1624 paraissent
*Pyrame, La Sophronie, la Tragédie des amours de Zerbin et
d'Isabelle; La Rhodienne ou la Cruauté de Solyman* « où l'on voit
naïvement décrites les infortunes amoureuses d'Eraste et de
Perside »; *La Charite ou l'Amour sanguinaire; La Mort de Roger*
et *La Mort de Bradamante* du théâtre françois; de 1627 à 1634
où paraissent la *Sophonisbe* de Mairet, l'*Hercule mourant de*
Rotrou, on compte seulement sept tragédies. Mais à partir de
cette dernière date la tragédie règne de nouveau sur la scène :
Mairet, Rotrou, Scudéry, Benserade, Dalibray, La Calprenède,
Guérin de Bouscal, Du Ryer, Chevreau, Tristan, Chapoton,
Chaulmer écrivent des tragédies dont un bon nombre à sujets
romains.

Avant 1634 la conception scénique est celle des Renaissants;
la dramaturgie classique (technique du débat psychologique et
non plus de la déploration tragique, caractère actif et non plus
passif des personnages), encore conjuguée à la dramaturgie du
XVIe, s'affirme peu à peu et tend à évincer cette dernière. Mairet
(*Sophonisbe*), Rotrou (*Hercule mourant*), Scudéry (*La Mort de
César*), Tristan (*Mariane*), en rencontrent par bonheur la formule; Corneille l'aperçoit à plein et la fixe.

De Hardy à Corneille, les illustrations que nous propose le
théâtre tragique sont celles de la vengeance et de l'ambition. Ces
spectacles pitoyables ou terrifiants peuvent manifester un instinct
primitif de haine ou de cruauté, mais le plus souvent ils expriment un sentiment obscur de justice, le droit de défense que se
reconnaît l'individu lésé dans sa personne, dans ses biens ou dans
ses proches [5]. Au fond il s'agit du Moi menacé qui entend conserver son intégrité et sa dignité. Ce sursaut de l'être devant
ce qui voudrait l'amoindrir ou le détruire ne manque pas de
noblesse; qu'il ait pu constituer un élément tragique de choix,
c'est ce qu'il convient ici de souligner. Il emplit le théâtre grec
et élisabéthain, les deux Comedia, le drame légendaire allemand

ou irlandais... Corneille s'en est emparé dès *Clitandre* (intrigue de Dorise-Pymante) ; de *Médée* à *Pertharite* la vengeance reste le thème d'élection ; nous la retrouverons jusque dans *Suréna*. Et sans doute prend-elle des visages divers, ici allumée par la jalousie amoureuse, là par l'honneur ou par le devoir envers un parent assassiné, ou encore par les intérêts politiques. Mais partout, cette action violente appuyée sur la force, trouve une explication et parfois une justification : l'inviolabilité du moi. Ce moment farouche, anarchique de l'individu justicier, qui a la couleur des rêves dans *Clitandre* ou des légendes dans *Médée,* devient avec le *Cid* un moment de moralité. Le point d'honneur est le principe qui rend la vengeance obligatoire et légale aux yeux du clan. La société féodale s'appuyant sur la force, il semble paradoxal, à première vue, d'y rencontrer le respect et l'inviolabilité de la personne défendus non par le droit mais précisément par la force. Chacun en appelle à soi, à son bras ou à un champion. On ne songe jamais au juge. Il y a bien la justice du roi, mais elle ne peut rien pour régler ce genre de conflit. Don Gomès soulignait cette incompétence dans des vers que Corneille dut retirer dès les premières représentations pour des raisons d'opportunité [6]. Rodrigue s'en remet à la justice de Chimène. Après une double instance auprès du roi, l'orpheline se voit forcée de recourir aux armes et à Don Sanche. Il serait puéril de parler d'immoralité à propos de ce duel. Aperçoit-on, encore aujourd'hui, d'autre solution que la force pour tirer réparation d'un outrage ? Et sans doute celle-ci n'est jamais juste, mais seule elle peut soutenir le caractère inviolable de la personne. A la rigueur, *Le Cid* pourrait illustrer l'impossibilité de régler les conflits de cet ordre autrement que par un tel recours. Si bien que ce récit légendaire est plus proche de nous qu'il ne paraît : il nous émeut par un point de difficulté qui reste actuel.

Le second thème, celui de l'ambition, touche à la puissance et à l'expansion du Moi ; on voit les rapports qu'il peut entretenir avec le thème de la vengeance. En fait, ils sont souvent mêlés ; l'objet de l'ambition étant multiple et sans limite, les illustrations scéniques de cette passion demeurent inépuisables. Tous les dramaturges avant Corneille reprennent à l'envi ce motif tragique. Corneille y verra le plus efficace moyen d'exalter la volonté de puissance et l'empire du Moi. Après l'avoir introduit dans la grande et noble geste des tragédies, du *Cid* à *Pompée* (conquête du monde et conquête du monde intérieur), il lui assignera à partir de *Sertorius* des buts moins sublimes sinon moins éclatants : les intérêts politiques, la cour, le sceptre.

Ces traits valent pour tout le théâtre tragique de l'époque. Ils sont en général plus accusés dans les œuvres qui précèdent la

tragédie du type cornélien que dans la tragédie cornélienne elle-
même. Il serait aisé en effet de montrer qu'il existe avant Corneille une tragédie dont le caractère exceptionnel et forcené
dépasse les images les plus hallucinantes de *Rodogune* ou d'*Attila*.
Rien n'est omis pour susciter l'effroi physique : meurtres, supplices (cœur, yeux, seins arrachés, nez tranché, membres dislo-
qués, têtes coupées, corps brûlés ou rôtis sur des grils, etc...),
cadavres théâtralement exposés [7]. *Scédase, Méléagre, Alcméon,
Timoclée*, pour ne citer que quelques pièces caractéristiques de
Hardy, s'apparentent aux plus sombres drames florentins ou éli-
sabethains. Ils nous proposent le « violement effectif » de deux
jeunes filles par deux Lacédémoniens, leur assassinat, puis la
découverte de leurs cadavres dans un puits où elles ont été jetées
(*Scédase*) ; un amoureux qui a tué ses oncles est à son tour exé-
cuté d'une façon horrible par sa mère (*Méléagre*) ; un mari adultère empoisonné par un collier que lui envoie sa femme, égorge
avant de mourir ses propres enfants, s'attaque à ses deux beaux-
frères et tous trois s'entretuent (*Alcméon*) ; une jeune princesse
est violée par un officier d'Alexandre ; elle feint de se résigner,
attire dans un puits Hypparque, en lui confiant qu'un trésor s'y
trouve caché, et le tue à coups de pierres (*Timoclée ou la Juste
Vengeance*). Du « groupe de Rouen » signalons la *Tragédie
mahommétiste* « où l'on peut voir et remarquer l'infidélité commise par Mahumet, fils aymé du Roy des Othomans, nommé
Amurat, à l'endroit d'un sien amy et son fidèle serviteur, lequel
Mahumet pour seul jouir de l'Empire fit tuer son petit frère par
ce fidelle amy et comment il le livra en la puissance de sa mère
pour en prendre vengeance, chose de grande cruauté ». Dans
cette pièce, la Sultane dont on a tué l'enfant, boit sur la scène
le sang du meurtrier :

> *Mais je veux de son sang en boire une goulée...*
> *O Dieu que jo rogoy un grand contentement...*
> *Je sens ores dans moy une heureuse allégresse* [8].

Même fureur dans le *Moře cruel*, dans *Axiane ou l'Amour clandestin*, dans *La Charite ou l'Amour sanguinaire*, dans *Sainct Vincent* de B. de Gallardon, dans *Hercule mourant, Antigone* ou *Crisante* de Rotrou. Crisante présente une épée à Cassie, qui lui a
fait violence, pour qu'il se la plonge dans le sein ; puis, afin de
se justifier auprès de son mari Antioche du soupçon d'avoir aimé
Cassie, elle vient jeter à ses pieds la tête du lieutenant romain,
et à son tour se poignarde [9]. Le dernier acte de *La Mort de
Mitridate* de La Calprenède offre le spectacle lamentable de
l'empoisonnement d'Hypsicratée, femme de Mitridate, de ses

filles Nise et Mitridatie, de Bérénice femme de Pharnace; le roi se tue enfin d'un coup de poignard [10].

Ces horreurs sont redoublées, si l'on peut dire, dans le *Solyman* de Mairet; l'intrigue amoureuse de la fille du roi de Perse, Despine, et de Mustapha fils de Solyman, est prise pour une intelligence politique. Les sourdes machinations de Rustan, la haine de la Sultane pour Mustapha (elle ignore qu'il est son fils) entraîne le meurtre des amants. Il a lieu dans le sérail, sous les yeux du sultan. On présente à Mustapha une corde, du linge, et une hache avec laquelle il lutte un instant contre les gens chargés de l'exécution. A la fin, Despine et Mustapha cessent de résister et sont suppliciés [11]. La sultane Roxelane se perce le cœur avec son diamant, et un immense carnage d'esclaves et de hauts dignitaires termine cette tragédie du sang.

Les Danaïdes (vers 1644) sont plus effroyables encore. Cette tragédie horrifique porte sur la scène le massacre de cinquante jeunes gens par les cinquante filles de Danaüs. Dans son Epître dédicatoire à Fouquet, Gombauld définit, de façon fort heureuse d'ailleurs, cette conception d'un théâtre de la cruauté. Voici, dit-il, « les auantures d'une nuit que l'on peut dire auoir esté plus noire par ses crimes que par ses ténèbres. C'est celle des nopces de cinquante sœurs qui toutes, hormis une, consentirent plustost à la vangeance qu'à l'amour. De tous les diuertissements du théâtre, la tragédie tient le premier rang et ce qu'elle a de triste et de funeste ne diminuë point le plaisir qu'elle accorde merueilleusement auec la douleur. Je ne sçay comment la cruauté mesme qui l'accompagne et que l'on ne représente qu'auec des paroles éloquentes, contribuë si fort à la douceur du spectacle [12] ». Au reste on trouverait même forcénement dans la *Lucrèce romaine* de Chevreau [13], *Niobé* de Frenicle, *Rosimonde ou le Parricide puny*. Dans cette dernière pièce restée anonyme [14], le roi lombard Alboin a vaincu Chunimond; après l'avoir tué, il oblige sa fille Rosimonde à boire dans le crâne de son père assassiné, puis tombe amoureux d'elle. Rosimonde qui a donné sa foi à Helmichis, frère naturel d'Alboin, pousse son fiancé à tuer le roi. Mariés, ils fuient avec le gouverneur de Ravenne, Longin, qui s'éprend de Rosimonde, la persuade d'empoisonner son mari à la sortie du bain. Mais Helmichis prévenu la contraint de boire le reste du poison. Ils agonisent, et Longin désespéré veut se frapper sur leurs corps [15]. On multiplierait inutilement les exemples. Nous ne voulions que montrer ce goût de l'extraordinaire, de l'inhumain, de l'horreur, la tension des sentiments et des passions poussés à leur paroxysme; auprès de ces outrances, le théâtre cornélien apparaît soudain d'une humanité quotidienne et proche de la nôtre.

Naturellement l'expression répond à ce fond violent : imprécations, morceaux d'éloquence et de déclamation, beautés de pur spectacle [16]. Sans doute cette formule de la tragédie commence-t-elle à ne plus satisfaire bon nombre de dramaturges, sinon le goût du public; même après le triomphe de l'art classique elle se maintiendra longtemps encore. Nous n'avons pas à faire l'histoire de cette évolution et de ces maintenances : essais timides de conflits psychologiques dans certaines des pièces que nous venons de citer, lente substitution du drame intérieur au spectacle pathétique, des événements du cœur et de l'esprit aux malheurs et aux grandes catastrophes. Nous allons aborder tout de même ce sujet immense par le propos qui est le nôtre à savoir la peinture des passions de l'amour.

CHAPITRE V

L'AMOUR ET LA TRAGÉDIE
DANS LE PREMIER TIERS DU XVIIe SIÈCLE

Sur ce fond violent et sanglant de la tragédie, l'amour n'est guère traité lui aussi que forcené, chargé de sang et de chair. Au début du siècle il rappelle les drames noirs que Sénèque tira des légendes et des modèles grecs, ainsi que les plus funestes chroniques florentines, les crimes de la jalousie, de la violence passionnelle, de l'inceste. C'est l'amour que proposent les nouvellistes Bandello et Boccace, Domenichi, Gelli ou Firenzuola. Ces auteurs furent traduits ou lus chez nous dès la deuxième moitié du XVIe siècle; au début du XVIIe leur vogue est considérable [1]. En particulier Pierre Boaïstuau, puis François de Belleforest donnent au public français les récits tendres et désastreux de Bandello emplis des alcools et des misères de la sexualité. Déjà les tragiques italiens en avaient saisi les ressorts dramatiques, ceux de l'horreur et de l'épouvante; ils avaient repris ces passions d'abîme, ces déchaînements de l'instinct que leur offraient Sénèque et les chroniques des Renaissants [2]. *Thyeste* de Dolce, *Orbecche* de Giraldi [3], *Canace* de Speroni, *Dalida* de Luigi Grotto, *Acripanda* d'Antonio Decio, *Semiramide* de Muzio Manfredi, *Torrismondo* de Torquato Tasso, pour ne citer que les œuvres les plus caractéristiques, composent un théâtre prestigieux des souillures et des forcènements de l'amour [4]. Une vue sinistre sur la nature de cette passion s'y accommode mal des prétentions de l'amour platonique ou de l'amour volontaire. Boaïstuau écrit : « Voyez, vous qui faites si grand cas de l'Amour, qui lui donnez place entre les vertus plus parfaictes et héroïques, qui faites sortir de son escole toute douceur et courtoisie, si les effets de sa rage ne sont coustumièrement plus vicieux que modestes et si le nombre des fols en Amour n'est plus grand que de ceux qui s'exercent à quelque chose prudente et qui contents de la vertu, oublient la chair et ses délices. Mettez, je vous prie, à part, vos particulières affections et jugez à la vérité si ce que vous appelez amour et voulez qu'on luy attribue puissance plus qu'humaine, n'est plustost une brutale passion en l'âme, sortant de ceste partie que nous avons communément avec les bestes en ce qui touche le sensuel. En somme si un amoureux fait quelque bel acte, pensez qu'il n'est point saisi jusques à l'extrémité et que son âme n'a que la superficie des folies de telles passions [5]. »

Les Histoires dramatiques de Cervantès traduites par Audiguier et Rosset ne tardèrent pas à suivre les italiennes. C'est dans ce climat particulier que notre tragédie de l'amour respire un certain temps. Si l'œuvre tragique de Hardy ne doit rien aux Italiens et aux Espagnols, elle n'en fait pas moins de l'amour une peinture terrible et monstrueuse, s'attache aux thèmes du viol (*Scédase*, *Timoclée ou La Juste Vengeance* [6]), de la chasteté outragée (*Panthée*), de l'adultère (*Alcméon*), de la jalousie meurtrière (*Mariamne*), de l'amour trahi (*Didon*), ombrageux et criminel (*Méléagre*), absolu et dévorant (*La mort d'Achille*). Ces spectacles de brutalité passionnelle sont constamment repris de Hardy à Corneille : le viol dans *La Lucrèce romaine* de Chevreau, *La Lucrèce* de Du Ryer, *Le Saint Eustache* de Baro et celui de Desfontaines; la jalousie amoureuse et la vengeance dans *Pyrame*, dans *Axiane ou l'Amour clandestin*, dans *Hercule mourant* de Rotrou, la *Mort d'Achille* de Benserade, *Mariane* de Tristan, *Le Comte d'Essaix* de La Calprenède, *les Danaïdes* de Gombauld; l'amour malheureux et pitoyable dans le *More cruel*, *La Charite ou l'Amour sanguinaire*, *Solyman*, etc... Corneille les reprendra dans *Clitandre* (tentative de violence de Pymante sur Dorise), dans *Médée* (l'horrible vengeance de l'enchanteresse sur Créon, Créuse et Jason), dans *Horace* (sacrilège de Camille et fratricide d'Horace), dans *Cinna* (emportements de « l'adorable furie [7] »); puis à travers l'œuvre tout entière l'amour violent, exclusif : Placide (*Théodore*), Médée (*Toison d'or*), Massinisse (*Sophonisbe*), Pacorus (*Suréna*); cynique et politique chez les comparses et les traîtres Garibalde (*Pertharite*), Perpenna (*Sertorius*), Martian (*Othon*), Aspar (*Pulchérie*); enfin monstrueux mais plein de tendresses et de raffinement chez Attila, etc...

De toute évidence, Corneille loin de renchérir sur ses prédécesseurs, s'efforcera, nous le verrons, d'humaniser l'expression et la matière de ces peintures farouches. Sans doute les découvrait-il pour la plupart merveilleusement propres à la tragédie, toutefois nullement dynamiques, nullement propres à satisfaire telles quelles sa conception nouvelle de l'art dramatique; de ces tableaux immobiles où les personnages restaient écrasés sous une fatalité inexorable, Destin et esclavage de la passion, il ne retiendra que le pouvoir d'émouvoir et de provoquer chez le spectateur des contacts avec l'extraordinaire, le rare, le « sans exemple ». Sa technique psychologique les absorbera et leur donnera un visage entièrement neuf. Si bien que l'originalité propre à Corneille sur ce point n'est pas d'avoir conçu un théâtre surhumain, par endroits outré et forcé, mais bien plutôt d'avoir atténué ces mêmes outrances et ces forcènements qu'il trouvait partout répandus sur la scène de son époque. Il n'y a guère en effet de conflits du type dit cornélien, intrigues, situations, dans le rare comme dans l'extraordinaire, que l'étude du théâtre antérieur à 1630 ne puisse reconnaître. Corneille, loin d'avoir renchéri sur ses prédécesseurs, a humanisé tant qu'il a pu les modèles qu'il avait sous les yeux; allant vers une observation scrupuleuse de la vie, il entendait substituer aux conventions et au mythe dramatiques de son temps une psychologie. Si parfois chez lui la vérité psychologique semble démesurée, elle n'en reste ni moins vivante, ni moins humaine; c'était le conventionnel et le faux qui nous rendaient étranger l'ensemble de la tragédie avant 1630; mais l'extraordinaire humain chez Corneille est vrai au même titre que l'ordinaire : il est seulement plus rare.

En réalité Corneille n'est pas le premier à marcher dans cette voie. Bien avant lui, quelques dramaturges avaient tenté de dégager le tragique de l'amour non plus du spectacle seul de ses vicissitudes, mais de leur retentissement intérieur. Ils avaient ainsi découvert un certain nombre de conflits psychologiques dans lesquels la passion amoureuse entrait en lutte avec un sentiment antagoniste : amour de la patrie, amour filial, vengeance, honneur, gloire, etc... Curieux de connaître et d'exprimer les mouvements de l'âme divisée, ils en vinrent à la prendre comme un objet important de la tragédie, sinon encore comme l'objet unique. La structure de la tragédie se modifie vers 1634. Mairet, Tristan, Scudéry, Rotrou, Du Ryer mais surtout Corneille achèvent le retournement complet de la dramaturgie d'où devait sortir la psychologie classique.

Nous ne reviendrons pas sur les causes qui déterminèrent l'évolution de la peinture de l'amour dans le premier tiers du XVIIe siècle vers le débat et la nuance psychologiques [8]. Non seulement la pastorale explique cet affinement mais encore l'attrait que l'amour ne cessa d'exercer sur les auteurs, jusqu'à devenir chez Racine l'unique action tragique. C'est l'amour pastoral qui proposera au théâtre, bien avant 1636, ces complications sentimentales, ces violences et ces raffinements, ces scrupules et ces résistances de l'âme à l'encontre du désir; de là naîtront quelques-uns des conflits que les classiques transposeront dans la tragédie, tendresse et raison d'Etat, tendresse et devoir d'obéissance envers les parents, sentiment de la dignité, mais surtout les dissensions à l'intérieur de l'amour même : amour et jalousie, amour et liberté, amour et gloire, etc...

A cet approfondissement de la psychologie, la pastorale ajoutait d'autres éléments : le romanesque et le lyrisme amoureux dont la comédie cornélienne, nous l'avons montré, ne se débarrasse jamais tout à fait, mais non plus la tragédie elle-même. Pour ne donner ici qu'un exemple, le frémissement, la jeunesse, le chant de l'amour dans *Le Cid* sont des survivances et un écho de la sentimentalité pastorale. On les retrouve dans l'ensemble du théâtre contemporain.

La tragédie de Scudéry n'échappe pas, en effet, à l'éducation sentimentale des bergers et des bergères. Le couple Enée et Didon évolue dans un décor de rocaille, connaît les épisodes traditionnels de l'orage, de la chasse, etc... (*Didon* [9]). Phalante en mourant (*Phalante*) évoque la forêt où il allait soupirer pour Hélène :

> *Les Dieux, les bois, les fleurs et les choses sans âme*
> *Ont resté seulement confidens de ma flame,*
> *Et seulement aux Dieux, à des fleurs, à des bois*
> *Ce cœur désespéré s'est ouvert mille fois* [10].

Le nombre est infini des héros d'amour qui usent du langage conventionnel ou métaphorique des Céladons, font le personnage des « mourants » : Achille (*La mort d'Achille*), Antoine (*Marc-Antoine*), Alcionée (*Alcionée*), Philoxène (*Phalante*), Alexandre (*La Parthénie*), etc... [11].

Le goût n'est pas prêt de passer; la Préciosité prolongera jusqu'à la fin du siècle ces soupirants qui savent se plaindre sans souffrir, parler d'amour sans être touchés et mourir en se portant fort bien. Mais ce type d'amoureux fade, humilié, il va sans dire que les auteurs le manient avec plus ou moins de bonheur. Ils en font varier l'allure, le propos et le caractère. C'est ainsi que, relevant de la même mode, les amoureux de *Clitandre* (Rosidor-Caliste), de *Médée* (Jason-Créuse), de *Cinna* (Cinna et Maxime), de *Polyeucte* (Sévère), de *Pompée* (César-Cléopâtre), sont proches des héros galants des tragédies écrites après *Pertharite*, d'*Œdipe* (Thésée-Dircé), de *Sertorius* (Pompée et Aristie), de *Sophonisbe* (Massinisse), d'*Attila* (les rois Valamir et Ardaric et Attila lui-même), de *Tite et Bérénice* (Domitian), de *Pulchérie* (Léon), mais ils ne se ressemblent pas. Cela tient évidemment au génie de Corneille, qui a su donner à des intrigues et à des formules sentimentales sclérosées, une vie nouvelle et une humanité vraie. A cet égard la peinture de l'amour de Sévère pour Pauline est significative.

Que lui-même, dans ses débuts, ait longtemps consenti aux conventions et aux clichés, puis qu'après les avoir bousculés dans ses chefs-d'œuvre, il soit retombé, à partir d'*Œdipe*, et même dès *Pompée*, dans les engouements d'une époque bientôt dominée par Quinault, Thomas Corneille, Boyer et quelques autres, c'est un des problèmes que pose l'évolution de son théâtre, de ses parties vives et de ses parties mortes. Ni les causes sociologiques (monde versaillais et courtisanerie succèdant vers 1660 au monde chevaleresque du règne de Louis XIII), ni le goût du public, ni l'opportunisme de l'homme de théâtre, n'expliquent tout à fait les caprices de cette évolution. Il faudra y ajouter les tendances profondes, le caractère le plus authentique du génie cornélien, qui ne sont peut-être pas ceux que la tradition a retenus.

La peinture de l'amour dans la tragédie devait profiter largement des analyses subtiles, minutieuses et discrètes répandues dans le théâtre des *Bergeries*. Grâce aux recherches et aux curiosités psychologiques de la pastorale, les auteurs tragiques se détournèrent de la seule représentation de l'amour cruel et forcené, pour cerner de plus délicats conflits. Voici les plus remarquables de ces ébauches de psychologie amoureuse; Corneille reprendra avec génie quelques-unes d'entre elles.

Dans la pièce de Mairet, Sophonisbe ne peut vaincre l'amour qu'elle porte à Massinisse, allié des Romains; elle trahit son mari Syphax et ses concitoyens en envoyant un message secret au guerrier numide. Elle analyse le conflit qui déchire son âme, ce qu'elle doit à Syphax et à sa Patrie, et sa passion adultère :

> *Moy-mesme mille fois je me suis estonnée,*
> *Et de ma passion, et de ma destinée.*
> *Encore à ce matin je pleurois en resvant*
> *Au mal heur inconnu qui me va poursuivant;*
> *Faisant reflexion sur mon erreur extrême*
> *Je ne pouvois trouver que je fusse moy-mesme,*
> *Et que dans les rigueurs d'un temps si malheureux*
> *Je puisse concevoir des pensers amoureux* [12].

Debout sur les remparts, elle assiste au combat où Carthage va succomber; Syphax y lutte contre Massinisse. Elle fait des vœux pour que ce dernier triomphe, mais en même temps elle se révolte contre un désir si funeste à son pays et à elle-même :

> *O sagesse, ô raison, adorables lumières,*
> *Rendez à mon esprit vos clartés coustumières,*
> *Et ne permettez pas que mon cœur endormy*
> *Fasse des vœux secrets pour son propre ennemy,*
> *Ni que mes passions aujourd'huy me réduisent*
> *A vouloir le salut de ceux qui me détruisent* [13].

La Calprenède aperçoit dans la situation de Bérénice (*La Mort de Mitridate*) les éléments et le ressort d'un conflit psychologique. Pharnace, mari de Bérénice a trahi son père, s'est rallié au parti des Romains et vient avec leur aide mettre le siège devant le camp de son père. Bérénice, malgré sa tendresse pour Pharnace, reste fidèle à sa patrie et à Mitridate; le sentiment de l'honneur est si fort qu'elle abandonne son mari :

> *J'ai sur mes passions un absolu pouuoir*
> *Et mon plus grand souci n'est pas de le reuoir :*
> *Quand il perd son honneur sa femme l'abandonne* [14].

Elle a de l'amour la même conception fière de certaines héroïnes cornéliennes qui ne peuvent aimer qu'autant qu'elles estiment :

> *Et fondant mon amour sur la seule raison*
> *Je ne le puis aimer après sa trahison* [15].

Elle discerne avec beaucoup de lucidité ses devoirs et elle s'y tient avec noblesse dans son entrevue avec Pharnace qu'elle est venue implorer [16]. N'ayant pu le fléchir elle retourne au camp de Mitridate, et s'empoisonne pour ne point survivre au déshonneur de ce mariage et à la servitude.

Le jour des noces de ses cinquante filles, le vieux Danaüs a donné à chacune d'elles un poignard pour égorger son futur mari (*Les Danaïdes*). L'amour qu'Hypermnestre a pour Lyncée la fait hésiter à frapper; mais l'amour filial lui reproche ce mouvement :

> *Deux contraires objets partagent mon désir;*
> *Je n'en puis suiure qu'un, et je ne puis choisir*
> *Je ne puis estre ensemble amoureuse et cruelle.*
> *Je ne puis renoncer à la loy naturelle;*
> *Et mon cœur incertain, ou lasche, ou généreux,*
> *N'est pour l'un ni pour l'autre, estant pour tous les deux...*
> *Dois-je sauuer mon père en tuant mon espoux* [17] ?

Malgré sa sœur Théane, qui lui représente que l'amour doit céder au devoir parce que la gloire en est plus grande, elle épargne Lyncée en lui révélant l'horrible projet de la nuit. Lyncée tue le roi. Hypermnestre n'écoutant plus que l'amour filial, repousse celui qu'elle aime; puis elle appelle la mort dans des imprécations fières et puériles [18].

La reine Elisabeth (*Le Comte d'Essaix* de La Calprenède) a pour le comte d'Essaix, après la prétendue découverte d'un complot contre l'Etat, les mêmes sentiments qu'éprouvait Bérénice

(*La Mort de Mitridate*) envers Pharnace. Elle aime le Comte mais cesse de l'estimer :

> *Je ne l'estime plus puis qu'il nous a trahis*
> *Ses belles actions s'effacent dans son crime* [19].

Toutefois elle ne peut vaincre de trop tendres souvenirs; son tourment est longuement analysé au cours de la pièce :

> *Il peut bien conspirer, il peut bien me trahir*
> *Il peut me mépriser, je ne le puis hayr*
> *Et de quelques raisons que s'arme ma prudence*
> *Que mon ressentiment parle pour ma deffense*
> *Un simple souuenir renuerse en un moment*
> *Ma raison, ma prudence et mon ressentiment* [20].

Finalement, malgré un courroux trop composé pour être vrai, elle ferait grâce à Essaix si l'action vindicative du couple Cecil ne précipitait l'exécution du Comte. Le personnage de la fière et tendre Lady Cecil amorce lui aussi un débat psychologique qui, pour n'être qu'à peine indiqué, au dernier acte, n'en reste pas moins vivant [21].

Il n'est guère davantage poussé, il faut l'avouer, dans le *Coriolan* de Chevreau; les sénateurs ni Sicinie n'ont pu faire revenir l'exilé sur son projet de détruire Rome déjà décimée par la faim et la peste, et réduite à merci. Mais, lorsque sa mère et sa femme viennent le trouver sous sa tente, son âme est partagée par un dur combat. Tour à tour la haine et le ressentiment, la parole donnée aux Volsques et à leur chef, l'emportent sur les tendresses du sang et de l'amour. Chevreau a entrevu que l'intérêt du drame était là [22]; qu'il n'ait point su en tirer parti, cela ne saurait infirmer notre démonstration : quelque dix ans avant *Le Cid*, et peu d'années après, les dramaturges s'essaient à l'analyse de sentiments contradictoires; ils veulent écrire une tragédie de l'âme.

Il est significatif, par exemple, que Du Ryer, dans *Lucrèce*, tout en conservant la technique des Renaissants et une prédilection pour l'amour forcené, ne se contente pas de la seule description du viol, comme le fait Chevreau dans sa *Lucrèce romaine*; il situe la scène où Tarquin tente Lucrèce avant de la forcer, dans une curieuse perspective psychologique, où il faut bien reconnaître les vues et les maximes morales de la nouvelle génération. Le désir de rester chaste et fidèle à son mari pousse Lucrèce à mourir; elle demande à Tarquin son poignard. C'est alors qu'il développe cette étrange théorie de la chasteté liée à la notion de Gloire et qui annonce l'amoralisme souriant des *Questions d'amour* de Mme de

Brégy, entre autres de celle-ci bien connue : « S'il est plus avantageux d'être cocu sans le savoir que de ne l'être pas et croire l'être [23]. » Le propos de Tarquin à Lucrèce revient à ceci : « L'opinion fait la honte et l'honneur »; ou bien vous ne me résistez pas et aucun indice ne permettra de vous juger déshonorée, ou bien vous résistez, vous voulez mourir; dans ce cas voici mon projet : je tuerai un esclave auprès de votre cadavre, je ferai connaître à tous que cet esclave eut vos faveurs et que j'ai puni sur tous deux votre adultère. Tarquin de conclure :

> *Ainsi ce vain honneur qui vous semble si beau,*
> *En mesme-temps que vous ira dans le tombeau;*
> *Ainsi l'affreuse mort qu'on attend à son ayde,*
> *Doit estre son poison, plutost que son remède.*
> *Vous croyez qu'elle serue à vous faire adorer*
> *Et ce n'est qu'un secret à vous deshonorer [24].*

Lucrèce est ébranlée par la rigueur d'une telle casuistique, qui « se sert de l'honneur pour perdre l'honneur mesme [25]. » Elle aussi ne semble pas considérer la chasteté en dehors de l'opinion; plus tard, la crainte de ne pas paraître innocente en mettant fin à ses jours, lui ferait presque un devoir de vivre; mais continuant à vivre déshonorée par Tarquin, elle paraîtrait avoir redouté la mort et serait jugée infâme. Hélas ! dit-elle, perplexe :

> *Hélas ! de quels malheurs est ma gloire suiuie !*
> *Je la perds par ma mort, je la perds par ma vie [26].*

L'éthique de la Gloire a finalement recouvert et dominé le drame de la pudeur et de la liberté charnelles forcées par la brutalité du désir. On pouvait prévoir l'écueil : le sujet de Lucrèce ne convenait qu'à un théâtre dans le goût de la Renaissance grâce au frisson d'horreur qu'il peut donner; à la scène toute tentative d'analyse psychologique d'un tel geste en manque inévitablement le tragique. Mais la rencontre chez Du Ryer des deux esthétiques, celle du XVIᵉ siècle qui s'affirme encore dans le choix même du sujet, et celle du classicisme dans le débat psychologique, éclaire une fois de plus cette impasse d'où la tragédie française était en train de sortir.

Les mêmes remarques conviendraient à *Crisante* de Rotrou; la duplicité d'action (ou d'intérêt) y est évidente malgré le lien (personnage de Crisante) qui rattache les deux drames. Après la fuite de son mari Antioche, Crisante, reine de Corinthe, est tombée aux mains des Romains. Confiée au lieutenant Cassie, ce dernier lui arrache par la violence ce qu'une passion d'abord respectueuse puis la ruse n'avaient pu obtenir. Mais ce n'est pas sur cet épisode que la pièce est centrée. Crisante désespérée a pu rejoindre son mari; elle lui conte l'attentat dont elle vient d'être la victime. Antioche soupçonne sa femme de s'être donnée à Cassie et la repousse. Elle retourne alors à Corinthe, réclame au général romain la tête de Cassie, l'obtient, vient la jeter aux pieds d'Antioche et se poignarde [27]. Ce second épisode pouvait alimenter une tragédie psychologique; Rotrou l'a seulement dessinée. Il a prêté à Antioche quelques traits de passion qui risquaient d'être émouvants : il eût suffi que nous fussions davantage convaincus de son amour pour sa femme et qu'il eût de sérieuses raisons de douter de son innocence. Rotrou pressent la tragédie humaine, de type classique; il ne la réalise pas, du moins dans *Crisante*.

Nous relèverions encore, ici et là, des essais de conflits psychologiques, en particulier celui de l'amour et de la gloire repris si souvent par Corneille. Il avait été entrevu à plusieurs reprises, nous l'avons souligné, dans la pastorale et la tragi-comédie; mais la tragédie elle-même s'en emparait avec *Cléopâtre* et la *Mort d'Achille* de Benserade, avec le *Marc-Antoine* de Mairet, pièces qui parurent avant 1636. On trouve même cette gloire, souveraine de l'amour, dans *Alcionée* de Du Ryer qui fut écrite, et sans doute jouée, à peu près dans le même temps que paraissait *Le Cid* [28]. Il s'agit bien dans les deux pièces (rôle de l'Infante Urraque dans *Le Cid*, de la Princesse Lydie dans *Alcionée*) du drame de la tendresse combattue par les fières exigences de la naissance et du rang. La Calprenède reprendra ce thème dans *Phalante* en 1640.

Antoine (*Cléopâtre*) découvre que son amour pour la Carthaginoise est ennemi de sa gloire, mais il ne peut le vaincre :

> *Pour avoir trop d'amour je n'ay plus eu d'honneur,*
> *J'ai méprisé la gloire et j'ay pris l'habitude*
> *D'aymer la liberté moins que la servitude* [29].

Achille (*La Mort d'Achille*) abandonne allégrement cette gloire pour la beauté de Polixène :

> *Je vous ayme, Madame,*
> *C'est ma témérité, ma gloire, mon forfait* [30].

La Princesse troyenne lui demande d'être moins vaillant au combat contre ses concitoyens; il réplique :

> *Si les moins valeureux dedans vostre memoire*
> *Sont les plus caressez, je renonce à la gloire*

> *Et ne recherche plus l'honneur dans les hazars*
> *J'aime mieux estre aymé de Venus que de Mars* [31].

Même victoire de l'amour dans *Marc-Antoine*; défait par César, il sait se consoler dans les bras de Cléopâtre :

> *Ouy, Reine des beautez, vostre Antoine vous ayme,*
> *Autant que vous sçauriez le désirer vous mesme,*
> *Et vostre amour aussi le rend plus glorieux*
> *Que le titre de grand et de victorieux* [32].

Le conflit entre gloire et amour devient si aigu dans *Alcionée* qu'il constitue le sujet de la tragédie. La fière Lydie refuse d'épouser l'aventureux guerrier Alcionée, trop au-dessous de sa condition. Alcionée soulève les provinces et parvient à vaincre le Roi de Lydie. Il lui ôte la couronne, qu'il lui rend aussitôt contre la promesse d'épouser sa fille. La pièce commence alors, le Roi finassant pour conserver son trône et ne pas tenir sa parole, la Princesse refusant toujours de donner sa main, malgré son amour. Le combat entre ce qu'elle doit à sa gloire et sa passion cachée pour Alcionée fait le ressort de toute l'intrigue; il détermine la tragédie psychologique :

> *Que fais-je mal heureuse ? Oublirai-je qu'il aime ?*
> *Détruiray-je un Amant ? Me perdray-je moy-mesme ?*
> *Mais languiray-je aussi dans une passion*
> *Dont je ne puis brusler qu'à ma confusion ?*
> *En chassant cet amour je me faits violence,*
> *Mais en le retenant je trahis ma naissance...*
> *Il n'importe, acheuons, esteignons cette flamme,*
> *Ou l'empeschons au moins de régner dans nostre ame;*
> *Estouffons un amour que l'honneur nous deffend* [33].

Ce débat se poursuit dans les stances du début du troisième acte (J'ayme et par un destin nouveau — J'ay parlé contre ce que j'ayme) introduisant ici un élément moral (Aymerons-nous un furieux ? — Un subjet si pernicieux — Qui de son Roy fit sa Victime [34] !), là glissant à des considérations de prestige et de naissance :

> *Et moy-mesme aujourd'huy de ma gloire ennemie,*
> *N'obéiray-je en fin que pour mon infamie ?*
> *Pour aymer mon subjet, pour en faire mon Roy,*
> *Et dépendre d'un bras qui dépendoit de moy* [35].

La mort d'Alcionée fait paraître enfin un amour tenu longtemps en tutelle; il triomphe de l'orgueil et des interdictions de la Gloire.

Pour Hélène (*Phalante*), les honneurs dus au rang et à la couronne ne tiennent pas aussi longtemps devant l'amour. L'étranger Phalante, dont on ignore la naissance, les fait vite oublier. Hélène reste tourmentée; elle vient d'avouer son amour :

> *Que sçay-je si desia cette étrange ouuerture*
> *Aura fait à ma gloire une mortelle injure ?*

ou encore :

> *Honneur, couronne, ayeux, n'excusez plus ma faute,*
> *Je deuois maintenir cette Majesté haute,*
> *Conseruer l'asseurance à ce front couronné,*
> *Et mourir dans le rang que vous m'auez donné* [36].

Mais Phalante ne veut pas trahir son ami Philoxène qui n'a cessé de chérir Hélène depuis son enfance. C'est Philoxène qui l'a supplié d'aller trouver pour lui la Princesse inflexible. Il s'acquitte noblement de sa mission sans parvenir le moins du monde à émouvoir Hélène en faveur de son ami. Quand ce dernier apprend l'amour de la Princesse pour l'étranger, il le provoque en duel mais tombe blessé à mort. Désespéré Phalante s'éloigne d'Hélène qui s'empoisonne. Devant la résistance de Phalante dont elle ignorait les causes, Hélène s'était efforcée de retrouver sa dignité [37]. Ces scènes ébauchent ici encore quelque lutte intérieure. Ces exemples peuvent suffire : le théâtre tragique avant 1630 offre une conception sentimentale qui s'apparente à celle de *Clitandre* ou de *Médée*, amour jaloux, forcené, incestueux, criminel. Mais dès 1634 la structure de la tragédie se modifie : l'action intérieure ou psychologique tend à se substituer aux événements du dehors. L'amour entre en conflit avec d'autres sentiments; il devient objet d'analyse. Le débat, dit cornélien, est entrevu par bon nombre de dramaturges avant que Corneille n'ait donné *le Cid*. Il oppose l'amour au devoir patriotique, au sentiment de l'honneur, à la vengeance, à l'amour filial. La Gloire elle-même devient le principe constant et suprême de la morale du héros et de l'héroïne. La matière dramatique ne manquait donc pas à Corneille. Il n'avait qu'à prendre, n'ayant guère sans doute à inventer mais tout à créer.

★

Ce n'est qu'avec *Le Cid* que Corneille a pris tout à fait conscience de son génie, en particulier lorsqu'il découvrit l'amour héroïque qu'il devait porter sur le théâtre et dont la pièce de *Médée* ne laisse encore rien pressentir. Non que dans cette première tragédie (*Clitandre* n'est qu'une tragi-comédie pastorale) ne soient exaltées la majesté du moi et de la puissance, les impérieuses poussées de la Gloire, et, dans son ensemble, cette doctrine du héros auquel le nom de cornélien est resté attaché. Mais à cette psychologie générale des passions, où l'énergie joue un rôle décisif et prépare déjà aux actions exemplaires des autres tragédies, Corneille n'a pas su joindre encore une psychologie de l'amour héroïque. *Le Cid* témoignera qu'une telle alliance est possible : dans ses travaux la Gloire retient à la fois le Héros et l'Amant.

Dans *Médée* on retrouve encore la métaphysique amoureuse des premières comédies. La même formule de l'intrigue de *Mélite* à *La Place Royale* y est de nouveau exploitée. Il est aisé de la reconnaître dans ce lieu de l'horrible et de la vengeance, même submergée par la fabuleuse figure de la Magicienne. L'idylle de Créuse et de Jason est traversée par la double jalousie de Médée et du roi Aegée. Elle relève de la même conception romanesque et galante de l'amour, que nous avons suivie tout au long des premières comédies ; seule la vengeance de Médée prête à son dénouement une solennité effroyable, d'elles ignorée. Ici, la peinture de la tendresse amoureuse ne répond guère au portrait viril de l'enchanteresse ni aux hardiesses et aux insolences d'un égoïsme farouche. Il y a rupture, ou plutôt manque de cohésion, entre l'éthique héroïque et l'éthique amoureuse. A partir du *Cid* l'accord est réalisé ; les mouvements de l'amour et ceux de l'héroïsme suivent une même inspiration. La loi intime qui les anime, les principes qui les dirigent, sont identiques ; c'est dans l'unité de l'âme du héros qu'ils prennent leur source. La tendresse ne pouvait donc désormais s'orienter que dans le sens des actions glorieuses ou sinon paraître ennemie.

Il est possible que Corneille ait puisé dans la lecture du roman de Du Perrier, *La Haine et l'Amour d'Arnoul et de Clayremonde* (1600), cette inspiration d'une tendresse accordée à l'honneur et une prédilection pour les mouvements de la passion dominée par la volonté [38]. Mais il a pu tout aussi bien puiser l'une et l'autre dans son modèle des *Mocedades del Cid,* ou encore dans les imitations que faisait alors Rotrou des pièces espagnoles. Dans *La Celiane*, il a pu lire quelques maximes sur l'amour et la raison, sur l'amour lucide [39], et dans *La Pèlerine amoureuse* un dialogue d'allure et de morale cornéliennes, en particulier une certaine réplique sur la volonté humaine [40]. On a même indiqué que le roman du sieur de Molière, *La Polyxène*, présentait une situation sentimentale analogue à celle du *Cid* [41]. Ce passage nous intéresse : il concerne le conflit de l'amour et de l'honneur. Polyxène est aimée de Clyante. Un duel met aux prises Alceste et Clorimon. Chacun d'eux a choisi un second, Alceste son ami Clyante, et Clorimon le père de Polyxène. La jeune fille expose les perplexités douloureuses de son amant : « Je vous laisse à juger si Clyante fut estonné de voir que son honneur l'obligeoit à se battre contre le père de celle qu'il aymoit le plus au monde... Amour luy représentoit d'un costé mon desplaisir, et luy faisoit craindre que cela ne ruinast l'affection que je luy portois. D'ailleurs l'honneur luy mettoit de si fortes raisons devant les yeux qu'il estoit contraint de les suivre, s'il ne se vouloit mettre au hazard de perdre toute la réputation qu'il auoit acquise... Cependant, Clyante voyant que pour conserver son honneur il falloit qu'il perdist tout ce qu'il esperoit de contentement au monde, ne sçavoit que respondre [42]. »

Dans cet épisode du roman il s'agit d'une opposition de la passion et de l'honneur. Mais dans *Le Cid* l'amour trouve dans l'amour l'allié de l'honneur. Il nous reste à voir comment Corneille a traité et transformé ce conflit de type cornélien si répandu dans le théâtre et dans le roman avant 1636.

CHAPITRE VI

L'AMOUR HÉROÏQUE

Une extraordinaire surprise attend le lecteur lorsque après *L'Illusion comique* il aborde la tragédie cornélienne. Il voit bouger enfin les images du monde, des terres réelles et nommées, des villes, des peuples, des personnes qui sont; des sociétés féodales, républicaines, monarchiques, totalitaires; une histoire ou une légende; des individus intégrés à un tout : gens, clan, patrie ou État. Il voit se croiser d'innombrables activités : économie, défense territoriale, politique, religion. Des perspectives, des reculées, des arrière-plans s'y laissent entrevoir : puissances étrangères hostiles ou amies, actions et moments historiques, crises et schismes religieux, cérémonial, ambassades, rayonnement culturel, progrès et régressions. Vastes, cohérentes, telles sont les assises de la tragédie cornélienne. Couronnes de carton, château dans la forêt lunaire, jardins, grotte magique, miroirs, philtres et Toison d'or, il ne reste presque plus rien du rêve, de la féerie et de l'illusion. Voici des rois qui règnent, un forum empli de discours et de complots, l'embouchure du fleuve où ancrent des vaisseaux chargés d'hommes en armes, la poussière du stade et du champ clos. C'est dans ce bloc architectural que viendront s'intégrer peu à peu tant d'individualités, tant de races, leur jeunesse, leur apogée ou leur décadence, Rome, l'Espagne, l'Egypte, Byzance, la France mérovingienne, l'Orient et jusqu'aux Etats nordiques.

Désormais, ce n'est plus dans le monde un peu en l'air des Comédies, dans l'utopie et la précarité, mais dans un espace plein, limité, soumis à une législation, que l'homme et son action se situent. Dans une telle formule scénique il ne peut y avoir place pour l'amour seul. Ce sentiment reçoit son rang, se mêle aux mœurs, à la vie sociale, suit la mode, les règles de la politesse et de la cérémonie. Jamais assez pur pour se réfugier dans la solitude, jamais assez exclusif pour renoncer à la famille, à la pa-

trie, ni même à cet ensemble d'opinions et de coutumes qui sont
le patrimoine d'une race, il ne s'évade ni de la tradition, ni des
devoirs, sauf dans un cas, celui de Camille. L'amour n'est pas non
plus l'unique action tragique; il s'accompagne d'autres sentiments
et compose avec eux. Qu'il leur cède le pas, rien n'est moins sûr.
Corneille, il est vrai, a dit lui-même que cette passion devait seulement servir d'ornement à la tragédie [1]; trop souvent on l'a cru
sur parole. Sans doute les multiples incidences de l'aventure passionnelle, les rapports qu'elle entretient avec le sentiment patriotique, les discordes et les rivalités de famille, l'inquiétude religieuse
ou encore la politique, peuvent faire oublier un art d'aimer, vrai
quoique subtil. La maladresse même et la pudeur de Corneille à
traiter les nuances et la plastique amoureuses, peuvent également
cacher une analyse qui remonte à l'essence de la passion. Mais
l'espèce noble et forte d'amour qui éclaire les actes des héros, souligne l'importance que Corneille entendait donner aux aventures
du cœur. Et en fait il ne cessa d'en décrire les mouvements et d'en
sonder le secret jusqu'à tenter d'élucider, au delà de l'imagerie
naïve que lui transmettaient le moyen âge et le théâtre religieux
de son époque, le passage de l'amour profane à l'amour divin. Enfin, sur le point de se retirer pour toujours du théâtre, il produi-
sait encore *Suréna*, où, déjà mêlé à la mort et ne pouvant consentir à se renoncer, l'amour s'épure jusqu'à la transparence.

On accorde généralement à Corneille qu'il donne dans *Le Cid*,
plus qu'en aucune autre de ses tragédies, une note juste de l'amour;
qu'il ne le ramène pas entièrement à des idées; lui laisse ses mouvements naturels, son ardeur, ses incohérences, sa cruauté, sa fatalité; ne lui retire pas ses fondations gracieuses et naïves, les
formes de l'instinct et du bonheur. Il est hors de doute qu'une
puissante sensibilité anime ce drame du cœur. La colère est le
climat cornélien; c'est celui de la gens castillane dans *Le Cid*.
Toute l'activité des personnages repose sur ce fond d'humeur. Les
mouvements y viennent des profondeurs d'une vie intense et donnent à l'amour ses violentes couleurs. Il ne manque, à l'aube de
cette journée, ni la jeunesse, ni l'audace, ni l'inquiétude, ni même
une sorte de tristesse voluptueuse à l'approche du bonheur [2]. On
ne saurait pourtant oublier une séduction plus rare : la noblesse
et la gravité du sentiment, la réserve que les circonstances imposent aux amants dans son expression; l'attention qu'ils montrent
à ne pas l'avilir; l'estime réciproque qu'ils en tirent et ne cessent
de se témoigner dans le malheur; les pièges d'oubli et de tendresse
que le cœur tend à la volonté; les complicités, les ruses de l'instinct; la présence d'un amour qui ne cesse de se fortifier dans une
manière de refus désespéré non de se satisfaire mais seulement de

s'écouter ou de consentir à soi. Il ne faudrait pas isoler cet amour, comme on l'a fait trop souvent, des conditions réelles où il se trouve engagé. La société féodale qui mesure la valeur à la force nue, Séville elle-même dans cette méridionale Espagne que le roi a élue pour y installer sa cour, ses stratèges politiques et militaires, l'orgueil d'un peuple en marche vers la Reconquête, les victoires sur l'envahisseur, mais aussi les malheurs et les périls, lui composent un climat barbare et raffiné. La vie de la gens, tempérée par un loyalisme et une courtisanerie en herbe, encore rebelles, garde une allure roide et pourtant délicate. A demi-plongée dans l'épopée de la Castille médiévale, elle en rappelle les coutumes, les modes de penser, de sentir et même de s'exprimer. Le soin qu'apporta Corneille à adoucir l'âpreté des modèles espagnols ne suffit pas, fort heureusement, à retirer tout à fait du *Cid* certaines couleurs naïves et brutales. Il y a plus : Corneille et toute son époque si sensible à l'honneur ne pouvaient que se reconnaître dans l'œuvre exemplaire de Castro. En particulier ils devaient en saisir la solidité harmonieuse de toutes les parties en ce qui concerne les rapports entre personnes fondés sur les notions de générosité, d'honneur et de gloire. Ils s'appuyaient eux aussi sur les mêmes valeurs. Or ces termes ne répondent que faiblement au sens que nous leur donnons aujourd'hui. Aussi avons-nous essayé plus loin de les préciser; peut-être même sommes-nous parvenus à dégager la réalité vivante dont ils furent les symboles. Nous renvoyons le lecteur à cette étude [3].

Le conflit propre à l'amour dont *Le Cid* a révélé la grandeur, n'est pas isolé mais mêlé inextricablement à d'autres qui relèvent également de la Gloire, sentiment commun au gentilhomme espagnol et à l'élite aristocratique sous Louis XIII. Un soufflet deshonore Don Diègue et couvre de honte son fils. Pour tous deux l'outrage appelle une réparation d'honneur. Cette vue est entièrement de société. Inféodé à la communauté, Rodrigue ne peut se dérober au devoir de vengeance, commandé par la race, le sang et les soins paternels. Il ne pourrait y songer sans horreur. La solidarité de clan s'accorde chez lui avec la solidarité familiale. Rodrigue est l'héritier d'une lignée, d'une maison [4]. Ce lien du père au fils a la force de la nature et du sang. L'entente est intime, organique. Il convient d'en souligner la rudesse avant de découvrir entre ces deux âges le heurt, l'incompréhension et finalement une manière de divorce.

Le devoir filial et le devoir envers soi poussent Rodrigue à frapper le comte de Gormas, dont il aime la fille. Loin de faire obstacle à la mort de l'insulteur, l'amour la commande impérieusement. Cette dernière exigence paraît confusément dans les Stances mais la décision qu'elle semble imposer manque [5]. Après le duel, la rencontre des malheureux amants met en pleine lumière l'argument décisif :

> *Je t'ai fait une offense, et j'ai dû m'y porter*
> *Pour effacer ma honte, et pour te mériter* [6].

Ensemble la vengeance et l'amour ont poussé Rodrigue à tuer; ils ont milité dans le même sens. On ne peut parler de conflit entre le devoir de vengeance et l'amour. La contradiction est dans l'amour même. On touche ici à une découverte psychologique précieuse, commune d'ailleurs à toute l'époque Louis XIII; elle n'est au fond qu'une description exacte, une donnée de l'amour. Ici la notion de Gloire la domine et l'éclaire. L'originalité du *Cid* est d'avoir impliqué cette morale de l'honneur et de la Gloire dans le domaine de l'amour. La génération de Rodrigue et de Chimène, héritière et solidaire de la génération de Don Diègue et de Don Gomès, s'en sépare radicalement par une façon toute personnelle d'aimer. A l'affirmation du vieux Don Diègue :

> *Nous n'avons qu'un honneur, il est tant de maîtresses !*
> *L'amour n'est qu'un plaisir, l'honneur est un devoir.*

répondent le cri et l'angoisse de Rodrigue :

> *Mon honneur offensé sur moi-même se venge;*
> *Et vous m'osez pousser à la honte du change !*
> *L'infamie est pareille, et suit également*
> *Le guerrier sans courage et le perfide amant* [7].

En vérité ce désaccord couvait depuis longtemps; dès le début de la pièce, on trouve chez Rodrigue une vivacité, parfois même une sourde animosité envers son père. Mais le coup d'éclat se produit dans la scène citée plus haut. Rodrigue y laisse gronder contre Don Diègue un sentiment — assez troublé d'ailleurs et d'autant plus puissant — d'hostilité [8]. Peut-on voir seulement dans cette attitude l'amertume et le mépris de la génération du *Cid* pour celle qui la précéda ? Aujourd'hui vieillie, de loin dépassée par les « jeunesses du *Cid* », la génération de Don Diègue semble atteinte d'un commencement de dissolution. Le mot de Don Gomès : « Vous l'avez eu par brigue étant vieux courtisan [9] », éclaire d'un jour cruel la retraite d'une noblesse d'épée sortie des rangs, et désormais confinée dans des intrigues de Cour. Don Gomès lui-même, encore sous les armes et qui amorça la Reconquête, pose sa candidature au poste de gouverneur de l'Infant. C'est lui « qu'un tel degré d'honneur regarde [10] », engagé dans une conversation puérîle sur la préparation militaire (l'exemple ou le livre[11]) et porte enfin à un geste irréparable. Ces traits trahissent une secrète déchéance et les préoccupations d'une génération finissante; elle ne pouvait qu'être balayée par celle du Cid Campeador; à la première rencontre elle s'effondre en effet, touchée à mort par l'adolescence virile.

Mais le ressentiment de Rodrigue envers Don Diègue est plus particulier. Rodrigue ne regrette ni ne renie l'héritage reçu — héritage d'honneur — et le génie qui lui est propre consistera précisément à en éclairer l'amour. Malgré le lien qui le rattache à l'ancienne génération, il ne se sent plus entièrement solidaire lorsqu'il découvre chez son père une incompréhension si totale du drame amoureux qu'il vient de vivre. Don Diègue n'a pas soupçonné la tragédie de son fils. Pour lui, la société seule, et non l'amour, relève de l'honneur dont il n'a jamais saisi que le caractère féodal. Il fait encore partie de la haute époque des Chevaliers dont on connaît la misogynie. Le preux chevalier montre souvent à l'encontre des femmes une hauteur méprisante dont il reste ici quelque chose. Avec Rodrigue l'héroïsme chevaleresque, sans rien perdre de ses vertus primitives, se tourne résolument vers l'être aimé. On assiste à une sorte d'élargissement de la mystique féodale. L'épreuve type du chevalier — héroïsme guerrier, sacrifice, sainteté — ne disparaît pas mais se prolonge dans l'épreuve amoureuse. Elle finira un jour par s'y dissoudre. Ce fut là en effet, une cause de décomposition des Chevaleries qui, viriles à leur début, aboutirent à une galanterie et une féminité scandaleuses. Rodrigue tient l'entre-deux[12].

La notion de gloire et d'honneur, désormais intégrée à l'amour, la fin de ce sentiment ne peut plus être pour Rodrigue — comme elle le fut pour Don Diègue — un plaisir. Du désir, l'amour s'élève à l'ordre du sentiment; participant aux mouvements de l'âme, on pressent qu'il puisse devenir à soi cruel et hostile par ce caractère éminent qu'il reçoit. Qu'on ôte chez Rodrigue amoureux cette âme glorieuse qui ne veut ni démériter ni se trahir, tout conflit intérieur disparaît. C'est le caractère de cet amour d'être à la fois une nature et une valeur qui fait la tragédie. Celle-ci se noue et éclate dans les Stances de Rodrigue[13].

CHAPITRE VII

RODRIGUE ET CHIMÈNE

Le premier mouvement de l'amour rappelle invinciblement à Rodrigue la personne de Chimène non comme un objet d'estime et d'adoration, mais comme une promesse de jouissance. Le nom de l'aimée si souvent caressé et repris à la chute de la strophe, les images voluptueuses qu'il éveille — « ces plaisirs morts » — concourent à engourdir puis à vaincre un court moment son « âme abattue[1] ». Epuisée par un douloureux effort à reconquérir ses pouvoirs, elle s'abandonne brusquement à un désespoir passionné où l'idée de la mort apparaît comme libératrice[2]. Après avoir submergé les scrupules de la conscience, l'amour essaie d'endormir la douleur qu'entretenait la sédition intérieure; il réconcilie Rodrigue avec lui-même. L'effacement progressif des éclairs de la conscience, ce courage et cette faiblesse tournés vers les ténèbres si pareilles à celles de la volupté — Rodrigue les confond peut-être — cette hypnose où s'immobilise l'adolescent, composent une attitude morale et plastique d'une extrême beauté. Toutefois, si efficace que soit cet aveuglement de l'amour, il ne parvient pas à éluder tout à fait ni pour longtemps les intuitions du cœur. A l'instant où Rodrigue semble consentir au double vertige de la volupté et de la mort, du fond de cette absence remontent la colère et l'interrogation[3]. Rodrigue se défait de ses ténèbres dans un mouvement lent et effaré de dormeur debout que réveille sa propre chute. L'indignation, la honte qui le secouent lui rendent peu à peu son aplomb, l'arrachent à son immobilité, l'entraînent à l'action.

Rodrigue n'est pas sollicité par ce seul mouvement. Il en éprouve d'autres tout aussi violents. L'obligation de venger son père et lui-même[4], le sentiment de l'honneur qui stimule le devoir de vengeance, le poussent à frapper le Comte. Ces mouvements qu'engendre et redouble l'offense, se conjuguent, s'opposent au bonheur de posséder Chimène. On pourrait donc réduire sans grave erreur cette opposition au conflit de la générosité et de la passion, si un autre sentiment, dont la racine est dans l'amour même, ne créait un nouvel empêchement à le satisfaire. L'amour en effet suggère à Rodrigue l'idée qu'il s'attire le mépris de Chimène et devient indigne d'elle s'il ne se venge pas [5]. Nouvelle et royale tyrannie de l'aimée qui ne pèse plus cette fois sur le héros par les rappels tendres et l'espérance, par les souvenirs du bonheur perdu, mais par la noblesse d'un amour glorieux. Ce n'est plus sous les espèces du plaisir que Chimène se montre, mais avec tous les joyaux de l'âme : fière, libre, maîtresse. Objet d'estime et d'admiration que Rodrigue doit bien considérer ainsi, à moins de se mépriser ou de consentir à le perdre. Tel est l'obstacle sur lequel l'amour vient de buter. Ce dernier apparaît comme un devoir au même titre que le devoir filial. Il veut même respect [6]. A vrai dire dans les Stances, Rodrigue ne pousse pas cette réflexion; il n'en aperçoit pas la conséquence immédiate : pour rester digne de Chimène il doit tuer son père. Certes, il n'omettra pas cette argumentation décisive dans son entrevue avec l'orpheline. Mais ici l'apparition de la bien-aimée comme juge, le risque d'encourir son mépris, auraient dû galvaniser chez Rodrigue le devoir de vengeance; or, ils ne font qu'altérer la lucidité du héros, redoublent sa peine et le poussent au suicide. S'il restait quelque doute sur un point si délicat, la stance où Rodrigue s'étonne d'avoir pu respecter un amour qu'il est sûr de perdre, préciserait de façon irréfutable qu'il n'a pas vu à quoi l'obligeait le respect de cet amour. Il semble croire qu'il y a là un motif de retenue et d'empêchement à tuer, non de stimulation ou de contrainte [7].

Une méprise si étonnante, et si heureuse d'ailleurs, appelle une digression : elle se rapporte à une erreur déjà signalée qui consiste à joindre à l'argumentation des Stances celle de la confrontation des amants aussitôt après la mort du Comte [8]. Ce glissement d'une scène à l'autre fausse leur perspective. Un examen scrupuleux des Stances ne permet pas de conclure que la décision de tuer soit arrachée à Rodrigue par cette pénétrante vue : mon amour m'oblige lui aussi à tuer le père de Chimène. Sans doute cette conclusion logique peut être tirée par le lecteur du propos si précis que Rodrigue laisse échapper; il reste qu'il en tire lui-même une toute différente. Mais de toute évidence, c'est une faute que de vouloir à tout prix découvrir chez les cornéliens une argumentation serrée et rigoureuse; de maintenir sans cesse leur débat dans la lumière d'une impassible conscience. Ils sont fort heureusement plus complexes, plus troubles que ne les cerne à l'ordinaire le schématisme scolaire. Ici, on voit avec ravissement les mouvements du cœur ruiner les calculs de la raison logique.

Ces remarques vont à situer les Stances de tout autre manière qu'on n'a fait jusqu'ici. Le combat intérieur de Rodrigue se ramène avant tout à des alternances de mouvements, d'impulsions, de chocs. Une réflexion essaie bien d'organiser et de dominer cette agitation : ce n'est pas elle qui décide. Les motifs antinomiques qu'elle pose ici et là sont si chargés d'émotion, si mêlés au frémissement de la sensibilité, les raisons si colorées et gonflées de passion (peut-on oublier que Rodrigue réfléchit l'épée à la main) qu'il semble qu'on ne puisse placer ces Stances au niveau d'une délibération. Il faut se rendre à leur mouvement final, si étranger aux raisons, si peu en harmonie avec la succession logique des pensées; mais les rompant et s'en délivrant; mais tout nourri d'impatience et soulevé irrésistiblement par la colère et la honte. Ce sont elles qui font sortir Rodrigue du balancement, du retard et de la « négligence [9] » qu'entraînaient les pensées; elles sont la solution de la Stance et le levain de l'acte.

Après la mort du comte de Gormas, l'entrevue de Chimène et de Rodrigue [10] impose contre toute attente un scandale ingénu. La nuit, le cadavre dans la maison, cette chambre où s'est réfugiée l'orpheline en larmes, et, soudain Rodrigue devant elle, l'épée à la main, ces images farouches sont jetées aux yeux dans un moment et dans un lieu qui, de toute évidence, les refusent. Une violence est faite ici, non seulement à la sensibilité, mais aussi à la raison. En admettant que la curiosité des spectateurs fût saturée par l'horreur ou la pitié, il leur resterait toujours quelque loisir d'apercevoir l'extravagance d'une telle rencontre. Que Rodrigue, à peine sorti du duel, pénétrât armé dans l'appartement de celle dont il vient de tuer le père, pour apprendre de sa bouche qu'elle l'adore quoique criminel, cet entretien, aussi proche d'un chantage que d'une tendresse sublime, ne saurait passer sans quelque coup du génie.

Selon la formule classique, la tragédie, devant remplir une seule journée, ne laissait pas au dramaturge, comme le roman au romancier, la liberté de la durée. Retenu dans les limites des vingt-quatre heures, Corneille ne pouvait songer à écrire cette rencontre; elle ne convenait ni à la bienséance, ni aux mœurs, ni à l'événement. Qui admettrait ce défi au simple bon sens, au goût le moins aiguisé de la vraisemblance ? Il n'est pas impossible de trouver dans la vie de tels événements; mais il s'agit ici d'une vérité d'art. La raison conçoit fort bien un temps où, l'apaisement ayant succédé aux ressentiments, Rodrigue puisse revoir Chimène. Mais les conditions scéniques ne permettent pas cette attente. Cependant, en l'occurrence, Corneille se sentait pressé par une nécessité plus impérieuse que les règles, par une vérité plus vraie que la vie même; une curiosité, un besoin spirituels exigeaient cette confrontation. Qu'aurait importé en effet l'histoire du Cid en dehors de ce colloque suprême que la pensée et l'art ne peuvent éviter ? Ce fut sans doute un beau moment que celui où Corneille crut pouvoir justifier, par raison majeure, la tentation toujours latente en lui de transgresser les règles et les données de l'observation, de les volatiliser pour leur substituer la vision d'un monde plus impérieux qu'elles-mêmes. Acte créateur où Corneille ne se sentit responsable qu'à l'égard d'une réalité d'art dégagée des conditions de l'espace et de la durée.

Une image cruelle emplit les premiers moments de cette visite : une épée entre Chimène et Rodrigue, ce sang désormais en travers de leur amour. La distance que la mort vient de creuser de l'un à l'autre Rodrigue l'accuse, la fait, si l'on peut dire, tangible par cette pièce à conviction qu'on ne peut récuser. Tout à l'heure et plus cruellement encore, il mettra au grand jour les sentiments et les raisons qui le poussèrent à se venger; il n'en reniera aucun, mais au contraire en soulignera jalousement la grandeur. Si Rodrigue vient implorer la mort de la main de sa maîtresse, ce n'est donc pas l'oubli qu'il entend ainsi jeter sur son crime. Toute son attitude, toute sa force d'âme tendent à en affirmer la noblesse et la nécessité. Ni mensonge, ni calcul, on veut le croire, n'altère sa fervente prière : il peut bien imaginer et même désirer qu'un devoir de vengeance, aussi dur que celui qui le tourmenta, habite Chimène et lui commande de le tuer. Cette tête offerte en un moment où la douleur et le ressentiment de Chimène sont extrêmes, l'égarement, la tentation même que semble provoquer la vue de l' « objet odieux », la prière, puis l'excitation au meurtre si longtemps prolongée, cette offrande et ce refus effarés, touchent presque à l'hallucination.

L'épée rengainée, il se fait un apaisement que le héros remplit d'un plaidoyer *pro domo*. C'est en même temps un aveu d'amour déguisé, centré sur une vue cohérente et paradoxale : pour rester fidèle à Chimène, soumis à son amour, Rodrigue a dû tuer le Comte. Son père insulté, son propre honneur bafoué, une telle disgrâce ne lui parurent pas des griefs assez forts contre la beauté de Chimène et l'espoir de la conquérir. Chimène l'aurait emporté si l'amour n'avait élevé contre elle une suprême exigence. S'y refuser, c'était pour Rodrigue se rendre indigne d'elle, diffamer son choix, ne pas la mériter. C'est donc en criminel d'amour que Rodrigue entend être jugé; sa défense ne répond qu'au reproche de cruauté que lui avait adressé Chimène[11]. Il lui fallait montrer qu'il n'en était rien, que ce crime n'était en réalité qu'une preuve et un acquit de tendresse; que seul l'amour fut cruel et meurtrier[12]. Dans cette vue s'anime un curieux personnage de héros par amour ni tout à fait faux ni tout à fait sincère. Nous l'avons déjà souligné : dans les Stances, Rodrigue est fort éloigné d'apercevoir les raisons de son acte dans un enchaînement aussi rigoureux; de les apprécier avec autant de sang-froid; d'isoler le précieux argument d'amour et de le produire avec tant de chaleur et d'opportunisme. Mais on ne peut s'y tromper : en cela Rodrigue est grand. Un cœur sans noblesse eût amoindri l'éclat d'une telle action et plaidé les circonstances atténuantes. Lui se présente sans détours ni faiblesse : en homme qui se sent responsable et veut l'être [13]. Qu'il montre quelque complaisance à mettre en maximes son exploit, cela pourrait ressembler beaucoup à de la vanité, si la situation, la résonance douloureuse des propos, une attitude fière mais sans morgue, n'invitaient à d'autres réflexions. On ne peut en effet qu'admirer l'effort de Rodrigue, qui tente de rappeler à l'être aimé, qu'il a choisi pour juge, l'authenticité de son acte, cela à seule fin de prouver qu'en de difficiles circonstances il est resté digne d'estime et d'amour, qu'il n'a pas démérité. C'est sauver l'essentiel. C'est aussi, par contre-coup, estimer très haut ce qu'on aime et lui vouloir même mérite. Rien n'est plus émouvant que ce salut par grandeur d'âme d'une intégrité amoureuse que le sort semblait démentir et détruire. On voit ce qui manque à presque tous les amours : ils meurent de notre abandon. Rodrigue révèle un amour courageux dont l'âme est l'honneur. Cette manière d'aimer suppose une totale générosité, une foi absolue en l'être aimé. Rodrigue est ce haut moment de l'amour. Il lui appartient en premier lieu d'en avoir saisi la grandeur, ensuite de l'avoir révélé à celle qu'il juge digne de lui. Mais il ne soutient pas jusqu'à la fin de l'entrevue son personnage.

Après avoir écouté la justification du héros, on s'approche en effet sans précaution d'un autre dessein qui paraît en être la suite naturelle. Mais l'insistance du héros à vouloir mourir éveille un malaise singulier. Cette générosité ne cacherait-elle pas un projet qu'on se refuse à apercevoir, tant il paraît trouble et déconcertant ? Sous couleur de ranimer un honneur et un devoir hésitants, ne serait-ce pas à un chantage que se livrerait le héros ? A mesure que se précise la manœuvre, on est bien forcé de la reconnaître.

Rodrigue poursuit une dialectique qui rassemble les meilleurs arguments destinés à forcer les hésitations de Chimène. Celle-ci se défend pied à pied, répond avec beaucoup de souplesse et de précision, renchérit sur la rigueur du point d'honneur, mais finit par avouer qu'elle ne peut le haïr [14]. Malgré cet aveu, il ne cesse de la tourmenter, de provoquer et de consommer sa ruine morale; enfin il ne la quitte qu'elle n'ait révélé sa pensée la plus intime : souhaiter que la poursuite judiciaire n'aboutisse pas. Un tel abandon peut paraître surprenant; il marque la fatalité de la passion, le triomphe de l'instinct sur la volonté, l'échec de l'éthique aristocratique de la Gloire. Il est même le plus lourd abandon, puisque, sur ces hauteurs spirituelles où se situe la lutte, la défaite s'achève par l'effacement d'une volonté qui abdique ses pouvoirs. Cette démission d'une conscience est bien, en effet, un « comble de misères [15] ». Il y a du mépris dans cet acharnement de Rodrigue à poursuivre Chimène comme une proie; il la réduit à merci, ne l'abandonne que vaincue et humiliée. Elle ne remonte pas sans honte de cette misère et de cet hallali passionnels. Sans doute reprendra-t-elle tout à l'heure son équilibre et sa liberté; on pourra alors mesurer la force de cette âme à la violence de ce désir. A vrai dire, sans ces remous et ces marées de la passion, il ne peut y avoir de grande âme; le plus haut amour fleurit sur le terreau humain le plus épais. Mais c'est aussi pour Chimène un redoublement d'agonie et une raison de se vouloir plus sévère que de découvrir en elle de si tendres occasions de démériter. Corneille n'a aucun goût pour ce qui n'est pas aigu, dur, exalté. La douceur n'est guère sa manière, ni la prudence, ni la bonté des médiocres. En eux les oppositions demeurent sans force et le mérite à les vaincre à peu près nul. Elles ne réclament pas, comme chez les cornéliens, un constant et épuisant effort pour les surmonter, pour conquérir et reconquérir inlassablement sur une nature hostile une liberté et une dignité sans cesse menacées.

Ces remarques valent pour Chimène et pour Rodrigue aussi. Car une misère aussi profonde, aussi nue que le spectacle de Chimène abandonnée, Rodrigue l'a appelée un « miracle d'amour [16] ». Ce mot trahit la scène d'implacable cruauté qu'il sut si bien masquer par une parade morale. En fait, il y joue le rôle de tortionnaire vis-à-vis de sa victime, qu'il tourmente jusqu'à ce qu'il ait obtenu de sa bouche l'aveu qu'elle est vaincue par l'amour. Ce procédé inquisitorial, conduit avec délice, n'est certes pas le fait de la tendresse, mais celui de l'amour-propre et de l'égoïsme amoureux. La générosité ne peut jouir d'un pareil triomphe, mais le trouble et la vanité du cœur. Rodrigue se sent, se veut et se sait le maître. Amour tour à tour persuasif, violent, rusé, amer, méprisant, cruel. Amour de maître à esclave, non de maître à maîtresse. Amour non héroïque, puisque le héros n'a plus lui aussi, le courage de le maintenir dans cette générosité qui lui semblait autrefois essentielle. Rodrigue se retrouve ici dans ses plaisirs et dans sa puissance. Il préfère savoir Chimène sienne quoique humiliée, plutôt que perdue pour lui, mais libre et fière.

La deuxième entrevue des amants accuse [17] encore cette impression. L'action de Rodrigue s'y développe en apparence seulement sur le plan où la morale de la Gloire la maintenait au début du premier entretien. La tragédie héroïque semble renouée; le nouveau personnage de « mourant » que joue le héros ne saurait être confondu avec celui de la tragédie galante familière à l'époque; le langage, il est vrai, pourrait faire illusion, si l'on ne s'avisait que l'attitude soumise de Rodrigue obéit non seulement à la logique du code d'amour héroïque, mais aussi à un mouvement plus secret. Suivons un instant la véhémence, sinon la cohérence, de cette dialectique amoureuse. Chimène vient d'engager Don Sanche dans sa querelle [18]. La voici de nouveau maîtresse d'elle-même et de son destin, celle-là même que Rodrigue désirait qu'elle fût, celle que pressentait et cherchait l'amour glorieux. Cet appel à un champion pour réparer le dommage fait à sa maison, cette Chimène volontaire, il faut bien que Rodrigue les reconnaisse. Aussi semble-t-il se soumettre entièrement : il ne combattra pas un adversaire qui s'est fait le champion de celle qu'il aime. Son propre honneur et son amour glorieux s'accordent encore ici, mais cette fois pour refuser le combat [19]. Il faut l'avouer : ce propos d'un Céladon en cavalier ne nous convainc guère. Mais notre déception elle-même nous conduit à une autre découverte.

Quel sentiment vrai pousse Rodrigue à cette nouvelle instance auprès de Chimène ? Veut-il lui donner une dernière preuve d'amour ? d'entière soumission ? de respect passionné ? Il n'était peut-être pas nécessaire. Nous étions rassurés sur ce point, et Chimène elle-même. Nous sommes forcés de soupçonner dans la démarche de Rodrigue un amour plus viril. Ce recours aux armes, Chimène l'avait demandé devant la carence de la justice royale; elle avait précisé :

J'épouse le vainqueur, si Rodrigue est puni [20].

Ces termes et ces conditions du combat, le Roi les avait changés du tout au tout : le vainqueur, quel qu'il soit, avait-il prononcé, épousera Chimène [21]. Ce coup d'autorité dans un conflit où l'amour a tant de part, Rodrigue pouvait-il le reconnaître ? Qu'il n'entende pas abuser de la situation, veuille dégager Chimène d'une loi « si dure [22] », mais avant tout étrangère à l'amour, ses scrupules, à les prendre ainsi, ont beaucoup de noblesse. Mais la fin que poursuit Rodrigue est-elle si généreuse ? Veut-il seulement redonner à Chimène sa pleine liberté ? La tirer de l'alternative douloureuse que doit résoudre le combat ? En un mot, veut-il la sauver à la fois de Don Sanche et de lui-même ?

Il faut reconnaître qu'il n'en va pas tout à fait ainsi. Derrière les propos de Rodrigue, on entend — et Chimène entend — une interrogation jamais formulée mais suggérée au cœur attentif; elle donne à l'entrevue son sens et sa raison d'être. Les amants ont beau se convaincre qu'ils doivent rester fidèles à leur idéal chevaleresque, redoubler la rigueur des maximes et des devoirs qui les séparent l'un de l'autre, au dedans ils écoutent un autre débat et les vraies raisons pour lesquelles ils sont de nouveau en présence. Ils savent où tendent ces détours glorieux, ne pouvant se tromper sur la chose essentielle que leur cœur est venu dire, mais que la noblesse de leur âme refuse de formuler.

Cet aveu, Chimène le retiendra longuement; il est curieux de suivre cette résistance obstinée et enfin vaincue. L'héroïne laisse entendre qu'elle n'exhorte Rodrigue à combattre que par l'effroi qu'elle a de le voir mourir [23]. C'est lui qu'il s'agit de sauver. Puis elle fait appel à ce que Rodrigue a de plus précieux au monde, à l'honneur [24]; elle va jusqu'à lui fournir l'argument inouï : combattre Don Sanche, c'est défendre l'honneur de Gormas mort, dont Rodrigue est désormais le répondant. Le même honneur, qui les sépara vivants, rend aujourd'hui le mort et le vivant solidaires; il impose à Rodrigue de soutenir la mémoire du Comte [25]. Chimène ne pouvait aller plus loin dans cette vue d'un lien entre sa maison et celle de Rodrigue. Cependant le héros refuse ce devoir sacré, s'obstine à vouloir mourir. Il n'est pas difficile de découvrir l'objet que poursuit une telle obstination. Que ce combat singulier fût réclamé par Chimène parce qu'elle le savait sans danger pour le héros, cela ne suffit pas à Rodrigue. Il n'a que faire d'un Rodrigue qui ne serait pas le désir de Chimène. Ce n'est pas vivre qui lui importe, mais savoir si Chimène désire le sauver pour qu'il soit à elle. Derrière le héros précieux frémit un homme que l'amour-propre, une fierté à la fois irritée et inquiète, peut-être la jalousie et on ne sait quelle sourde interrogation, rendent tout et sombre devant l'aimée. C'est Chimène offerte qu'attend cette insistante soif de mourir; elle l'appelle et la force à se rendre.

Après quels retards et quelles précautions éclatent la provocante espérance, le battement du cœur descellé! Chimène hésite encore : « Si tu ne veux rien faire pour toi, ni pour ton honneur, ni pour celui de mon père, tu dois quelque chose à mon amour. Défends-toi pour m'ôter à Don Sanche. » Mais, devant le silence du héros, elle laisse échapper le cri qui la dénude [26]. Il fallait à Rodrigue ce consentement; il lui fallait savoir si Chimène acceptait d'être forcée par l'ordre royal, si même elle voulait l'être. De nouveau Rodrigue n'employait les prestiges de la Gloire qu'à des fins sentimentales. Ce tendre, respectueux et désespéré : « Je vais mourir, madame [27] » apparaît finalement comme la plus efficace séduction. La mystique platonique recouvre toujours avec plus ou moins d'innocence une volupté secrète. Ici elle ramène au jour ce que Chimène n'osait s'avouer : elle espère s'unir un jour à Rodrigue. Au fond d'elle-même, elle éprouve la lâcheté d'une attitude et d'un effort, qui ne sont qu'une couverture, puisque non seulement le cœur n'y est plus, mais l'esprit même. Ce dernier s'est fait le complice du cœur. Chimène est sommée par Rodrigue de le reconnaître. Que celui-ci jouisse d'une telle révélation, c'est un témoignage de plus d'un amour qu'on aurait tort de situer tout entier sur le plan d'une morale héroïque et volontaire : il s'enfonce plus avant dans la nature de l'homme, au plein de la chair et de l'égoïsme dominateur.

★

Vue du dehors, la lutte de l'héroïne semble elle-même limitée au conflit du devoir et de la passion. A la vérité, il s'agit d'un double devoir : d'une part venger son père, de l'autre son propre honneur de fille [28]. Contre ce qu'elle doit à son père et contre ce qu'elle se doit, combat son amour. Mais à cette lutte le héros vient ajouter un élément nouveau : l'amour doit devenir meurtrier. Il fit à Rodrigue une loi de tuer le comte de Gormas, à Chimène de poursuivre à son tour la mort de Rodrigue. Loin de combattre le devoir de vengeance, l'amour se doit de l'appuyer. On ne saurait dire s'il s'agit là d'une révélation pour l'héroïne. Une même civilisation, une affinité de race et d'élection ont fait de ces jeunes gens des âmes fraternelles, ayant même compréhension de l'honneur et de l'amour. Avant même que Rodrigue n'ait accompli son action sanglante, cette communauté de vue s'était affirmée [29]. Chimène pourtant ne paraît pas avoir pleinement saisi l'argument décisif qui prouvait l'amour de Rodrigue et le justifiait du reproche d'avoir agi seulement par vengeance [30]. Ce même argument pouvait maintenant servir à justifier Chimène dans sa poursuite; il rassurait du même coup son propre cœur. On s'attendait en effet qu'elle n'eût point à rougir d'aimer encore après l'assassinat de son père, puisqu'elle trouvait dans l'amour un auxiliaire à sa vengeance, tout comme Rodrigue y avait découvert une raison de plus de frapper don Gomès. Or, ce trait de l'amour généreux, qui fait toute l'originalité de l'action de Rodrigue n'est point retenu par la jeune fille; il ne l'assure point dans la poursuite du meurtrier de son père; Chimène ne considère jamais son amour comme l'allié de sa colère et de sa gloire [31]. C'est malgré son amour, et non à cause de lui, qu'elle proscrira la tête de Rodrigue. Chez elle la passion ne poursuit pas le même effort que la vengeance. Un instant, elle aperçoit, semble-t-il, la sévère grandeur de l'amour héroïque qui ne s'exalte que pour exiger la perte de son objet :

> *Je me dois par ta mort montrer digne de toi...* [32]
> *Et je veux que la voix de la plus noire envie*
> *Elève au ciel ma gloire, et plaigne mes ennuis,*
> *Sachant que je t'adore et que je te poursuis* [33].

Elle oublie bien vite une découverte aussi essentielle qui aurait dû déterminer son attitude envers Rodrigue et ses démarches auprès du Roi de tout autre façon qu'il ne paraît. Ne la surprend-on pas en effet, en toute occasion, à dissimuler, à combattre un amour qu'elle affirmait glorieux de montrer ? Quand le stratagème du roi l'a persuadée de la mort du héros et qu'elle n'a pu retenir ses larmes devant la cour rassemblée, n'essaie-t-elle pas, une fois détrompée, de nier un amour dont elle vient de produire des marques si visibles, et à son honneur [34] ? Il y a là une inégalité de conduite surprenante. Chimène embrasserait-elle une éthique qui ne répondrait pas tout à fait à son génie ? On devine dans sa conduite quelque chose d'appris, d'appliqué, de forcé; elle cède plutôt à une contrainte qu'elle ne s'en impose une pour s'y éprouver [35]. Enfin ses démarches n'échappent pas à des contradictions, à des inspirations soudaines et imprévisibles. Elle se brûle parfois avec bonheur à la générosité mâle dont le Cid est prodigue, en subit l'ascendant, en veut « suivre l'exemple [36] »; si bien qu'à première vue le conflit qui la déchire semble évoluer de la même manière que celui de Rodrigue; tout au moins le voit-on se charger de repentirs, d'hésitations, de reprises et d'élans, obéir à des consignes et à des mobiles auxquels Rodrigue nous avait habitués. Là se borne la ressemblance; elle ne concerne que la face la plus extérieure du drame de l'héroïne.

Il est trop évident que Rodrigue et Chimène n'ont pas à résoudre des conflits identiques; leur attitude en face de l'amour pouvait néanmoins être la même; il suffisait que Corneille accordât la conduite de son héroïne avec la logique du code d'amour héroïque. C'est ainsi que Chapelain rêvait qu'elle fût généreuse : « Elle pouvoit sans doute aymer encore Rodrigue après ce malheur; puisque son crime n'estoit que d'avoir reparé le deshonneur de sa Maison. Elle le devoit mesme en quelque sorte, pour relever sa propre gloire, lors qu'après une longue agitation elle eust donné l'avantage à son honneur, sur une amour si violente

et si juste que la sienne. Et la beauté qu'eust produit dans l'ouvrage une si belle victoire de l'honneur sur l'amour, eust été
d'autant plus grande qu'elle eust été plus raisonnable. Aussi ce
n'est pas le combat de ces deux mouvemens que nous desapprou-
vons, nous n'y trouvons à dire sinon qu'il se termine autrement
qu'il ne devroit, et qu'au lieu de tenir au moins ces deux inte-
rests en balance, celuy à qui le dessus demeure est celuy qui raisonnablement devoit succomber [37]. » On saisit ici sur le vif où
tendait la fameuse querelle de l'idée de Gloire qui se développa
de façon si curieuse durant toute la première moitié du siècle.
L'amour ne doit servir que de stimulant à la gloire; de toutes
façons il doit lui céder le pas. Cette vue est politique. Corneille
devait bientôt s'y ranger, et cela explique que, bien des années
après *Le Cid*, jetant un regard sur la conduite de Chimène, il en
ait fait une critique qui cherche à prouver que cette héroïne
répond, malgré les apparences, au vœu de Chapelain. Elle n'accorde pas, insistait-il, son consentement au mariage, laissant
ainsi pressentir la victoire de la générosité sur la passion [38]. C'était
faire entendre que le drame était limité au conflit de la Gloire.
Mais l'œuvre est là qui parle contre son créateur. La logique
d'une telle morale aristocratique devait persuader Chimène qu'il
était glorieux d'aimer, puisque l'amour poursuivait le même effort
que la vengeance et l'honneur. Or, ce que l'orpheline découvre
en son cœur ne répond pas à cette dialectique sublime de la passion. L'amour y est reconnu comme l'ennemi de la piété filiale et
de la vengeance. Contraire à la morale héroïque, il s'efforce de
conserver Rodrigue [39].

Ce n'est point en effet la raison ni l'honneur propre au clan
qui imposent à Chimène de chérir Rodrigue criminel et en même
temps de le poursuivre. Ce n'est point une raison que cet amour,
mais une fatalité sur elle, une force qui échappe aux puissances
de la volonté et ne peut devenir un objet de délibération ni de
décision. Il envahit toute sa conscience, l'obscurcit, la fait renoncer à ses pouvoirs et même se la rend complice. Cette présence
de l'amour se manifeste à l'instant même où le cœur de Chimène
saigne de la plus lourde, de la plus tendre perte [40]. Encore peut-
elle croire qu'elle « déchire son cœur sans partager son âme [41] ».
Mais le premier entretien qu'elle a avec Rodrigue dissipe cette
illusion. Elle doit convenir qu'elle poursuit la punition du meurtrier de son père avec une conscience divisée, plus tard avec une
mauvaise conscience. Elle engage cette poursuite et en même
temps souhaite qu'elle n'aboutisse pas [42]. Elle n'entreprend rien
contre Rodrigue qu'elle ne fasse aussitôt des vœux pour ne rien
obtenir. Non seulement ces mouvements contradictoires sont
avoués en secret, mais exprimés ouvertement devant Rodrigue.

La poursuite judiciaire n'est réclamée que pour satisfaire à la bienséance, à un « orgueil étrange », et, selon Elvire, à un caprice où l'humeur de sa maîtresse s'obstine [43]. Surtout elle nous semble une parade qui couvre une aventure du cœur plus douloureuse.

Le jeu de surface revient à ceci : aux yeux du monde, Chimène peut-elle continuer d'aimer Rodrigue ? La société féodale, le code de l'amour généreux répondent affirmativement. Il reste bien à vaincre chez l'héroïne « un point d'honneur », mais il est entendu qu'elle peut et même doit en venir à bout. Au fond, il n'y aurait point de tragique dans toute cette histoire sanglante. Un tel dénouement n'a rien d'artificiel aux yeux d'une élite qui conçut l'amour héroïque, et il dut paraître satisfaisant aux contemporains de Corneille. Mais Chimène, tout en participant de son mieux à ce drame un peu extérieur, fruit singulier d'une époque et d'une culture, éprouve une autre angoisse jaillie d'une humanité plus dépouillée. Son tragique propre n'est pas inhérent à la valeur de l'amour, mais à sa mystérieuse fatalité. Il éclate d'abord dans la dictature d'un amour dont l'orpheline s'épouvante, ainsi que dans l'impuissance radicale où elle est de haïr « l'objet de sa haine ». Mais il est encore davantage dans le sentiment que cet amour ne pourra jamais plus être satisfait, qu'il est frappé d'une sorte d'interdit. Rodrigue ne peut plus être pour Chimène qu'un objet de désir, dont elle sent qu'elle devra être éternellement privée. Or, il faut bien saisir que la résistance qui fait obstacle à l'amour et le rend, aux yeux de Chimène, répréhensible, n'est pas le fait d'une civilisation ni d'une coutume, ni surtout des considérations de l'amour héroïque. Nous avons montré le contraire. Cet amour ne pourrait que grandir devant l'amant devenu héros, puis sauveur de la Patrie. Ce serait presque un devoir pour Chimène d'aimer Rodrigue. A ce point de vue, sa conscience se trouve d'accord avec celle du roi, de l'infante, de Don Sanche, de tout un peuple [44], avec celle même de Don Gomès assassiné. N'est-ce pas, en effet, au nom de son père mort que Chimène prie Rodrigue de soutenir sa gloire et la sienne, quand il refuse de combattre Don Sanche [45] ?

Ce n'est donc pas l'éthique héroïque de l'amour qui confère au drame de Chimène son caractère tragique. L'héroïne s'exprime là-dessus avec beaucoup de lucidité. Mais le mouvement de l'amour généreux en rencontre un autre qui lui résiste. Chimène ne peut vaincre cette condition que son amour ne découvre en Rodrigue deux objets inévitables : l'amant et le meurtrier de son père. Rodrigue, innocent et généreux, absous par la raison et l'amour héroïque, est aussi reconnu comme coupable et comme objet de colère. Le même amour est alors considéré comme glorieux et comme criminel. Il devient une surprise honteuse, un sacrilège. Contre lui s'élève, du cœur de la nature la plus primitive, des entrailles de l'être, on ne sait quelle terreur sacrée. Rien ne saurait étouffer en Chimène un sentiment obscur de culpabilité :

> *Par où sera jamais ma douleur apaisée,*
> *Si je ne puis haïr la main qui l'a causée ?*
> *Et que dois-je espérer qu'un tourment éternel,*
> *Si je poursuis un crime, aimant le criminel ?* [46]

Et, plus précisément encore, en s'adressant au roi :

> *Mais à quoi que déjà vous m'ayez condamnée,*
> *Pourrez-vous à vos yeux souffrir cet hyménée ?*
> *Et quand de mon devoir vous voulez cet effort,*
> *Toute votre justice en est-elle d'accord ?*
> *Si Rodrigue à l'Etat devient si nécessaire,*
> *De ce qu'il fait pour vous dois-je être le salaire*
> *Et me livrer moi-même au reproche éternel*
> *D'avoir trempé mes mains dans le sang paternel ?* [47]

Ainsi, l'effort héroïque parvient-il sans doute à sauver l'amour, mais il ne peut rien pour Rodrigue, pour sa personne même. Un obstacle invincible, sans les séparer ou les empêcher d'aimer, interdit aux amants de s'unir. Chimène et Rodrigue sentent cette définitive condition d'un amour désespéré. Ni vaillance, ni ordre royal, ni durée, ni miracle au monde — et pas même celui de l'amour — ne peuvent rien pour lui. C'est du moins ce que l'héroïne laisse entendre à plusieurs reprises, soit que, croyant Rodrigue tué de la main de Don Sanche, elle songe à se retirer en un cloître pour y pleurer celui à qui la mort a restitué enfin le visage de l'innocence, soit que, dans son ultime prière au roi, elle demande qu'il lui accorde un sursis et l'éloignement de Rodrigue [48]. Il faut que toute la vie soit consommée pour que soit comblée la distance que le sort a mise entre eux. L'amour, divisé contre lui-même, ne peut plus trouver à se réconcilier avec soi que dans la mort. C'est pourquoi elle est tant appelée par Rodrigue comme la solution à un malheur sans issue. Un instant, il a bien pu caresser une espérance moins cruelle, croire que la valeur et les prestiges de la Gloire, en même temps que la générosité amoureuse, pourraient triompher du sort; il s'aperçoit, lui qui a part dans l'âme de Chimène, que ce n'est qu'illusion :

> *Si tout ce qui s'est fait est trop peu pour un père,*
> *Dites par quels moyens il vous faut satisfaire...*

> *J'ose tout entreprendre, et puis tout achever;*
> *Mais si ce fier honneur, toujours inexorable,*
> *Ne se peut apaiser sans la mort du coupable,*
> *N'armez plus contre moi le pouvoir des humains :*
> *Ma tête est à vos pieds...* [49]

Cette lassitude de Rodrigue est bien remarquable. Elle s'exprime dans le même moment où la gloire de Chimène est « sauve », où tous les obstacles sont levés, l'héroïne forcée au silence et, semble-t-il, conquise; dans le moment où il y aurait le plus de raisons d'espérer. Or, jamais Rodrigue ne paraît aussi distant d'elle, aussi désespérément écarté. C'est qu'il garde le sentiment que l'irrémédiable a été accompli, qu'il ne peut plus être pour elle qu'un grief et un désir, qu'une tentation et un tourment. Aussi pressent-il déjà qu'elle l'a banni loin d'elle, sinon de son cœur, qu'ils vont retourner tous deux à leur solitude, à la fois emplis et privés l'un de l'autre.

CHAPITRE VIII

CAMILLE

Malgré les incidences particulières de la tragédie d'*Horace*, le conflit sentimental de Chimène se retrouve chez Sabine et Camille. La femme du jeune Horace, après la mort de ses frères et la victoire de Rome sur Albe, est partagée entre des sentiments contraires et également tyranniques; elle ne peut les concilier. Albaine de naissance, mais Romaine par son mariage, elle devrait prendre le parti des Romains, haïr les ennemis de Rome; c'est ce qu'elle ne peut. De même l'amour qu'elle garde pour sa Patrie et ses frères est combattu par l'intérêt qu'elle porte à Rome et à son mari; elle en fait l'aveu :

> *J'ai pleuré quand la gloire entroit dans leur maison*[1].

Encore Sabine reste-elle fidèle à l'idéal civique et patriotique; là-dessus elle n'est point indécise. Mais les conditions de l'existence ne lui permettent pas d'accorder cet idéal avec lui-même, ni l'amour fraternel avec l'amour conjugal. Elle est à la fois femme d'Horace et sœur des Curiaces; son amour pour Horace voudrait s'exercer dans le sens de l'idéal romain, les tendresses du sang dans celui de l'idéal albain. Les idéaux sont identiques dans leur principe, mais opposés dans leurs effets. Ses frères morts, Sabine se retrouve devant le vainqueur romain dans une situation semblable à celle de Chimène après la mort de son père. Elle découvre en Horace le héros et le mari dont elle ne peut qu'admirer la conduite, mais en même temps celui qui vient de tuer ses frères et asservir Albe :

> *Quelle horreur d'embrasser un homme dont l'épée*
> *De toute ma famille a la trame coupée !*
> *Et quelle impiété de haïr un époux*
> *Pour avoir bien servi les siens, l'Etat et vous*[2].

C'est l'existence qui fait ici l'absurdité ou le tragique de la situation. Une double fatalité, d'ordre sentimental et d'ordre social, impose à Sabine des mouvements inconciliables. Il est difficile de rencontrer un panorama pathétique plus vaste. Sabine ne peut résoudre de telles contradictions. Le vieil Horace lui conseille d'en trancher le nœud. C'est la solution héroïque. Mais la sœur de Curiace ne peut prendre ce parti. Elle reste passive : semblable en cela aux héroïnes de la tragédie de la Renaissance, images de la déploration et des grandes catastrophes.

A côté d'elle, Camille paraît ingénue. En regard d'une situation unique, c'est la réponse de chaque personnage qui, dans *Horace*, est singulière. Le conflit de Camille enferme les mêmes données que celui de Sabine ; il suffit d'y remplacer l'amour d'une femme pour son mari par celui d'une jeune fille pour son fiancé. L'opposition du devoir patriotique, de l'amour fraternel et de l'amour, demeure. Chez Camille, l'exigence amoureuse l'emporte sur le civisme. Ne pouvant concilier sa passion pour Curiace et son attachement à la Patrie, l'héroïne se révolte contre la morale de sa caste. Mais ce serait une erreur de la croire, dès le début de la pièce, coupée de la famille et de la société qui l'entourent, étrangère aux coutumes et à l'idéal des siens. Tient-elle un langage si différent de celui de Sabine :

> *Je verrai mon amant, mon plus unique bien,*
> *Mourir pour son pays, ou détruire le mien,*
> *Et cet objet d'amour devenir, pour ma peine,*
> *Digne de mes soupirs, ou digne de ma haine.*
> *Hélas !* [3]

Elle a, semble-t-il, de l'honneur, de l'amour de la patrie et de la liberté, le même sentiment grave et exclusif qui marque ses parents et la gens romaine ; du moins ses paroles nous en assurent :

> *Soit que Rome y succombe ou qu'Albe ait le dessous,*
> *Cher amant, n'attends plus d'être un jour mon époux :*
> *Jamais, jamais ce nom ne sera pour un homme*
> *Qui soit ou le vainqueur, ou l'esclave de Rome* [4].

Les liens qui la retiennent à la communauté familiale et sociale sont donc solides ; Camille est la jeune fille d'un sang, d'un milieu, d'un culte particuliers. Elle prend part aux dangers, aux espérances de ses frères et de la cité. Elle est des Horaces, et elle est de Rome. Ni déracinée, ni dégénérée. Mais toute prise au contraire dans les habitudes, les préjugés et les superstitions de sa caste. Pourrait-on autrement l'imaginer par les rues de Rome, au pied de l'Aventin, allant trouver son devin grec ? ou encore encourageant son frère au combat, faisant des vœux pour qu'il triomphe d'Albe et le couronnant de lauriers ?

Toutefois, si assuré qu'on soit sur ce profond instinct de famille et sur ce civisme, on est vite alerté par quelques traits inquiétants du caractère de Camille; ils annoncent l'orage passionnel qui rompra l'équilibre entre les attachements de la Patrie et ceux de l'amour. Ces traits ne soit point cachés : c'est d'abord Camille qui raconte la journée où, la guerre ayant éclaté entre Albe et Rome, elle quitta Curiace. Après deux longues années de séparation, la jeune fille garde le souvenir de leurs adieux lamentables :

> *Combien contre le ciel il vomit de blasphèmes !*
> *Et combien de ruisseaux coulèrent de mes yeux !*
> *Je ne vous le dis point, vous vîtes nos adieux* [5].

Peut-on, de façon plus discrète, préciser le caractère violent et sauvage de cet amour, et déjà aussi la révolte contre le destin, le sentiment douloureux d'une injustice commise envers l'amour ? L'adieu des amants se résume à la nudité de cris et de larmes. Camille définit ailleurs la dictature de cet amour :

> *Il entre avec douceur, mais il règne par force;*
> *Et quand l'âme une fois a goûté son amorce,*
> *Vouloir ne plus aimer, c'est ce qu'elle ne peut,*
> *Puisqu'elle ne peut plus vouloir que ce qu'il veut :*
> *Ses chaînes sont pour nous aussi fortes que belles* [6].

C'est cette passion qui recouvrira bientôt chez Camille les mouvements de l'amour patriotique et ceux de l'amour fraternel et filial; déjà, à deux reprises, elle s'était faite l'ennemie de l'honneur. La première fois, une méprise de Camille sur la venue à Rome de son fiancé nous fait connaître le fond de son cœur : il n'y a place que pour l'amour. La jeune fille a le courage d'aimer Curiace qu'elle croit déserteur [7]. Elle le lui dit. Les choses du cœur ne dépendent plus pour elle de la renommée ou de l'estime. Tout ce qui prouve l'amour — au prix même de l'honneur — lui fait un devoir d'aimer davantage [8]. Curieux renversement de l'orthodoxie amoureuse cornélienne! Moins subtile, plus instinctive, Camille ferait pressentir quelque héroïne racinienne. Mais elle est trop le contraire des héroïnes cornéliennes pour cesser de leur ressembler. Ainsi dans son plus vif ressentiment, essayant de justifier son attitude, elle en appelle toujours à l'éthique de la Gloire et la retourne contre son père et le « cruel vainqueur ». C'est la gloire qui lui commande de « dégénérer », d'être « indigne sœur ». Camille nourrit de raisons et de justifications son ressentiment; ses imprécations, beaucoup moins instinctives que composées, n'ont ni la sinuosité, ni l'incohérence, ni le naturel du sentiment. Cette jeune fille en colère ne perd jamais la tête. L'instinct social, retourné une fois de plus contre soi, exerce toute cette froide violence. Camille affirme de nouveau les droits absolus de l'amour dans sa dernière entrevue avec Curiace; elle n'hésite pas à lui conseiller de déserter [9]. L'instinct du bonheur découvre encore ici son antagoniste, le « funeste honneur [10] »; il entreprend contre lui de lutter. Mais il faudra la mort du fiancé, les maladresses du vieil Horace et la victoire définitive de l'idéal patriotique, étalée dans toute sa pompe lors du retour du Romain couronné, pour faire surgir une Camille fulgurante et forcenée [11].

La voici désespérée mais lucide, mûrissant sa colère contre son père, son frère, et, par delà les siens, contre Rome, le grief essentiel. Certes, un ressentiment patiemment prémédité, une furie d'éloquence tournant à la criaillerie, risquent de couvrir une énorme et juste doléance : la malédiction de la femme contre l'Histoire. Mais on ne peut pas ne pas l'entendre, malgré tout. Camille consomme enfin le divorce, que nous sentions couver depuis le début de la pièce, entre les exigences de la gloire et celles de l'amour. Elle est cette voix qui s'élève contre les desseins de conquête que l'histoire impose à certains peuples privilégiés. Le moment venu d'un grand destin, il ne peut plus être question de bonheur. Avec l'épopée du guerrier commence celle de Rome. A l'aube de ce jour glorieux, Camille prophétise les sacrifices, les revers, l'écroulement de la nation élue; elle dénonce les illusions, la vanité, la rançon de la gloire; ce qu'il faut de douleur, de barbarie pour l'atteindre. Au courage du guerrier, aux droits de Rome, Camille oppose le courage et les droits d'un amour qui « brave la main des Parques [12] ». Son cri farouche semble sortir de ce sommeil immémorial où l'amour de la femme rejoint celui de la mère : « — Rends-moi mon Curiace [13] ! » Il n'est pas surprenant qu'il soit proféré dans une pièce qui illustre de manière si implacable les droits de l'Etat. L'égoïsme amoureux, refermé sur son bien comme sur une proie, refuse de reconnaître les nécessités de l'Histoire. Il se croit, il se veut inaliénable. Il ose en appeler devant elle. Son appel ne pouvait par elle être entendu. Vienne un amour plus entier, exalté jusqu'à sa vraie nature, et la joie sera enfin offerte à son instance. *Polyeucte* sera ce moment et ce salut.

CHAPITRE IX

L'AMOUR DIVIN. — LA TRAGÉDIE RELIGIEUSE EN FRANCE
AU DÉBUT DU XVIIe SIÈCLE

Il est plus aisé, et plus juste sans doute, de rattacher *Polyeucte* à la dramaturgie et à l'esprit corneliens qu'au drame religieux du début du XVIIe siècle. Les rares écrivains qui, du *Saint-Eustache* de Bello (1632) à celui de Desfontaines (1642), tirèrent leur argument de l'histoire juive ou de l'histoire chrétienne, renouent plus ou moins avec l'humanisme religieux de la Renaissance[1]. Ils s'efforcent de couler dans le moule de la tragédie régulière ou irrégulière un sujet tiré de la Bible, du Martyrologe ou de la Légende Dorée. La tragi-comédie et même la pastorale prêtent également leur cadre à des histoires saintes. Celles-ci prennent alors l'allure chaotique, les couleurs violentes ou naïves des drames médiévaux. Le merveilleux profane s'y laisse sans résistance submerger par le merveilleux divin; aussi bien l'un et l'autre se juxtaposent ou se mêlent. Les symboles, les figures d'un art et d'une morale mondaine sont recouverts par les figurations surnaturelles, par les motifs et les objets liturgiques; souvent ils demeurent côte à côte et ces disparates ne laissent pas d'être déconcertantes. La métaphysique amoureuse de l'époque est transposée dans le registre du sacré, la nostalgie romanesque dans l'inquiétude religieuse, l'ordre du Destin dans l'ordre de la Grâce. Telle est du moins l'apparence. En réalité, le merveilleux de ces drames saints, autour de 1640, reste un merveilleux d'empyrée, tout comme le merveilleux païen de la tragédie classique. Il est réduit au rang d'ornement et ne constitue jamais l'acte du drame. Mais enfin par les illustrations de ses thèmes sacrés, par mille traits miraculeux, par la confusion et l'arbitraire de sa technique, par l'emploi massif des songes, des prières d'intercession, du baptême et des ravissements, le spectacle peut se rattacher aux miracles et aux mystères qui durant quatre siècles, au cœur même de l'église, puis sur son parvis, récitèrent la Passion de Notre-Seigneur et le martyre des saints et des saintes. C'est du dehors, selon l'événement historique ou légendaire, que les choses sont décrites; nous sommes conviés à un spectacle d'images merveilleuses, à un enthousiasme dont l'âme et les ressorts intimes nous demeurent cachés. La Providence dirige ou aveugle tout.

Ces drames irréguliers ou de forme classique apparaissent en 1639 après la longue période de théâtre profane emplie par Alexandre Hardy [2]. Durant quatorze ans environ (1622-1636), le genre religieux est chez nous délaissé; seul le *Saint Eustache* de Bello en 1632 reliera la chaîne interrompue qui va de *La Sainte Agnès* de Troterel (1615) au *Saint-Eustache* de Baro (1639), pièce qu'on considère généralement comme à l'origine de la reprise du drame sacré sous Louis XIII [3]. Entre ces deux pièces on trouve seulement le *Sainct Vincent* et la *Sainte Catherine* de Boissin de Gallardon, tragédies roides et qui ne manquent pas de grandeur, la *Sainte Catherine* de Poytevin, œuvre déjà galante, et *La Perfidie d'Amam* d'un anonyme. L'affinité reste profonde d'une pièce à l'autre. Forme et matière se ressemblent; le plan, malgré toutes les disparates, est le même : Dieu est acteur, il mène la fiction scénique. Qu'il s'agisse de *Saül* (1640) et d'*Esther* (1642), de Du Ryer, d'inspiration biblique, ou des drames que Baro et Desfontaines tirent du Martyrologe, de ceux que La Serre emprunte à La Légende Dorée ou La Calprenède à l'histoire sainte de l'Espagne du VIe siècle, quand bien même des motifs profanes se mêlent à la foi et à la sainteté, un signe commun marque toutes ces tragédies : l'éclairage vient du haut, l'acte humain n'est ni la source ni la ligne de force du drame.

Le caractère du sacré introduit par Corneille dans *Polyeucte* est tout différent. Les analogies et les traits qui permettent de relier cette tragédie à l'histoire du genre religieux du début du XVIIe siècle sont nombreux, mais sans portée véritable. Ils concernent principalement le sujet, l'emploi d'éléments surnaturels et rituels, enfin l'intrigue amoureuse et les rapports qu'elle entretient avec l'enthousiasme proprement dit. Après avoir rappelé brièvement les premiers, nous insisterons sur l'épisode d'amour, qui touche plus particulièrement à notre propos.

Le sujet du *Saint Eustache* de Baro, joué en 1639, a quelque ressemblance avec celui de *Polyeucte*. Placide, qui commande les armées de l'empereur Trajan, a vaincu les Parthes; il est marié à Trajane. Après le miracle du cerf porteur de la croix de Jésus, tous deux se convertissent à la religion chrétienne et reçoivent le baptême. Placide abandonne l'armée, perd ses biens, tandis que sa femme brise l'idole de Jupiter, présent de l'empereur et de l'impératrice. Ils quittent le pays avec leurs deux fils. Trajane aimée par le païen Tyrsis, est enlevée sur un vaisseau; elle implore l'appui de Dieu quand Tyrsis veut lui faire violence. Ce dernier est foudroyé. A Rome, après une longue séparation, Placide et Trajane, qui ont enfin retrouvé leurs enfants et leurs biens, refusent de sacrifier aux dieux; ils subissent le martyre et convertissent à leur foi le gouverneur Ormond, chargé du supplice [4].

Il serait vain de se demander si Corneille a pris dans la pièce de Baro certains éléments pour l'intrigue de *Polyeucte;* toutes les histoires des saints consignées au Martyrologe présentent des faits identiques et sans cesse répétés : un empereur ou un gouverneur de province, un baptême, une proclamation publique de la nouvelle foi, le martyre suivi de conversions. Seuls le lieu et les acteurs du drame changent; le fait divers divin demeure d'une sublime monotonie. D'autre part il se trouve que la paraphrase du *Martyre de Saint Polyeucte* de Siméon Métaphraste, rapportée en 1570 par Laurent Surius et augmentée par Mosander, contient les éléments du sujet de *Polyeucte* si précis et si nombreux qu'il n'est guère utile d'aller chercher une autre source d'inspiration [5]. Corneille pouvait y puiser la liste de ses personnages, sauf Sévère, et les événements, à quelques incidents près. Quant à l'arrangement scénique des faits eux-mêmes, la technique du *Saint Eustache* est celle de la tragicomédie avant 1630. *Polyeucte* ne peut donc rien lui devoir.

Passons au merveilleux. Dans *Polyeucte* il est réduit à la seule conversion de Félix, inexplicable psychologiquement. Certes, certains éléments religieux sont intégrés à la tragédie : le baptême, l'intercession de Néarque, la prière de Polyeucte dans la prison, celle qu'il dit encore pour le salut de Pauline, la prière intercessionnelle du martyr pour son beau-père [6]. Mais c'est bien peu si l'on songe aux scènes miraculeuses qui emplissent les drames du même genre, à l'exception de *Saül* et d'*Esther.* Chez Troterel, Agnès menée « sans robe et sans chemise » à travers la ville jusqu'au lieu infâme, voit soudain sa chevelure s'allonger et descendre jusqu'à ses pieds :

> *... une longue crinière*
> *Luy va courant le corps et devant et derrière* [7].

Enfermée, elle s'adresse à la Vierge; un ange gardien intervient, la sauve des paillards en l'enveloppant d'un voile de flammes; Martian tombe mort quand il veut à son tour se saisir d'elle. La sainte le ressuscite [8]. Les soldats qui torturent Catherine s'affaissent soudain, frappés de façon mystérieuse (*Sainte Catherine* de Boissin de Gallardon [9]). Eustache aperçoit Jésus sur sa croix entre les bois d'un cerf; un loup et un lion se saisissent de ses fils; le corsaire Tyrsis est foudroyé sur son navire quand il veut abuser de Trojane; Ormond aperçoit les anges qui emportent au ciel les martyrs (*Saint Eustache* de Baro [10]). L'empereur Dacian, après avoir torturé horriblement Vincent, s'étonne de trouver le martyr impassible. Il ordonne de jeter Valère et Vincent en prison et de les priver de nourriture; quelques jours après il les voit sortir en parfaite santé. Au dernier acte, les loups et les lions ne touchent pas au corps de Vincent; un corbeau protège le cadavre. (*Martyre de Sainct Vincent* [11].) Même « chose estrange » lors du supplice de sainte Catherine [12]. La main d'Alexis mort s'ouvre devant les spectateurs saisis d'effroi (*Saint Alexis* de Desfontaines [13]).

Polyeucte est soigneusement débarrassé de cette imagerie sainte; mais ce n'est pas cette dramaturgie que les successeurs de Corneille imiteront : ils reviennent presque tous aux spectacles miraculeux. Saint Clair guérit un possédé, ressuscite un enfant (*Le Fils exilé ou le Martyre de Sainct Clair* de Pierre Mouffle [14]). Aldegonde, poursuivie par le prince d'Angleterre, marche sur les eaux d'une rivière comme Jésus sur la mer (*Saincte Aldegonde* de J. D'Ennetières [15]), etc...

On rattacherait plus solidement *Polyeucte* aux drames religieux contemporains, grâce au curieux mélange qu'ils présentent d'amour profane et d'amour divin. Dans *Polyeucte* nous avons même une double intrigue : un roman d'amour et un drame conjugal qui se développe à l'intérieur du drame sacré. Ces deux derniers drames sont d'ailleurs solidaires et intimement joints. Or, l'insertion de l'amour profane dans le drame religieux se retrouve à peu près constamment dans les pièces de l'époque. Il est bien rare en effet de rencontrer l'amour divin entièrement dégagé de l'autre comme dans le *Sainct Vincent* de Boissin de Gallardon. Déjà dans *Le Martyre de sainte Catherine* du même auteur, l'empereur Maxence laisse paraître quelque désir pour la sainte :

> *Si ma jeune saison n'avoit point fait son cours*
> *Je la rechercherois par amoureux discours,*
> *Ayant pour ornement tout ce que l'on peut dire,*
> *Aux hommes et aux dieux servant de dur martyre* [16].

Poytevin reprenant le sujet de *Sainte Catherine* en 1619 fait

Maximin amoureux de la jeune fille; pour elle l'empereur abandonnerait Faustine :

> *Le mal est infiny qui me vient de t'aymer,*
> *Ores la fleur qui meurt reuit une autre année*
> *Mais mon âme tousjours au deuil abandonnée*
> *Ny morte ni viuante endure plus de maux...* [17]

Dans la *Sainte Agnès* de Troterel, l'intrigue amoureuse de Martian, fils du gouverneur Simphronie, tient une grande place durant les quatre premiers actes. Simphronie vient trouver le père d'Agnès, et la lui demande en mariage pour son fils. La jeune fille promise à Dieu refuse :

> *O Dieu ne permettez qu'il me vienne toucher*
> *Afin qu'il ne me gaste auecques son ordure* [18].

Dans une longue entrevue elle révèle à Martian son amour pour Jésus et le jeune homme croit qu'il s'agit d'un amant [19]. (Corneille reprendra ce mauvais trait dans *Théodore* [20].) Martian devient si jaloux, si forcené, qu'il tombe malade. Conseillé par son ami Censorin, il se rend au lieu de prostitution, mais il tombe foudroyé en y entrant [21].

Dans les trois pièces sur *La Vie et le Martyre de Saint Eustache*, il n'est question que d'un épisode d'amour sans grande ampleur, véritable appendice à la passion religieuse. Cet épisode d'amour forcené ne présente à aucun moment les caractères galants et précieux de l'éthique amoureuse introduite par Corneille dans sa tragédie avec les personnages de Pauline et de Sévère. Dans la pièce de Bello, un corsaire enlève la femme de Placide, veut la prendre de force et meurt frappé par le Ciel. De même chez Baro, Téopiste attachée au navire essaie d'apaiser son trop ardent amoureux; elle fait appel à sa raison, à sa volonté :

> *Voy ce que tu me dois, ou plutost à toy-même*
> *Laisse agir ta raison, reigle mieux tes désirs.*

Mais Tyrsis, de façon bien singulière, fait usage du code d'amour héroïque et galant, commun à Rodrigue et à presque tous les amants du début du XVIIᵉ siècle :

> *Trajane m'a sceu vaincre, et j'en veux triompher,*
> *Si je me relaschois d'un si grand auantage*

Je manquerois d'esprit autant que de courage
Et mon cœur se croiroit digne de vos mespris
S'il quittoit un combat dont vous estes le prix [22].

Dans le drame de Desfontaines le corsaire Arphax désire Trajane, l'enlève; lassé de sa résistance il veut abuser d'elle mais la miséricorde de Dieu sauve Trajane [23]. L'empereur Honorius (*Saint Alexis ou l'Illustre Olympie*) aime en secret sa pupille Olympie. Le sénateur Euphémien vient lui demander la jeune fille en mariage pour son fils Alexis. L'empereur refuse, essaie de faire partager sa couronne et son lit à Olympie; ne pouvant l'y résoudre, il accepte l'union des jeunes gens. A cette idylle s'ajoute celle des généraux romains Polidarque et Philoxène; ils briguent eux aussi la main de la pupille de l'empereur. Une force mystérieuse ayant séparé les époux, Polidarque et Philoxène poursuivent auprès d'Olympie une cour assidue. Au dernier acte, Honorius reprend son projet d'épouser la jeune femme abandonnée [24]. Pour remplir le vide laissé par la séparation des époux, Desfontaines est obligé de donner à l'intrigue amoureuse d'Honorius et des généraux une place considérable.

Dans la *Sainte Catherine* de La Serre, l'empereur Maximin aime Catherine, voudrait partager le trône avec elle mais il se voit repoussé. L'amour d'Henri VIII pour Arthénice (*Thomas Morus*), n'est pas l'action principale du drame mais s'y mêle sans cesse; toutefois ce n'est pas le même personnage qui hésite entre la foi et l'amour profane. Le conflit éclate entre deux pouvoirs, le dynastique et l'ecclésiastique [25].

On le voit : dans l'ensemble, les auteurs de drames religieux ont dissocié l'action sainte de l'aventure amoureuse; celle-ci se développe parfois entièrement en dehors du martyre, ou ne s'y rattache que par des liens fortuits; en général le saint ou la sainte se voient aimés; ils écartent d'eux ces passions violentes ou délicates qui les menacent. Leur cœur n'en est point troublé. Deux auteurs toutefois ont tenté de mettre un amour profane dans un cœur touché par l'amour divin. De cette formule seule pouvait sortir un conflit véritable. Desfontaines (*Saint Alexis*), La Calprenède (*Hermenigilde*) semblent apercevoir la grandeur d'un tel drame.

Dans la tragédie sacrée de Desfontaines, l'élu de Dieu se sépare d'Olympie; il « ...la receut pour espouse, et luy donna la foy, mais sans consommer le mariage, la quitta le soir mesme qu'il l'eust espousée, pour obéyr au commandement du ciel, qui luy ordonna de la laisser [26] ». Il y avait dans cette donnée un drame trop grand pour Desfontaines; ces amants qu'un ordre mystérieux sépare, cette atroce absence où ils consument leur jeunesse sans jamais se joindre, cette privation et cette vie misérable du saint qui s'achève en même temps que celle de l'aimée restée fidèle, tout cela touchait sans doute à l'essentiel du drame religieux; mais l'exécution est loin de tenir les promesses de l'argument. Et le billet d'Alexis mourant qui prétend avoir satisfait à l'amour de la femme et à celui de Dieu [27], ne peut laisser que le regret d'un sujet merveilleux qui n'a pas rencontré un auteur de génie.

Il y a plus de bonheur et d'art dans la tragédie de La Calprenède. Hermenigilde et sa femme Indegonde refusent de revenir à l'arianisme; mais l'amour conjugal retarde l'effort de l'amour divin. La lutte, parfois touchante, est d'une rare convenance; mais elle ne prend jamais l'allure d'un drame véritable et reste lyrique [28]. Dans tous les autres drames religieux, ou bien on s'en tient au sacré (*Sainte Catherine, Le Martyre de Sainct Vincent* de B. de Gallardon, *Saül* de Du Ryer), ou bien on sépare le thème sacré de l'anecdote amoureuse. Enfin il arrive que les martyrs soient des époux qui s'aiment (les divers *Saint Eustache, Hermenigilde, Saint Alexis*); toutefois, dans presque toutes ces œuvres, l'amour conjugal et l'amour divin n'entrent pas en conflit. La conversion du profane au sacré n'engendre aucun débat psychologique; une intervention providentielle impose ces retournements profonds. On passe de l'homme au saint, sans effort, de l'amour de la femme à celui de Dieu sans combat intérieur. Nul écrivain ne développe le dialogue tragique entre les deux amours. Le lien vivant et crucifiant de l'un à l'autre n'est pas même aperçu (*Hermenigilde* mis à part [29]).

Ce n'est donc pas du côté du drame religieux de l'époque qu'il faut se tourner si l'on veut découvrir quelque filiation littéraire à *Polyeucte*. Le roman amoureux de Sévère-Pauline peut, certes, rappeler certains épisodes profanes contenus dans des œuvres à sujet religieux; mais les rapports de cet ordre paraîtraient autrement nombreux si l'on regardait du côté du théâtre profane lui-même. En réalité, le drame religieux a emprunté à ce dernier la plupart des éléments amoureux qu'il a amalgamés à la partie sacrée avec plus ou moins de bonheur ou de délicatesse. Corneille n'a pas fait autre chose, tout au moins en ce qui concerne l'intrigue de Sévère-Pauline. Celle-ci relève de l'idéal de l'époque, reprend la métaphysique amoureuse du théâtre à la mode tout aussi bien que du théâtre même de Corneille. Certaines comédies (*La Veuve, La Galerie du Palais, La Suivante*) présentent en effet de l'amour la même conception romanesque et précieuse que nous avons retrouvée dans *Le Cid*, transformée mais reconnaissable. Ce n'est pas la dernière fois que Corneille l'illustrera. Il ne fera que la reprendre et la durcir jusqu'à *Suréna*.

L'épisode tendre de la femme de Polyeucte et du chevalier romain ne pourra donc nous retenir longuement, puisqu'il n'apporte rien de nouveau aux traits d'un amour que nous connaissons déjà, si ce n'est une beauté d'expression et d'émotion singulière. Toutefois, le moment venu, il retiendra notre attention dans la mesure où il a quelque retentissement dans le drame sacré qui traverse l'amour de Polyeucte et de Pauline.

CHAPITRE X

Le plan de ce drame sacré est entièrement neuf et sans contre-partie dans tout notre théâtre; la tragédie d'amour et de sainteté s'y développe et se résout par les seules voies, par les seules chances de l'homme. Corneille aurait-il entrevu en portant ce « saint effort » sur la scène que tout le merveilleux de la religion l'homme le portait dans son cœur ? que l'amour divin était le terme de l'amour humain ? que les divers mouvements de l'amour tourné tour à tour vers un objet différent, l'analyse pouvait en rendre compte ? C'était oser beaucoup sans doute et les contemporains jugèrent sévèrement ce téméraire projet.

Corneille trouva le sacré sans renouer avec le genre religieux traditionnel. Il fut préparé à cette découverte par les recherches où sa pensée et son art s'étaient aventurés de *La Place Royale* à *Cinna*. Le combat mené par Polyeucte ne ressemble guère à une imagerie pieuse, à un académisme de sainteté. Il demeure une aventure violente où s'engage une nature héroïque et exaltée. Dieu n'y est pas donné mais conquis. Dans ce passage d'une humanité à une sainteté, on reconnaît constamment, à travers des changements admirables, retournements politiques et sentimentaux, la permanence et la continuité d'une nature dont Polyeucte ne peut s'arracher. Du cours naturel des sentiments — et plus particulièrement de l'amour — Polyeucte s'élève à l'émotion et au sentiment religieux par un développement de la passion dont lui-même nous rend compte. Par une intime transformation que nous étudions plus loin, s'opère ce passage de la tendresse à l'amour le plus haut. Cette expérience du divin, Corneille la situe presque toute sur un plan psychologique. Il entrevoit l'enthousiasme non pas comme la manifestation en l'homme de la grâce divine, mais comme une des nombreuses possibilités de l'humaine condition. Polyeucte cherche Dieu parce qu'il en a besoin. S'il s'élève jusqu'à l'amour divin, c'est qu'il en a découvert le principe, reconnu le visage et éprouvé la nostalgie dans l'amour humain. L'amour terrestre reste le support et le départ de ce drame religieux.

On ne peut être au monde et ignorer le caractère d'un tel privilège; si bien qu'il n'est pas besoin d'une nouvelle effraction de Dieu dans notre existence pour que le sens du divin nous soit rappelé. Il est en nous permanent; c'est assez pour engendrer toute tragédie religieuse comme toute grandeur. Corneille, en psychologue inspiré, a pressenti que l'amour devait être pour Polyeucte la première expérience altruiste, la première évasion de la solitude et de la liberté individuelles; que cette libération de la liberté par l'amour constituait l'étape préliminaire avant la sainteté et le sacrifice. Salut par l'amour, salut par la passion, salut par les chemins de la chair et du sang. Il se passe au dedans de Polyeucte, et s'accomplit en lui et par lui, selon les lois obscures mais positives du cœur. Dieu n'appelle pas; il est l'appelé. Il ne promet rien; Polyeucte promet et finalement donne tout. L'acteur c'est toujours Polyeucte, c'est-à-dire l'homme. Les machineries du christianisme — et l'on sait combien elles pénètrent peu l'acte du martyr — restent trop théâtrales pour nous convaincre de leur efficacité. Du reste Corneille l'a-t-il voulu? L'évidence divine exploserait si l'on veut dans la conversion de Félix, la seule précisément qu'on ait trouvée étrange. Mais les deux autres restent un effet d'offices humains, l'œuvre et le sang de Néarque tirant à lui Polyeucte, ceux de Polyeucte Pauline.

Nous voici amenés aux sources cornéliennes de Polyeucte, c'est-à-dire à reconnaître qu'il n'y a pas de rupture entre la production profane de Corneille avant 1640 et son chef-d'œuvre sacré. La filiation est plus profonde qu'on ne croit généralement et ne permet pas, une fois reconnue, de laisser le drame de Polyeucte isolé [1]. En réalité, toute l'œuvre antérieure, par des cheminements convergents, monte vers *Polyeucte* comme vers une cime; elle ne pouvait éviter ni cette fin, ni cet épanouissement. Trois voies principales, depuis *Le Cid* et même *La Place Royale*, conduisent à *Polyeucte* : Rome, la volonté de puissance, l'amour. Il convient de les étudier ici brièvement avant d'aborder le drame sacré.

Le lieu de l'action des Horaces est Rome. Cette Rome primitive, fondée sur la force, marque le passage du clan à la patrie constituée, de la cellule familiale à la société. Fruste et violente dans *Horace*, elle reçoit une juridiction dans *Cinna*. Dans cette dernière pièce paraissent l'administration, le droit, l'impérial romains. Nous les retrouverons dans *Polyeucte* dont l'action se situe en Arménie, province soumise aux lois et aux dieux de

Rome, en un temps des persécutions proche du triomphe de l'Eglise militante et de la fin du paganisme. On voit le lien, mais aussi la distance, d'*Horace* à *Polyeucte*. La politique romaine, dans *Horace*, porte l'antique destin à son point de rigueur, subordonne sans pitié les individus à la toute-puissance de l'Etat. Elle exige ce sacrifice des énergies pour que la domination absolue de Rome puisse s'établir sur le monde. Horace marque cet écrasement de l'individu et le caractère des devoirs de la personne envers la patrie ; il semble que ces derniers soient tenus au niveau du sentiment, du moins chez le jeune Horace. Une sorte de fanatisme, ou de foi, comme on voudra dire, accueille, en faveur de Rome, l'holocauste de la personne physique et morale. On a là, sans doute à l'état pur, la représentation du romain total, un cas limite. Il n'en paraît que plus exemplaire. Curiace propose une humanité moins nettement disciplinée et orientée ; il souligne par son attitude résignée et douloureuse l'impossibilité d'accorder le cœur et l'esprit, le devoir civique et les intuitions du sentiment. Aussi ne donne-t-il qu'avec froideur sa vie : une loi abstraite a décidé du sacrifice, non la liberté individuelle. Ce sentiment d'une aveugle domination plongea le monde dans un désespoir sans limite au sein duquel devait un jour germer celui de la liberté chrétienne. Polyeucte, dans sa prophétie, appellera contre Décie et les ennemis des chrétiens les « revers équitables ». Du civisme on passe à l'esprit apolitique du martyr, à sa sourde hostilité à la force : dieux et Etat. Après son arrestation, dans l'entrevue qu'il a avec sa femme, il précise cette attitude envers la Rome temporelle [2]. Pauline qui a souligné les biens de naissance et de fortune de son mari, les avantages que l'ambition et l'héroïsme purent lui acquérir, en vient aux arguments d'ordre civique et politique :

> *Vous n'avez pas la vie ainsi qu'un héritage ;*
> *Le jour qui vous la donne en même temps l'engage :*
> *Vous la devez au Prince, au public, à l'Etat [3].*

La réponse de Polyeucte est sans ambages. Ma vie est « due au prince », mais bien plus « au Dieu qui me la donne [4] ». Une hiérarchie nouvelle des devoirs est établie. Polyeucte entend disposer de son sang pour une fin autre que celle de l'Etat. Un mythe nouveau succède à l'ancien ; une coupure s'achève entre deux humanités ; cela fait la plus profonde révolution qui ait marqué le globe. *Polyeucte* rend compte du passage de l'ordre du monde, des droits et même des contrats, à celui de l'esprit et à l'ordre de la foi.

Horace et *Cinna* annoncent d'autre manière cette face politique de *Polyeucte* qu'on ne peut séparer tout à fait de la face passionnelle. De *La Place Royale* à *Cinna*, les héros cherchent la puissance. Qu'ils s'aventurent vers des conflits d'amour, d'ambition, d'honneur, de maîtrise de soi, de magnanimité, la puissance est le terme où ils consentent seulement à se reposer. Tirant de leurs grandes entreprises un orgueil à la mesure de cette grandeur, ils connaissent peu l'humilité. Développés jusqu'au bout d'eux-mêmes par l'épreuve glorieuse ou égotiste ils ne prient qu'eux-mêmes dans le péril; leur moi reste l'espérance et le seul recours. Au delà ils ne trouvent rien. Ils se font libres en s'affirmant, jouissent de leur expérience et n'en rapportent la gloire qu'à eux seuls, comme un droit acquis et non originel. Leur individualité fait leur être. Ils se produisent et sont leur propre création. Leur liberté est le sens, la beauté, la joie de leur effort. Ils la tiennent bien en main comme leur épée. C'est en s'affirmant tels qu'ils se veulent, qu'ils se connaissent; leur action est connaissance. Telle est jusqu'à *Polyeucte* l'œuvre humaine, objet et acte éminents de la tragédie cornélienne. Jusqu'ici les héros ne se perdent ni ne se défont à l'approche de touches ineffables : vieillesse, rêverie, amour, réflexion sur la vie ou sur la mort, inquiétude religieuse, etc... Partout la volonté et la conscience parviennent à l'extrême de leur pouvoir ou de leur lucidité.

Il est pourtant aisé d'apercevoir que le sentiment de la mort alimente le fond de tout héroïsme. On peut s'en assurer à l'espèce de fureur que montre le héros à la nier. Le pressentiment d'une fin inéluctable serait-il pour de tels hommes l'aiguillon de la volonté ? La distinction farouche dont ils rêvent serait-elle une défense contre l'angoisse qui les saisit en face du semblable et même de l'égal ? Contre un destin si précaire que le commun des mortels voudrait chaque jour leur faire reconnaître, ils ne cessent de lutter; ils désirent confusément excéder les limites d'une telle vie, et rêvent au privilège des immortels ou tout au moins à quelque survie. Leurs actes prennent leur source dans un amour si grand de la vie que la mort peut quelquefois leur paraître désirable puisqu'elle est pour eux une éclatante occasion de prouver leur vitalité [5]. C'est ainsi que se précise le paradoxe du héros : un trop vif désir de remplir toute son humanité le coupe assez vite de la vie et du reste des hommes. La volonté de puissance, ou la volonté d'être, le jette dans la solitude et dans une mélancolie dont Rodrigue, le jeune Horace et Auguste sont d'irrécusables témoins.

Après la mort du Comte qu'exigeait la gloire de Rodrigue, on peut en effet remarquer que cet exploit tend à isoler le héros de la vie commune du clan, sépare l'amant de l'amante, et finalement condamne le Cid à s'éloigner de son pays et de Chimène. La volonté de puissance le laisse seul avec le sentiment du vide autour de lui et la soif dévorante d'une éternelle privation. Le roi, la société féodale ont beau faire l'impossible pour le maintenir dans la vie glorieuse du groupe et lui donner Chimène, ils ne peuvent l'arracher à son isolement. Il est bien remarquable que l'entrevue des amants qui suit le meurtre soit la seule qui garde un caractère d'intimité. Ces moments d'abandon ne se retrouvent plus dans la suite; Rodrigue prend vis-à-vis de Chimène une attitude de plus en plus réservée et respectueuse; il ne la tutoie plus, soit qu'il lui parle en tête à tête ou devant toute la Cour [6]; ses propos se chargent de tant de tournures convenues et polies, de préciosités et de délicatesses, qu'on pourrait croire que le cœur n'y est plus. Rodrigue est désormais le Cid. Le héros national ne peut plus aimer de la même manière que le cavalier qui fut l'amant de Chimène; la gloire l'enveloppe déjà de son halo de solitude.

Si l'on ajoute à ces considérations le tragique propre à l'amour cornélien, inextricablement mêlé au tragique de la gloire, on comprend qu'une hautaine tristesse envahisse l'âme du héros, lui fasse désirer l'oubli et la mort. Une même solitude et une même tristesse sont réservées au jeune Horace. Le sens social, si poussé chez lui, le rejette bientôt hors des siens et de la société, le force à tuer sa sœur, menace de le priver de Sabine, le conduit devant la justice du roi et du peuple romain. C'est alors qu'il se sent seul, héros glorieux, au ban de cet Etat et de cet ordre par lui fondés, et qu'il prononce les paroles fières et désolées :

D'autres aiment la vie et je la dois haïr [7].

Telle est la rançon de la gloire, qu'elle impose au plus vivant d'entre les vivants des actes qui l'amènent à haïr la vie. Corneille ne pouvait pas ne pas s'étonner de ces contradictions douloureuses et inéluctables; il devait bientôt en deviner le sens ou du moins aller au bout de cette interrogation : d'où vient cette absence de bonheur au cœur de mes héros et de leur courage ? Auguste devait buter sur cette difficulté essentielle, Polyeucte la dénouer.

A la rigueur on peut entendre le pardon d'Auguste non comme une renonciation de la volonté de puissance mais comme un effort ultime pour la sauver; il est conquis de haute lutte sur des intérêts et des contraintes de toutes natures : peur, amour-propre, vengeance, etc... Certes, ni l'amitié de l'empereur pour

Cinna, ni sa tendresse pour Emilie n'en décident. Napoléon ne croyait pas qu'il partît d'un mouvement du cœur, ni qu'il convînt à un politique aussi retors qu'Auguste. L'acteur Monvel lui révéla un soir que ce pardon n'était à bien l'entendre qu'une ruse : « J'ai alors approuvé comme calcul ce qui me semblait puéril comme sentiment [8]. » Cette vue est pénétrante : Napoléon ne peut remplir le cœur d'un homme d'Etat d'inquiétudes étrangères à sa fonction; il refuse de considérer le pardon en dehors de sa vertu politique en tant qu'expression d'un moment de moralité. On ne peut toutefois s'en tenir à une interprétation aussi étroite. La pièce de *Cinna*, débordant la politique, pose le problème de la nature et de la valeur de la puissance; il nous achemine ainsi vers *Polyeucte*.

Dès son entrée en scène, l'Empereur Auguste nous interdit de situer son action sur le plan du réalisme politique. On ne sait quelle inquiétude étrangère au bien de l'Etat égare le souverain. Son âme irrésolue le presse de remettre le pouvoir. Il n'est plus ce monarque sûr de lui, redouté de tous, prompt à gouverner et à punir. Il aspire au repos, parle déjà le langage de Polyeucte :

> *J'ai souhaité l'empire, et j'y suis parvenu;*
> *Mais en le souhaitant, je ne l'ai pas connu...*
> *Je consens à me perdre...*
> *Pour ma tranquillité mon cœur en vain soupire [9].*

Il ne semble plus faire corps avec ses actes; une rupture s'est faite de lui à sa fortune, de ce qu'il désire à ce qu'il possède. Un discrédit atteint « cette grandeur sans bornes », « ces beautés dont l'éclat éblouit [10] »; elles n'ont plus la première place dans le cœur d'Auguste; elles ne sont plus son vœu le plus profond. Un doute les atteint. Ce n'est point les complots, les alarmes continuelles, une hostilité sourde et constante qui jettent Auguste dans cet état d'insécurité et d'irrésolution. Les conjurés ne jouent qu'un rôle de comparses dans le drame de cette grande âme. Auguste montrera à leur égard un détachement souverain. Le mouvement qui le pousse à mourir lui vient d'une angoisse que n'explique ni ne justifie la menace du complot. De tels crimes parfaitement définis ne pourraient surprendre un politique aussi averti :

> *Après tant d'ennemis à mes pieds abattus,*
> *Depuis vingt ans je règne et j'en sais les vertus;*
> *Je sais leur divers ordre, et de quelle nature*
> *Sont les devoirs d'un prince en cette conjoncture [11].*

Mais c'est au delà du complot de Cinna et d'Emilie que la tragédie d'Auguste s'est nouée. Cette âme qui voulait être totalement souveraine, c'est-à-dire étendre sa puissance sur toute chose, a reconnu la vanité de son effort. Elle ne trouve pas au monde d'objet à la mesure de ses désirs; ne pouvant plus être assouvie par la seule possession du monde elle veut s'étendre à tout, et du domaine des choses passer à celui de l'esprit :

> *Et comme notre esprit, jusqu'au dernier soupir,*
> *Toujours vers quelque objet pousse quelque désir,*
> *Il se ramène en soi, n'ayant plus où se prendre* [12]...

On voit dans quelle confusion se débat l'empereur. Pour lui il s'agit de passer de la volonté de puissance, tournée vers la conquête de l'univers, à la volonté d'être, tournée vers le monde de l'esprit, ce qui suppose la renonciation de la puissance en tant que force. Auguste aperçoit mal la difficulté : il parle bien de renoncer à l'empire, condition nécessaire à l'entrée dans ce monde nouveau de l'être, dont il entrevoit la grandeur, ou bien dont il semble avoir la nostalgie. Mais il cherche encore l'Esprit ou l'Un à travers la multiplicité du Tout. Il confond deux domaines de nature entièrement différente.

Le complot de Cinna et d'Emilie n'est qu'une occasion pour Auguste de les reconnaître : entre l'acte de punir et celui de pardonner il y a une différence de nature. Le premier s'insère sur le plan politique; il appartient à ce réalisme dont l'empereur jusqu'ici avait fait sa raison d'être; mais cet acte, expression de la volonté de puissance, n'est pas libre. Il ne sort pas de l'être; il n'en a pas la nature. Quant au pardon proposé par Livie il garde le caractère de la punition puisqu'il est lui aussi considéré comme politique :

> *Essayez sur Cinna ce que peut la clémence;*
> *Faites son châtiment de sa confusion;*
> *Cherchez le plus utile en cette occasion :*
> *Sa peine peut aigrir une ville animée,*
> *Son pardon peut servir à votre renommée* [13].

Ce machiavélisme ne peut satisfaire Auguste qui n'est plus tourné vers une politique sage mais vers la sagesse elle-même et la sérénité. Or le souverain soupçonne que d'un changement radical dans sa manière d'être dépend la valeur même du pardon. Il comprend que ce dernier ne doit plus être placé au niveau de la politique ou de la volonté de puissance, pour qu'il devienne le signe d'une action libre c'est-à-dire de l'esprit. Le pardon accordé sera la manifestation passionnée d'une spiritualité conquise sur une vie jusqu'alors fonctionnelle. Il traduira, chez Auguste, un changement radical, en profondeur, dans sa manière de voir et de comprendre les choses; il ouvrira au conquérant un univers où la force n'a plus de pouvoir, où l'esprit commence son règne.

Ainsi le combat d'Auguste n'est pas d'ordre politique (conservation du pouvoir), ni d'ordre moral (punir ou pardonner); c'est un conflit entre la puissance et la valeur, résolu de façon satisfaisante par un renversement total chez Auguste de la façon de comprendre la puissance; l'esprit qui « se ramène en soi » opère ce transfert de la puissance à l'être et ce passage de l'ordre du monde à celui de l'esprit. Auguste, de toute évidence, sur la fin de son effort généreux est marqué de cette passion spirituelle qui dans le personnage politique fait surgir un homme nouveau, inconnu de lui-même et des siens.

Un autre chemin devait mener Corneille de ses héros profanes à *Polyeucte,* et c'est l'amour. Jusqu'à cette dernière tragédie, la passion amoureuse reste placée sous le signe de la conquête et de la puissance. Rodrigue aime Chimène de manière altière et provocante; mais aux pieds de l'aimée il dépose les marques de la puissance, ne pouvant estimer qu'une Chimène altière et libre comme lui. Cette entente de l'amour et de la puissance ne s'accomplit qu'au prix de la puissance même par le refus d'en user. En fait, depuis les Comédies, l'orgueil de régner sur un cœur ne cesse de s'opposer à la liberté de l'amour. De là le nœud constant d'intrigues comiques ou tragiques sans cesse repris. D'une part, Corneille marque en chaque être la prétention de se diriger, de l'autre, les faiblesses de l'amour; il y a conflit de l'un à l'autre. Avec *Le Cid* cette opposition disparaît : la puissance et l'amour y sont orchestrées dans un double et harmonieux mouvement vers la grandeur. L'amour animé par l'honneur n'est plus qu'un sévère lieu de création. L'antagonisme entre la conception héroïque de la vie et l'art d'aimer s'efface. Mais cet accord voulu et glorieux ne s'accomplit qu'au prix du bonheur; il demeure, au delà de la victoire, une douleur dont Rodrigue et Chimène ne peuvent pénétrer le sens ni accepter la fatalité. En fait, ces difficultés étaient moins résolues que tranchées. Le héros qui se voulait libre dans l'amour même trouvait assez d'énergie pour surmonter sa passion; par grandeur d'âme il persévérait dans son refus de paraître jamais démériter; préférant la souffrance et la mort même à la plus infime déchéance, à la plus légère trahison, son prestige lui venait plutôt d'un défi que d'une résistance au destin; aussi ne voyait-on pas que le héros pût accorder avec joie ce besoin de magnificence et les sacrifices délibérés. Pour garder à la personne même et à l'amour un caractère libre et glorieux, les amants du *Cid* devaient se durcir dans leur individualité et leur point d'honneur respectifs; ils ne parvenaient pas à satisfaire tout ensemble au scrupule de l'âme et à la recherche du bonheur. Conclusion singulière : ce théâtre, dans son ensemble, mettant l'amour à si haut prix tendait à devenir celui de la Privation.

Sommes-nous si loin de *Polyeucte* ? Cette pièce reprend de façon toute nouvelle les difficultés que propose l'antinomie de l'amour et de la puissance. Jusqu'à cette tragédie le couple, il est vrai, ne s'était pas encore scellé dans son intimité profonde; avec *Polyeucte* elle se réalise intégralement. Or, l'expérience charnelle loin de résoudre la contradiction amoureuse, la pose de façon décisive et autrement redoutable. La tragédie d'Alidor en regard de celle de Polyeucte ne paraît plus soudain qu'une dialectique.

On ne peut donc s'étonner assez de l'harmonieuse vue de Corneille sur la condition amoureuse. De *La Place Royale* à *Polyeucte* le développement du thème de l'amour s'accomplit selon un ordre et dans un sens identiques, Corneille ne rejetant rien des découvertes psychologiques acquises d'une pièce à l'autre; il pousse toujours plus avant son investigation pour aller, selon ses propres termes, « à la plus haute espèce » d'amour. C'est de ce côté sans doute qu'il faut regarder si l'on veut établir la continuité de ses pièces profanes à sa tragédie sacrée. Corneille nous y invite lui-même à deux reprises. Et tout d'abord dans son *Epître* à la Reine Régente : « toutes les fois que j'ai mis sur notre scène des vertus morales et politiques, j'en ai toujours cru les tableaux trop peu dignes de paroître devant Elle, quand j'ai considéré qu'avec quelque soin que je les pusse choisir dans l'histoire, et quelques ornements dont l'artifice les pût enrichir, elle en voyoit de plus grands exemples dans elle-même. Pour rendre les choses proportionnées, il falloit aller à la plus haute espèce, et n'entreprendre pas de rien offrir de cette nature à une reine très chrétienne... à moins que de lui offrir un portrait des vertus chrétiennes dont l'amour et la gloire de Dieu formassent les plus beaux traits [14]... » Quelques années plus tard en 1646 remerciant Voyer d'Argenson, à l'occasion des poèmes religieux que ce dernier lui avait envoyés, Corneille écrit : « (Je)... m'étais persuadé que d'autant plus que les passions pour Dieu sont plus élevées et plus justes que celles qu'on prend pour les créatures, d'autant plus un esprit qui en serait bien touché, pourrait faire des poussées plus hardies et plus enflammées en ce genre d'écrire, et m'étais fortifié sur ce sentiment par la nature de la poésie même qui a les passions pour son principal objet, n'étant pas vraisemblable que l'excellence de leur principe les doive faire languir [15]. » Ces deux textes rapprochés, il apparaît assez qu'il n'existait pas pour Corneille de coupure de la passion illustrée par *Le Cid* à celle de *Polyeucte*, mais une progression, un dépassement.

CHAPITRE XI

PAULINE

Le roman de Pauline-Sévère est dominé par le code héroïque et mondain de l'amour dont nous avons analysé les traits principaux; ce code se rattache à une conception singulière de la vie dont la Gloire est à la fois le principe et la fin. Nous ne parlerons de Pauline et de Sévère qu'autant que l'accident de leur liaison a quelque retentissement dans le drame conjugal de Pauline et de Polyeucte et nous permet de mieux comprendre le cœur et l'esprit de l'héroïne. Pour le reste nous ne découvririons aucun élément nouveau à ajouter à ceux que nous connaissons déjà de l'amour glorieux. Sévère et Pauline se sont aimés à Rome selon les lois de la morale aristocratique si souvent illustrée par Corneille; au nom de la Gloire, c'est-à-dire de l'exigence que la coutume et une sorte d'instinct imposent à un groupe social, à une race noble, Pauline a refusé de s'allier à l'obscur chevalier Sévère; non seulement son père Félix s'opposait à cette union mais aussi toute la force d'une éducation, le sens social et cette notion même de la gloire intime aussi inexorable en Pauline que l'obligation due à sa naissance ou à ses parents :

> *Et malgré des soupirs si doux, si favorables,*
> *Mon père et mon devoir étoient inexorables* [1].

Au plus secret d'elle-même, jamais elle « n'avoua de ses yeux l'aimable trahison [2] ». De son côté, Sévère, suivant les rigueurs de la même éthique sociale et amoureuse, s'est fait un devoir de s'interdire une alliance si haut placée; il n'a pu que louer en Pauline une vertu dont il sent et sait tout le prix. Ainsi aucun désaccord entre les amants et Félix. Ils ont suivi tous trois la voie en apparence la plus difficile, mais pourtant la plus aisée pour des gens nobles. Le plus dur effort eût été pour eux de vaincre la passion de la Gloire, de se rebeller contre un idéal social aussi vivace en eux qu'un instinct; il eût fallu briser le cadre familial et social où ils évoluaient, unis et dirigés jusqu'ici par les mêmes intérêts, par les mêmes valeurs morales. Il eût fallu entrevoir un autre horizon, concevoir un autre destin. Il ne sera réservé qu'à Pauline — mais plus tard — de connaître une nouvelle lumière. « Saintement rebelle aux lois de la naissance [3] » elle deviendra alors pour son père et Sévère un objet de scandale et d'étonnement.

Pour l'instant elle est docile, obéissante, romanesque, mais sans le courage de l'amour (qu'on songe à sa réplique à Stratonice qui voudrait lui faire entendre la grandeur d'un amour constant [4]). A Mélitène elle s'est mariée avec le chef de la noblesse; ce mariage est dans l'ordre; il répond aux vues de cette jeune fille droite, honnête, à ce qu'elle doit aux siens, à elle-même. Il satisfait pleinement cette passion de la grandeur et de la gloire si vivante au cœur de Pauline comme chez tous ceux de sa caste. Ce fut aussi pour elle un « devoir [5] » d'aimer Polyeucte, mais il faut bien entendre ce mot. Il s'agit d'une obligation qui n'a coûté aucun effort à Pauline puisqu'elle allait dans le sens de son idéal. Pour l'héroïne le drame va se nouer mais de tout autre façon qu'on ne croit généralement. Une vue scolaire ramène ce drame à une opposition entre la passion qu'aurait eue Pauline pour Sévère et son devoir conjugal envers Polyeucte. On accuse encore l'étroitesse d'une telle vue en faisant de cette passion une force instinctive, un désir des sens. On voit en romantique une aventure d'amour dont la fatalité n'est nullement passionnelle mais morale. Le « charme » qui emporte Pauline vers Sévère glorieux est cette attraction même qu'exercent sur elle le prestige du héros, sa renommée, ses actions triomphales. Ce ne sont ni la personne de Sévère, ni son amour.

Quelques remarques sont ici nécessaires : jeune fille Pauline a connu à Rome le jeune Sévère, chevalier sans fortune et sans gloire; aujourd'hui elle est femme et Sévère héros. Sévère a passé pour mort. La légende s'est emparée de lui, s'est répandue par toute l'Arménie [6]. Alors s'est éveillée chez Pauline cette nostalgie du mort, ce tendre et héroïque appel de l'Ombre illustre. Celle-ci finit par habiter le sommeil de l'héroïne, le peuple d'images d'empire et de faste :

> *Il sembloit triomphant, et tel que sur son char*
> *Victorieux dans Rome entre notre César* [7].

Cette tentation, on le voit, n'est pas de nature sensuelle; elle s'explique au contraire par une surenchère morale, par l'autorité d'une éthique sociale qui fait à Pauline un devoir de chérir le mort glorieux. C'est toujours sur le plan de l'amour héroïque et des « mérites » que se poursuit cette sorte d'envoûtément. Pauline, confondant curieusement deux moments de l'existence de Sévère, charge la tête et les bras du chevalier pauvre dés palmes et des trophées du guerrier légendaire. Ce n'est pas l'adolescent de Rome qui trouble maintenant la femme de Polyeucte et qui mérite d'être aimé. L'attrait c'est le pouvoir du Héros. Il comble en Pauline les exigences de la gloire qui s'opposèrent jadis au mariage des jeunes gens. La même conception sociale et amoureuse commande aujourd'hui ce qu'elle interdisait autrefois. Le même devoir glorieux se fait tour à tour l'ennemi et l'allié de l'amour. Cette contradiction dans les effets, sinon dans le principe du devoir, est interprétée par Pauline de façon singulière, comme il fallait s'y attendre. Il va de soi en effet que, pour Pauline mariée, l'obligation sociale, le devoir social, l'amour charnel jouent et s'accordent en faveur de Polyeucte :

> Et moi, comme à son lit je me vis destinée,
> Je donnai par devoir à son affection
> Tout [8]...

D'où viennent, dès les premiers moments, cette loyale entente, cette intimité pleine du couple. Ce « don » total est approuvé, justifié, glorifié par la conscience morale : Pauline n'est point divisée là-dessus. Elle est tranquille, elle est heureuse, elle aime.

C'est dans cette lune de miel que s'insinuent une confuse inquiétude puis la douleur. L'obsession de « l'ombre désolée » percée de « coups pleins de gloire [9] » fait surgir dans le sommeil de Pauline les images hallucinatoires du Songe où sont annoncés la vengeance de Sévère et le meurtre de Polyeucte. Quand Sévère vivant paraîtra, Pauline sera devant lui cette femme divisée, attirée vers le Héros par le rayonnement de la Gloire et ne pouvant s'expliquer ce « charme » que par une « surprise des sens [10] ». Elle mettra au compte du désir et de la tendresse ce qui n'est en réalité qu'une sollicitation de l'âme héroïque. Elle ne peut, en effet, toute soumise encore à l'éthique aristocratique, considérer comme bonne et avouable cette force qui l'attirant vers Sévère l'écarte en même temps de son mari. De là son effroi devant une telle séduction ; de là son mouvement naturel de défense.

A cette inquiétude s'en ajoute une autre, aussi cruelle. Cet amour qu'elle porte à Polyeucte, cette existence honorée d'un couple harmonieusement fondé sur la coutume et les usages, voici qu'une première alerte les secoue. Pauline devine en Polyeucte un secret qu'elle ne peut percer [11]. Quelle est cette chose dont ce mari fait mystère à sa femme ? Pauline a-t-elle donc si peu de pouvoir sur cette âme qu'elle ne la possède tout entière ? Quelle part lui échappe, devient étrangère ? Ce fiancé si soumis, dont elle était « maîtresse », s'enhardit jusqu'à lui cacher les raisons de son éloignement, dans un moment où elle commence à redouter les présages d'un songe désastreux. Cette inquiétude nous révèle en Pauline les traits d'un amour dominateur, un désir d'aimer plus qu'un besoin de tendresse; elle est, elle aussi, de la race conquérente des héroïnes cornéliennes. Elle s'explique amèrement sur ce chassé-croisé du règne de l'homme et de la femme en amour :

> ... jusqu'à la conquête ils nous traitent de reines;
> Mais après l'hyménée, ils sont rois à leur tour [12].

Alors elle apprend que Sévère n'est point mort; qu'il arrive à Mélitène [13]. Sa rencontre avec le Héros doit être dominée, nous semble-t-il, par les considérations suivantes : le mouvement de Pauline vers Sévère est non pas un retour inspiré par une tendresse encore vivante ou par le souvenir d'une blessure mal refermée, mais exactement l'exécution d'un ordre, l'accomplissement d'un devoir. Toute la perspective de l'entrevue change si l'on tient compte de cette remarque. Pauline vient trouver Sévère en service commandé. Qu'on se souvienne de la frayeur à la fois réelle et calculée de Félix, de l'évocation des malheurs que laisse prévoir la brusque arrivée de l'envoyé de l'empereur Décie, des jérémiades du rusé gouverneur, de sa prière, de l'ordre enfin :

> Il faut le voir, ma fille,
> Ou tu trahis ton père et toute ta famille [14]

et l'héroïne pourrait bien n'apparaître que prudente et politique dans ses moments les plus abandonnés. Sévère est un homme qu'il faut « ménager [15] ». L'on sait aussi que les images de Sévère menaçant, et de son mari poignardé, ont troublé le sommeil de Pauline. Or, voici qu'une partie du songe s'est réalisée. Pauline usera donc envers le favori de l'empereur d'une tactique tout d'abord noble et ferme, qui doit accuser entre eux une séparation sans retour; le ton s'adoucira à mesure sans doute que Pauline, emportée par le charme du Héros glorieux, se sentira moins sûre d'elle-même, mais aussi parce qu'elle découvrira soudain chez son malheureux amant le langage et le visage de l'amour déserté. Devant tant de grandeur et d'infortune elle saura battre en retraite et user avec adresse d'un attendrissement réel, mais qu'elle domine malgré tout. Si bien que ces signes visibles d'une passion mal étouffée ou ravivée sont moins un aveu qu'une défense [16].

De toutes façons ces remarques vont à rejeter l'interprétation trop souvent écoutée d'une Pauline qui, au début de la pièce, aimerait deux hommes à la fois [17]; par une sorte d'admiration et de jalousie sublimes que Polyeucte lui inspire, elle serait finalement gagnée à lui. Ces deux amours sont moins surprenants qu'impossibles. Ils ne conviennent pas à la vertu de Pauline, encore moins à sa nature entière et passionnée. Ce n'est pas une femme à se ménager, qu'elle résiste ou qu'elle se donne. Le pôle d'attraction amoureux est et reste donc Polyeucte. D'ailleurs l'aventure Pauline-Sévère ne se renoue jamais au cours de la pièce, du moins du côté de Pauline, et c'est ce qu'il importe de souligner. Une mission, puis le désespoir de perdre Polyeucte, font les deux entrevues de Pauline avec son ancien soupirant [18]; elles ne sont à aucun titre des rendez-vous d'amour. Le charme qui opère encore en faveur de Sévère et qui n'est pas — nous l'avons dit — l'appel des sens mais du mérite et de la gloire, ne trouve plus en Pauline de complicité; il est combattu par la force du devoir conjugal. Mais il s'agit en réalité d'un même idéal divisé contre lui-même, orientant Pauline ici vers Sévère, là vers Polyeucte. Contradiction que l'héroïne tâche de résoudre en jugeant l'un de ces mouvements comme une passion illégitime [19]. Il reste à Pauline de ce combat une confusion et une insécurité bien compréhensibles, qu'elle exprime dans les vers mystérieux du début du troisième acte, charnière entre les deux conceptions de vie et entre les deux mondes où évolue le personnage au cours du drame :

> Que de soucis flottants, que de confus nuages
> Présentent à mes yeux d'inconstantes images !
> Douce tranquillité, que je n'ose espérer,
> Que ton divin rayon tarde à les éclairer [20] !

Ce langage grave et inquiet n'exprime-t-il pas l'âme même de Pauline, sa soif de bonheur et l'impossibilité qu'elle devine de ne pouvoir jamais l'obtenir en un monde où elle ne parvient plus à s'accorder ? Où l'obéissance qu'elle doit à son père lui paraît tour à tour aisée et pénible, fidèle ou contraire à ses devoirs; où le même idéal commande tour à tour un amour glorieux ou un amour répréhensible ?

Au sein d'une telle incertitude et d'une telle nuit, le besoin d'être vraie avec elle-même éclate chez Pauline de façon si passionnée que nous serons à peine surpris tout à l'heure de la voir sortir du cercle des coutumes, des habitudes de penser et de vivre où elle était captive. Cet arrachement de Pauline à son milieu ne se fait pas d'un coup, comme on le répète volontiers, ni seulement par le baptême du sang du martyr sur la face de sa femme, mais aussi et plus lentement par les voies de l'amour humain. Il faut en effet prendre garde aux réactions singulières de Pauline quand elle apprend le scandale du temple et la conversion de son mari. Le long dialogue [21] qui s'engage entre elle et la suivante Stratonice est d'une importance extrême; il marque déjà le discrédit où l'ancienne éthique héroïque de l'amour est tombée aux yeux de Pauline; elle n'a plus d'efficacité. Désormais l'amour suit une autre loi. Il paraît clair que le sacrilège de Polyeucte, l'affirmation de sa foi nouvelle le retranchent de la société païenne, de ses activités, de ses institutions; en font un étranger, un criminel d'Etat, un homme perdu de réputation, etc... Tous les mérites qui rendaient Polyeucte « charmant [22] » aux yeux de Pauline, tombent; son mari est un réprouvé; sa gloire est ternie. Ce chevalier le plus titré, le plus aimé de son pays, s'est mis à un rang ignoble, a encouru le mépris et la haine de tous. Si Pauline restait l'amoureuse que nous avons connue, appartenant à une civilisation et se faisant un devoir et une gloire d'aimer selon la règle et les mœurs de sa caste, Polyeucte aujourd'hui infâme devrait lui paraître indigne d'elle; nous savons que cette seule considération ruine l'amour dans le code aristocratique cornélien. Ici l'amour demeure. Pauline hait bien l'erreur de son mari mais — ce sont ses termes — chérit sa personne [23]. Il faut bien admettre chez elle une façon d'aimer incompatible avec la conception de l'amour qui jusqu'ici avait dirigé ses actes et sa vie intime [24]. Cette attitude nouvelle devant l'amour envahit l'être tout entier de Pauline et peu à peu la sépare, sans la détacher encore, de son entourage, de son père, de Sévère; elle va jusqu'à lui faire prendre la défense de son mari et la rendre importune, suspecte. Ce n'est pas la première fois que nous découvrons dans la pièce cornélienne cette dissension profonde entre parents et enfants, entre une époque et celle qui la suit, ainsi que l'évolution ou même l'abandon d'une éthique sociale et sentimentale qui ne paraît plus valable pour la nouvelle génération. Ici c'est l'évolution de la conception amoureuse qui amorce des changements de nature plus générale chez Pauline, sa compréhension de Polyeucte, sa confuse admiration pour les martyrs [25]. La force de l'amour qui l'attache à la personne de Polyeucte la portera jusqu'à cet état d'exaltation sublime si favorable à un retournement de toutes valeurs, qui définit la conversion religieuse.

Nous ne pouvons en effet considérer l'admiration qu'inspirerait l'action religieuse de Polyeucte comme la source de l'amour de Pauline pour son mari. D'où pourrait-elle naître chez cette âme fermée de toutes parts à la foi, insensible encore aux images et aux idées du monde chrétien ? C'est regarder la païenne Pauline de ce côté, c'est-à-dire du côté chrétien, avec les vues, la sensibilité chrétiennes. C'est vouloir à tout prix que l'enthousiasme au plein sens du mot éclaire l'amour terrestre. Mais la pièce de Corneille ne cesse d'affirmer le contraire : la passion amoureuse transporte

Pauline dans ce ravissement et cette adoration qui prennent encore pour objet de leur culte et de leur joie Polyeucte, jusqu'au moment où ce dernier est supplicié. Ce qui manque à Pauline ce n'est pas d'aimer Polyeucte, mais précisément de l'aimer en Dieu. Amoureuse passionnée c'est le corps et l'âme de Polyeucte qu'elle désire, ici-bas, tout de suite [26]. Or, voici que Dieu lui arrache l'un et l'autre; Dieu est le ravisseur et l'ennemi. Il a désuni le couple. Tel est du moins le grief de Pauline. L'amour trop humain voile l'amour véritable. Polyeucte vivant cache à Pauline la source et l'origine. Mort, il les découvre. Il justifie le monde d'images et de symboles de la religion chrétienne. Il est désormais pour Pauline le témoin de la foi nouvelle, le signe authentique, connu, visible, du miracle :

> *Je vois, je sais* [27]...

Elle peut maintenant satisfaire cette double quête de la chair et de l'esprit dans un même Amour. Elle adhère à l'ordre chrétien non plus fondé sur la loi du sang et de la naissance, mais sur celle de l'Esprit [28]; Pauline n'est plus la fille de son père mais du Père, de la famille naturelle mais de la famille spirituelle, du Monde mais du Ciel. Par la grâce de l'amour elle a touché à l'Amour ineffable. Il nous faut maintenant revenir sur ce point essentiel, c'est-à-dire sur le drame du couple Pauline-Polyeucte, dont Corneille n'a pas séparé le destin.

CHAPITRE XII

LE COUPLE PAULINE-POLYEUCTE

On a paru surpris des données de cette tragédie sacrée, en particulier des sentiments inconciliables qui semblent cohabiter chez Polyeucte : son amour pour Pauline et sa ferveur de néophyte [1]. Ce point mérite attention. Reprocher à Corneille de choisir le moment où « les flambeaux de l'hymen viennent de s'allumer [2] » comme départ de la conversion de Polyeucte, c'est peut-être manquer la tragédie ou tout au moins refuser d'en saisir les causes véritables.

L'origine de la conversion ne saurait être située dans l'entretien théologique qui ouvre la pièce. L'initiation au Dieu unique, entreprise par Néarque, ne réussit pas à faire de Polyeucte un chrétien. Tout paraît évident et aller de soi : ces pensées religieuses parfaitement transparentes, Polyeucte les approuve, sans s'approcher pour cela de Dieu. A ces notions abstraites, même écoutées, ne répond qu'un sentiment lâche. Polyeucte comprend fort bien l'argumentation sur la Grâce, il entre dans tous les propos de son fervent ami; mais le cœur n'est pas touché. Corneille donnera à l'enthousiasme de plus fortes origines : il plongera ses racines non pas dans le monde des idées mais dans le torrent des émotions. Comme tout héros, plus impatient d'être que de connaître, Polyeucte saisira Dieu par la violence. Par les délices de l'amour, puis par celles de la privation, par la recherche passionnée et l'enchantement du sacrifice, il amorcera et mènera à bonne fin son salut. C'est avec désir et besoin qu'il se tournera vers Dieu.

Si la solidité d'une doctrine clairement exposée ne parvient pas à convaincre Polyeucte, c'est parce qu'elle ne trouve pas en lui de sentiment réel; mais l'éveil et l'inquiétude naissent lorsque Néarque, abandonnant cette manière de querelle théologique, rappelle de rigoureux commandements :

> *Dieu ne veut point d'un cœur où le monde domine,*
> *Qui regarde en arrière, et douteux en son choix,*
> *Lorsque sa voix l'appelle, écoute une autre voix* [3].

Ce langage trouble enfin Polyeucte. Il n'est plus ici question de connaître Dieu, mais de l'aimer. Ici paraissent une volonté mystérieuse et une sorte de violence qui appellent et exigent. Tout en Polyeucte s'oppose et pourtant s'accorde à ce jaloux amour. Sa tendresse pour Pauline est tyrannique et absolue. Cet amour est fixé : Polyeucte s'est donné à Pauline. Il ne peut écouter en même temps un autre amour. L'opposition de l'amour divin et de l'amour humain, que rappelle Néarque [4], reste une vue théologique, leur subordination une finesse; elle ne peut retenir un homme aussi intransigeant que Polyeucte. On verra par la suite comment il entend cette « négligence » des biens de ce monde « pour plaire à Dieu [5] »; il n'y aura pas de demi-mesure : son amour se tournera tout entier du visage de Pauline vers la Divine Face.

Que nul ne puisse servir deux maîtres, Polyeucte l'accorde volontiers; mais pour le moment Pauline est la maîtresse. Leur adieu si tendre en répond; le cœur de Polyeucte est « prêt à se révolter [6] », car c'est précisément dans les premiers jours du mariage [7] que l'ineffable ardeur se révèle, que Polyeucte est divinement attaqué; que la dévorante Passion le rend soudain étranger aux siens. Il faut prendre les choses comme elles sont : le baptême n'est pas l'origine de l'exercice saint et du sacrifice où l'on voit courir Polyeucte; il faut remonter à quelque chose qui le précède et l'explique. Dès le début de cette crise, Corneille s'attache jalousement à nous peindre les sentiments de Pauline et de Polyeucte, l'espèce à la fois délicate et sensuelle de leur amour. Il nous les montre face à face, sans force pour se quitter, émus par des inquiétudes diverses sans doute, mais plus encore d'être si proches l'un de l'autre, troublés tous deux par une volupté précise qu'ils connaissent depuis peu [8]. Jamais avec une telle pudeur il n'a rendu l'exaltation du couple dans les premiers moments de son accord profond. C'est elle qui prête aux paroles une sorte de frémissement sensuel. Cet adieu, dont le motif est secret pour Pauline et que traverse l'interrogation la plus tendre, reste pénétré d'on ne sait quelle sourde et organique nostalgie.

Certes, quelques mots [9] de Polyeucte à Néarque annonçaient cette scène; mais on jugera de leur importance quand le drame nous sera révélé par le dedans. Il faudra reconnaître alors que ce n'est pas dans le mâle solitaire, déjà retiré du monde, mais dans l'homme uni à la femme, au plus touffu d'une humanité enfoncée dans les songes et le démon qu'éclate l'enthousiasme. Polyeucte est bien de ce monde, riche seigneur issu d'ancêtres royaux; chéri du peuple et estimé chez le Prince. Soumis aux lois de son pays, avec gloire il a porté les armes. Les intérêts, les vertus morales et politiques gouvernent cette existence jusqu'ici sans problème. Polyeucte a consenti à toutes les grandeurs charnelles : richesses, gloire, ambition, puissance; à tous les pactes : famille, patrie, mariage, société. Il n'en a rompu encore aucun. A peine surprendrait-on chez lui un léger mépris pour les fastes du pouvoir, non un détachement [10]. Son attitude envers Pauline, précisée de façon non équivoque, indique un besoin de pureté, de transparence dans les rapports conjugaux. Polyeucte entend ne réserver rien; la moindre part gardée devers lui, paraîtrait une trahison. Pauline est la préférence, l'élue. Le cœur de Polyeucte est plein d'elle; rien ne pourrait être ajouté ou retranché à cette plénitude.

Il convient donc ici de ne pas opposer à Polyeucte amoureux Polyeucte divinement ravi. Sans doute le ramassement du premier acte, où le dramaturge s'est vu forcé de faire entrer l'un ou l'autre, a-t-il quelque chose d'artificiel; mais en profondeur, organiquement, tout est vrai. Dans cette union qui se veut entière, chacun entièrement donné, se perdant et se retrouvant dans l'autre, tout se tient. Polyeucte devait y saisir la rupture avec Dieu par la préférence de Pauline seule, car le cœur se déplace mais ne se partage pas. Chez ce héros, comme chez Rodrigue, Camille ou Horace, quelque chose d'entier se porte à l'extrême du sentiment. L'amour ne peut être pour lui qu'une aventure sans réserves : Polyeucte se donne et donne tout. Mais il faudra un jour en venir au plus déchirant jurement, celui qui marque la préférence de l'amour terrestre ou de l'amour divin, la venue ou l'éloignement de Dieu. Toutefois on attendra le quatrième acte pour apercevoir à plein cette crise; jusque-là, Polyeucte ne se livre que du dehors : baptême et scandale du temple. Mais la méditation de l'iconoclaste, puis les deux rencontres entre lui et Pauline expliquent le dessous de la tragédie [11]; rétrospectivement leur première séparation en reçoit une grande lumière.

Les stances de Polyeucte — on l'a maintes fois noté — marquent par leur mouvement particulier une transposition de sentiments et de pensées, le passage de l'ordre de la raison à celui de la foi. Par la vertu du chant il s'opère une sorte d'épuration et de décantation de l'âme, favorables à un retournement de tout l'être. En réalité, on ne voit point chez Polyeucte s'accomplir le retrait commun à la plupart des saints vers la solitude, l'éloignement ou l'approche des choses, et de soi-même jusqu'à cette nudité dont François d'Assise provoqua le scandaleux et saint spectacle. Polyeucte ne transgresse guère les limites rationnelles. Si l'on peut croire achevée la rupture des liens naturels qui le rattachent à la famille, à la Patrie, au monde, il lui reste encore un pacte à dénouer : son mariage avec Pauline. Dans la prison il peut s'enchanter de ses victoires sur le vieil Adam, la partie la plus rude est encore à livrer; il lui faut triompher du plus fort, du plus tendre ennemi. Il le sait et il en prend grand souci. Nous allons reconnaître le chemin qu'il a parcouru, avant d'aborder celui qui lui reste à faire. Les Stances nous y invitent, sursis entre les deux phases d'un même combat. La première fut prompte et enlevée d'enthousiasme : spectacle pour nous, Corneille n'ayant pas encore fait paraître les démarches intimes qui portèrent Polyeucte devant la statue de l'Olympien. Nous laisse-t-il entendre qu'il s'agit là de la première manifestation de la Grâce divine opérant en Polyeucte après la cérémonie baptismale ? Ressemblerait-il aux illustrateurs des Miracles et des Mystères ? S'en tiendrait-il lui aussi aux images émouvantes et impérieuses d'un acte de foi, sans révéler la tragédie du cœur d'où elles jaillirent ? Corneille par bonheur nous livre la phase profonde où la psychologie éclairant enfin la religion fait connaître ses lois et ses cheminements.

Du point élevé de la pyramide apparaissent toutes ses faces sans regard l'une sur l'autre; ainsi, du sommet des Stances, partent et se laissent voir jusqu'en leurs assises toutes les faces de ce drame. Une somme extraordinairement dense de pensées, de sentiments et d'interrogations emplit la modulation du prisonnier. Polyeucte s'y montre ce qu'il n'a jamais cessé d'être : un homme qui a voulu déposer les pactes séculiers et même celui de l'amour pour atteindre par la « ruine [12] » de toute sa personne à une vacuité que Dieu, espère-t-il, remplira. Il est curieux que ce saint effort vers les régions du vide et du froid où le langage humain devrait cesser, Corneille nous en rende compte par le discours et par le chant. Son art ne disposant d'aucune analogie, d'aucune touche mystérieuse pour suggérer l'ineffable, on peut considérer comme une gageure ces stances qui restent pourtant réchauffées par le plus vif sentiment religieux. Mais peut-être, est-ce une erreur de vouloir situer la religion ailleurs que dans le texte de la vie même où se brassent la force du sang et celle de l'esprit.

Quoi qu'il en soit, quel est donc ce drame religieux qu'a vécu et porté l'humanité de Polyeucte ? Il faut bien distinguer la face politique de cette conversion (relâchement puis renonciation des rapports qui lient Polyeucte au monde païen, au civisme, à l'Etat), de la face passionnelle (tragédie du couple, passage de l'amour profane à l'amour divin). En réalité Polyeucte joint l'une et l'autre :

Honteux attachements de la chair et du monde. [13]

mais aussitôt il les sépare, se tournant d'abord vers le monde, puis vers Pauline. La première entrevue du martyr et de sa femme reprend le même ordre et développe jusqu'en ses conséquences et ses détails, le thème des stances; aussi ne les analyserons-nous pas séparément.

Nous avons voulu tenir le couple Pauline-Polyeucte dans sa force, dans sa réalité sentimentale dès le départ. La première séparation des époux, restée jusqu'ici mystérieuse, trouve enfin son explication : « Honteux attachements de la chair », dit Polyeucte seul; et plus tard à Pauline :

> *Si vous pouviez comprendre et le peu qu'est la vie,*
> *Et de quelles douceurs cette mort est suivie !*

à quoi répondent la femme et la chair blessées :

> *C'est donc là le dégoût qu'apporte l'hyménée ?*
> *Je te suis odieuse après m'être donnée* [14] *!*

Il ne faut pas craindre de trop entendre; ici nul malentendu entre mari et femme, mais l'essentiel divorce, la découverte pour Pauline et pour nous-mêmes de la cause initiale du conflit. L'amour humain est ici rappelé comme la source de la tragédie sacrée. C'est en effet une cruelle condition de l'amour terrestre qu'il puisse seul remplir d'éternité le cœur de l'instant mais qu'il nous abandonne aussitôt au désespoir de la perdre. Il a apprivoisé Polyeucte à ces fruits d'éternité, tout en lui signifiant une impossibilité radicale de les garder. Après avoir comblé les amants de la vision d'une joie éternelle, il les a laissés retomber à leur terrestre situation. Pauline a eu ce pouvoir de composer pour Polyeucte, par les délices charnelles, une évasion hors du temps et des lieux, une autonomie du cœur; mais en même temps elle ne pouvait pas ne pas lui en révéler l'illusion. Cette précarité et ces sables de l'amour, Polyeucte en a eu la révélation au plus tendre des rendez-vous. Il a saisi la nuit même dans cette lumière; il a touché la mort dans l'amour. Mais en retour, au sein des songes, dans cette présence et cette fuite du bonheur, la vérité suprême ou l'Esprit se découvrit à lui. L'amour est sans doute le sentiment et l'acte les plus décisifs pour accomplir en nous la fusion délicate d'une dualité un instant submergée. A travers lui, et par Pauline, fut communiquée à Polyeucte la certitude d'une réalité positive et surnaturelle, l'évidence de l'Un. S'étonnera-t-on de la détresse de Polyeucte et de l'ambiguïté du « Hélas [15] ! » que lui arrache l'interrogation si droite, si désespérée de Pauline ? Tous les arguments mis en avant par elle étaient restés vains : Polyeucte demeurait inébranlable. Mais à l'évocation du plus intime rapprochement, il se trouble. En lui, on voit grandir une émotion et un désordre admirables. La volonté du martyr, que Pauline n'avait pu entamer par le rappel des honneurs et des devoirs, cède à la passion nue et désolée. En apprenant qu'elle n'est plus le bonheur pour Polyeucte et que la mort apporte plus de « douceurs [16] » que la vie et l'amour n'en peuvent contenir, Pauline a touché le fond de la solitude, qui est moins le fait d'être seul que de savoir qu'on ne manque pas à l'être aimé. Que va répondre ce mari de quinze jours ? Ses larmes ne sauraient annoncer une faiblesse, encore moins cet « heureux repentir [17] » dont cherche à s'abuser Pauline. Elles trahissent un chaos d'émotions — regret, honte, désir, pitié enfin — qu'il n'est pas défendu de considérer comme à l'origine du drame. C'est précisément parce que Pauline « s'est donnée » que Polyeucte fit connaissance avec le bonheur, et en même temps avec la mort de ce bonheur. Comment pourrait-il en vouloir à Pauline d'une révélation à la fois si tendre et si cruelle, et d'être celle-là seule qui, au jour de la chair, lui fit sentir l'éternel dans l'épisodique, le réel dans l'illusion ?

Ce caractère dérisoire et sublime de l'amour, les amants véritables ne peuvent manquer de le découvrir. Tout le bien de l'amour Polyeucte l'a donc trouvé, l'a voulu et poursuivi dans l'être aimé; il ne le renie pas. Toute passion contient l'âme tout entière et les mouvements propres à cette âme l'aventurent vers des fins qui ne peuvent lui être étrangères. Existe-t-il au monde un amant qui ne désire pour la femme qu'il aime le mérite le plus éclatant et ne l'orne de tous les avantages ? Par ce mouvement juste Polyeucte s'est approché des plus hautes régions spirituelles et a reconnu des valeurs réelles : respect de la femme, générosité, liberté. Cette loi sublime que l'on retrouverait dans l'évolution de tout sentiment est si évidente dans l'amour qu'elle est satisfaite souvent au prix de la possession et du bonheur le plus naturel. Ce qui de l'amour est à sauver, c'est moins le plaisir qu'il donne que l'idée de cette grandeur qu'il porte avec lui, l'âme cachée et pourtant lumineuse qui l'anime.

Polyeucte entend-il autrement le salut ? Pour lui il s'agit de sauver de la mort ce qui lui apparut précieux dans l'amour humain. Comment pourrait-il rompre avec Pauline quand c'est elle qui le fit passer d'une vie d'apparence à la vie véritable ? La présence dans l'amour, et jusque dans les « honteux attachements », de cette part sublime et extraordinaire, il lui est moins permis qu'impossible de la renoncer, une fois reconnue. Ce serait manquer Dieu que se séparer d'elle. Quel vain salut que celui qui perdrait cela même qui est son objet ?

Aussi rien n'est plus naturel que la prière par quoi s'achève la détresse de Polyeucte. Cette pitié et soudain ces larmes sur le dur visage de la sainteté, cet agenouillement et cette prière au Seigneur [18] pour implorer aussi le salut de l'aimée, expriment en raccourci les étapes successives d'une tragédie religieuse entièrement développée, accomplie et exaltée dans une forme et un esprit humains. Il y eut transformation ou transposition des affections les plus naturelles en biens spirituels, l'amour de Pauline ayant permis à Polyeucte d'entrevoir et de poursuivre la conquête du plus haut amour. A l'extrême limite de son effort et déjà affranchi semble-t-il des choses du monde, Polyeucte resserrant au lieu de le rompre le couple humain pour des noces éternelles, tentera d'entraîner avec lui Pauline, faisant entendre assez qu'à ce double salut il attache le sien même :

> *C'est peu d'aller au ciel je vous y veux conduire* [19].

Rien d'essentiel n'est abandonné de l'humaine tendresse, puisque le mâle de l'espèce, dans un mouvement incomparable de fidélité à l'humain, essaie de séduire à ses intuitions « l'esclave infortunée [20] » qui pèse à son flanc comme dans le sommeil de la Création. L'amour seul pouvait oser cette entreprise; c'est lui qui finalement décide de la victoire. Polyeucte marchant au supplice entendra les dernières paroles que Pauline lui adressera en ce monde : « Je te suivrai [21]. »

QUATRIÈME PARTIE

DE L'AMOUR
HÉROIQUE ET ROMANESQUE
A L'AMOUR GALANT ET POLITIQUE

CHAPITRE PREMIER

DE POMPÉE A PERTHARITE :
AMOUR CHEVALERESQUE ET VOLONTÉ DE PUISSANCE

Du *Cid* à *Pertharite* (*Polyeucte* mis à part) la conception cornélienne de l'amour demeure sans changement profond; elle se dégage seulement avec beaucoup plus de netteté, Corneille ne cessant d'affirmer ses découvertes psychologiques et ses partis pris sur la condition humaine. C'est ainsi que *Le Menteur* et *La Suite du Menteur, Don Sanche, Nicomède* et même la tragédie romaine de *Théodore,* lui permettent d'illustrer de nouveau le thème de l'amour et de l'honneur, et ces conflits d'âme, dont le Cid reste l'image exemplaire. Un même climat chevaleresque, une jeunesse orgueilleuse et noble, une fière et subtile tendresse se prolongent, rappellent les couleurs et l'allure de la comedia espagnole et de notre théâtre à cette époque; amour héroïque où l'honneur est la condition de la tendresse et la tendresse un auxiliaire de la valeur.

A partir de *Rodogune,* Corneille pousse à fond ses vues sur le héros; il fait de l'énergie, de « la grandeur de courage [1] », le ressort essentiel de la tragédie; celle-ci n'est plus que la démonstration d'un système de valeurs. Corneille entre volontiers dans un monde d'artifices et de choses délibérées; jamais il ne sera aussi peu curieux d'observer la nature qu'en ce temps qui précède la chute de *Pertharite.* Une vingtaine d'années consacrées à l'étude de l'homme et au métier du théâtre lui avaient assuré une pensée singulière et une dramaturgie complexe et — c'était là l'écueil — pleine de techniques et de savoir faire. Avec cet avoir noblement acquis il entendait poursuivre son effort : *Rodogune, Héraclius, Nicomède, Pertharite* sont la double investigation d'une mythologie du courage et d'une maîtrise scénique. Le théâtre cornélien s'enferme en effet dans ses formules psychologiques — et cesse ainsi d'être une psychologie — et dans ses intrigues arbitraires — et il perd ainsi son rythme vivant. Il devient une convention; la scène et la vie font rupture.

Au cœur de cette convention, il est aisé de surprendre des démarches différentes, soit que la nécessité dramatique commande les rôles psychologiques, ou inversement. Ainsi dans *Rodogune* et *Héraclius* l'autorité de l'intrigue l'emporte sur la logique des caractères, au point que ces derniers offrent des disparates, des contradictions tout à fait insolites dans notre théâtre classique. Ici les mœurs, les sentiments, les pensées, sont subordonnés à une intrigue délibérément conduite, à tel coup de scène à faire, à telle situation pathétique nouée au cours de quatre actes et dénouée au dernier. Ailleurs — par exemple dans *Pertharite* — Corneille part d'un schème psychologique absolument convenu; il plie aux rigueurs d'un développement systématique tout le dessin de l'intrigue. Il s'ensuit, comme il le voulait, une situation sans exemple au monde et qui dérouta en effet les contemporains pourtant habitués aux arguments scéniques les plus extravagants. De toutes façons ces pièces où l'arbitraire de l'intrigue le dispute à l'arbitraire de la psychologie, restent précieuses : on peut y reconnaître à nu et dans leur expression la moins hasardée, ce que la pensée et l'art cornéliens ont de plus accusé comme de plus volontaire. Surtout, on peut être tenté d'y surprendre le mécanisme et les arcanes d'un métier et une invention de l'homme presque entièrement coupé de ses sources vives.

Corneille poursuit donc à la fois l'inspiration du romanesque héroïque dans le goût du *Cid* et celle de la volonté de puissance d'*Horace* et de *Cinna*. Il s'ensuit une peinture de l'amour de nuances diverses. Dans les pièces tirées de la Comedia espagnole, *Le Menteur*, *La Suite du Menteur*, *Don Sanche d'Aragon*, ainsi que dans *Héraclius* et *Nicomède*, s'exalte l'amour chevaleresque; mais dans *Rodogune* et *Pertharite*, l'ambition et les cruelles exigences d'une gloire sans nom prennent le pas sur l'amour.

Partout dans les comédies héroïques on retrouve l'amour inextricablement mêlé à l'honneur ou à la gloire. *Théodore* elle-même n'échappe pas à cette conception mondaine. Il y avait dans cette pièce un sujet religieux : la vierge promise à Dieu que des païens prostituent. Cela pouvait être dramatique, ce combat entre Dieu et le monde à l'occasion d'un être élu. Les Mystères tirent leur grandeur de cette intervention divine dans les affaires humaines. Le thème de la chasteté lui-même, ces deux jeunes gens qui s'aiment en Dieu, Théodore et Didyme, cette mort et ce salut communs ont quelque chose de touchant. Mais Corneille ne sait pas isoler cette pudeur ni cet amour chrétiens et en faire le centre vivant de sa pièce. Il y mêle des considérations qui relèvent de son éthique personnelle, allant jusqu'à nier la souillure si la volonté n'y consent. Théodore est une héroïne cornélienne, volontaire, farouche, conservant sa chasteté comme un titre glorieux :

> *Dans un péril si proche et si grand pour ma gloire,*
> *Comme je dois tout craindre, aussi je puis tout croire;*
> *Et mon honneur timide, entre tant d'ennemis,*
> *Sous les ordres du père a mal jugé du fils.*

ou encore à Placide qui se propose de la sauver :

> *Vous devez cette grâce à votre propre gloire;*
> *En m'arrachant la mienne on la va déchirer;*
> *C'est votre choix, c'est vous qu'on va déshonorer* [2].

C'est pour l'honneur de Théodore que Placide lutte contre Marcelle et veut l'arracher au lieu infâme [3]. Et de même Didyme, proposant à Théodore de changer d'habit afin d'éviter qu'elle soit prostituée :

> *Une plus sainte ardeur règne au cœur de Didyme :*
> *Il vient de votre honneur se faire la victime* [4].

Développée à la fois selon une optique chrétienne et selon une optique païenne, la tragédie perd son unité. Médiévale et de type cornélien, elle reste sans équilibre et manque de conviction.

Le thème des princesses couronnées et des amants sans couronne est repris dans *Don Sanche*. L'aventure amoureuse de Dona Isabelle est celle de l'infante Dona Urraque. La reine de Castille s'est éprise d'un soldat glorieux. Le rang ne lui permet pas de descendre jusqu'à lui. Elle soupire fièrement :

> *Ma gloire de mon âme est toujours la maîtresse* [5].

Carlos lui-même ne fait que renchérir sur l'intransigeance de cette attitude princière. Tout en lui interdisant l'espoir, le sentiment d'une telle dignité lui fait estimer et chérir davantage la Reine; il la supplie de rester toujours insensible pour lui :

> *Je vous aime, Madame, et vous estime en reine;*
> *Et quand j'aurois des feux dignes de votre haine,*
> *Si votre âme sensible à ces indignes feux,*
> *Se pouvoit oublier jusqu'à souffrir mes vœux;*
> *Si par quelque malheur que je ne puis comprendre,*
> *Du trône jusqu'à moi je la voyois descendre,*
> *Commençant aussitôt de vous moins estimer,*
> *Je cesserois sans doute aussi de vous aimer* [6].

Mais c'est surtout avec le comte don Alvar que le conflit gloire-amour s'engage de façon curieuse, quoique le mécanisme psychologique reste le même. Don Alvar aime depuis longtemps la princesse d'Aragon, Dona Elvire. La Reine de Castille vient de remettre à Carlos sa bague; à lui l'honneur de choisir entre les prétendants au trône un époux à la Reine. Carlos aussitôt propose aux Comtes de se battre en duel avec lui; il remettra l'anneau dont dépend la couronne à son vainqueur. Don Lope et Don Manrique refusent de combattre contre un aventurier sans noblesse, croient-ils. Mais Don Alvar estime que ce duel est le choix de la Reine et qu'il faut honorer un tel choix. Il accepte donc le cartel. Dona Elvire essaie en vain de le retenir; elle s'étonne de trouver en Don Alvar un soupirant si peu soumis :

> *Quel astre agit sur vous avec tant de rigueur,*
> *Qu'il force votre bras à trahir votre cœur* [7] *?*

Don Alvar explique : il ne peut refuser cette action glorieuse sans démériter aux yeux de celle qu'il aime; la gloire lui fait une obligation de lui être infidèle, de « sortir de ses lois » [8]; sous la différence des situations, c'est l'argument du *Cid*, et presque dans les mêmes termes :

> *Ni vaincu, ni vainqueur, je ne puis être à vous :*
> *Vaincu, j'en suis indigne, et vainqueur, son époux...*
> *Ainsi, quand mon devoir ose la disputer,*
> *Je ne veux l'acquérir que pour vous mériter* [9]

La princesse ne peut qu'admirer cette légèreté « où tant d'honneur engage [10] ». Tels sont ces jeux subtils et fiers de la gloire et de l'amour, où l'infidélité devient un devoir et le signe d'amour le plus évident !

Le même amour qui trouve son principe dans l'admiration joint Laodice à Nicomède. Il n'est guère analysé dans cette pièce où le portrait du Glorieux reçoit toute la lumière. « La tendresse et les passions qui doivent être l'âme des tragédies n'a aucune part en celle-ci : la grandeur du courage y règne seule [11]. » On ne parle que peu d'amour dans *Nicomède;* le couple serein n'y rencontre aucun obstacle surgi du fond de son intimité; l'obstacle, c'est Rome qui prend ombrage de l'union des deux couronnes d'Arménie et de Bithynie. La manœuvre politique se dessine déjà à la cour de Prusias, où intriguent l'ambassadeur romain et la reine Arsinoë en faveur de son fils Attale. Laodice fait part à Nicomède de son inquiétude :

> *Je vous vois à regret, tant mon cœur amoureux*
> *Trouve la cour pour vous un séjour dangereux.*

— Puis-je être en repos moi-même, répond Nicomède :

> *Vous voyant exposée aux fureurs d'une femme,*
> *Qui pouvant tout ici, se croira tout permis*
> *Pour se mettre en état de voir régner son fils ?* [12]

Mais ce tête-à-tête ému ne se prolonge que pour situer le péril, préciser les menaces. Il tourne court et ne sera pas repris au cours de la pièce. Cependant, on peut du dehors suivre chez Laodice le mouvement propre à l'amour, qui est l'admiration. La maîtrise de soi, l'ironie, mais aussi la générosité de Nicomède, font si avant la conquête de la princesse que celle-ci l'imite ingénument en toute chose, prend son allure et jusqu'à son langage. A la fin, elle n'est plus que le reflet ou, si l'on préfère, une création du héros. Ce modelage d'une âme par l'amour-admiration était du dessein de Corneille : « Ce héros de ma façon sort un peu des règles de la tragédie, en ce qu'il ne cherche point à faire pitié par l'excès de ses malheurs; mais le succès a montré que la fermeté des grands cœurs, qui n'excite que de l'admiration dans l'âme du spectateur, est quelquefois aussi agréable que la compassion que notre art commande de mendier pour leurs misères [13]. » On saisit l'originalité et les limites d'une tentative qui prétend dissocier sur la scène les éléments psychologiques des périls et des malheurs, le héros de la fatalité. L'art cornélien est en train d'exténuer le tragique; il aboutit à l'illustration d'un parti pris sur la volonté et sur l'héroïsme; au delà cesserait toute vérité humaine, sinon peut-être toute vérité d'art.

Le Menteur et *La Suite du Menteur* éclairent d'une vive lumière la morale particulière du théâtre cornélien depuis *Le Cid*. On ne peut saisir le problème du mensonge posé dans ces deux comédies que par référence à l'honneur et à la gloire, principes de cette morale aristocratique. L'amour, source de ce mensonge, ne doit être lui aussi analysé que sur le plan qui est le sien, c'est-à-dire l'héroïque. On ne saurait hésiter là-dessus malgré la querelle qui s'éleva après la représentation de la pièce, au sujet de l'immoralité du héros. C'est du point de vue chrétien et des bonnes mœurs que *Le Menteur* dut être jugé et attaqué. Dans sa réponse prudente, Corneille se garde bien de faire entendre que ces critiques d'honnêtes gens alarmés ne pouvaient mordre sur la moralité de sa pièce. Il écrit : « Il est certain que les actions de Dorante ne sont pas bonnes moralement [14]. » Et, parlant de Dorante de *La Suite du Menteur* : « il y paroit beaucoup plus honnête homme et donne des exemples de vertus à suivre au lieu qu'en l'autre il ne donne que des imperfections à éviter... J'avoue qu'il est ici bien moins à estimer qu'en la première comédie, puisque, avec ses mauvaises habitudes, il a perdu presque toutes ses grâces, et qu'il semble avoir quitté la meilleure part de ses agréments lorsqu'il a voulu se corriger de ses défauts [15]. » Ni cet aveu ni ce plaidoyer ne doivent faire illusion. La comédie du *Menteur*, beaucoup mieux que ne le fait ici l'auteur critique, situe le personnage et son mensonge. C'est le modèle espagnol, la conception sociale et sentimentale de l'honneur qui dominent la pièce française. Corneille a beau transposer les lieux et certains éléments indigènes de la comédie d'Alarcon [16], son Dorante, étudiant fraîchement sorti des Universités, n'en est pas moins de l'esprit et de la race du caballero ou du gentilhomme français; il est de la ligne généreuse du *Cid* : de souche noble. Son mensonge n'est pas une tare, un péché, la faute au sens chrétien ou moral, mais un mensonge d'une espèce particulière qui s'entend et se juge entre gens de race :

« — Etes-vous gentilhomme ? [17] », telle est l'apostrophe du père au fils, l'interrogation pertinente et la réprobation. Là est le trait qui pénètre la nature de ce mensonge et nous la révèle. C'est une injure à l'honneur :

> *Est-il vice plus bas, est-il tache plus noire,*
> *Plus indigne d'un homme élevé pour la gloire ?* [18]

Ce mensonge perd d'honneur son gentilhomme : on ne peut plus croire à sa parole [19]. Ainsi s'en va le principe même sur lequel se fondent une élite, une maison, un nom. La gens tout entière, par les liens du sang, se sent solidaire de cette « infamie [20] ». Les derniers mots de Géronte rappellent ceux du vieil Horace; ils ont le même accent justicier. — Je jure, s'écrie le vieillard :

> *Que tu ne mourras point que de la main d'un père,*
> *Et que ton sang indigne à mes pieds répandu*
> *Rendra prompte justice à mon honneur perdu* [21].

A aucun moment, on ne remonte à l'origine du mensonge. Dans *La Suite du Menteur*, le problème reçoit un éclairage plus entier. Il arrive qu'une société qu'anime l'honneur chevaleresque tienne parfois à honneur le mensonge. L'honneur somme alors le gentil-homme de mentir. Voici Dorante en prison pour avoir porté secours à un cavalier blessé à mort. Cléandre, le meurtrier — il s'agit d'un duel pour une femme à l'aube d'une fête nocturne — saute sur le cheval de Dorante et se sauve [22]. Le prévôt confronte Cléandre et Dorante. Ce dernier juge qu'il serait lâche de dénon-cer l'auteur de l'attentat. Il ment pour le sauver, par grandeur d'âme [23]. Mensonge héroïque. En quoi différent du mensonge de Dorante dans *Le Menteur* ? C'est ici que nous devons regarder.

On se souvient de la scène du début de la pièce; Clarice et son amie Lucrèce descendent de carrosse; Clarice fait un faux pas, pousse un cri et va tomber. Dorante s'est précipité. Alors com-mence ce dialogue précieux où, parmi les galanteries, s'insinuera le premier mensonge. Cette main de Clarice, ce n'est point par nécessité, mais librement, que Dorante eût souhaité qu'on la lui offrît. Main sans le cœur, faveur sans la volonté :

> *Il se plaint du malheur de ses félicités*
> *Que le hasard lui donne, et non vos volontés* [24].

Voilà donc le mensonge dans le compliment, non toutefois dans le sentiment. Pour Dorante, tout est vrai dans le sentiment. Ni hypocrisie, ni veulerie, mais seulement la légère ivresse qu'éveil-lent un visage de femme sous le masque et d'aimables paroles. Le mensonge est né dans cette bouffée de tendresse. Il envahit tout, aussitôt. Voici Dorante jour et nuit, dans le quartier, à chercher Clarice, au bal, aux promenades. Il a donné des sérénades en son honneur, des fêtes sur l'eau [25]. Le mensonge pour Dorante est cette respiration pleine; féerie spacieuse où se satisfait un besoin du cœur. Il faut à l'amour ce cortège de rendez-vous, de colla-tions, de clair de lune et de barques illuminées. N'existeraient-ils pas, tout amour les invente. Jeu sans bassesse. C'est la généro-sité, le feu du cœur qui font de Dorante un personnage trop grand pour lui, ces gestes et ces fastes d'homme d'épée et de sei-gneur. Chez lui, le cœur ne ment pas; il illumine seulement toute chose, univers et langage. Dorante s'ébroue, flambe, part en étin-celles. Il ne joue pas un rôle, un personnage; il est ce rôle et ce personnage. Présent, vivant dans son mensonge; vrai dans son mensonge. Il y croit :

> *On diroit qu'il dit vrai, tant son effronterie*
> *Avec naïveté pousse une menterie* [26].

Tel est ce mensonge plein de grandeur, l'exaltation même de l'amour. Cette illusion charmante, Mélisse (*La Suite du Menteur*) la partage avec Dorante. A la fenêtre, la jeune fille a aperçu un jeune homme que la maréchaussée conduit en prison. La voilà à s'émouvoir, à rêver de lui, à lui écrire, à lui faire parvenir une lettre [27]. Tous deux s'aiment sans se connaître. Ils font un roman et ils vivent ce roman. Images efficaces d'un mensonge qui leur donne l'amour. Il dépend du courage plus que du hasard que ce mensonge se réalise. Romanesque de l'amour, volonté d'aimer, mensonge héroïque, l'amant et le héros osent inventer leur victoire. Est-il un mensonge plus aimable, plus courageux ? La parenté secrète de *L'Illusion comique* au *Cid* et au *Menteur*, Corneille faisait sans doute plus que la pressentir. Qu'on songe à sa défense de Dorante dont il ne peut s'empêcher d'admirer les grâces ! Lucrèce, Clarice font-elles autre chose ? Troublées par tant de ferveur, par cet air gentilhomme et cette projection éblouissante de l'imagination sur toute chose, elles butent toutes deux contre cette lumière; elles sont tentées. Et l'on comprend bien qu'elles le soient par la vérité et la force d'un sentiment qui ne sait s'exprimer que par le mensonge. Hardies et prudentes, elles ne voient Dorante qu'à la faveur de la nuit, ou le jour, derrière le masque. Jeux de scène sans doute nécessaires à entretenir l'erreur de Dorante qui recherche Clarice sous le nom de Lucrèce; mais ils pourraient faire songer à quelque cache-cache amoureux plein d'énigme et de sens, si l'art de Corneille consentait jamais au mystère.

Le dénouement du *Menteur* ne paraît pas répondre à la « comédie du noble jeu [28] » menée jusque-là sans défaillance. Il reste étranger au caractère de Dorante et à la nature même de son mensonge. Découvert, le Menteur soutient qu'il a vraiment joué la comédie vis-à-vis de Clarice [29]. C'est la première veulerie, la première laideur. Le cœur lui-même ment; l'amour se nie. A la vérité, on ne comprend plus.

Avec *Rodogune* et *Pertharite*, Corneille reprend son thème de prédilection : la volonté de puissance. Il veut faire admirer les sources de l'énergie, même quand celle-ci est exaltée jusqu'au crime. De Cléopâtre, il écrit : « Tous ses crimes sont accompagnés d'une grandeur d'âme qui a quelque chose de si haut qu'en même temps qu'on déteste ses actions, on admire la source dont elles partent [30]. » Cette illustration farouche et pure du crime pose dans *Rodogune* une technique de l'intrigue dont les sévères nécessités ont déterminé la logique des caractères et altéré la vérité psychologique. La trame de la tragédie, les combinaisons et les péripéties de l'argument ont fini par recouvrir la forme humaine et les signes de la vie. Pour parvenir au maximum d'effet ou d'intensité pathétique du dernier acte, tout a été subordonné à la dramaturgie. Encore faut-il remarquer que l'action dramatique n'est pas arbitraire : elle est fondée sur l'histoire. Mais l'invention cornélienne reste libre et créatrice malgré cette concession aux données historiques. La technique du drame dévorant les mœurs et les passions, on pouvait craindre que la peinture de l'amour n'offrît dans cette pièce que l'accoutumé conflit de la volonté et de l'amour, d'autant plus roide et schématique qu'il devait se développer selon les artifices et les besoins de l'intrigue. Par bonheur, il n'en est rien. En dehors du rôle central de Cléopâtre, que nous n'avons pas ici à étudier, puisqu'il ne comporte point d'amour, celui de la princesse Rodogune soutient un débat de tendresse et d'ambition très particulier.

Dans cette inclination de femme, qui n'est plus jeune, pour le petit prince Antiochus, il convient de dégager une sorte de complexe sentimental, assez obscur d'ailleurs; il n'a pas été mis jusqu'ici en lumière. Rappelons les données de la pièce : Cléopâtre, croyant son mari mort, se résout à épouser son frère Antiochus dans le moment où la ville de Séleucie se trouve en péril. Les Parthes font périr ce second mari. Le premier, prisonnier des Parthes, apprenant que sa femme s'est remariée, fait alliance avec les Parthes, dont il veut épouser la princesse Rodogune. Il fonce sur Séleucie. Cléopâtre place des embûches sur la route du roi et le tue. Rodogune est faite prisonnière. Mais les Parthes finissent par vaincre Cléopâtre. Elle signe alors une trêve : les jeunes princes monteront sur le trône après l'abdication de leur mère; Rodogune sortira de prison et s'alliera au nouveau roi. Quand cette princesse apparaît à la cour, les princes s'éprennent d'elle [31]. Le péril un instant écarté par l'éloignement des Parthes, Cléopâtre entend rompre le traité et se maintenir au pouvoir. Elle a caché à ses fils jumeaux quel est l'aîné qui possède les droits au trône; elle accordera cet avantage à celui qui tuera Rodogune [32]. De son côté, Rodogune n'a pas révélé le nom du prince qu'elle aime. Ce secret lui servira de chantage : elle épousera l'un des deux princes qui lui apportera la tête de Cléopâtre [33].

Le mécanisme est trop bien monté, les situations des deux reines et des deux princes trop symétriquement ordonnées, pour que l'aventure du cœur puisse, semble-t-il, se développer avec quelque liberté. Or, c'est ce qui arrive, contre toute attente. Car, tout en faisant de Rodogune un rôle dépendant entièrement de l'intrigue, Corneille prête à ce personnage une confusion et une ambiguïté très curieuses de sentiments.

Rodogune nous révèle d'abord une nature tendre, romanesque. Elle aime Antiochus :

> *Il est des nœuds secrets, il est des sympathies*
> *Dont par le doux rapport les âmes assorties*
> *S'attachent l'une à l'autre et se laissent piquer*
> *Par ces je ne sais quoi qu'on ne peut expliquer.*[34]

Maîtresse pourtant de ce sentiment, semble-t-il : elle ne prend pas parti pour Antiochus, ignorant encore s'il sera roi. Cette attitude est d'ailleurs nécessaire pour que Rodogune puisse mener son chantage du côté des princes. Psychologie et dramaturgie cherchent à s'accorder. Mais voici d'autres sentiments qui viennent à la traverse. Rodogune est ambitieuse et elle hait Cléopâtre. C'est la source de cette haine qui fait de Rodogune un personnage vivant :

> *Sentiments étouffés de colère et de haine,*
> *Rallumez vos flambeaux à celles de la reine,*
> *Et d'un oubli contraint rompez la dure loi,*
> *Pour rendre enfin justice aux mânes d'un grand roi* [35].

Ce propos fait paraître un sentiment réel : l'amour de Rodogune pour le roi défunt. La sentimentalité essentielle du personnage gravite autour de la « chère ombre » qui ne cessera désormais de se mêler étrangement à la nouvelle inclination de la princesse pour le jeune Antiochus. On pourra même parler d'une sorte de transfert de l'amour, du père au fils, à mesure que se précisera le sentiment dont nous parlons ici. Reconnaissons-en tout d'abord la force. Rodogune rappelle l'image du roi assassiné :

> *D'amour et de fureur encore étincelante,*
> *Telle que je le vis, quand tout percé de coups*
> *Il me cria : « Vengeance ! Adieu : je meurs pour vous ! »*
> *Chère ombre, hélas ! bien loin de l'avoir poursuivie,*
> *J'allois baiser la main qui t'arracha la vie* [36].

Au moment où la trêve fut conclue, Rodogune avait étouffé sa haine, accepté son destin en victime d'Etat. Le traité de paix rompu par Cléopâtre, c'est le mort aimé qui l'éveille tout entière et la dirige :

> *Mais aujourd'hui qu'on voit cette main parricide,*
> *Des restes de ta vie insolemment avide,*
> *Vouloir encor percer ce sein infortuné*
> *Pour y chercher le cœur que tu m'avois donné...*
> *Je brise avec honneur mon illustre esclavage ;*
> *J'ose reprendre un cœur pour aimer et haïr,*
> *Et ce n'est plus qu'à toi que je veux obéir.* [37].

Elle se tourne vers Antiochus, le « vivant portrait »[38] du roi, l'image du père; Antiochus lui-même essaie de toucher le cœur de Rodogune en lui rappelant que son père respire en lui et continue à l'aimer à travers son propre amour :

> *Ce cœur pour qui le vôtre à tous moments soupire*
> *Ce cœur, en vous aimant indignement percé,*
> *Reprend pour vous aimer le sang qu'il a versé;*
> *Il le reprend en nous, il revit, il vous aime*[39]...

Rodogune ne cesse de parler du roi disparu; il s'agit certes de provoquer Antiochus, mais on peut s'étonner d'une telle insistance :

> *Lorsque j'ai soupiré, ce n'étoit pas pour vous;*
> *J'ai donné ces soupirs aux mânes d'un époux;*
> *Et ce sont les effets du souvenir fidèle*
> *Que sa mort à toute heure en mon âme rappelle*[40].

L'inquiétude, la jalousie s'éveillent chez le prince; et lorsque Rodogune, devenant volontiers maladroite, laisse enfin échapper son secret : « C'est vous que j'aime », on ne sait trop quoi, de l'abandon ou de la volonté, pousse cet aveu. Le dernier acte de la pièce nous montre l'héroïne dure, maîtresse d'elle même, aussi froide et inflexible que Cléopâtre; engagée toute dans l'horreur du dénouement. Nul geste, nulle parole qui trahisse l'amour, mais la haine de la rivale et la volonté de l'évincer. Ainsi disparaît, masqué par le spectacle dramatique, le complexe amoureux de l'héroïne; il reste sans prolongement et comme suspendu.

Ce goût de stylisation dramatique si marqué dans *Rodogune* s'aggrave, si l'on peut dire, avec *Héraclius* et *Pertharite*. Ces pièces se ressemblent en ceci qu'elles restent toutes trois des architectures abstraites, conçues d'imagination ou accordées de façon superficielle à la vraisemblance historique et humaine; l'observation de la vie fait place à l'invention et à la poésie. Le merveilleux, le conventionnel, l'arbitraire, reviennent peupler la scène de leurs artifices, de leurs ficelles, de leurs lieux communs les plus significatifs : reconnaissances, substitution d'enfants, billets et sceaux révélateurs, pseudos, erreurs sur les noms ou sur la personnalité des héros. Mais tandis que, dans *Héraclius* comme dans *Rodogune*, la convention scénique prend le pas sur la psychologie et la subordonne à ses fins, dans *Pertharite* Corneille, tout en prenant un parti décidé de stylisation, suit une technique opposée : c'est du schéma psychologique, ici souverain, qu'il fait découler toutes les péripéties de l'intrigue.

Depuis les commentaires de Voltaire [41], on a toujours comparé la situation de *Pertharite* à celle d'*Andromaque;* l'opinion unanime accorde que la pièce est manquée. On s'est ingénié à découvrir, et naturellement on a regretté ce que Corneille aurait pu faire d'un sujet si émouvant, sans essayer de reconnaître ce qu'il a fait. *Pertharite* est la pièce la plus schématique de toutes ses tragédies. Aucune n'est plus significative de ce qu'il peut, lorsqu'il pousse son investigation des âmes en dehors de l'observation du réel. Il s'enfonce ici hardiment dans une arithmétique de sentiments, dans un calcul, un jeu d'échecs psychologique. A partir de principes lumineusement indiqués, il va jusqu'au bout du raisonnement, sans s'occuper si les résultats feront divorce ou s'accorderont avec le vrai et l'humain. *Pertharite* est la tragédie de l'acte « sans exemple ». Une fuite loin des sources vivantes, hors de l'être et de ses fatalités; ce n'est posé sur aucun visage, dans aucun regard ni aucune parole au monde. Voici un mécanisme psychologique qui, par chance, concerne la volonté et la passion; les ressorts, que ne recouvre aucune humanité, fonctionnent à nu.

Corneille prend occasion de l'histoire lombarde du roi Pertharite chassé du trône par le comte Grimoald. Rodelinde, femme de Pertharite, a un fils; Grimoald, pour s'assurer la légitimité du trône, songe à épouser Rodelinde. Aimé du peuple, bon politique, juste, magnanime, il a l'estime de tous. Là-dessus s'installe la donnée psychologique : la reine Rodelinde, fidèle à son mari détrôné, se doit de haïr Grimoald. Cette haine n'est pas aveugle : c'est la raison glorieuse, non le cœur qui hait. Avantagée d'un tel caractère, la haine de Rodelinde, toujours lucide et juste, sait découvrir en Grimoald les qualités qui peuvent le faire estimer :

> *Mais qui hait par devoir ne s'aveugle jamais :*
> *C'est sa raison qui hait, qui toujours équitable*
> *Voit en l'objet haï ce qu'il a d'estimable* [42].

Tel est le principe. Il s'ensuit quelques traits singuliers : cette haine au niveau de l'esprit ne peut avoir ni les poussées, ni les apaisements d'une haine naturelle; mais toute la fureur, toute la froideur désirables : une haine consciente, nullement imprévisible ou se nourrissant des désordres et des mouvements de l'instinct, mais délibérée, justifiée et imposée par l'esprit. Rodelinde en témoigne :

> *Je te dois estimer mais je te dois haïr;*
> *Je dois agir en veuve autant qu'en magnanime,*
> *Et porter cette haine aussi loin que l'estime* [43].

L'union de Grimoald et de Rodelinde s'avère ainsi impossible. Il est glorieux pour la reine de le haïr; les vertus de Grimoald ne font que redoubler cette haine. Victimes tous deux de leur propre gloire :

> *Ta vaillance...*
> *A mis entre nous deux un obstacle éternel* [44].

Cette définition de la haine vaut ce qu'elle vaut. Est-elle valable humainement ? Nous ne poserons pas la question. Qu'il nous suffise de saisir les démarches où l'art de Corneille s'engage. Une telle formule posée, le poète en tire toutes les conséquences. Puisque Grimoald ne peut toucher Rodelinde ni par l'amour, ni par l'estime, il usera d'un moyen de coercition : la reine l'épousera, ou bien elle perdra le fils qu'elle chérit. La réponse de Rodelinde s'inspire en tous points du principe de la gloire qui domine la haine, comme ailleurs il dominait l'amour. Il conduit Rodelinde à proposer l'acte « sans exemple ». Cette mère annonce à Grimoald : « Je t'épouse, si tu assassines mon fils. » Suit le raisonnement : par cet acte, tu seras déshonoré et ma haine en tirera une plus grande gloire. Ou bien, si tu ne veux tuer mon fils, je le ferai moi-même. A mon tour déshonorée, il n'y aura plus entre nous cette gloire jalouse qui nous séparait :

> *Il faut bien que le crime unisse à l'avenir*
> *Ce que trop de vertus empêchoit de s'unir* [45].

— Je t'épouserai donc. Et ne pense pas que ma haine agisse ainsi sans raison et par désespoir. Bien au contraire, elle en vient à cette extrémité pour mieux se satisfaire :

> *Pour être à tous moments maîtresse de ta vie,*
> *Pour avoir l'accès libre à pousser ma fureur,*
> *Et mieux choisir la place à te percer le cœur* [46].

Il est certain qu'on peut découvrir quelque illustre vertu dans cet effort atroce de vengeance; et c'est cela que Corneille entendait sans doute dégager : une grandeur morale dans un acte contre nature. A la source de l'horreur il voyait la vertu de courage et de nouveau une occasion de forcer l'admiration. La pièce de *Pertharite* dénonce l'impasse où Corneille était arrivé : à s'éloigner si dangereusement de l'expérience des hommes, il avait laissé la vie se retirer de son théâtre, bien avant qu'il ne l'eût lui-même abandonné.

CHAPITRE II

ÉVOLUTION DE LA PEINTURE AMOUREUSE
D'ŒDIPE A SURENA

Nous signalerons trois moments essentiels; l'amour tendre, d'*Œdipe* à *Agésilas,* l'amour galant et politique dans les pièces romaines de *Sertorius* à *Sophonisbe* et jusqu'à *Tite et Bérénice,* où l'on découvre enfin l'accent et les mouvements de l'amour. Avant de reprendre en détail cette évolution de la tragédie du tendre à la tragédie dynastique et galante et à la tragédie d'amour, nous rechercherons les causes ou les raisons qui peuvent éclairer, sinon expliquer, des changements aussi caractéristiques dans l'expression du sentiment amoureux de ces dernières tragédies.

Certes, avant toute chose, on doit rappeler les tendances personnelles du poète, les inquiétudes et les inventions propres à son génie; peut-on perdre de vue que l'activité dramatique de Corneille domine et dirige toute son époque en fait de théâtre ? Il n'est que de considérer les imitateurs. Si bien qu'on ne sait jamais au juste s'il subit à tel moment l'influence de la mode ou si lui-même l'inspire. Par exemple, la formule de la pièce politique et galante cultivée par Thomas Corneille durant l'absence de son aîné sur la scène, de 1652 à 1658, revient naturellement à Corneille [1] : il suffit de citer *Cinna,* l'épisode de César et Cléopâtre dans *Pompée,* etc... La tragédie du tendre elle-même, à laquelle Quinault attachera son nom, n'est-elle pas déjà dans *Andromède ?* Ou encore dans le roman d'amour des petits princes dans *Rodogune ?* Lorsque Corneille y revient, huit ans après *Pertharite,* suit-il Quinault ou ne fait-il seulement que se retrouver ? En fait, son goût du romanesque et de l'illusion, mais aussi des forces rationnelles et volontaires, peut rendre compte de ce rythme profond qui le pousse tantôt vers le monde de l'amour héroïque, tendre ou précieux, tantôt vers un amour prudent et politique. Dès les premières comédies, nous avons reconnu la convention, puis le romanesque de l'amour, mais aussi la conscience dominant et éclairant la passion. Nous sommes assez familiers de ces tendances et de ces richesses cornéliennes pour ne pas paraître surpris de les rencontrer encore d'*Œdipe* à *Suréna*.

Mais on peut s'étonner de voir Corneille qui, dans ses premiers chefs-d'œuvre tragiques, avait tourné le dos, pour l'essentiel, à la production théâtrale de son époque et créé de génie une tragédie psychologique fondée sur l'observation des mœurs et des caractères de l'homme, s'éloigner peu à peu du modèle classique qu'il avait établi, pour reprendre, à partir d'*Œdipe*, certains thèmes et formules conventionnels introduits en France par la pastorale et la tragi-comédie. Sans abandonner la conception générale de l'héroïsme et de l'amour, qu'il avait dégagée du *Cid* à *Polyeucte* et reprise parfois avec bonheur jusqu'à *Nicomède*, il glissait maintenant à des représentations de la vie et du sentiment amoureux où il faut bien reconnaître certaines influences du moment et de la mode littéraire [2].

Durant la première moitié du siècle jusqu'aux approches de la Fronde, c'est-à-dire un peu avant la chute de *Pertharite*, la vie française est marquée de personnalités fortes, de bravoure et d'indépendance, de gestes et d'activités spirituelles tout à fait extraordinaires. Un sens chatouilleux de la gloire, de la dignité, beaucoup d'ambition et d'amour-propre, de l'allure et de l'éclat, un peu de morgue aussi, font de l'homme français le frère du héros de type cornélien [3]. Oublieuse des vertus de morale commune et d'orthodoxie religieuse, cette élite des grands se veut avant tout agissante et glorieuse; elle emplit le règne des ministres de ses conspirations et de ses duels incessants, de ses ardeurs et de ses insolences, de ses sapes et de ses créations. A ce temps et à ce milieu correspond l'éthique aristocratique et chevaleresque de la tragédie cornélienne du *Cid* à *Pertharite*.

Après la Fronde, sous le règne personnel du roi Louis XIV, se fait jour un esprit de société différent. Les grands individus disparaissent dans l'unité organique et politique de la monarchie. Les corps de l'Etat sévèrement hiérarchisés, l'étiquette de cour, la course aux biens de fortune, aux places et aux honneurs, surtout la société polie et la vie mondaine dans tout leur éclat, engendrent un savoir-vivre, un comportement tout nouveaux. Aux illustres turbulences qui marquèrent le règne de Louis XIII et de ses ministres, succèdent les sourdes machinations de l'intérêt, de l'envie ou de la médisance, les intrigues, les galanteries, l'art de plaire, les raffinements de la politesse et du bien dire. Ce courant de pensée et de sensibilité se manifeste naturellement au théâtre et dans la littérature des contemporains.

Un peu avant 1650, l'époque héroïque de la tragédie est en effet consommée. Dès 1641 et 1642, Scudéry et La Calprenède sont allés au roman; Du Ryer donne sa dernière tragédie et Tristan son *Osman* en 1647; Rotrou en 1648 son *Cosroès;* Corneille enfin son *Pertharite* en 1651. Durant la retraite du poète (1651-1658), la littérature dans son ensemble est livrée à l'esprit précieux. Le roman fleuve du *Grand Cyrus* achève ses livraisons en 1653. De 1654 à 1660, Mademoiselle de Scudéry donne sa *Clélie*. L'Hôtel de Rambouillet vient de fermer ses portes; des cercles, entre autres celui de l'illustre Sapho, en recueillent l'esprit et la société. En 1655, ce sera au tour de Mme Deshoulières d'hériter des habitués de la romancière. Benserade, Ménage, Pellisson, Fléchier, Conrart, le Duc de La Rochefoucauld, le Duc de Saint-Aignan, Quinault, Thomas Corneille, le Duc de Nevers, Corneille, Sarasin, l'Abbé de Pure, Boisrobert, Chapelain, assurent avec quelques grandes dames, la Comtesse de Noailles, la Comtesse de Fiesque, la Duchesse de Montpensier, ces conversations précieuses, ces exercices de galanterie et de petits vers, ces questions de morale et de psychologie amoureuse, ces itinéraires sans cesse repris de la *Carte du Tendre,* ces analyses subtiles des symboles du cœur et de la main, de l'amour et de l'amour-propre, de la sympathie, des prérogatives du mari ou de l'amant, etc...

Le théâtre s'empare de tout cela; l'ancienne équipe des dramaturges est relevée par de jeunes auteurs : Gilbert, Magnon, l'Abbé Boyer, Thomas Corneille, Mlle Desjardins, le Sieur de Prade, l'Abbé de Pure, Quinault, le Sieur de Montauban... Encore se souviennent-ils, il est vrai, de la tragédie héroïque dont Corneille avait fourni les plus pures images et qu'inlassablement avaient reprises Scudéry, Rotrou, Du Ryer et quelques autres : héros, conquérants, rois, grandeur des conflits et noblesse des sentiments. Ils se souviennent aussi — et Thomas Corneille plus particulièrement — des tableaux d'histoire, des morceaux d'éloquence politique, de la complexité des intrigues politiques et galantes, des incognitos, des reconnaissances tirés de la tragicomédie; Corneille les avait intégrés à sa tragédie d'*Héraclius.* Dans ces pièces héroïques, l'amour cède à la gloire qui demeure le principe et la fin de toute action. Mais très vite ils découvrent la tragédie du tendre où, cette fois, le héros met toute sa gloire à aimer. Il s'agit d'un simple renversement dans l'échelle des valeurs, l'amour, semble-t-il, prenant sur toute chose le premier rang [4].

Au fond, le changement est plus apparent que réel : la tragédie du tendre est celle d'un art d'aimer, convenu et volontaire. On ne saurait confondre cette tendresse avec l'inconscience et les imprévisibles mouvements de l'amour. Les artifices, les règles le code tendre apparaissent, à bien les entendre, comme une précaution contre les dérèglements et les violences de l'amour véritable. Ils sont une police de la passion. On voit le lien de la tragédie héroïque à celle du tendre; dans la première on tient à honneur de vaincre l'amour, dans la seconde d'en faire également le sacrifice en s'engageant volontairement dans la galanterie. Le mot de Sarasin éclaire ce rapport : « Aussitôt qu'il (le jeune homme) devient amoureux..., il passe jusques à vouloir être galant, et se console de son amour avec les Muses aux belles voix [5]. » Un même principe : la Gloire, triomphe ici et là. Ainsi il y a plus de décision ou plus de politique qu'il ne paraît d'abord à vouloir être galant. C'est se refuser à aimer et répéter une convention.

Thomas Corneille ne fut pas le premier à porter l'amour galant sur la scène; mais avec *Timocrate* (1656), il eut l'heureux avantage d'établir la tragédie galante; la tendresse y constitue le sujet même. Mais, bien avant Timocrate, elle avait envahi la pastorale (*Agésilan de Colchos*), la tragé-comédie (*L'Heureuse Constance, le Vassal généreux, Oroondate*) et même la tragédie (*La Mort d'Achille, la Mort de Pompée, Rodogune, Héraclius, Pertharite, Porus, Tyridate, Bérénice* (de Du Ryer), *Zénobie* (de Montauban), etc...) Après *Timocrate*, le genre fait fureur. Comme remarque Perrault, tous les auteurs mettent l'antiquité à la « sauce douce » : Mlle Desjardins dans *Nitetis;* Boyer dans *Clotilde, La Mort de Démétrius, Oropaste ou le faux Tonaxare;* l'Abbé de Pure dans *Ostorius;* Thomas Corneille dans *Darius, Camma, Pyrrhus;* Quinault dans *Astrate, La Mort de Cyrus, Le Mariage de Cambise,* etc...

Lorsque, pressé par Fouquet, Corneille choisit d'écrire *Œdipe* (1658), l'engouement pour la pièce galante est tel qu'on ne peut être surpris de le voir céder à une mode qui, par ailleurs, répond si bien à son propre goût du romanesque et du précieux. Il exprime ces préoccupations dans l'*Adresse au Lecteur :* « L'amour n'ayant point de part dans ce sujet, ni les femmes d'emploi, il était dénué des principaux ornements qui nous gagnent d'ordinaire la voix publique. J'ai tâché de remédier à ces désordres au moins mal que j'ai pu, en épargnant d'un côté à mes auditeurs ce dangereux spectacle et y ajoutant de l'autre l'heureux épisode des amours de Thésée et de Dircé. » Jamais il n'a mis une telle complaisance à écrire dans le style précieux; toutes les ressources, tous les secrets du langage métaphorique des Précieuses y sont exploités dans des « façons de parler extraordinaires et délicates [6] ».

Corneille abandonna vite la tragédie tendre : *Sertorius* ramène la noblesse de la tragédie héroïque. Mais le glorieux reste tendre quand bien même il sait et veut triompher de son cœur. Ce curieux mélange de politique et de galanterie, de gloire et de soupirs qui caractérise la tragédie cornélienne de *Sertorius* à *Tite et Bérénice* et jusqu'à *Suréna*, se retrouve à peu près à la même époque dans tout notre théâtre. Tragédie de l'héroïsme et de la tendresse galante : Gilbert, Thomas Corneille, Boyer, Quinault en épuisent la formule et les thèmes complexes. C'est toujours l'éthique cornélienne qui survit dans ces peintures de l'amour : le même éclairage, les mêmes principes (opposés mais de nature semblable), le même langage, les mêmes vues du romanesque et de l'héroïque. Tantôt la tendresse y soutient l'héroïsme et tantôt l'héroïsme la galanterie. Ni Thomas Corneille, ni Quinault, dans la plupart de ses œuvres, ni Boyer, ni même Racine jusqu'à *Andromaque*, n'ont de l'amour une conception fondamentale différente de celle de Corneille [7]. Ils ne l'expriment jamais que sur le plan de la gloire : lié au mérite et à la valeur. C'est aimer selon une loi ou selon des règles, selon une raison ou des conventions. De la gloire à l'amour, le rapport est maintenu. Le même thème de morale amoureuse se prête à d'infinies variations.

En 1666 *Andromaque* apporte une conception de l'amour de nature entièrement différente. Soulignons-en très brièvement le caractère nouveau. Racine dissocie de l'amour l'héroïque et le chevaleresque. Il serait aisé de montrer à quel point le monde des héros dans *Andromaque* rompt avec l'héroïsme comme d'ailleurs avec toute politique. L'ambassade politique d'Oreste n'est que le couvert d'une ambassade passionnelle bientôt évidente. Pyrrhus ne craint pas de se mettre la Grèce entière sur le bras pour épouser sa captive. Andromaque elle-même n'ambitionne pour son fils qu'un exil. Quant à Hermione :

> *Je renonce à la Grèce, à Sparte, à son empire,*
> *A toute ma famille* [8]...

Ambitions, devoirs, couronnes royales, grandeurs, hiérarchies sont déposés. Ces cœurs et ces consciences restent déserts de tout ce qui n'est pas l'amour. Racine ne considère plus la passion comme valeur mais comme sentiment ou jouissance. Il la décrit dans ses formes instinctives, dans sa nature inconsciente, dans le fait divers douloureux du désir et de la privation. Les conflits de l'amour sont ceux de l'amour même; ils se nouent et restent en lui contenus. Le duo et le duel moraux du genre cornélien, qui opposaient constamment l'amour à quelque autre sentiment, sont absents ou presque de l'analyse amoureuse racinienne. C'est à l'intérieur, désormais, au cœur de l'amour, que la dualité tragique prend naissance et se résout. Dans *Andromaque*, ni le sort, ni le devoir, ni aucun sentiment vénérable ne démentent l'union des amants [9]; mais la haine, la jalousie, la colère, le désir de vengeance, la fidélité, l'égoïsme, la cruauté, tous mouvements nés de l'amour.

Corneille, sur la fin de sa carrière, a-t-il aperçu quelque chose de ces perspectives, de cette sensibilité jusqu'ici inconnue et que la tragédie de Racine venait d'éveiller ? C'est possible. Les personnages apolitiques de *Tite et Bérénice*, de *Pulchérie* ou de *Suréna*, le discrédit où ils laissent tomber le civisme, les fastes dynastiques et jusqu'à l'avenir de leur race, l'expérience de la solitude où les jette l'amour, enfin l'analyse de la jalousie sénile, semblent autoriser cette conjecture. Mais nous verrons qu'il ne faudrait point trop la pousser. Corneille n'abandonne malgré tout aucun trait essentiel de sa conception de l'art et de la vie. Ebranlé, certes, il reste lui-même jusqu'au bout [10].

CHAPITRE III

LA TRAGÉDIE DU TENDRE

En écrivant *Œdipe* on croirait que Corneille tienne une gageure : il choisit le modèle antique le plus chargé de fatalité et de complexes sexuels, et le ramène à une tragédie de type cornélien. On a prétendu qu'il ne pouvait entendre le message œdipien. Il suffisait pourtant de remarquer qu'il fait scandale à ses yeux; ce qui n'est pas le méconnaître. C'est par tout ce qu'il refuse ou discute que Corneille montre combien il est attentif au sens du drame. Nous ne songeons pas au seul passage sur le libre arbitre et la volonté, qui n'est qu'un morceau d'éloquence, mais à la fin de la pièce où le poète se voit forcé de dénouer l'action. A la leçon grecque Corneille oppose la sienne : l'acte divin et l'acte humain sont dissociés. Aux dieux et aux hommes, Corneille laisse à chacun sa part de responsabilité. Le poids et le sens de notre âme ne peuvent nous échapper; ils sont absolument à nous. Quand bien même une volonté étrangère, faisant effraction dans notre vie, agirait en nous sans nous, nous n'aurions point de part à ce qui peut en résulter. L'acte humain ne peut être qu'authentique. L'acte divin l'est aussi, accorde Corneille; mais l'un et l'autre ne se submergent pas :

> ... *en ce même temps qu'il faudroit que ma vie*
> *Des crimes qu'ils* (les dieux) *m'ont faits traînât l'ignominie,*
> *L'éclat de ces vertus que je ne tiens pas d'eux*
> *Reçoit pour récompense un trépas glorieux* [1].

Œdipe se crève les yeux non pour se punir d'un crime dont il se sait innocent, mais pour forcer le Ciel à se justifier [2]. Corneille ne détruit donc pas le mythe ancien; il le juge. Ce qui lui échappe — mais c'est tout autre chose — c'est le moment grec d'Œdipe : celui de l'homme qui déchiffre la nature de l'homme tout en s'ignorant lui-même. Encore plongé dans le clan familial où sévissent la nuit et l'innocence de l'instinct, Œdipe pénètre d'une lumière d'orage ces sommeils monstrueux de l'ignorance et de la sexualité. Avec lui l'esprit enfante son premier drame. Corneille engage son Œdipe dans des chemins moins désastreux. Il le fait le centre d'une rivalité d'ordre dynastique. Le vieux roi voudrait marier Dircé, fille de Jocaste et de Laïus, à son fils Æmon issu de son mariage avec Jocaste. Il donnerait l'une de ses filles au roi d'Athènes, Thésée. Mais Thésée aime Dircé. Œdipe redoute que le droit souverain ne passe, par ce dernier mariage, à la descendance de Laïus et non à la sienne [3]. A ces démêlés politiques, Corneille joint l'intrigue galante de Dircé-Thésée. Cet épisode fait de la pièce une tragédie du Tendre. Seule l'héroïne n'y perd pas la tête et exprime sa tendresse sous les espèces de la politique et de la gloire. Elle fait partie des héroïnes politiques et galantes que nous étudierons bientôt. L'ambition, l'amour du sceptre, la gloire d'une belle mort, l'emportent chez elle, malgré quelques hésitations, sur la tendresse.

C'est le héros Thésée qui pousse le mieux les soupirs et s'empresse d'obéir aux lois du *pays de Tendre*. Dircé vainement veut lui donner des leçons d'héroïsme en lui rappelant les liens intimes de l'amour et de la valeur :

> *Il faut qu'en vos pareils les belles passions*
> *Ne soient que l'ornement des grandes actions.*
> *Ces hauts emportements qu'un beau jeu leur inspire*
> *Doivent les élever, et non pas les détruire* [4].

Mais Thésée oublierait pour Dircé le trône, l'amour de ses sujets, le bien public :

> *L'amant et le héros s'accordent mal ensemble...*
> *Hélas ! à votre aspect je ne sais plus qu'aimer...*
> *Périsse l'univers, pourvu que Dircé vive !*
> *Que m'importe la perte ou le salut de tous ?*
> *Ai-je rien à sauver, rien à perdre que vous ?* [5]

Comme les héros de Quinault, Thésée place la tendresse au-dessus de tout autre sentiment et déprécie le mythe de la gloire. L'honneur doit céder devant l'amour. Dircé lui a commandé de vivre; mais lui :

> *Le véritable amour ne prend loi de personne;*
> *Et si ce fier honneur s'obstine à nous trahir,*
> *Je renonce, Madame, à vous plus obéir* [6].

Il est curieux de constater combien ce roman d'amour
devient prépondérant et déborde vite la face politique. C'est
autour de lui que pivote toute la tragédie dynastique. Les drames
de la peste, de l'inceste, de la succession au trône, s'enfoncent
à l'arrière-plan. En réalité on n'a plus qu'une pièce d'amour, à
la manière des premières comédies où le bonheur du couple est
traversé par un obstacle extérieur; il ne s'agit point ici des
machinations d'un jaloux mais de celles de la politique. Jocaste,
la mère, dans son rôle sans dignité de confidente, confirmerait
cette vue; elle s'entremet et louvoie d'Œdipe à Dircé et à son
futur gendre pour lequel elle montre quelque inclination. Ses
propos et ses gestes relèvent de la comédie [7].

Ce romanesque tendre, précieux, Corneille en avait donné un
avant-goût dès *Rodogune*. Dans ce drame sombre il avait
introduit le duo des princes jumeaux, Antiochus et Séleucus;
liés d'amitié fraternelle, aimant tous deux une princesse mûre
(elle avait été aimée de leur père), ce n'est point l'ambition ni
les soins de l'empire qui les occupent. Ils ont le courage de
l'amour, sinon celui de gouverner :

> *Un grand cœur cède au trône, et le cède avec gloire :*
> *Cet effort de vertu couronne sa mémoire;*
> *Mais lorsqu'un digne objet a pu nous enflammer,*
> *Qui le cède est un lâche et ne sait pas aimer* [8].

Proie tremblante devant cette Rodogune qui les fascine et
se sert d'eux comme de hochet, ils sont à tout moment prêts
aux larmes et à l'abdication [9]. Ces grands garçons ont vécu
loin du palais royal de Séleucie, exilés chez leur oncle à Memphis; à l'écart du monde et des plaisirs. On vient justement de
les retirer de leur solitude. A la cour, la première femme qu'ils
rencontrent est Rodogune [10]. Le sentiment qu'ils éprouvent
pour elle, si exalté et tendre qu'il soit, ne parvient pas à
détruire celui de l'amitié fraternelle. Sublime éveil du cœur
qui découvre et aime moins l'être aimé que l'amour ! Les voici
tous deux forcés soudain à ce choix monstrueux : tuer leur mère
ou tuer la bien-aimée. La grâce de l'âge et du cœur l'emporte.
Mais déjà le couple fraternel est divisé par la mort. C'est en parfait amant, dans l'ombre des arbres et les herbes bienheureuses,
que Séleucus assassiné achève son court destin. Les langueurs de
l'idylle pastorale viennent s'inscrire sur un bas-relief d'une plastique et d'un sentiment très délicats :

> *Je l'ai trouvé, Seigneur, au bout de cette allée,*
> *Où la clarté du ciel semble toujours voilée.*

> *Sur un lit de gazon, de faiblesse étendu,*
> *Il sembloit déplorer ce qu'il avoit perdu :*
> *Son âme à ce penser paroissoit attachée;*
> *Sa tête sur un bras languissamment penchée,*
> *Immobile et rêveur...* [11].

L'amour tendre est répandu également dans *Andromède* où jouent à plein les sentiments et le langage précieux. Dans cette féerie d'empyrée le demi-dieu Persée a appris tous les transports, toutes les humilités, tous les soupirs; il définit lui-même les lois, la conduite du héros galant :

> *Vouloir que la raison règne sur un amant,*
> *C'est être plus que lui dedans l'aveuglement.*
> *Un cœur digne d'aimer court à l'objet aimable,*
> *Sans penser aux succès dont sa flamme est capable;*
> *Il s'abandonne entier et n'examine rien :*
> *Aimer est tout son but, aimer est tout son bien* [12].

Après avoir triomphé du monstre, Persée obtient la main de la jeune fille; mais il ne veut la tenir ni des dieux, ni de ses parents; seulement d'elle-même. Andromède est la Déesse, le Soleil, l'Astre. Tout l'héroïsme du monde est agréé par la petite Ethiopienne comme le plus naturel hommage. Il faut l'entendre répondre à Phinée, le premier soupirant qui n'a pas osé la défendre avec la même abnégation que Persée :

> *Mais quand vous auriez cru votre perte assurée,*
> *Du moins ces vingt amants dévorés pour Nérée*
> *Vous laissoient un exemple et noble et glorieux,*
> *Si vous n'eussiez pas craint de périr à mes yeux.*
> *Ils voyoient de leur mort la même certitude;*
> *Mais avec plus d'amour et moins d'ingratitude,*
> *Tous voulurent mourir pour leur objet mourant* [13].

Persée, lui au moins, eût fait partie, et avec bonheur, de ces vingt amants ! L'esprit et les symboles de l'amour gynécentrique des Précieuses (sacrifice, don de soi-même, anéantissement de l'adorant dans l'objet adoré, etc...), s'expriment par sa bouche :

> *Et comme enfin c'est vous, et non pas moi, que j'aime,*
> *J'aime mieux m'exposer à perdre un bien si doux,*
> *Que de vous obtenir d'un autre que de vous...*
> *Faites votre bonheur sans aucun soin du mien...*

> *Je mourrai trop content si vous vivez contente,*
> *Et si l'heur de ma vie ayant sauvé vos jours,*
> *La gloire de ma mort assure vos amours* [14].

Même amour tendre dans la pastorale politique d'*Agésilas*. On y suit bien entre Agésilas et son général Lysander un conflit d'autorité où se profile l'ombre d'un complot [15]. Mais l'intrigue galante recouvre tout, même le long plaidoyer politique du troisième acte. Aglatide et Elpénice, promises aux princes Cotys et Spitridate, voudraient échanger leurs prétendants. Elpénice chérit Spitridate et Cotys la belle persane Mandane convoitée par Agésilas. Et Aglatide rêve d'épouser Agésilas ! Ce ne sont que plaidoiries de la tendresse où chaque amoureux cherche à obtenir celle qu'il aime et à faire lever les obstacles.

Dans quelques tragédies, qui en d'autres endroits offrent des traits moins tendres, on rencontre encore des soupirants humiliés aux pieds de leur maîtresse : les rois Valamir et Ardaric (*Attila*), le prince Domitian (*Tite et Bérénice*), Léon (*Pulchérie*). Ces héros n'ont de politique qu'amoureuse. Du fameux Domitian de l'histoire, Corneille fait un Céladon de cour. Sans doute rappelle-t-on les complots qu'il avait menés sous Civilis, mais on l'abandonne maintenant à de tendres soucis. Une opportune politique — et l'occasion se présente [16] — consisterait pour Domitian à se mettre du parti de Domitie [17], à fomenter avec elle quelque révolte pour écarter Titus du trône. Il a bien d'autres desseins ! Comme il verrait d'un bon œil Bérénice impératrice et Titus sur le trône, pourvu qu'à ce prix il obtînt Domitie ! Quand Domitie fait parler au Sénat une « insolente brigue » pour arracher aux sénateurs le décret de bannissement de Bérénice, Domitian met tout son crédit à faire échouer ce projet. S'il intrigue, c'est toujours par amour [18].

Enfin la tragédie du Tendre, dont les rapports avec la pastorale ont été depuis longtemps marqués et précisés, a repris inlassablement certains thèmes de psychologie sentimentale aberrante, entre autres celui des amours entre frère et sœur. C'est aux modèles italiens de la Renaissance que notre pastorale l'avait elle-même empruntée [19]. Dans la *Filli di Sciro* de Bonarelli, le berger Tirsis, sous le nom de Nise, sauvait d'un Centaure la bergère Célie dont il ignorait qu'il était le frère. « Elle en devint enfin amoureuse, s'imaginant que la seule pitié faisoit sa passion... La force du sang donna cette tendresse à Nise qui étoit son frère [20]. »

La pastorale française, dont l'amour est l'unique objet, a intégré et enrichi cet épisode. Mairet, dans *Virginie* (Périandre et Virginie), Racan dans *Les Bergeries* (amours d'Ydalie et d'Alcidor), Gombauld dans son *Amaranthe*, Thomas Corneille dans *Pyrrhus* (Pyrrhus et Déidamie), Du Ryer dans *Bérénice*, Boyer dans *Tyridate* (Ariarathe-Euridice), de Montauban dans *Zénobie* (Phraate et Perside), Rotrou dans *La Sœur*, Quinault dans *Le Mariage de Cambyse*, décrivent ces amours inquiétantes où frère et sœur s'ignorent. Le plus souvent la reconnaissance met fin à une tendresse incestueuse, bien qu'innocente. Il n'en jaillit que rarement un drame réel comme dans le *Tyridate* de Boyer, où Ariarathe et Euridice ne peuvent surmonter la fatalité qui les pousse à l'inceste et les unit dans la mort. *Nitetis* de Mlle Desjardins, et vers la fin du siècle *Tiridate* de Campistron, reprennent ce grave motif. Pour Corneille il n'est jamais l'occasion d'un drame réel mais d'une ambiguïté sentimentale qu'il analyse avec subtilité et quelque complaisance.

Par le billet d'Exupère, Martian (*Héraclius*) s'imagine être le frère de Pulchérie. Celle-ci ne paraît guère surprise d'une si étrange nouvelle et passe de l'amour à l'amour fraternel avec désinvolture [21]. Mais Martian ne se débarrasse pas si spontanément de ce « reste mal éteint d'incestueuse flamme [22] ». Un plaisir dont il ne peut se défendre prolongerait volontiers une confusion délicate de sentiments :

> *Ah ! s'il m'étoit permis de ne me pas connoître,*
> *Qu'un si charmant abus seroit à préférer*
> *A l'âpre vérité qui vient de m'éclairer ! [23]*

Dans la comédie héroïque de *Don Sanche*, Dona Elvire a de l'inclination pour Carlos sans savoir qu'il est son frère [24].

Dircé apprenant que Thésée est le roi recherché par l'oracle, croit découvrir son frère dans son amant. Elle aussi, comme Martian, goûte dans ce trouble du cœur un charme singulier :

> *J'aime en ce douteux sort tout ce qui m'embarrasse,*
> *Je ne sais quoi m'y plaît qui n'ose s'exprimer,*
> *Et ce confus mélange a de quoi me charmer.*
> *Je n'aime plus qu'en sœur, et malgré moi j'espère.*
> *Ah ! Prince, s'il se peut, ne soyez point mon frère [25].*

N'exagérons pas cette veine du romanesque pastoral chez Corneille ; nous la voyons s'insinuer dans ces trois pièces sans parvenir jamais à s'imposer. Elle reste un agrément. Mais il est curieux d'en découvrir ici la survivance, même exténuée. Elle rappelle la place que tient dans l'œuvre cornélienne la métaphysique amoureuse du genre pastoral, et plus généralement de la littérature romanesque. Sans doute est-on plus frappé de tout ce que Corneille refuse que de ce qu'il retient des thèmes pastoraux. Mais rien n'empêche de penser que ce peu qu'il en laisse entrer dans ses tragédies du Tendre marque autant un goût personnel et persistant qu'une concession à la mode.

CHAPITRE IV

LA TRAGÉDIE DYNASTIQUE. — L'AMOUR
GALANT ET POLITIQUE

Ce héros tendre et humilié n'est pas, malgré tout, de la manière de Corneille; bien souvent le poète s'est défendu de satisfaire à la mode dans le moment où il venait le plus d'y céder. Non sans raison pourtant : à partir de *Sertorius* il aborde la tragédie dynastique, où la volonté de puissance s'entend avec la galanterie.

La politique y oriente l'activité du héros. Le glorieux ou la glorieuse convoite le trône. Sans doute dans *Sertorius* la part d'héroïsme et de grandeur est-elle d'importance encore. Le visage du vieux général romain y éclaire un tableau d'histoire qui peut faire songer par moment à ceux de *Cinna* et de *Pompée*. De même dans *Sophonisbe* le portrait de l'héroïne carthaginoise et les menées de la politique romaine, dans *Attila* la fresque du despote démoniaque et raffiné, font de ces pièces des tragédies héroïques. Mais toujours — et ce nouveau caractère est original — la gloire est confondue avec l'ambition politique et l'amour-propre. Elle n'est plus, comme autrefois, quelque noble sentiment (sauf peut-être dans *Rodogune*) : point d'honneur, civisme, pardon, fidéisme. A la grandeur de Rome succèdent les grandeurs de Rome; aux âmes fières et généreuses les âmes souples, intéressées; au portrait des héros celui des politiques; à leurs actions exemplaires, les ruses, les complots, les intrigues de cour. Une sorte de byzantinisme politique, mélange de finesses, d'audaces, de prudences, de sourdes machinations, s'y double d'un byzantinisme intime tout aussi délicat et retors. De tendres intérêts traversent les calculs d'une diplomatie sans scrupules; glorieux et glorieuses se sauvent de l'amour par la galanterie. La convention de la psychologie amoureuse fait la part qui revient aux sens et à l'esprit, au cœur et à la main. La raison est sans doute souveraine; encore faudrait-il entendre cette raison comme politique et situer la lutte qu'elle engage contre la passion sur le plan de l'intrigue de cour et de la conquête du pouvoir. Au reste, Pulchérie définit cette sorte d'amour toujours maître de l'amour :

> *Je vous aime, et non point de cette folle ardeur*
> *Que les yeux éblouis font maîtresse du cœur,*
> *Non d'un amour conçu par les sens en tumulte,*
> *A qui l'âme applaudit sans qu'elle se consulte,*
> *Et qui ne concevant que d'aveugles désirs,*
> *Languit dans les faveurs, et meurt dans les plaisirs :*
> *Ma passion pour vous, généreuse et solide,*
> *A la vertu pour âme, et la raison pour guide,*
> *La gloire pour objet [1]...*

Et de même Viriate (*Sertorius*) :

> *Ce ne sont pas les sens que mon amour consulte :*
> *Il hait des passions l'impétueux tumulte;*
> *Et son feu, que j'attache aux soins de ma grandeur,*
> *Dédaigne tout mélange avec leur folle ardeur [2].*

L'amour est subordonné à la gloire, disons aux intérêts qui s'attachent au pouvoir. Les femmes, autant que les hommes, sont bien décidées à ne point perdre la tête, à ne pas s'embarrasser d'un amour coûteux à leur ambition, mais à en inspirer qui les aident à parvenir. Il faut remonter jusqu'à *Pompée* (l'épisode romanesque Cinna-Emilie-Maxime, dans *Cinna*, est d'une autre nature) pour trouver l'ébauche de ces amours politiques. Corneille présente ainsi son héroïne Cléopâtre : « Je ne la fais amoureuse que par ambition et en sorte qu'elle semble n'avoir point d'amour qu'en tant qu'il peut servir à sa grandeur. Quoique la réputation qu'elle a laissée la fasse passer pour une femme lascive et abandonnée à ses plaisirs... je trouve qu'à bien examiner l'histoire, elle n'avoit que de l'ambition dans l'amour, et que par politique elle se servoit des avantages de sa beauté pour affirmer sa fortune [3]. » Le personnage répond bien à cette vue. C'est à Rome que le roman d'amour de Cléopâtre et de César a commencé. Dès lors, Cléopâtre a rêvé de devenir la « maîtresse du monde [4] ». Elle évoque avec ravissement des images de gloire et de tendresse :

> *Notre séjour à Rome enflamma son courage :*
> *Là j'eus de son amour le premier témoignage,*
> *Et depuis jusqu'ici chaque jour ses courriers*
> *M'apportent en tribut ses vœux et ses lauriers...*

> *Et de la même main dont il quitte l'épée,*
> *Fumante encor du sang des amis de Pompée,*
> *Il trace des soupirs, et d'un style plaintif*
> *Dans son champ de victoire il se dit mon captif* [5].

Prudente, elle sait cacher le dessein de reprendre à son frère Ptolémée ses droits dynastiques; elle n'abat son jeu que lorsque César approche des murs de Carthage. Devant lui elle paraît, sans abandon, mais souple et fastueuse, attentive à ne point perdre une seule de ses chances.

Une longue lignée d'héroïnes devait retrouver son attitude et reprendre son langage. Dircé (*Œdipe*) :

> *Je suis fort peu de chose;*
> *Mais enfin de mon cœur moi seule je dispose,*
> *Et jamais sur ce cœur on n'avancera rien*
> *Qu'en me donnant un sceptre ou me rendant le mien* [6].

Viriate (*Sertorius*) :

> *Je ne veux point d'amant, mais je veux un époux;*
> *Mais je veux un héros, qui par son hyménée*
> *Sache élever si haut le trône où je suis née,*
> *Qu'il puisse de l'Espagne être l'heureux soutien,*
> *Et laisser de vrais rois de mon sang et du sien* [7].

Aristie (*Sertorius*) :

> *Unissons ma vengeance à votre politique,*
> *Pour sauver des abois toute la République :*
> *L'hymen seul peut unir des intérêts si grands* [8].

Sophonisbe parlant de son mariage avec Syphax, ce « choix fait sans amour [9] » :

> *Et l'ordre ambitieux d'un hymen politique*
> *N'a rien que ne pardonne un courage héroïque :*
> *Lui-même il s'en console, et trompe sa douleur*
> *A croire que la main n'a point donné le cœur* [10].

Et encore à Massinisse :

> *Je me rends au pouvoir, et non pas à l'amour* [11].

De moins ambitieuses, semble-t-il, Eryxe (*Sophonisbe*), Camille (*Othon*) sont encore des politiques. Pour Eryxe, Massinisse infidèle peut rester digne d'elle; mais il cesse de l'être en cessant d'être roi [12]. Si Camille semble renoncer à l'empire en épousant Othon, en réalité c'est pour s'en assurer [13]. Honorie (*Attila*) ne consentirait à Valamir que s'il régnait « comme Attila [14] ». La gloire d'Ildione, quoique un peu différente et ne visant pas au pouvoir, n'en est pas moins une politique funeste à l'amour. Ardaric lui est sacrifié [15]. Aglatide (*Agésilas*) déclare sans ambages :

> Les hommages qu'Agésilas
> Daigna rendre en secret au peu que j'ai d'appas,
> M'ont si bien imprimé l'amour du diadème,
> Que pourvu qu'un amant soit roi,
> Il est trop aimable pour moi [16].

Pulchérie soupire à Léon :

> Ma gloire inexorable
> Me doit au plus illustre et non au plus aimable [17].

Mais c'est Domitie (*Tite et Bérénice*) qui montre la plus grande franchise :

> Je ne veux point, Seigneur, vous le dissimuler,
> Mon cœur va tout à vous quand je le laisse aller;
> Mais sans dissimuler j'ose aussi vous le dire,
> Ce n'est pas mon dessein qu'il m'en coûte l'empire;
> Et je n'ai point une âme à se laisser charmer
> Du ridicule honneur de savoir bien aimer [18].

Les partenaires hommes ont les mêmes pensées et les mêmes maximes. Un certain nombre d'entre eux, de second plan, comparses ou traîtres, mènent avec cynisme une intrigue amoureuse qui n'a d'autre fin que le pouvoir. Grimoald (*Pertharite*) a ordonné à Garibalde de faire la cour à Edwige pour s'assurer d'elle. De son côté, Edwige voudrait pousser Garibalde dans un complot contre Grimoald. Mais Garibalde n'est pas pressé d'obéir à celle qu'il aime :

> Je t'aime, mais enfin je m'aime plus que toi...
> Je t'aime, et puissamment, mais moins que la couronne;
> Et mon ambition, qui tâche à te gagner,
> Ne cherche en ton hymen que le droit de régner [19].

Une même volonté de parvenir habite Perpenna (*Sertorius*) épris de la reine Viriate et que ronge l'affront d'avoir dû céder l'autorité à un général plus capable que lui [20]; ainsi que Martian (*Othon*) l'esclave affranchi [21], et Aspar (*Pulchérie*) [22].

L'amour de Grimoald (*Pertharite*), sous le couvert d'une fausse grandeur, s'engage à des fins également politiques. Après avoir chassé du trône Pertharite, Grimoald entend s'assurer la stabilité politique en épousant sa veuve Rodelinde. Il abandonne Edwige qu'il chérissait jusque-là [23]. Othon est peut-être le portrait le plus achevé de toute la galerie, Attila le plus démesuré. Au sujet du premier, Corneille écrit : « J'ai tâché de faire paroître les vertus de mon héros en tout leur éclat, sans en dissimuler les vices, non plus que lui; et je me suis contenté de les attribuer à une politique de cour, où, quand le souverain se plonge dans les débauches, et que sa faveur n'est qu'à ce prix, il y a presse à qui sera de la partie [24]. » Le portrait est digne de la critique [25] : Othon s'est rapproché de Plautine, fille de Vinius, pour s'assurer l'appui du puissant sénateur. « Cette politique est devenue amour [26] », dit-il. Ce qui ne l'empêche pas de se tourner vers la nièce de Galba dès que les choses semblent mal aller pour lui et Vinius. Il sait refuser hardiment ce qu'il veut obtenir; il se laisse arracher la promesse de courtiser Camille [27] et, malgré des dénégations et des cris à demi sincères, consentirait que Plautine épousât l'affranchi Martian sur lequel il compte bien s'appuyer pour monter au trône [28].

Le personnage d'Attila, tout en rappelant le type du héros politique et galant, présente des traits de nature qui lui donnent une complexité et une physionomie propres. D'une part, Attila est une volonté farouche, décidée; une puissance et une liberté absolues; il règne en maître, mène une fine politique de division entre ses ennemis, Rome et la France de Mérovée. Mais ce volontaire est d'autre part un instinctif; sensible à la beauté, à l'amour. Ces tendances sont en lui aussi tyranniques l'une que l'autre :

> *L'amour chez Attila n'est pas un bon suffrage;*
> *Ce qu'on m'en donneroit me tiendroit lieu d'outrage,*
> *Et tout exprès ailleurs je porterois ma foi,*
> *De peur qu'on n'eût par là trop de pouvoir sur moi.*
> *Les femmes qu'on adore usurpent un empire*
> *Que jamais un mari n'ose ou ne peut dédire.*
> *C'est au commun des rois à se plaire à leurs fers,*
> *Non à ceux dont le nom fait trembler l'univers.*
> *Que chacun de leurs yeux aime à se faire esclave;*
> *Moi, je ne veux les voir qu'en tyrans que je brave :*
> *Et par quelques attraits qu'ils captivent un cœur,*
> *Le mien en dépit d'eux est toute ma grandeur [29].*

Ce sont le caractère et le drame d'Alidor (*La Place Royale*) transposés dans une tête politique et sur le plan de l'histoire. Tous les actes d'Attila sont marqués d'une double inquiétude : conserver la puissance en même temps que l'amour. Dans les desseins les plus autoritaires du despote, il est curieux de voir s'insinuer les exigences du cœur. S'il convoque les rois pour leur demander conseil sur son mariage projeté avec Honorie ou avec Ildione, on peut songer à quelque machiavélisme retors et monstrueux mais aussi bien aux forces obscures de l'instinct qui, à l'insu d'Attila, semblent diriger toute cette politique [30]. L'incertitude ne cesse qu'au moment où s'éveille la jalousie du tyran. Celle-ci recouvre alors les projets de grandeur. Mais Attila avait montré jusque-là toute la sûreté et même l'envergure de son réalisme politique. Il a mené au mieux ses affaires. Aétius, chef des Romains, est mort assassiné par Valentinian à l'instigation de l'Asiate [31]. Ce dernier entrevoit sa puissance future : marié à Honorie, il pourra faire destituer Valentinian et devenir maître de Rome et du monde [32]. L'amour traverse ce rêve glorieux. La princesse française Ildione trouble cette ambition démesurée :

> — *Ainsi donc votre choix tombe sur Honorie ?*
> — *J'y fais ce que je puis, et ma gloire m'en prie...*
> *Je sens combattre encor dans ce cœur qui soupire*
> *Les droits de la beauté contre ceux de l'empire* [33].

L'étude de ce combat est plus nuancée ici qu'en aucune autre des tragédies politiques de Corneille; elle dépasse le traditionnel débat gloire-amour. Attila s'attendrit sur lui-même, sur son autorité menacée. Il ne veut recevoir de loi que la sienne et il sent que l'être aimé lui ravit cette maîtrise. Ildione est l'ennemie, l'amour est l'ennemi. Mais Attila ne peut se défendre contre l'enchantement :

> *O beauté, qui te fais adorer en tous lieux,*
> *Cruel poison de l'âme, et doux charme des yeux,*
> *Que devient, quand tu veux, l'autorité suprême,*
> *Si tu prends malgré moi l'empire de moi-même,*
> *Et si cette fierté qui fait partout la loi*
> *Ne peut me garantir de la prendre de toi* [34] ?

La lutte qu'il entreprend contre Ildione rappelle celle du héros de *La Place Royale*; mais les moyens employés sont différents. Ici la passion qu'on ne veut satisfaire a toute la force de l'instinct et toutes les ruses d'un esprit cruel. Attila voudrait épouvanter celle qu'il aime, lui faire payer bien cher le pouvoir qu'elle a pris

sur lui. Il lui apprendra qu'il a fait choix d'une autre pour le mariage, la forcera à fuir, la menacera de la jeter en prison. Il ne
peut s'arrêter à aucun parti. Qu'Ildione le haïsse ! qu'elle épouse
l'un des rois, n'importe ! Mais aussitôt dévoré de jalousie et plus
hésitant que jamais. Alors Ildione paraît. Cette scène entre le
monstre amoureux, à la fois barbare et délicat, et cette jeune fille
qui songe à l'épouser pour l'assassiner, est digne de Marlowe [35].
La situation est des plus dramatiques. Deux rois prisonniers, sans
armes, sous leurs tentes. Une atmosphère de suspicion et de terreur. Ildione se plaint la première : pourquoi cette garde doublée,
cette surveillance ? Pourquoi l'observe-t-on elle-même ? Serait-elle
suspecte ? Attila n'a qu'à s'assurer d'elle, non par la violence mais
par l'amour. La réponse du despote éclaire curieusement la tragédie de cette âme avide de puissance et charmée par la beauté. Attila prévoit les redoutables dangers du mariage. Soumis à Ildione
il ne pourrait plus punir ni agir à son gré. Il supplie la princesse
de le rendre à lui-même, qu'elle ait assez d'amour pour le renvoyer
à Honorie et qu'il puisse ainsi conserver l'empire. Comme Ildione
réclame « la main du conquérant [36] » et parle d'amour :

> *Quoi ! vous pourriez m'aimer, Madame, à votre tour ?*
> *Qui sème tant d'horreurs fait naître peu d'amour.*
> *Qu'aimeriez-vous en moi ? Je suis cruel, barbare;*
> *Je n'ai que ma fierté, que ma fureur de rare :*
> *On me craint, on me hait; on me nomme en tout lieu*
> *La terreur des mortels et le fléau de Dieu [37].*

Cette fierté, cet aveu, ce terrifiant amour laissent Ildione
comme au bord d'un abîme. Effrayée, certes, mais davantage troublée et prise de vertige. On ne sait trop qui la pousse maintenant
à écarter Attila d'Honorie et à s'offrir elle-même : soif de vengeance, orgueil d'accomplir un acte glorieux ou bien est-elle séduite malgré elle et attirée par cet appel luciférien ? En femme
avisée, pour s'assurer d'Attila, de nouveau elle le rend jaloux par
un de ces pernicieux sous-entendus où excellera l'art racinien [38].

Cette peinture de l'amour politique et galant s'accompagne, du
point de vue psychologique, de quelques traits singuliers; trop souvent repris, ils finissent par paraître raides et systématiques. Nous
voulons parler de ces piques d'amour-propre entre femmes, de
l'autorité que l'amoureuse entend exercer sur l'amant de cœur
après l'avoir quitté pour « raison d'Etat », enfin des murmures et
quelquefois des soupirs de la tendresse étouffée.

Les picoteries féminines où l'orgueil et l'amour-propre entretiennent une méchanceté subtile et polie, semblent de rigueur dans la tragédie dynastique. Mais on les trouvait déjà dans *Pertharite* (Rodelinde-Edwige, I, 2; III, 2) et dans *La Toison d'Or* (Médée-Hypsipyle, III, 4). Elles deviennent plus nombreuses dans *Sertorius* (Aristie-Viriate, V, 1), *Sophonisbe* (Eryxe-Sophonisbe, I, 3; II, 3; III, 3; V, 3 et 4), *Othon* (Camille-Plautine, IV, 4), *Attila* (Honorie-Ildione, III, 3) et se prolongent dans *Tite et Bérénice* (Domitie-Bérénice, III, 2 et 3). C'est une monotone reprise des mêmes reproches, des mêmes pointes, des mêmes invectives. Transposition dans le compartiment féminin des rivalités mâles sur le ton mousquetaire des premières Comédies. Rien de tragique dans ces conversations hostiles où le langage sec et guindé traduit entre grandes dames ambitieuses les blessures ou les jouissances de la vanité, les dépits, les colères rentrées. Les déboires et les satisfactions du cœur sont curieusement mêlés aux vicissitudes d'autorité et de puissance. Hypsipyle (*La Toison d'Or*) :

> *Prince, vous savez mal combien charme un courage*
> *Le plus frivole espoir de reprendre un volage,*
> *De le voir malgré lui dans nos fers retombé,*
> *Echapper à l'objet qui nous l'a dérobé,*
> *Et sur une rivale et confuse et trompée*
> *Ressaisir avec gloire une place usurpée* [39].

Médée, de son côté (*La Toison d'Or*) :

> *Je ne souffrirai point qu'Hypsipyle me brave,*
> *Et m'enlève ce cœur que j'ai vu mon esclave...*
> *Je ne croirai jamais qu'il soit douceur égale*
> *A celle de se voir immoler sa rivale,*
> *Qu'il soit pareille joie; et je mourrois, ma sœur,*
> *S'il falloit qu'à son tour elle eût même douceur* [40].

Sophonisbe oublie sa haine pour Rome et justifie toute son attitude envers Massinisse par la jalousie que lui inspire Eryxe :

> *C'était la folle ardeur de braver ma rivale;*
> *J'en faisois mon suprême et mon unique bien...*
> *Tout mon orgueil disoit à mon âme jalouse*
> *Qu'une heure de remise en eût fait son épouse,*
> *Et que pour me braver à son tour hautement,*
> *Son feu se fût saisi de ce retardement.*
> *Cet orgueil dure encore* [41]...

Honorie (*Attila*) précise ses griefs contre Ildione :

> *L'insolent Attila me donne une rivale;*
> *Par ce choix qu'il balance il la fait mon égale...*
> *Ildione par là me verroit à sa suite;*
> *A de honteux respects je m'y verrois réduite*
> *Et le sang des Césars qu'on adora toujours*
> *Feroit hommage au sang d'un roi de quatre jours* [42] *!*

Même Bérénice est tourmentée par ces considérations de prestige. C'est moins la rivale amoureuse que l'ambitieuse politique qui l'inquiète dans Domitie :

> *Je veux du moins, je veux ôter à ma rivale*
> *Ce miracle vivant, cette âme sans égale :*
> *Qu'en dépit des Romains, leur digne souverain,*
> *S'il prend une moitié, la prenne de ma main;*
> *Et pour tout dire enfin, je veux que Bérénice*
> *Ait une créature en leur impératrice* [43].

On le voit : on ne peut parler ici de jalousie amoureuse que dans la mesure où l'on en précise le caractère particulier. Ces jalousies ne peuvent se ranger — cela va de soi — parmi les passionnelles; elles ne sont point non plus le fait de l'âme aimante : il leur manque la plénitude et l'intransigeance. Mais elles touchent à l'esprit en ceci qu'elles expriment une diminution de ses prestiges. L'amour, pour Corneille, apparaît comme un signe de conquête. Victoires ou défaites sortent de ces jeux de force et de faiblesse, d'esclavage et de liberté. D'où ces jalousies féminines qui se prennent en dehors du drame de la possession.

Ainsi s'expliquerait également la conduite surprenante de toutes ces amoureuses qui, après avoir abandonné leurs amants, voudraient qu'ils leur fussent encore soumis. Sophonisbe avait de l'amour pour Massinisse, mais la politique l'a jetée dans le lit du vieux Syphax. Massinisse s'est tourné vers Eryxe. Alors Sophonisbe :

> *Des cœurs que la vertu renonce à posséder,*
> *La conquête toujours semble douce à garder :*
> *Sa rigueur n'a jamais le dehors si sévère,*
> *Que leur perte au dedans ne lui devienne amère;*
> *Et de quelque façon qu'elle nous fasse agir,*
> *Un esclave échappé nous fait toujours rougir.*
> *Qui rejette un beau feu n'aime point qu'on l'éteigne :*
> *On se plaît à régner sur ce que l'on dédaigne;*
> *Et l'on ne s'applaudit d'un illustre refus*
> *Qu'alors qu'on est aimée après qu'on n'aime plus* [44].

Plautine à Othon qui porte ses vœux à Camille :

> *Adieu : donnez la main, mais gardez-moi le cœur* [45].

Domitie a renvoyé Domitian; mais bientôt elle lui fait un reproche de son trop d'empressement auprès de Bérénice [46]. La
même volonté ou le même regret se retrouve chez Bérénice [47];
chez Pulchérie [48] ou chez Eurydice [49].

La seule répétition de ce sentiment suffirait à lui ôter ce qu'il
peut avoir de vérité psychologique. On sait du reste qu'il fait partie de ces innombrables lieux communs de sentimentalité précieuse
du roman et du théâtre contemporains.

Voici enfin les résistances et les soupirs que la tendresse oppose à l'ambition politique et à la gloire : Dircé (*Œdipe*) préfère
au bonheur d'épouser Thésée la gloire de se sacrifier pour son
peuple. Mais en présence du héros elle se trouble :

> *Hélas ! c'est maintenant, c'est lorsque je vous voi*
> *Que ce même combat est dangereux pour moi.*
> *Ma vertu la plus forte à votre aspect chancelle :*
> *Tout mon cœur applaudit à sa flamme rebelle;*
> *Et l'honneur qui charmoit ses plus noirs déplaisirs,*
> *N'est plus que le tyran de mes plus chers désirs* [50].

La tendresse d'Aristie (*Sertorius*) ne cède pas, sans souffrir, à
l'orgueil blessé (Pompée l'a répudiée) :

> *L'ingrat, par son divorce en faveur d'Emilie,*
> *M'a livrée aux mépris de toute l'Italie.*
> *Vous savez à quel point mon courage est blessé;*
> *Mais s'il se dédisoit d'un outrage forcé,*
> *S'il chassoit Emilie et me rendoit ma place*
> *J'aurois peine, Seigneur, à lui refuser grâce* [51].

Pour sauver Valamir, Honorie s'humilie devant Attila [52]. La
froide Domitie semble éprouver quelque peine à quitter Domitian :

> *Toi qui vois tout mon cœur, juge de son martyre :*
> *L'ambition l'entraîne, et l'amour le déchire.*
> *Quand je crois m'être mise au-dessus de l'amour,*
> *L'amour vers son objet me ramène à son tour.*
> *Je veux régner, et tremble à quitter ce que j'aime,*
> *Et ne me saurois voir d'accord avec moi-même* [53].

Et Pulchérie, tout en appelant le vieux Martian à partager l'empire avec elle, soupire après le jeune Léon :

> *Léon seul est ma joie, il est mon seul désir;*
> *Je n'en puis choisir d'autre, et n'ose le choisir :*
> *Depuis trois ans unie à cette chère idée,*
> *J'en ai l'âme à toute heure, en tous lieux, obsédée;*
> *Rien n'en détachera mon cœur que le trépas,*
> *Encore après ma mort n'en répondrois-je pas;*
> *Et si dans le tombeau le Ciel permet qu'on aime,*
> *Dans le fond du tombeau je l'aimerai de même* [54].

On surprendrait une note plus émue chez Plautine (*Othon*) qui immole son amour à la sûreté d'Othon. Âme tendre qui rêve d'amour pur :

> *Si l'injuste rigueur de notre destinée*
> *Ne permet plus l'espoir d'un heureux hyménée,*
> *Il est un autre amour dont les vœux innocents*
> *S'élèvent au-dessus du commerce des sens.*
> *Plus la flamme en est pure et plus elle est durable;*
> *Il rend de son objet le cœur inséparable;*
> *Il a de vrais plaisirs dont ce cœur est charmé,*
> *Et n'aspire qu'au bien d'aimer et d'être aimé* [55].

C'est « l'honnête amitié », le monde platonicien de *l'Astrée*. Toutefois cet amour ne s'achève pas en extase mystique. Plautine tire gloire d'une tendresse qui semblait désintéressée :

> *...Ne m'enviez point l'honneur que j'en reçoi.*
> *Quelle gloire à Plautine, ô ciel, de pouvoir dire*
> *Que le choix de son cœur fut digne de l'empire* [56]...

C'est de nouveau l'éthique mondaine de la gloire qui domine l'amour. Il en va ainsi jusqu'à *Suréna* malgré une évidente dévalorisation de l'héroïsme et de la politique, malgré aussi une reconnaissance tardive de la fatalité du destin et des passions de l'amour. C'est ce dernier point que nous voudrions étudier.

CHAPITRE V

LA TRAGÉDIE D'AMOUR

En vérité la chose ne devient éclatante qu'avec *Suréna* : la conception cornélienne de l'héroïsme et de l'amour dominé, sans être rejetée, s'y trouve menacée d'une sorte d'abandon et de discrédit. Les grands mouvements de l'histoire, les fastes dynastiques, l'extraordinaire des destins privilégiés, l'attitude volontaire ou politique devant les faiblesses de l'amour, ne suscitent plus une pleine adhésion. Une ironie hautaine et mélancolique, contemplent maintenant les conquêtes de l'ambition et du courage, les renoncements et les privations, les prestiges de la Gloire. Il semble qu'une lassitude ait envahi le héros, brisé son élan, atteint sa foi. Il s'agit d'autre chose que d'une volonté repliée sur elle-même refusant de s'exercer, rendant le héros immobile et passif ; d'autre chose que d'une inaction et d'un dédain, corollaires extrêmes de la volonté de puissance ; d'autre chose enfin que d'un pessimisme issu de l'héroïsme même [1]. Le changement ne vient pas, nous semble-t-il, d'une évolution inéluctable à l'intérieur du système cornélien. Un élément étranger, jusqu'ici ignoré ou repoussé, altère l'attitude cornélienne et lui fait perdre son aplomb.

L'amour, considéré comme une « surprise des sens » et une faiblesse, fut exclu par Corneille des plus hautes énergies de l'âme ; ce regard de l'esprit, séparant l'âme du corps, devait concevoir l'amour comme un plaisir et, à ce titre, le juger indigne de la scène tragique, à moins que la volonté n'y cédât point ou que le destin lui opposât des rigueurs et la gloire une règle. La passion de l'amour ainsi saisie en tant que fait intelligible, était analysée comme une sédition dans l'être. Cette psychologie amoureuse, sans rompre l'unité de l'être, la maintenait dans l'opposition même du cœur et de l'esprit, de l'instinct du bonheur et des exigences de la gloire. Psychologie en mouvement où l'amour, s'élevant des émotions égoïstes aux sublimes, prenait le caractère libre d'une création. A quoi répondaient l'héroïque et le romanesque cornéliens dans leurs manifestations les plus vraies comme les plus conventionnelles. Mais il est hors de doute que les dernières pièces de

Corneille décrivent l'amour comme un fait de sensibilité; il devient une « rêverie [2] », une « langueur », une « souffrance », un « noir chagrin », une « amertume » :

> Vivez, Seigneur, vivez, afin que je languisse,
> Qu'à vos feux ma langueur rende longtemps justice.
> Le trépas à vos yeux me sembleroit trop doux,
> Et je n'ai pas encore assez souffert pour vous.
> Je veux qu'un noir chagrin à pas lents me consume,
> Qu'il me fasse à longs traits goûter son amertume [3].

La tendresse galante s'est changée en une « douloureuse et fatale tendresse [4] »; l'amour n'est plus un sentiment mais une passion, une amère jouissance, une sorte de mort :

> Je veux, sans que la mort ose me secourir,
> Toujours aimer, toujours souffrir, toujours mourir [5].

Comment Corneille en était-il arrivé là ? Comment ce théâtre de l'héroïsme aboutissait-il à renoncer ses conquêtes, l'amour à consentir à l'attrait secret du bonheur ? Reconnaissons tout d'abord des changements aussi profonds. De façon générale ils sont marqués par le caractère apolitique des héros, à partir de *Tite et Bérénice,* ainsi que par la solitude et la jalousie amoureuses.

Déjà au temps où il crut « sonner la retraite [6] », Corneille dans les premières leçons de *Pertharite* avait dit adieu aux grandeurs de ce monde par la bouche du roi détrôné de Milan. Pertharite ne se présentait point devant l'usurpateur Grimoald à la tête d'une armée ou l'épée à la main. Seul, nullement jaloux de la couronne, ni pressé de s'en ressaisir, il venait proposer à Grimoald qu'il gardât le diadème mais lui rendît sa femme captive [7]. Puis comprenant qu'il n'obtiendrait rien, il se tournait vers sa femme et lui conseillait de céder au destin :

> Vous avez assez fait pour moi, pour votre honneur;
> Il est temps de tourner du côté du bonheur,
> De ne plus embrasser des destins trop sévères [8].

Corneille, cherchant à s'expliquer l'échec de *Pertharite,* mettait l'accent sur la démarche insolite de son héros : « On n'a pu supporter qu'un roi dépouillé de son royaume, après avoir fait tout son possible pour y rentrer, se voyant sans forces et sans amis, en cède à son vainqueur les droits inutiles, afin de retirer sa femme prisonnière de ses mains [9] ». Il devait savoir à qui s'en prendre : vingt années durant, lui et la plupart des dramaturges de son temps, avaient habitué et formé le public aux fatalités de l'héroïsme, au point que tout ce qui s'écartait de leur illustration ne passait plus sur la scène tragique. Le « temps de tourner du côté du bonheur » n'était point encore venu. Ce roi qui ne s'embarrassait plus des considérations du rang et de l'honneur et pouvait vivre « content malgré tant de mépris », cet amour dépouillé, inquiet, tout naturel, d'un mari pour sa femme, déplurent. Corneille dut reprendre l'esprit même du personnage, supprimer ce qu'un tel amour avait de trop humain [10].

Avec des nuances diverses, le caractère apolitique de Pertharite reparaît dans le rôle de Massinisse (*Sophonisbe*), dans ceux de Tite, Domitian et Bérénice (*Tite et Bérénice*), dans ceux de Léon et de Justine (*Pulchérie*), enfin dans tous les rôles d'amoureux de *Suréna* : Eurydice, Palmis, Pacorus, Suréna. On a si souvent répété que l'analyse de l'amour chez Corneille restait uniforme et sans nuances qu'on n'est pas peu surpris de découvrir avec quel soin il tâchait au contraire d'en explorer tous les caractères et tous les tempéraments. Par exemple, il a peint la passion sensuelle du chef numide, Massinisse, en dehors de tout élan vers le sublime ou le romanesque; aucune considération de la politique ou de l'héroïque n'alerte et n'oriente cet amour; il ne reconnaît que la force de l'instinct. Sophonisbe là-dessus sait fort bien à quoi s'en tenir :

> *Je sais qu'il est Numide.*
> *Toute sa nation est sujette à l'amour;*
> *Mais cet amour s'allume et s'éteint en un jour* [11].

Et à lui, directement :

> *Le trouble de vos sens dont vous n'êtes plus maître* [12].

C'est précisément de telles remarques qui la persuadent de ne pas lui accorder les dernières faveurs, avant qu'elle ne soit assurée du consentement de Rome à leur mariage. Non qu'elle n'aime Massinisse; mais elle essaie de tirer parti pour elle et pour Carthage d'une situation sentimentale avantageuse. Elle avait déjà mis quelques conditions précises à donner son cœur et sa foi; Massinisse n'était point dupe :

> *Je n'examine point quels sentiments pour moi*
> *Me rendront les effets d'une première foi;*
> *Que votre ambition, que votre amour choisisse...*
> *Il faut aller à Rome ou me donner la main :*
> *Ce grand choix ne se peut différer à demain,*
> *Le péril presse autant que mon impatience* [13].

Comme Sophonisbe n'est pas pressée, cette impatience devient de la souffrance [14]; et Massinisse ne craint pas de se rebeller contre Lelius et Rome au risque de compromettre ses affaires [15].

Tite a délaissé les soins de l'Etat et de la Gloire, du jour où il connut Bérénice. Auprès d'elle il a perdu sa force d'âme. Il a suivi l'ordre de son père d'écarter l'Asiatique et de se rapprocher de Domitie [16]. Il a obéi en murmurant. Empereur il s'est haussé à un destin qu'il ne peut remplir. Il laisse Bérénice revenir à Rome et, dès qu'il la revoit, parle d'abdiquer [17]. Il sait que Domitie fomente un complot contre lui et il laisse aller les choses sans se décider à intervenir. Il manque de sens politique, de sang-froid; il s'insurge contre l'Etat, et contre le Sénat [18]. L'amour borne l'ambition de cet empereur trop épris :

> Du trône où je me sieds puis-je aspirer à rien
> Qu'à posséder un cœur qui n'aspire qu'au mien ?
> C'est là de mes pareils la noble inquiétude :
> L'ambition remplie y jette leur étude [19].

Même attitude apolitique chez Léon (*Pulchérie*). Ce jeune officier consentirait à voir le vieux Martian empereur pourvu que Pulché-rie lui restât. Il réclame enfin la couronne, n'ayant pas d'autre moyen d'épouser l'impératrice. C'est seulement un pis aller [20]. De même les intérêts d'Etat ne préoccupent guère Pacorus (*Suréna*); s'il les met parfois en avant c'est pour forcer Eurydice à l'épou-ser, ou Suréna à lui céder Eurydice [21]. L'amour seul l'anime, lui fait abandonner Palmis pour Eurydice. Il s'explique là-dessus avec beaucoup de franchise; Palmis délaissée cherche à excuser son volage amant par des raisons d'Etat [22]; mais Pacorus :

> Non, Madame, souffrez que je vous désabuse...
> Ma légèreté seule a fait ce nouveau choix,
> Nulles raisons d'Etat ne m'en ont fait de lois;
> Et pour traiter la paix avec tant d'avantage,
> On ne m'a point forcé de m'en faire le gage :
> J'ai pris plaisir à l'être [23]...

Suréna, plus que tout autre, jette sur l'héroïsme un regard désa-busé. Eurydice voudrait que le valeureux général songeât à sa gloire, à ce qu'il doit à sa race, à sa postérité. Il répond :

> Que tout meure avec moi, Madame : que m'importe
> Qui foule après ma mort la terre qui me porte ?
> Sentiront-ils percer par un éclat nouveau,

> *Ces illustres aïeux, la nuit de leur tombeau ?...*
> *Quand nous avons perdu le jour qui nous éclaire,*
> *Cette sorte de vie est bien imaginaire* [24].

On montrerait aisément la même absence d'ambition politique chez quelques héroïnes. Bérénice vient à Rome en ambassade amoureuse et non politique; elle a détruit pour l'amour de Tite la ville de Solyme, regrette qu'un tel appui ait élevé son amant au pouvoir suprême et l'ait écarté d'elle. On lui annonce que le Sénat romain veut la combler de dons; elle se récrie; ce n'est pas dans l'intérêt de Rome qu'elle a fait alliance avec Tite mais pour Tite seul. Sa volonté triomphe de l'amour : non pour sauver le trône mais la personne de l'empereur. Son adieu est un acte d'amour [25].

De même, les visions d'empire ou de gloire ne traversent pas le rêve de Justine, la confidente de Pulchérie; toute l'ambition de la jeune fille se referme sur celui qu'elle aime [26]. La reine Eurydice n'a plus les hauteurs des filles couronnées. Victime de la raison d'Etat, non des préséances du rang, elle se fait gloire d'aimer le lieutenant d'Orode, et même de l'épouser :

> *Rétablissez vos lois sur les plus grandes têtes :*
> *J'en serai peu jalouse, et préfère à cent rois*
> *La douceur de ma flamme et l'éclat de mon choix.*
> *La main de Suréna vaut mieux qu'un diadème* [27].

Décidément le scrupule dynastique de Dona Urraque, de Dona Isabelle et d'Honorie n'est plus de saison.

Cette vue apolitique est liée chez la plupart de ces personnages à une solitude de l'amour à laquelle le théâtre cornélien ne nous avait point habitués. Chose curieuse, ce sont les hommes surtout qui en font la découverte. Tite le premier : le souvenir peuple et dévore l'absence de Bérénice, ramène l'amoureux vers la chambre déserte parmi les objets témoins du passé et fait surgir les images d'une volupté perdue :

> *Tout me ramène ici, tout m'offre Bérénice;*
> *Et même je ne sais par quel pressentiment*
> *Je n'ai souffert personne en son appartement;*
> *Mais depuis cet adieu, si cruel et si tendre,*
> *Il est demeuré vide, et semble encor l'attendre* [28].

Il caresse le rêve de vivre avec Bérénice, loin de la cour, loin de tous :

> *Allons où je n'aurai que vous pour souveraine,*
> *Où vos bras amoureux seront ma seule chaîne* [29].

Ses propos ont une intimité et quelque chose de sourd où l'on reconnaît l'égoïsme naïf et l'expérience de la passion :

> *Pourquoi partir, Madame, et pourquoi me le dire ?*
> *Ah ! si vous vous forcez d'abandonner ces lieux,*
> *Ne m'assassinez point de vos cruels adieux* [30].

ou encore :

> *Chaque mot à mon cœur coûte un soupir secret...*
> *Qu'ont d'amer pour eux tous les douceurs de ma vie* [31] ?

Léon (*Pulchérie*) voudrait arracher sa princesse aux préoccupations politiques et mondaines, n'avoir pour elle d'autres soins que ceux de l'amour :

> *Dans le plus triste exil vous me seriez plus chère...*
> *Pour être heureux amant, faut-il que l'univers*
> *Ait place dans un cœur qui ne veut que vos fers;*
> *Que les plus dignes soins d'une flamme si pure*
> *Deviennent partagés à toute la nature* [32] ?

Dans *Suréna* il ne s'agit plus de la seule expression lyrique de la solitude amoureuse mais de sa vérité tragique. Cette nostalgie devient une fatalité qui noue le drame. Eurydice et Suréna obligés d'avouer au monde un amour qu'ils avaient voulu renoncer par grandeur d'âme, s'enferment dans un farouche réseau de silence et de solitude. Au milieu des périls et des menaces, sourds à ce qui voudrait entamer la profonde entente de leur amour, ils s'enfoncent lucidement dans la mort. Ils ne veulent plus se sauver de l'envoûtement de l'amour. Cette fois l'action tragique est engagée, dominée, orientée par le sentiment amoureux; elle est ce sentiment même.

Enfin — nous l'avons indiqué — Corneille a trouvé dans ses dernières tragédies un caractère d'amant pour les vieillards. Il s'est attaché à analyser la jalousie sénile dans les rôles de Sertorius, de Syphax (*Sophonisbe*) et surtout de Martian (*Pulchérie*). La sympathie qu'il apporte à cette étude, le soin d'intégrer à la tragédie un personnage et un sentiment qui ne paraissaient pas relever du genre noble, le mot de Fontenelle sur son oncle et la tirade de Martian [33], d'autre part, la transcription dans *Sertorius* de quelques vers des poésies du *Recueil de Sercy* peuvent faire songer au caractère autobiographique de ces représentations. Nous y revenons plus loin.

L'important reste l'élargissement de l'investigation psychologique cornélienne. C'est un signe de plus de cet intérêt que le poète portait maintenant aux réalités de l'amour. Il ne craignait plus d'en décrire les formes douloureuses, en particulier la jalousie. Le portrait des vieillards amoureux l'avait déjà à plusieurs reprises tenté, mais il n'avait su que les peindre ridicules. Il continuait ainsi la longue tradition de la comédie latine et de la Renaissance. Dans *La Suivante*, Géraste ne cède sa fille à Florame que contre la sœur de ce dernier qu'il désire épouser. Aucune analyse psychologique ici, mais seulement un personnage nécessaire à l'intrigue. Amarante délaissée prononçait bien contre lui de graves imprécations mais celles-ci sonnaient étrangement dans cette pièce qui n'est d'un bout à l'autre qu'un imbroglio comique [34]. Dans *Médée*, le vieux roi d'Athènes, Ægée, est épris de Créuse et va l'épouser. L'arrivée de Jason à Corinthe brouille ce projet [35]. Jaloux, abandonné, jeté en prison, il est délivré par Médée et se tourne résolument vers la magicienne pour lui proposer son lit et sa couronne [36]. Le couple Marcelle-Valens dans *Théodore*, celui d'Arsinoë-Prusias dans *Nicomède*, ne rompent pas avec la tradition. Certes, le personnage de Prusias est plus poussé que celui de Géraste, d'Ægée ou même de Valens; mais la tendresse de ce roi, qui a épousé sur le tard une femme intrigante, relève encore de la comédie [37].

Il en va autrement avec *Sertorius*, le vieux général épris de la jeune Viriate. Par politique il voudrait bien la céder à son lieutenant Perpenna, mais le cœur ne suit pas aisément les conseils salutaires :

> *J'aime, et peut-être plus qu'on n'a jamais aimé;*
> *Malgré mon âge et moi mon cœur s'est enflammé.*
> *J'ai cru pouvoir me vaincre, et toute mon adresse*
> *Dans mes plus grands efforts m'a fait voir ma foiblesse* [38].

Et plus gravement à Viriate qui le presse de se déclarer :

> *J'ai cru honteux d'aimer quand on n'est plus aimable,*
> *J'ai voulu m'en défendre à voir mes cheveux gris...*
> *Mais près d'un coup fatal, je sens par mes ennuis*
> *Que je me promettois bien plus que je ne puis* [39].

Encore dans *Sertorius*, la générosité, la politique, la gloire luttaient-elles contre l'amour. Chez Syphax l'amour recouvre tout. Ce mari trop âgé ne soupire qu'après la paix et les charmes de sa femme. Durant la trêve accordée à l'armée carthaginoise il revient auprès de Sophonisbe avec plus d'ardeur que le plus tendre jeune homme :

> *Je rentre sans péril en ma première gloire;*
> *Et ce qui plus que tout a lieu de m'être doux,*
> *Il m'est permis enfin de vivre auprès de vous* [40].

Sophonisbe le renvoie au combat; il entrevoit la défaite mais obéit. Avant de quitter sa femme il lui dit un adieu où perce une inquiétude :

> *Mais que deviendrez-vous, si je meurs au combat ?*
> *Qui sera votre appui, si le sort des batailles*
> *Vous rend un corps sans vie au pied de nos murailles* [41] ?

Le mariage de Sophonisbe avec Massinisse lui arrache l'aveu d'une tardive et pitoyable passion :

> *Que c'est un imbécile et sévère esclavage*
> *Que celui d'un époux sur le penchant de l'âge,*
> *Quand sous un front ridé qu'on a droit de haïr*
> *Il croit se faire aimer à force d'obéir !*
> *De ce mourant amour les ardeurs ramassées*
> *Jettent un feu plus vif dans nos veines glacées,*
> *Et pensent racheter l'horreur des cheveux gris*
> *Par le présent d'un cœur au dernier point soumis* [42].

La jalousie le mord si cruellement qu'il ne songe plus qu'à se venger de Sophonisbe et de Massinisse, et voudrait même que Carthage fût détruite [43].

L'analyse de la jalousie amoureuse chez les vieillards est plus nuancée encore dans *Pulchérie*. Le sénateur Martian, ce ministre d'Etat qui dirigeait sous Théodore les affaires d'Orient, s'est épris de la princesse Pulchérie. Depuis une dizaine d'années il l'aime en silence et jalousement :

> *Fier de mes cheveux blancs, et fort de ma foiblesse;*
> *Et quand je ne pensois qu'à remplir mon devoir,*
> *Je devenois amant sans m'en apercevoir...*
> *Pour ne prétendre rien on n'est pas moins jaloux;*
> *Et ces désirs qu'éteint le déclin de la vie,*
> *N'empêchent pas de voir avec un œil d'envie,*
> *Quand on est d'un mérite à pouvoir faire honneur,*
> *Et qu'il faut qu'un autre âge emporte le bonheur* [44].

Il précise « l'ennui qui le dévore » :

> *Tout ce qui l'approchoit vouloit me l'enlever,*
> *Tout ce qui lui parloit cherchoit à m'en priver;*
> *Je tremblois qu'à leurs yeux elle ne fût trop belle;*
> *Je les haïssois tous comme plus dignes d'elle* [45].

Ces traits sont profondément enfoncés dans la passion; c'est elle qui a commandé toute l'activité de Martian. Le sénateur a engagé Léon à aimer Pulchérie; mais dans le même temps il dissuadait la princesse de l'épouser. Il a réussi ainsi à mettre « un long terme au succès de l'amour [46] ». Quand Pulchérie l'appelle à l'empire, il sait trouver pour dire sa tendresse un langage qui n'est pas seulement celui de la galanterie :

> *Depuis plus de dix ans je languis, je soupire,*
> *Sans que de tout l'excès d'un si long déplaisir*
> *Vous ayez pu surprendre une larme, un soupir;*
> *Mais enfin la langueur qu'on voit sur mon visage*
> *Est encore plus l'effet de l'amour que de l'âge* [47].

Le thème de la jalousie se trouve ailleurs que chez les vieillards. Le rôle de Pacorus dans *Suréna* est sans doute le plus insolite de tout le théâtre cornélien. Au cours de la pièce la jalousie du prince s'éveille, interroge, découvre, devient haineuse et meurtrière. Elle n'est plus un épisode ou un morceau d'analyse mais détermine l'action et constitue, en traversant l'amour de Suréna et d'Eurydice, le ressort dramatique de la tragédie. Elle ne revêt d'ailleurs aucune des formes que lui donnaient les conflits habituels de l'ambition et de l'amour-propre; étrangère aux conventions de la gloire, à l'héroïsme et à la politique, elle a sa source dans la nature même de l'amour. Pour la première fois dans ce théâtre elle est entièrement passionnelle.

C'est la beauté plus que les mérites d'Eurydice qui a séduit Pacorus, cet amoureux tout instinctif. Déjà il s'étonne des froideurs de la princesse et ne veut pas d'un amour par « devoir [48] ». Des évocations précises et insupportables le tourmentent :

> *Que sera-ce, grands Dieux ! si toute ma tendresse*
> *Rencontre un souvenir plus cher à ma princesse,*
> *Si le cœur pris ailleurs ne s'en arrache pas,*
> *Si pour un autre objet il soupire en mes bras* [49] *?*

Tout le deuxième acte est rempli de l'inquiétude jalouse de Pacorus qui veut savoir le nom de son rival. Il essaie de découvrir

auprès de Suréna quelle fut la conduite d'Eurydice à la cour; n'a-
t-elle pas été courtisée, recherchée par aucun « digne sujet » venu
des provinces ? Il veut s'éclaircir auprès d'elle dans un entretien
où il la presse d'avouer son secret tandis qu'avec habileté tout
d'abord, puis avec désespoir, elle retient le nom de celui qu'elle
aime. Il se tourne alors vers Palmis pour poursuivre son enquête,
s'appuie sur l'ordre rigoureux du roi Orode pour épouser Eurydice et forcer Suréna à prendre Mandane. Enfin devant la résistance décidée des amants il fait assassiner le général parthe [50].

Ces jalousies n'ont pas laissé d'être remarquées. Il se peut que
l'aventure galante (ou sentimentale ?) du poète avec Mlle Du
Parc ne soit pas étrangère à leur expression. Il existe un lien
visible entre les poésies que fit insérer Corneille dans le *Recueil
de Sercy* de 1660, entre les vers anonymes du *Mercure Galant*,
et la tragédie de *Sertorius*. Un vers entier (le vers 52) du poème
Sur le Départ de Marquise, se retrouve dans *Sertorius* (II, 1,
400). Mais le vrai lien est ailleurs.

Les poésies du *Recueil de Sercy* (1660) et celle du *Mercure* de
Donneau de Visé (1667) permettent de préciser la durée du
commerce tendre que le poète entretint avec la comédienne. Ce
qui frappe d'abord c'est assurément sa longueur : sept à huit
années (début juillet 1658 à la fin de l'année 1665 ou au début
de 1666). On se demande ensuite si l'on ne se trouve pas devant
un de ces innombrables exercices de littérature galante où se com-
plaisait l'époque; mais sous le couvert du langage conventionnel,
ou encore sous les rodomontades et la bravade, ne devine-t-on
pas un cœur plus touché que le poète ne voudrait le laisser entendre ? Cette dernière impression se fortifie à mesure qu'on
croit saisir l'unité de ton de ces poèmes, la progression et l'enchaînement des divers moments d'un récit possible.

On a donné « l'ordre » au « vieux garçon de cinquante ans [51] »
d'écrire une bagatelle de cinquante vers. Ainsi débute la galanterie par un jeu littéraire dont le poète, de l'humeur de quelqu'un qui a le cœur encore libre, s'acquitte prestement [52]. Mais
le dangereux, l'enivrant poison que l'amour d'une jolie comédienne ! Chacun veut courir à ce péril, à cette Peste [53]. On perd
avec Marquise un sonnet au jeu et l'on ne peut se défendre, en
l'écrivant, d'un sentiment déjà tendre : occasion d'une « délicatesse » où le cœur découvre son premier émoi :

> ...*Je n'ay point regret qu'une heure auprès de vous
> Me couste en votre absence et des soins et des veilles.
> Se voir ainsi vaincu par vos rares merveilles*

> *Est un malheur commode à faire cent jaloux*
> *Et le cœur ne soupire en des pertes pareilles*
> *Que pour baiser la main qui fait de si grands coups* [54].

Le charme opère; mais le poète s'en défend à la manière un peu bravache qui est la sienne :

> *Je sais l'art d'échapper aux charmes les plus forts;*
> *Et quand ils m'ont réduit à ne me plus défendre...*
> *Je m'enfuis, de peur de me rendre* [55].

Rien de grave encore. L'amoureux s'interroge, s'étonne de cette inclination tendre, songe à son âge, à la jeunesse et à la beauté de la comédienne, au fiasco du lit toujours possible :

> *Si l'armure n'est complète,*
> *Si tout ne va comme il faut,*
> *Il vaut mieux faire retraite*
> *Que préparer un assaut* [56].

Le temps passe, on rend visite. On fait sa cour. On soupire dans les formes et peut-être avec quelque chose de plus. L'aimée laisse « espérer »; l'accueil est « flatteur », mais on s'aperçoit que Marquise fait même visage et même flatterie à tous. Alors l'amoureux réclame pour lui davantage. Il veut « un beau feu » :

> *Un mutuel échange et de vœux et de soins,*
> *Un transport de tendresse à nul autre semblable* [57].

La réponse de la comédienne est une respectueuse dérobade : replacez l'aventure dans la galanterie; « rangez-vous » comme les autres auprès de moi; changez en amitié votre amour. — Bien. Mais on a de la fierté; on est toujours Pierre Corneille :

> *Et je vous trouve bien folle*
> *Si vous me pensez garder.*
>
> *Une passion si belle*
> *N'est pas une bagatelle*
> *Dont on se joue à son gré;*
>
> *Et l'amour qui vous rebute*
> *Ne sçauroit choir d'un degré*
> *Qu'il ne meure de sa chute* [58].

Pourtant, après avoir regimbé, on se soumet aux ordres de sa dame : on reste à amour sur estime, sans songer à passer plus avant. Du moins telles sont les apparences. Mais le cœur s'accorde-t-il avec les paroles et les pensées ? « Je vous estime », « Je songe que je vous estime » :

> ... quelque désordre où mon cœur soit plongé,
> Bien loin de faire effort à l'en voir dégagé,
> Entretenir sa peine est toute mon étude.
>
> J'en aime le chagrin, le trouble m'en est doux.
> Hélas ! que ne m'estimez-vous
> Avec la même inquiétude [59] ?

Cette inquiétude devient vite de la jalousie. C'est ici que paraît le faux aplomb de cette aventure, et, naturellement, son intérêt. On sent que pour Corneille il s'agit d'autre chose que d'une galanterie. Ces entretiens avec la comédienne sont plus qu'une occasion de remplir les loisirs d'une ville provinciale ou d'écrire des chansons et des sonnets. Les adorations, le rituel des manières et des propos galants, l'art d'aimer ne coûtent guère à ceux qui n'ont ces passions qu'en paroles. Dès qu'on les éprouve vraiment le jeu prend un autre caractère :

> Je sais qu'il vous est doux d'asservir tous nos soins;
> Mais qui se donne entier n'en exige pas moins.
> Sans réserve il se rend, sans réserve il se livre,
> Hors de votre présence il doute s'il peut vivre [60].

Sous la parade mondaine murmure le « cœur un peu tendre et facile à blesser ». Une fois déjà cet amour « trop délicat » a voulu rompre :

> Vous avez vu, Philis, comme il brise sa chaîne
> Sitôt qu'auprès de vous quelque chose le gêne.
> Et comme vos bontés ne sont qu'un faible appui
> Contre un murmure sourd qui s'épand jusqu'à lui...
> La part qu'il prend sur lui de votre renommée
> Forme un sombre dépit de vous avoir aimée [61]...

Quel propos railleur, rapporté au poète, la comédienne a-t-elle tenu (« imprudence » « trop d'enjouement ») qu'il en paraisse si blessé ?

> Que ce soit vérité, que ce soit calomnie,
> Pour vous voir en coupable il suffit qu'on le die;

> *Et lorsqu'une imposture a quelque fondement*
> *Sur un peu d'imprudence, ou sur trop d'enjouement,*
> *Tout ce qu'il sait de vous et de votre innocence*
> *N'ose se révolter contre cette apparence* [62]...

On a pu dire : « Un vieux galant de cinquante ans. » — Soit. Mais un « captif d'importance » ! Et voici la révolte, les stances superbes et sans noblesse à Marquise, la goujaterie du génie :

> *Marquise, si mon visage*
> *A quelques traits un peu vieux,*
> *Souvenez-vous qu'à mon âge*
> *Vous ne vaudrez guère mieux* [63]...

La brouille est cette fois consommée, semble-t-il. Du moins Corneille dut le croire. Mais non. Molière quitte Rouen, fin septembre ou début d'octobre 1658. Toute la troupe fait ses adieux aux provinciaux. Mlle Du Parc reçoit son poète révolté avec la plus parfaite aisance. Le petit drame sentimental qu'il vient de vivre, Marquise ne s'en est pas effarouchée davantage ou peut-être feint-elle de l'ignorer :

> *Quoi ? vous me revoyez sans vous plaindre de rien ?*
> *Je trouve même accueil avec même entretien ?...*
> *Marquise, dites donc ce qu'il faut que je fasse :*
> *Vous rattachez mes fers quand la saison vous chasse;*
> *Je vous avois quittée, et vous me rappelez*
> *Dans le cruel instant que vous vous en allez* [64].

Il continua donc à la voir. A Paris, il l'écoute au théâtre le jour où la troupe de Molière reprend les *Amours de Diane et d'Endymion* de Gilbert (25 juin 1660), et c'est l'occasion du madrigal : « Pour une dame qui représentait la Nuit en la comédie d'Endymion. » Il y a dans ce madrigal plus d'esprit que de sentiment; serait-il défendu pourtant d'y découvrir un trait assez vif de sensualité :

> *Ténébreuse déesse, un œil bien éclairé*
> *Dans tes obscurités eût cherché sa fortune* [65]...

Il cesse enfin de fréquenter le salon de la comédienne vers le début de 1666. Le calme du cœur était-il venu ? Il dit bien :

> *Je vis auprès de vous dans une paix profonde,*
> *Et doute, quand j'en sors, si vous êtes au monde* [66].

Mais aussitôt après :

> *Vos regards ont pour moi toujours le même charme,*
> *M'offrent mêmes périls* [67]...

La brillante veuve mène grand train depuis la mort du comédien René Berthelot, son mari. Au Palais-Royal elle tient le rôle d'Axiane dans l'*Alexandre* « du chagrinant rival ». Ces rencontres du vieux Corneille et du jeune Racine auprès de la comédienne, l'adieu souriant d'un amour qui s'efface devant les commencements d'une liaison aujourd'hui encore entourée de scandale et de mystère, la fin du poème semble bien en contenir les images émouvantes :

> *Souffrez... qu'à mon tour je cède*
> *Au chagrinant rival qui comme eux vous obsède,*
> *Qui leur fait presque à tous déserter votre cour,*
> *Et n'ose vous parler ni d'hymen ni d'amour.*
> *Vous le dites du moins, et voulez qu'on le croie,*
> *Et mon reste d'amour vous en croit avec joie :*
> *Je fais plus, je le vois sans en être jaloux* [68]...

Si ses « vieilles années » acquièrent enfin au poète « l'avantage d'aimer si commodément », il est bien difficile d'admettre que tant de tendresse — et si prolongée [69] — ne fut qu'un « feu d'esprit [70] ». Quoi qu'il en soit du récit suggéré par ces poèmes — et celui que nous avons proposé n'est qu'un récit possible entre bien d'autres — il reste que le sentiment dominant de toutes les pièces cornéliennes du *Recueil de Sercy* et du *Mercure galant* est une tendresse pudique et jalouse. Or, c'est ce même sentiment que nous avons retrouvé dans les dernières tragédies de Corneille. Là est le lien véritable. Certes, on ne peut guère parler de transcription du poème lyrique dans le poème dramatique; mais il semble bien que le thème de la jalousie si souvent repris par Corneille à partir de *Sertorius*, soit inspiré d'une expérience intime, difficile pour nous à presser. Il en est le prolongement probable et une transposition sur le plan créateur.

Peut-être devons-nous également à cette aventure personnelle l'accent singulier de la modulation des premiers émois de l'amour dans *Psyché*, ainsi que la fraîcheur du couplet sur la jalousie, bien que ce dernier ne soit que le morceau le plus achevé d'un lieu commun littéraire probablement d'origine italienne et déjà dans Desportes et Théophile de Viau [71].

CONCLUSION

C'est une erreur évidente de réduire la psychologie cornélienne à ses facteurs rationalistes et volontaires, aux seuls propos de la passion délibérée; d'autres éléments sensibles ou passionnels introduisent dans cette dialectique conduite avec rigueur, un risque permanent de déséquilibre, des menaces contre la régularité et l'ordre, des tentations étrangères à la raison, des pièges à la volonté. Un goût marqué pour le théâtral et l'emphase, l'entente ou le divorce du cœur et de l'esprit, le gouvernement d'une vie sans cesse aventurée qui s'inscrit dans les premières comédies, les comédies héroïques et les pièces à machines par le chant, le travesti, le caprice, les fêtes, et dans la tragédie par l'exploration des hauts faits de l'histoire et de l'extraordinaire humain, trahissent une sensibilité et une imagination que ne parvient pas toujours à contenir la raison.

En réalité, dans ce théâtre, deux attitudes s'affrontent sans cesse; elles peuvent se réduire au romanesque et au réalisme, à l'esthétique baroque et à l'esthétique classique, à ce qui est la vie et à ce qui la dépasse. Choses vues ou images de la nostalgie, il n'est pas un caractère dans cette œuvre touffue qui ne soit éclairé, un trait qui ne soit biffé, un facteur qui ne soit compensé par son contraire. A toute ascèse répond une tentation, à toute grandeur une bassesse, à toute générosité une cruauté. Les arabesques et la musicalité du langage, l'exotisme et le pittoresque, voisinent avec les constructions stables et ordonnées, la clarté du discours et des raisonnements, la nudité du décor; les enthousiasmes, les pardons, les caprices du cœur, se mêlent aux intérêts, aux conformismes, aux résignations. Bref la tendance romanesque met en constant péril la tendance raisonnable.

L'analyse du sentiment amoureux répond à la complexité de cette psychologie des passions dans leur ensemble. L'amour hésite entre des pôles extrêmes. D'un côté l'amant s'aime à travers la personne aimée: il aime pour soi; confondu avec l'égoïsme, l'amour n'est pas la ferveur d'aimer mais le plaisir de l'amour-propre. Il est marqué dès les comédies et les poèmes de jeunesse par une morgue, un ton gouailleur, une allure dégagée et parfois agressive contre les engagements décisifs et tout particulièrement contre le mariage. Amour réticent, calculateur et armé. Bon nombre d'amoureux n'entendent pas se dépouiller de leur nature virile; leur moi despotique — instinct de conquête, estime qu'ils se doivent — souffre mal le respect de la femme et le culte de l'amour. La sensualité, la jalousie, l'ironie, traversent les soumissions de l'amour courtois. L'individu libre et lucide, se sentant menacé par l'invasion de la tendresse, ne consent pas à abdiquer devant elle. Comprenant qu'il ne pourra jamais satisfaire à la fois aux exigences contradictoires de la maîtrise de soi et de la passion, il va jusqu'à renoncer à l'être aimé. Cet amour égocentrique s'inscrit dans un redoutable débat entre la liberté et la servitude de l'amour.

L'autre inspiration amoureuse n'est pas moins suivie. L'amant se perd dans la personne aimée; les racines de la passion ne s'enfoncent plus dans l'égoïsme ou l'ironie. L'enthousiasme, la générosité, la dévotion à la femme, le lyrisme, caractérisent la plainte des « soupirants » et des « mourants »; dans quelques tragédies galantes à partir d'*Œdipe,* la tendresse fait capituler les énergies de l'âme. Mais entre les propositions de la tendresse et celles de l'égoïsme, entre le réalisme et le romanesque amoureux, la tradition gauloise et la tradition courtoise, Corneille a su dégager et illustrer une théorie de l'amour héroïque en harmonie avec sa conception de la vie et de l'héroïsme. L'originalité de l'analyse de la passion à partir du *Cid* tient à cette découverte; l'honneur et l'amour n'entrent plus en conflit : ils conspirent ensemble. C'est cette théorie que l'on a retenue; mais on l'a altérée au point de la rendre méconnaissable par une interprétation maladroite du vocable cornélien. La vue d'un amour qu'éclaire la connaissance et dirige la volonté n'est pas seulement inexacte, elle est étrangère à ce théâtre; aucun amoureux, aucune amoureuse n'y répond. La même erreur qui faisait reposer l'acte sur la libre détermination du héros et donnait la délibération comme la source de l'héroïsme, se retrouve entière ici. Elle s'est même fortifiée en ce qui concerne la psychologie amoureuse. Le mécanisme curieux que l'on a cru y découvrir — l'amour se transformant, s'élevant, changeant même d'objet à mesure que la connaissance révèle les qualités de l'être aimé et fait naître l'estime — est une méprise. Aperçoit-on les conséquences extrêmes d'une telle théorie ? l'amour condamné à être infidèle ? Dieu seul à le fixer ?

Ces diverses expressions de l'amour s'inspirent des courants de pensée et de sensibilité, des modes littéraires et du théâtre contemporains. Deux mouvements qui se rattachent à la Renaissance humaniste en France, le néo-stoïcisme et le néo-platonisme de la fin du XVIᵉ siècle, se prolongent au XVIIᵉ, par de nombreuses controverses politiques, religieuses, littéraires et mondaines, dans les mœurs et l'esprit même de société. Le panorama spirituel du premier tiers du siècle où voisinent fidéistes, stoïciens, « gallicans », « politiques », « prudhommes », sceptiques, libertins, athées, spiritualistes, précieux et mystiques, reflète la complexité des doctrines et des querelles qui se développèrent sur la notion des passions, de la gloire, de la grâce, du libre arbitre, de l'art de régner, du romain, du héros, de l'homme de cour, de l'honnête homme, etc... On y peut saisir deux caractères éminents : une tendance au rationalisme, à l'ordre, aux formes de la volonté et de l'énergie, et une tendance au romanesque, à l'absolu, au gratuit. Celle-ci se marque sur la scène par ce qu'on a pu appeler la « tragédie shakespearienne [1] » du début du XVIIᵉ siècle, bientôt recouverte par le réalisme classique. La pastorale, la tragi-comédie ainsi que la tragédie du sang donnent de l'amour ces images exceptionnelles et ces instants où règnent le loisir, l'inouï, l'anormal, le forcené. Cependant, vers 1630, quelques pièces ébauchent une psychologie de l'amour plus proche de la nature et de l'expérience commune. Au merveilleux, à l'imaginaire, se mêlent le réel et l'humain. Mais le romanesque et l'héroïque dominent, malgré tout, le théâtre de l'époque Louis XIII. On ne sera point surpris d'en trouver les divers éléments rassemblés dans l'œuvre de Corneille, si l'on songe à leur intime complicité. Il n'est point en effet de romanesque de l'intérêt, de la cruauté, du chantage ni de toute autre expression de l'égoïsme, mais de la seule générosité, du courage, du sacrifice, de l'amour, de l'honneur, et en général de tout ce qui témoigne du don de soi. Or l'attitude héroïque porte un semblable caractère : elle fuit la bassesse, le calcul, les prudences, toutes choses qui sont vicissitudes d'esclavage et menaces pour la liberté. D'où l'entente, chez Corneille, des exercices de la volonté héroïque et de ceux du romanesque. Loin de s'opposer, ils naissent d'un même esprit.

Les premières comédies peuvent réserver quelque surprise au lecteur non prévenu. Une longue habitude des œuvres maîtresses fait qu'il s'attend à la légende espagnole ou à l'histoire romaine, à une allure de chevalerie ou d'épopée, à des débats politiques. Il découvre une ville provinciale, Paris, une enfilade de « grands bâtiments », de « superbes toits » à la Louis XIII, notre Palais-Royal et notre Place des Vosges; nulle peinture, nul décalque ou reflet de l'antique, mais une atmosphère, un esprit parisiens; une peinture de l'amour à la fois romanesque et réaliste où plusieurs éléments disparates et parfois opposés coexistent.

Ces œuvres replacées dans l'ensemble du théâtre de l'époque, l'imitation de Corneille apparaît évidente. Il intègre à ses comédies presque tous les lieux communs traditionnels et la métaphysique amoureuse de la pastorale et de la tragi-comédie. Il n'est d'elles aucune intrigue dont l'argument de *Clitandre* puisse envier les outrances. Cette pièce, *L'Illusion,* et à un degré moindre les autres comédies, gardent une prédilection pour l'imaginaire, le fantasque, l'irrationnel, le paradoxal, l'extrême, l'étrange. Ce romanesque se manifeste aussi bien dans la féerie du décor, du travesti et du déguisement que dans la psychologie. L'amour discute, se moque, se fait galant. Corneille en parle en homme de son temps, ne parvient pas à se débarrasser de l'expression conventionnelle qui se prolongera si avant dans le siècle et dans sa propre œuvre, toute chargée de termes précieux, de pointes, de fausses et ravissantes pierreries. Les mots ne viennent pas des profondeurs troubles ou sereines du sentiment; ils manquent de fraîcheur et de conviction. La réflexion patiente sur la condition humaine qui permit à Corneille d'embrasser les ressorts essentiels de l'âme ne l'habite pas encore — ou du moins ses comédies. Il n'aperçoit guère de l'amour que l'agrément ou pour employer ses mots, « les tendresses de l'amour content ». L'ardeur des sens, les instincts, les inclinations, le plaisir de parler d'amour, les traverses et les inquiétudes sentimentales restent la trame des comédies; ils n'engendrent que rarement des situations critiques et cruelles ou la passion envahit tout et l'âme se reconnaît. Les comédies ne donnent donc pas de réponse franche au problème de l'amour. Elles vont d'une définition à l'autre; on n'y perçoit jamais une note dominante qui dénoncerait une nature ou, à défaut, une opinion ferme et décidée.

Il est vrai : le romanesque amoureux cornélien ressemble par beaucoup de traits à celui de Scudéry, de Du Ryer, de Rotrou ou de Mareschal; il est aisé cependant d'y découvrir d'autres caractères qui lui confèrent une nouvelle valeur. Nous n'entendons pas diminuer le mérite de l'un au profit de l'autre; toute esthétique est valable qui répond à un besoin de l'homme. Dans le romanesque qui n'est pas la vie dans sa source mais l'imaginaire et la fantaisie, l'amateur de pastorales ou de tragi-comédies pouvait se croire à l'abri du destin; qu'il se promenât par le bosquet d'Arcadie, les pays étrangers ou le salon parisien, il goûtait l'abandon sans heure du loisir et de la rêverie; le cœur y jouissait de son expansion libre, de ses repos et de ses élans.

On peut s'étonner d'une peinture qui, sans rapport avec l'existence, semble merveilleusement enfermée dans l'univers du Livre. Mais non pas Corneille : il ne méprise pas, il ne rejette pas ce romanesque; il en aperçoit la part vraie, humainement valable, qu'il recueille. Le romanesque est de l'homme, et, comme tel, Corneille en poursuit les conquêtes; il les rattache à de vifs supports. Alors que ses prédécesseurs le produisaient à travers des paysages, des aventures et une mythologie amoureuse de convention, Corneille le ramène à la mesure humaine; il l'inscrit dans le tissu du monde et de la vie. Ainsi la géographie et l'ethnographie nouvelles de ses comédies prennent une signification. S'il n'est pas le premier à briser le cadre de la pastorale, à supprimer les tableaux de la tragi-comédie, il est presque le seul à changer le caractère de l'analyse psychologique de l'amour. Certes, il s'inspire des œuvres théâtrales du temps, mais l'observation directe tend peu à peu à se substituer aux modèles, la vie aux lectures. De là ce mélange de tons dans la peinture de l'amour, parfois d'une pièce à l'autre, et, le plus souvent, dans la même pièce. Un romanesque de tradition y côtoie un romanesque appuyé sur le réel et qui n'en est qu'une interprétation ou une stylisation. Certains amoureux font une critique souriante des éléments sentimentaux et idéalistes de « l'honnête amitié »; le délire sacré, la ferveur, cèdent à l'amour-goût, à l'inclination, au simple flirt; l'ironie, les feintes, les coquetteries, les infidélités et l'affairisme amoureux, remplacent les soumissions et les adorations ou trouvent place à côté d'elles.

Corneille tirait ainsi la scène du monde mythique où ses prédécesseurs l'avaient longuement retenue; il la ramenait à des hauteurs moyennes, à une assemblée de jeunes gens et de bourgeois qui se souvenaient des éternelles vacances de la tragi-comédie et de l'ancienne plainte de la pastorale mais prenaient conscience de la vie, de ses réalités, et s'avançaient hardiment vers elles. De *Mélite* à *L'Illusion* le chemin parcouru est visible. Corneille mêle de plus en plus ses personnages à des activités qui relèvent de la vie mondaine et organisée. On ne retrouve plus, à partir de *La Veuve,* le pur déroulement d'un loisir sans fin; des préoccupations d'un autre ordre se laissent surprendre : l'amour tient compte des hiérarchies sociales et du rang; les signes extérieurs des biens de fortune sont indiqués; on va en carrosse ou à pied; on porte l'habit et l'épée; maîtresse et suivante n'ont plus même robe, ni mêmes manières, ni même langage; l'étiquette et les usages règlent les rapports entre elles; la vie des métiers et des arts, les échos des salons et même de la cour, les modes et les potins du Tout-Paris viennent déboucher sur la scène; ils font perdre aux personnages leur air convenu, aux images de roman leur excentricité, aux sentiments leur expression artificielle ou abstraite. Les amoureux louvoient, intriguent; certains consentent, poussés par l'intérêt, l'ambition ou le désir, à des besognes obscures et basses. Si la tendresse à la Céladon habite encore quelques-uns d'entre eux, les autres font gloire d'une manière de donjuanisme à courte allure, d'une infatuation qui rappelle Hylas. Enfin l'un d'eux subordonne les passions de l'amour à des valeurs qu'il juge plus nobles : maîtrise de soi, puissance de la volonté, libre arbitre. Inquiétudes, réflexions, ironie, contrecarrent le romanesque; des exigences vitales lui coupent les ailes, lui proposent des limites et des obstacles. La condition humaine et non plus le vide de l'imaginaire le contient et le porte. A travers les mots et les gestes du lyrisme amoureux, les prismes du divertissement et de l'illusion, on entrevoit le monde et l'histoire du cœur humain.

Dans cet univers à demi réel, à demi inventé, l'amour fait alliance ou divorce en dehors du milieu social, de la politique et des métiers. Aucun horaire, aucun lieu précis, ne sont fixés à cette jeunesse qui semble ignorer les événements de l'histoire, les travaux et les jours. L'amour, même douloureux et grave, ne pouvait ici s'élever au caractère moral qui allait s'épanouir dans les tragédies; il restait déraciné. Le *Cid* apporte un climat nouveau. La morale du héros y domine le conflit amoureux. Ce caractère n'est pas propre à la tragédie cornélienne. On le retrouve dans presque toutes les œuvres dramatiques à partir de 1630.

Nous avons montré l'évolution du sentiment amoureux depuis la tragédie du sang du début du XVIIe siècle, laquelle se souvient ou s'inspire du théâtre de la Renaissance, de Sénèque, des chroniques italiennes et espagnoles où sévissent la cruauté, la violence, le forcènement, jusqu'aux ébauches de tragédie psychologique où l'amour commence à être analysé dans ses faits divers quotidiens et son humanité. C'est la tradition de l'amour pastoral qui se prolonge encore un temps dans la tragédie nouvelle. Mais d'autres éléments viennent s'y ajouter, en particulier ceux de la comédie espagnole : sentiments de l'honneur, du point d'honneur, de la gloire, de la générosité, etc... L'originalité de Corneille n'est pas d'avoir conçu un théâtre de l'héroïsme et de l'amour héroïque — il suivait en cela ses devanciers plus outranciers que lui — mais d'avoir ramené l'héroïque à l'humain, tout comme dans les comédies déjà, il avait substitué un romanesque vrai au romanesque gratuit de la pastorale et de la tragi-comédie. De là la vérité et la beauté de l'aventure sentimentale du *Cid*.

Nous avons dû préciser la notion même d'héroïsme cornélien si intimement parente de celle d'amour héroïque. Faute d'avoir replacé cet héroïsme dans la lumière qui lui est propre, c'est-à-dire celle de la gloire, principe et fin d'une éthique aristocratique singulière, on en a manqué le caractère essentiel. Le héros de type cornélien, qu'éclaire la connaissance et détermine la volonté, ne répond que faiblement aux héros cornéliens dont l'action foudroyante et imprévisible est toujours déclenchée par quelque force passionnelle, colère, ambition, point d'honneur, sentiment patriotique, enthousiasme. Nous avons cru découvrir d'où venait cette erreur : on n'a pas dissocié les deux moments de l'activité du héros, celui où il agit, et celui où il donne la version de son acte. Dans ce dernier moment, la théorie de l'action proposée peut laisser croire à quelque héroïsme lucide et délibéré, s'informant des conditions, des raisons et des mobiles, les pesant et les critiquant avant de décider du parti à prendre; mais de toute évidence, l'acte héroïque échappe à ce qui tente de le définir, conservant toujours une souplesse, une allure, une authenticité qui relèvent beaucoup plus du tempérament et du savoir-faire que de la réflexion. En mêlant les caractères de l'acte récité à ceux de l'acte même, on a pu confondre l'héroïsme cornélien avec on ne sait quelle manière de volontarisme et d'intellectualisme qui faisait perdre au héros la violence, la spontanéité, la grâce, et jusqu'au principe de ses déterminations.

Toutes les lumières et toute la volonté du héros cornélien ne vont en fait qu'à reconnaître et à suivre les exigences de la Gloire. La générosité cornélienne est cette manière d'être du héros qui prend souci de ne pas démériter aux yeux du monde et aux siens. Morale propre à une élite et à une génération; rien n'empêche d'ailleurs de l'appliquer à tout homme noble alors que Corneille ne l'entend que pour l'homme de souche noble. Mais c'est une extension dangereuse de la langue du poète dans celle de notre époque, ou dans celle des philosophes ou encore des moralistes : on confond la générosité cornélienne avec la générosité cartésienne, avec la vertu morale, etc... C'est une telle confusion qui nous a fait perdre, nous semble-t-il, la source réelle du tragique du *Cid*, lequel est inhérent au conflit de la Gloire et de la fatalité de l'amour. Si l'on ne s'attarde plus à l'antagonisme du devoir et de l'amour (on a enfin reconnu que l'amour dans cette affaire d'honneur était de connivence avec le devoir), on prête encore à ce terme de devoir le sens moral qu'à l'ordinaire nous lui donnons aujourd'hui; il s'agit pourtant d'un devoir de vengeance particulier à un peuple et à une époque. De même, si l'on parle de devoir à l'occasion de Chimène, on en précise rarement le caractère; l'analyse ne peut dans ces conditions que manquer son objet. Faute de rattacher un tel devoir à l'éthique féodale qui domine les actions, les divers mouvements d'âme des personnages et jusqu'à leur langage, on fait entendre qu'il s'oppose à l'amour que Chimène porte à Rodrigue après la mort de Don Gomès; mais c'est tout le contraire qui est vrai : l'honneur, selon la morale du clan, fait un devoir à l'orpheline d'aimer encore Rodrigue. Il nous a bien fallu reconnaître enfin pour l'héroïne une tragédie intime, liée à la condition de l'amour et à la force du destin. Le drame de Chimène accuse l'échec de l'idéal aristocratique, impuissant ici à résoudre certaines difficultés surgies de la fatalité de l'événement et de la passion. Malgré la promesse et l'ordre du roi, la pièce s'achève sur la séparation des amants et la perspective d'un malheur irréparable. Elle perd ainsi la raideur d'une logique sentimentale fondée sur l'honneur chevaleresque; des forces primitives, amour, piété filiale, colère, tourmentent l'héroïne; elles triomphent d'une morale sociale et sentimentale conventionnelle. Là est le tragique réel de l'amante du Cid. Mais il est aussi bien celui de Sabine, de Camille, et, malgré des incidences propres, celui de Pauline.

Dans *Polyeucte* on en reste toujours en fait à la famille, au civisme, à l'Etat. Du moins, c'est ainsi que débute la pièce avec tout l'appareil de la tragédie profane. Le roman d'amour de Pauline et de Sévère, le mariage de Pauline et de Polyeucte, l'un rompu, l'autre conclu par raison politique et sociale, sont révélateurs. On n'y aperçoit pas la marque d'aventures qui soient placées sous un signe divin. Au commencement du drame sont posés l'homme et l'amour humain. D'où il résulte un plan neuf et original : la crise religieuse de Polyeucte n'est point traitée comme une aventure divine, voulue, choisie, fixée par Dieu, mais comme une aventure humaine, voulue, élue, déterminée par l'homme. Il ne s'agit pas, comme dans presque toutes les pièces religieuses contemporaines, de la dramatisation d'une histoire sainte, conduite par Dieu et considérée sur le plan de l'éternel, mais du drame de l'homme qui cherche et découvre son Dieu. Il n'est question que du passage d'un monde d'amour à un état de sainteté. Un drame conjugal s'élève aux régions de l'Amour et de la Présence; une conscience d'homme devient le miroir où se réfléchit l'âme divine. Ce n'est pas l'image d'un saint qui nous est offerte, mais celle d'un homme en difficulté avec lui-même et se tournant vers Dieu.

Si quelque doute restait sur le caractère du plan cornélien, il suffirait de rappeler la liaison que le dramaturge ne cesse de resserrer entre l'amour humain et l'amour divin, entre le drame

du couple terrestre et celui de la sainteté. Les auteurs des drames
sacrés de l'époque s'efforcent de séparer l'intrigue amoureuse
profane de l'office du saint; Corneille seul saisit le lien intime,
le cheminement, la montée de l'une à l'autre. Il voit la crise
passionnelle enfanter et nourrir la crise religieuse. Ces vues du
poète portent loin : elles ramènent le mystère à ce qui lui donne
naissance, c'est-à-dire à notre vie intérieure, à notre nature et à
notre bien propres qui sont l'amour. En réintégrant le surnaturel dans l'homme, Corneille lui donne un sens neuf et positif;
il refait par le dedans et les chemins de la nature la découverte
de la Passion et de l'exercice du Salut.

Une confusion toutefois reste possible : il semble que Corneille ne retienne pas entièrement cette tragédie sacrée sur un
plan psychologique; il prête parfois à son martyr les lumières
d'une rhétorique sainte; les voies du salut par l'œuvre d'homme,
et celles du salut par la Grâce ou par la théologie, restent juxtaposées. De là des disparates curieuses et même des contradictions, soit que Polyeucte profère les pieuses maximes de l'orthodoxie chrétienne, soit qu'il parle la langue naturelle du cœur.
De là aussi ces alternances de froideur et d'enthousiasme du
personnage, d'analyse psychologique et de dialectique dévote,
d'angélisme et de dynamique humaine. On relèverait aisément
dans les moments de prédication de Polyeucte des formules qui
nient l'héroïsme et la grandeur de l'amour humain. Ces réserves
faites, l'action même du martyr ne tend jamais qu'à les prouver et à les consacrer.

Une nature profonde pouvait seule maintenir à travers ces
diverses expériences du cœur une continuité aussi remarquable.
Le danger — on le voit aussitôt — eût été d'opposer l'amour
divin à l'amour humain; de rabaisser celui-ci pour élever celui-
là; de jeter le discrédit sur l'amour héroïque, chevaleresque,
courtois, d'en faire éclater le mensonge et de déprécier après
coup ce qui avait été reconnu comme grand. Or, Polyeucte, fort
heureusement, n'apporte pas un tel renversement de valeurs.
Tous les sacrifices consentis jusqu'ici par les héros demeurent
pleinement valables; il restait toutefois une cime plus haute, un
dernier acte qui éclairât et justifiât les gestes des héros frater-
nels qui avaient précédé Polyeucte. Loin d'être la dérision de
cette grandeur, la sainteté de Polyeucte en est l'épanouissement.

De *Pompée* à *Pertharite* la conception de l'amour héroïque
est illustrée par des épisodes sentimentaux rarement dramatiques, ou du moins très éloignés de la fatalité qui marque les
conflits du cœur et de la gloire dans les tragédies précédentes
Corneille devient systématique et de parti pris: il introduit dans

certaines pièces les pratiques de l'amour politique, galant ou précieux; l'ambition, la volonté de puissance règnent désormais sur elles. La comédie du *Menteur* fournit à Corneille une nouvelle occasion de situer l'amour sur le plan de l'éthique glorieuse; on ne peut saisir le sens du mensonge illustré par Dorante que par référence à elle. Mensonge héroïque où l'amour s'engage sans s'avilir. A ce jeu l'âme ne se trahit point mais au contraire cherche et fait paraître les mouvements et la respiration qui lui sont propres.

Après la chute de *Pertharite,* Corneille souffla sept années; il revint au théâtre avec la Tragédie du Tendre, puis la Tragédie dynastique et galante, et enfin la Tragédie de l'amour. En réalité, c'est un monde de conventions et de clichés qu'il reprend en 1658. Depuis longtemps il avait perdu contact avec le réel; il ne semble pas pressé d'en retrouver les assises. Ce n'est pas le moins important des problèmes que pose le rythme de sa production que cet abandon ou cette perte de l'humanité vivante qui caractérise les chefs-d'œuvre de 1636 à 1643. Nous nous sommes expliqués sur ce point. Jusqu'à *Sertorius,* Corneille remettra sur la scène les mouvements et le langage de la tendresse à la mode : romanesque amoureux, sentimentalité précieuse, symboles et métaphysique du cœur et de l'esprit, issus de la pastorale et de la tragi-comédie, de l'*Astrée* et des romans contemporains. Il suit la mode, l'esprit de son temps et son propre goût. Il n'omettra aucun des thèmes habituels : démission de l'héroïsme devant l'amour, longues et prudentes démarches de l'aimé à travers les périls de la *Carte du Tendre;* mystique et politique amoureuses; amour gynécentrique; complexes états d'âme où se heurtent la gloire, l'amour, l'amitié, l'ambition; confusion troublante de sentiments, en particulier de la tendresse fraternelle et de l'amour.

Avant *Œdipe,* il avait déjà sacrifié au romanesque tendre autant qu'à l'héroïque[2]. Dès *Sertorius* il réagit avec violence[3] contre la galanterie, mais il y cède encore plus qu'il ne croit. Toutefois, au moment où triomphent Thomas Corneille et Quinault, il conçoit la tragédie d'Empire, dans laquelle les fastes du pouvoir et les intérêts dynastiques l'emportent sur l'amour; ils font naître une sorte d'héroïsme au souffle court et des ambitions intéressées. Aussi avons-nous trouvé dans ces tragédies beaucoup plus de glorieux et de glorieuses que de Gloire véritable, beaucoup plus de satisfactions d'amour-propre que de grandeur intime. Il ne s'agit plus de Rome mais bien de l'envers de Rome. Ce n'est plus l'honneur chevaleresque, ou quelque sentiment noble, amour filial, amitié, amour, pardon, civisme, amour de la patrie, sainteté, qui font le héros mais l'ambition et le désir de régner. Il faut l'avouer : ces héros étouffent un peu parmi les intrigues de cour, les propos de la galanterie et de la politique. Mais, alors que dans la tragédie du Tendre, les soupirs, les humiliations du héros paraissaient conventionnels, dans la tragédie dynastique la galanterie s'installe avec beaucoup plus de naturel et de vérité. Il va de soi qu'elle devait trouver là son terrain d'élection : rien n'est moins propre en effet que la cour à abriter les grandes passions et leur solitude. Mais un art d'aimer qui engage toute profondeur et toute violence du sentiment dans les conventions, les politesses et les stéréotypes de manières et de mots, n'est pas si éloigné de la politique qu'il ne compose avec elle quelque secrète entente. Ces intrigues de cabinet à la fois politiques et amoureuses sont d'observation et prises dans le vif de l'époque. Aussi apportent-elles une note réaliste et juste dans une œuvre qui commençait d'en manquer tout à fait. Corneille donnera de la galanterie et de la politique de savants et multiples dosages; celle-là, parfois si peu maîtresse d'elle-même, si émue, fait songer à de la tendresse ou même à de l'amour. Mais généralement elle épouse les desseins de grandeur; opposée à leur accomplissement, cela arrive, elle s'avoue très vite vaincue. En somme, jusqu'à *Tite et Bérénice*, l'amour tout en envahissant de plus en plus la tragédie, continue à demeurer un agrément. Tendresse ou galanterie, c'est comme sentiment dominé qu'il est décrit; et il ne propose guère autre chose.

Toutefois, dans ces pièces de l'intelligence, çà et là, certains traits fugitifs pouvaient laisser croire que Corneille refusait beaucoup plus qu'il n'ignorait la tragédie de l'amour. Dans *Pertharite*, le roi de Milan chassé du trône et revenu auprès de l'usurpateur pour réclamer sa femme prisonnière, renonçait à l'empire, « aux destins trop sévères [4] ». Il adressait à sa femme l'exhortation si tendre, si étrangère au monde héroïque :

> *Il est temps de tourner du côté du bonheur* [5].

Pertharite n'était pas le seul à abdiquer le pouvoir et à pressentir l'intimité de l'amour. A partir de *Tite et Bérénice* — mais nous avons pu remonter plus haut — la quête de gloire s'efface devant celle du bonheur. Une race d'épigones succède aux héros et aux politiques. Rois, ministres, chefs de guerre ne jouent plus les amoureux : ils le sont. L'amour cesse d'être un art d'aimer; il devient une jouissance, joie ou peine. Quelque chose d'inquiet et de douloureux tremble dans la plainte de jeunes hommes et de vieillards amoureux, de femmes et de toutes jeunes filles. Sans doute politique et ambition ne sont-elles pas encore rejetées ou seulement méprisées; mais elles n'occupent plus l'âme tout entière. Celle-ci éprouve l'amour comme un mal précieux contre quoi elle ne peut ni n'entend se défendre; bien plus, dont elle veut jouir et mourir.

On ne peut en douter : les trois dernières pièces de Corneille et quelques personnages des tragédies de *Sertorius* à *Tite et Bérénice,* s'arrachent au monde héroïque ou glorieux pour ne plus soutenir qu'un débat passionnel. A l'amour ne s'opposent plus aussi résolument les intérêts politiques, la raison d'Etat, la gloire. Les héros consentent davantage aux fatalités de la passion; leur amour connaît la souffrance, la solitude, la jalousie, la haine, la cruauté; des forces obscures, une langueur mystérieuse les entraînent hors des activités et des disciplines qui leur étaient jusqu'ici familières, dissolvent leur volonté de puissance, offusquent leur lucidité. Une plus large place est faite désormais à l'instinct et plus généralement à toutes les formes de la sensibilité. Le sentir n'est plus systématiquement subordonné au connaître et au vouloir. L'analyse amoureuse devient moins subtile, plus riche en nuances, plus fidèle à l'expérience intime. Quelques héros utilisent la politique à des fins amoureuses, songent à remettre le pouvoir, préfèrent perdre leur rang, les faveurs et la vie même plutôt que l'être aimé. Cet héroïsme de l'amour appartient à Bérénice mais aussi bien au couple Suréna-Eurydice.

C'est une nouveauté que cette présence grave de l'amour, que cette place première qu'il occupe enfin dans l'échelle des valeurs cornéliennes. Dans les chefs-d'œuvre de 1636 à 1643, le héros s'efforçait de surmonter son pouvoir; cette fois il y cède. La tragédie en est transformée, comme il apparaît dans *Suréna* où l'amour et la jalousie mènent une intrigue toute simple et toute nue. L'accent donné à la passion est lui aussi différent : plus sourd, plus direct, plus naturel. Enfin la conception même de la vie se fait libérale, et transige, attentive aux intuitions et aux faiblesses du cœur. Cependant, malgré d'aussi sensibles changements, Corneille gardera jusqu'à la fin les vues qui lui sont propres sur la condition humaine et les passions de l'amour. Sans parler des personnages de type cornélien qui se trouvent dans *Tite et Bérénice* ou dans *Pulchérie,* l'éthique de la Gloire n'est pas abandonnée dans ces pièces ni même dans *Suréna.* Très souvent l'intrigue et l'expression de la passion font songer à la tragédie galante. Si l'amour tend à devenir l'unique motif psychologique, il reste encore décrit dans son mouvement sublime qui de la passion l'élève au sentiment. Le renoncement de l'amoureuse Bérénice est « raisonnable ». L'amour une fois encore s'immole à la gloire intime qui n'est plus que le mouvement même de l'âme [6].

Peut-être était-ce la leçon que Corneille entendait donner aux raciniens, au moment où il se laissait aller le plus à leur séduction. Mais tout en ramenant la tragédie à l'amour — nous ne disons pas à la tendresse — il n'abandonnait pas l'opposition du cœur et de l'esprit, des sens et de la gloire, du bonheur et de la liberté intérieure. C'est en se réfugiant en lui-même que l'amour de Bérénice et de Suréna se sauve; il trouve en lui la force de s'arracher au bonheur. Corneille implique toujours dans l'amour la liberté et la volonté; il n'accepte pas de le réduire à une passivité, à un mal fatal. Cœur c'est affection, persiste-t-il à croire, mais c'est aussi courage. La dualité cornélienne, qui souvent depuis *Pompée* opposait le sentiment amoureux à une entité qui lui était étrangère, devoir, civisme, ambition, gloire, s'exerçait de nouveau comme dans *La Place Royale*, *Le Cid*, *Horace* ou *Polyeucte* à l'intérieur de l'amour. Le courage de l'amour consomme ce renoncement de la possession [7]; amour replié sur soi, dans sa puissance intime et sa liberté. Il ne ressemble en rien à l'amollissement de la tendresse :

> *La tendresse n'est pas de l'amour d'un héros* [8].

C'est le dernier mot de Suréna, et sans doute aussi de Corneille.

DE QUELQUES MOTS DE LA LANGUE CORNÉLIENNE

OU D'UNE ÉTHIQUE DE LA GLOIRE

CHAPITRE PREMIER

Il est arrivé à l'œuvre de Corneille une aventure singulière. Applaudie et récitée par toute une génération d'hommes chevaliers, jusqu'au jour où l'esprit bourgeois et la courtisanerie versaillaise se détournent de l'héroïque et du romanesque, elle se trouve réduite, au début du xviiie siècle, à ses tragédies les plus illustres. La critique scolaire, la tradition, s'emparent d'un théâtre tronqué; elles en dégagent les caractères : courage, maîtrise de soi, monde de l'héroïsme et de la grandeur, lutte des devoirs et des sentiments. L'établissement du texte en 1862 redonne à l'œuvre son étendue et son intégrité [1]. Alors commencent de patients travaux d'exégèse; ils ont abouti à des résultats contradictoires. Point d'analyse, même appuyée sur l'érudition, qui ne se voie démentie ou controuvée. D'explication en explication, d'éclaircissement en éclaircissement, on a fini par faire beaucoup d'ombre sur une œuvre dont le sens parut d'abord lumineux et aller de soi.

Quoi de plus évident, en effet, que l'esprit classique de la tragédie cornélienne ? Il n'en serait rien pourtant, s'il faut en croire de récents critiques. L'un d'eux : « L'esprit baroque a mis sa marque sur une quantité de drames français; des poètes de talent et même de génie, un Théophile, un Rotrou, un Corneille ont composé des pièces qui appartiennent indéniablement au théâtre baroque. C'est là une vérité qu'il faut rappeler aux historiens français de notre littérature [2]. » Un autre : « Dans la lutte entre le théâtre libre et le régulier, entre les genres purs et bâtards, le combat s'engage encore... entre le baroque et le classique, tel que nous avons pu le suivre dans les lettres, l'art et le goût de la haute société, combat qui, à beaucoup d'égards, a des rapports avec la grande lutte philosophique et politico-sociale de la France sous Louis XIII. C'est la tragédie de Corneille qui donne la plus haute expression artistique de toute cette fermentation de l'époque [3]. » Tel enfin, plus alerte encore : « ...Chacun sait aujourd'hui que Corneille est notre grand baroque du théâtre [4]. »

Sur les idées, les tendances et l'art cornéliens on peut lire : « Le tragique de la poésie cornélienne n'est pas d'essence métaphysique [5] »; mais ailleurs : « C'est un art tragique éveillant le maximum de compassion pour le malheur du héros et d'admiration pour son attitude dans l'épreuve; ce qu'il y a de fatal et d'immérité dans les événements leur confère une troublante perspective métaphysique [6]. »

Ici l'accent est posé sur la conscience et l'effort héroïque : « Ainsi, pour Corneille, est digne de la scène tragique seulement la vie consciente et raisonnable de l'homme [7]. » Ou bien : « Du sujet romanesque il a fait le sujet héroïque [8] »; mais on trouve également : « Corneille est le poète de la magie, de l'illusion, de l'aventure et de l'amour. Le poète de tout le merveilleux que l'homme peut mettre dans la vie de l'homme [9]. » Et, d'autre manière : « Jusqu'à la fin de sa vie, Pierre Corneille devait donc rester l'habitant de cette planète merveilleuse qu'on appelle le romanesque. Elle n'a jamais cessé d'être sa patrie idéale [10]. »

Le désaccord se prolonge quand on discute de l'orthodoxie ou du caractère moral de l'œuvre. Pour l'un, elle exalte « l'orgueil démoniaque, le sentiment de la suprême indépendance intime [11] ». Pour l'autre : « C'est le christianisme total qui est représenté dans *Polyeucte* [12] »; mais pour celui-ci, par contre : « Toute son œuvre... est la négation même du christianisme... cynisme et mépris des vérités les plus élémentaires de la morale [13]. » Sur le sentiment de l'amour, la critique est-elle moins divisée ? « Il est le poète qui garde à l'amour sa valeur de secret intact. Il nous fait saisir en lui, avec tout ce qu'on y voit briller de forte pureté, un sortilège qui tient pour beaucoup à ce que le poète ne tente pas de forcer l'indicible [14] », affirme-t-on ici. Mais là : « En vérité l'amour aux yeux de Corneille, n'a par lui-même aucune valeur; son rôle est de tenter d'arracher l'homme à la libre acceptation de la nécessité [15]. » Ainsi du reste. En réalité on ne s'entend plus, même sur l'essentiel. Si l'on pouvait croire quelque chose d'assuré touchant la psychologie cornélienne, c'en était le principe, à sa voir « la force, la toute-puissance de la volonté [16] ». A cette volonté, la raison prêtait ses lumières; ses jugements éclairaient les déterminations du héros, « le bon et désirable [17] », les chemins du vrai; parfois restait-elle mal informée, et l'on s'expliquait ainsi que le théâtre de Corneille fût si étrangement traversé par des âmes volontaires et criminelles. On concluait : « Nous voyons donc... toute la psychologie cornélienne se ramasser autour de l'idée de la connaissance [18]. » La volonté disciplinait les passions, les exaltait ou les réprimait, selon qu'elles apparaissaient bonnes ou mauvaises. « Ou contredite, et supprimée, ou avouée, et durcie, voilà le sort que Corneille fait à la sensibilité [19]. »

Mais rien aujourd'hui ne semble trahir autant la vérité de la psychologie cornélienne qu'une telle explication; du moins on nous l'assure : « Nous rencontrons partout dans ce théâtre l'exaltation des passions qui brûlent de s'exercer et d'agir. Ce qui revient à dire que l'énergie si évidente des héros et surtout des héroïnes cornéliens est l'énergie de l'émotion et non celle de la volonté... C'est la sensibilité et non la volonté, qui est en première ligne source d'action dans les tragédies de Corneille [20]. » Enfin, sur le point particulier des conflits des devoirs et de l'amour il semblait qu'on tînt depuis longtemps comme démontrée la théorie de l'amour-estime ou de l'amour « conscient, raisonnable, volontaire [21] ». On retrouvait ici, appliqué à ce sentiment, le mécanisme de l'ensemble de la psychologie cornélienne : idée de la connaissance, raison informant et déterminant la volonté maîtresse à son tour des passions, etc... L'amant recherche le bien de l'amour ou sa perfection; l'amour se fonde donc sur les mérites, et sur la bonne opinion qu'on prend d'eux, c'est-à-dire sur l'estime. Le système trouve son illustration : « Pauline qui aimait Sévère pour son grand cœur, passe à aimer Polyeucte, quand elle connaît en lui une forme d'héroïsme fort au-dessus de la vertu humaine de Sévère [22] »; et ses maximes [23]. Celles-ci ne manquent pas pour étayer — du moins en apparence — une démonstration de cet amour qui naîtrait de l'estime ou des mérites.

Cette vue elle-même a paru bien aventurée. A la suivre jusqu'en ses conséquences extrêmes où n'irait-on pas ? « Si... un mérite supérieur avait la vertu d'éclipser pour tous les yeux un mérite inférieur, et la force insurmontable de substituer dans un cœur à un ancien amour un nouvel amour plus juste, les amants seraient exposés tous à l'infortune de cette duchesse de Mouchy, l'amie de Chateaubriand, et d'autres : « Je suis vraiment bien à plaindre, disait-elle; aussitôt que j'en aime un, il en arrive un autre qui me plaît davantage. » C'était sans doute la faute au mérite [24]. » Il y a plus : cette manière de fatalité, transposée des sens à l'esprit, et commandant des adultères moraux, la rencontre-t-on vraiment chez Corneille ? Aux maximes qu'on propose pour nous convaincre, nous en opposerions tant d'autres qui les contredisent [25] ! Toutefois, qu'il ne soit question, pour l'instant, que de marquer le désaccord des critiques, la contradiction des jugements : ils portent sur le sens de l'œuvre, sur la réponse qu'elle propose à quelques problèmes essentiels concernant la condition humaine : rapports de la volonté aux devoirs, aux vertus, aux passions, à l'amour. On le voit : la définition même du tragique cornélien est ici en question.

On reste surpris devant ces critiques autant qu'on n'a pas entrevu l'origine commune de leur désaccord. Mais on remarque assez vite que tel critique, après avoir parlé de raison ou de connaissance de la vérité afin de situer les actions du héros sur un plan éthique, ne peut accorder à toutes un caractère moral; aussi fait-il suivre son exposé d'une conclusion qui menace de ruiner tout ce qu'il semblait vouloir établir : « Il apparaît bien ainsi que l'héroïsme cornélien, dans son essence originale... ressemble fort, avec plus d'étroitesse, à la *virtù* des Italiens de la Renaissance [26]. » Pourtant le penchant du critique à glisser des vertus proprement cornéliennes aux vertus morales, de la générosité selon Corneille à la générosité selon Descartes (cette dernière de caractère indiscutablement moral, comme nous verrons), ou encore des « mérites » cornéliens au mérite moral, n'avait cessé d'entretenir une confusion qui trahissait autant la vérité de la psychologie cornélienne qu'elle paraissait utilisée aux fins d'une démonstration.

On fait une remarque de nature semblable quand on examine les critiques concernant l'antagonisme des devoirs et des passions. Elles prêtent le plus souvent au mot devoir la valeur morale que lui confère actuellement notre langue. On pressent une erreur de nature semblable pour les mots estime, vertu, générosité. N'entend-on pas sous ces mots l'idéologie particulière à notre temps, à nos façons de sentir, à nos mœurs ? Or il arrive bien qu'elle corresponde dans quelques cas à l'idéologie entendue sous ces mêmes mots par les cornéliens, mais le plus souvent toutes deux ne peuvent se recouvrir. Une inquiétude peu à peu se précise : les diverses analyses de l'œuvre de Corneille, en particulier de l'héroïsme, des passions, de l'idée du tragique, ne reposeraient-elles pas sur un malentendu ? Si l'on s'était mépris sur les éléments psychologiques, sur les objets de nature spirituelle ou affective que Corneille enferme dans ce vocabulaire à la fois réduit et abstrait, dont il use constamment pour exprimer l'âme de ses personnages [27] ? Cette interrogation nous a paru justifier les recherches qui suivent.

CHAPITRE II

ÉTUDE IDÉOLOGIQUE
DES MOTS MÉRITE, ESTIME, DEVOIR, VERTU, GÉNÉROSITÉ, GLOIRE

Nous nous proposons d'étudier ici les idées, les sentiments, les représentations diverses, propres au personnage cornélien, quand il parle de mérite, d'estime, de devoir, de vertu, de générosité, de gloire. Nous avons fait de l'emploi de ces mots, de *Mélite* à *Suréna*, un relevé méthodique qu'on pourra consulter dans les *Notes et Références*. Ce sont les symboles les plus constants des conflits et des valeurs introduits par Corneille dans son théâtre. Dominant toute la psychologie, ils servent de signes à ce plan cornélien dont nous aurons à reconnaître les assises, le principe et les conventions. Sur ce plan — celui d'une éthique mondaine, cohérente et efficace — il conviendra de replacer les activités et les mœurs du personnage cornélien. On s'égarera toujours, croyons-nous, à retirer celui-ci du conflit singulier où Corneille l'engage. D'où l'importance de reconnaître et de préciser les idées essentielles de la langue qui exprime ce conflit. Or, voici ce qu'on observe en étudiant les mots-clefs, à leur place, c'est-à-dire dans le texte même des comédies et des tragédies.

Mérite.

Corneille a fait varier, de *Mélite* à *Suréna*, les divers objets de mérite. Ainsi, dans les premières comédies surtout, la beauté aux yeux de l'amoureux fait le mérite de l'aimée. On trouve ce point de vue dans une quinzaine de cas, de *Mélite* à *L'Illusion*, puis on le perd à peu près complètement jusqu'à *Œdipe*. Un seul cas douteux dans *Rodogune* (IV, 1, 1137), un autre dans *Pertharite* (III, 2, 811). Mais on retrouve la beauté de la femme considérée comme un mérite, près de vingt fois, de *La Toison d'Or* à *Suréna* (sauf dans *Agésilas*, *Psyché* et *Pulchérie*, où cette idée n'est point marquée sûrement) [1]. Voici quelques cas où il est question, sans équivoque possible, de la beauté physique, du charme du visage, comme objet de mérite :

> *Si Doris me vouloit, toute laide qu'elle est,*
> *Je l'estimerois plus qu'Aminte et qu'Hippolyte;*
> *Son revenu chez moi tiendroit lieu de mérite.*
>
> (*Mélite*, I, 1, 112-114)

> *Après l'œil de Mélite il n'est rien d'admirable...*
> *Mon feu, comme son teint, se rend incomparable,*
> *Et je suis en amour ce qu'elle est en beauté...*
> *Car de ce que les Dieux, nous envoyant au jour,*
> *Donnèrent pour nous deux d'amour et de mérite;*
> *Elle a tout le mérite, et moi j'ai tout l'amour.*
>
> (*Mélite*, II, 4, 481, 483-484, 492-494)

Clarice (*La Veuve*, I, 5, 325-328) demande à Philiste :

> *Bélinde et Chrysolite*
> *Manquent donc, à ton gré, d'attraits et de mérite*
> *Elles dont les beautés captivent mille amants ?*

A quoi Philiste :

> *Tout autre trouveroit leurs visages charmants.*

Dans *La Place Royale*, Alidor veut rompre avec Angélique; il parle de son peu de beauté dans une lettre supposée à Clarine (« Ses yeux sont sans vigueur, sa bouche sans appas »). De dépit, Angélique vient de déchirer cette lettre tombée entre ses mains. Mais Alidor :

> *Qui ne vous flatte point puissamment vous irrite.*
> *Pour dire franchement votre peu de mérite,*
> *Commet-on des forfaits si grands et si nouveaux*
> *Qu'on doive tout à l'heure être mis en morceaux ?*
> *Si ce crime autrement ne sauroit se remettre,*
> *Cassez : ceci vous dit encor pis que ma lettre.*

Et « il lui présente aux yeux un miroir qu'elle porte à sa ceinture » (*Place Royale*, II, 2, 348, 373-378). Domitie (*Tite et Bérénice*), jalouse du pouvoir de Bérénice sur l'empereur, demande à sa confidente (II, 7, 697-699) :

> *Est-elle plus charmante, ai-je moins de mérite ?*

après nous avoir précisé ce qui fait ce mérite :

> *Dis-le-moi, tu l'as vue, ai-je peu de raison*
> *Quand de mes yeux aux siens je fais comparaison ?*

Massinisse (*Sophonisbe*, IV, 4, 1413-1416) estime de même la beauté comme un mérite. Il voudrait persuader Lélius de la fatalité de son amour pour la reine de Carthage. Aussi dès qu'elle paraît :

> *Voyez-le donc, Seigneur, voyez tout son mérite,*
> *Voyez s'il est aisé qu'un héros... Il me quitte,*
> *Et d'un premier éclat le barbare alarmé*
> *N'ose, exposer son cœur aux yeux qui m'ont charmé.*

Ce caractère de mérite qu'on accorde à la beauté physique, aux appas, aux avantages du corps, s'étend naturellement à tout ce qui séduit dans la personne aimée, au charme de sa conversation (*Galerie du Palais*, II, 1, 338-340), à ses qualités de cœur et d'esprit (*Polyeucte*, IV, 3, 1269), au prestige du caractère, des talents personnels, etc... (*Tite et Bérénice*, III, 5, 963-964; *Pulchérie*, V, 6, 1705; *Suréna*, I, 2, 181-182.) Mais cette extension est rare, en définitive, quand on parle de la femme.

Pour l'homme, surtout quand il s'agit d'un amant, on considère comme mérite les qualités (beauté, jeunesse, grâce des manières, civilité, etc...) qui le font aimer ou le rendent digne d'être aimé. Psyché à l'Amour (*Psyché*, IV, 3, 1481-1483) :

> *Que vous connoissiez mal quel est votre mérite,*
> *Ou feigniez de ne pas savoir,*
> *Quel est sur moi votre absolu pouvoir.*

On entend aussi les services de l'amant envers la femme qu'il courtise, ce qui, bien entendu, met l'accent sur le caractère acquis du mérite (« le mérite est en notre puissance », *Othon*, II, 2, 498) et rappelle notre langage familier (traiter quelqu'un selon ses mérites). Ce sens est marqué dans *La Veuve* où Clarice dit à son amant (II, 2, 468) :

> *Philiste n'en voit point qui le passe en mérite.*

Or, il est question de « l'excès de sa civilité », de ses « rares qualités » (il est né gentilhomme), il a de la « vertu », s'il n'est pas riche. On retrouve cette entente du mérite dans *La Galerie du Palais*, II, 1, 338-340; dans *La Suivante*, III, 8, 891-892 où ce mérite est celui des « belles qualités », du crédit, de la race (III, 7, 881); de même dans *Le Cid*, I, 2, 93-100; *Horace*, IV, 2, 1168; *Polyeucte*, I, 3, 184; II, 2, 468, 506; II, 4, 615; IV, 4, 1295; V, 3, 1589; *Andromède*, V, 2, 1540; *Don Sanche*, II, 2, 470; *Agésilas*, I, 1, 139. Ce pouvoir de séduction de l'amant (ses mérites) deviendra le pouvoir, la puissance royale, dans la tragédie dynastique à partir de *Sertorius* (II, 1, 410-413) :

> *L'amour de la vertu n'a jamais d'yeux pour l'âge :*
> Le mérite *a toujours des charmes éclatants,*
> *Et quiconque* peut tout *est aimable en tout temps.*

Ce dernier texte éveille déjà l'attention sur le rapport des mérites et de la moralité particulière du théâtre cornélien; la « vertu » n'est point ici la disposition de l'âme à faire le mal et à rechercher le bien; elle a pour fin la conquête du Pouvoir et de la Gloire. Les qualités que laisse entendre le mot *mérite* font partie des « vertus » familières à une élite qui obéit à des lois et à des maximes bien à elle. C'est au cœur de cet ordre cornélien qu'il nous faudra pénétrer.

★

Estime.

L'estime naît de la considération des mérites; elle en est le sentiment, ce prix même qu'on y attache :

> *C'est l'estime où te met près d'elle ton mérite.*
> (*La Suivante,* II, 8, 574)

> *Que ta haute vertu répond à mon estime...*
> *Hier ce devoir te mit en une haute estime.*
> (*Le Cid,* II, 2, 426; IV, 2, 1169)

> *Je sais qu'il peut s'aigrir quand il voit qu'on le quitte,*
> *Par l'estime qu'on prend pour un autre mérite.*
> (*Sophonisbe,* I, 2, 69-70)

Parfois on a de l'estime pour la réputation, pour une glorieuse renommée (*L'Illusion,* III, 9, 958; *Attila,* IV, 6, 1410). Sur le chapitre des mérites de l'amant, les rapports de l'estime à l'amour sont souvent rappelés; ils semblent faire théorie; Mélisse aime Dorante sans le connaître, elle ne craint pas d'avouer son amour, car :

> *Puisqu'il a du mérite, on ne peut m'en blâmer;*
> *Et je lui dois mon cœur, s'il daigne l'estimer.*
> (*La Suite du Menteur,* II, 1, 425-426)

Dorante, de son côté, s'excuse auprès de Mélisse de s'être effacé par générosité devant un rival ami :

C'était désavouer ce généreux silence...
Et perdre, en vous forçant à ne plus m'estimer,
Toutes les qualités qui vous firent m'aimer.
(*La Suite du Menteur*, V, 3, 1753, 1755-1756)

Et l'infidèle princesse éthiopienne voulant justifier son amour pour Persée (*Andromède*, IV, 2, 1158) déclare :

Un digne amour *succède à cette haute* estime.

Médée en fait autant pour Jason (*Médée*, I, 1, 286) :

Un vertueux amour *qui suivroit tant* d'estime.

Domitian soupire après Domitie qui ne veut plus de lui (*Tite et Bérénice*, IV, 3, 1193-1194) :

Ne voit-on plus en moi ce que vous estimiez,
Et suis-je moindre enfin qu'alors que vous m'aimiez ?

Bérénice (*Tite et Bérénice*, V, 4, 1644-1646) reprend l'empereur de son peu de courage :

...De voir tant de faiblesse en une si grande âme,
Si j'avois droit par là de vous moins estimer,
Je cesserois peut-être aussi de vous aimer.

L'austère Pulchérie déclare à Léon (*Pulchérie*, III, 3, 1109) :

... mon amour *ne vient que de* l'estime.

Il convient dès maintenant de faire quelques remarques sur ce point délicat de l'amour-estime. Dans ce théâtre héroïque, l'amour est lui-même héroïque; l'estime de la personne (et il faut entendre le plus souvent des mérites qui l'honorent, la font glorieuse) accompagne toujours l'amour véritable :

Il est si naturel d'estimer ce qu'on aime
Qu'on voudroit que partout on l'estimât de même;
Et la pente est si douce à vanter ce qu'il vaut,
Que jamais on ne craint de l'élever trop haut.
(*Suréna*, II, 2, 545-548)

Cela ne veut pas dire que l'amour soit fondé sur l'estime; mais qu'il se nourrit d'estime réciproque : c'est un amour glorieux. Médée (*La Toison d'Or*, II, 2, 804-805) de s'en plaindre quelque peu :

> *En qui sauroit aimer seroit-ce donc un crime,*
> *Pour montrer plus d'amour, de perdre un peu d'estime ?*

Camille (*Horace*, I, 3, 247-250), voyant revenir du combat Curiace et s'imaginant qu'il a déserté, s'écrie :

> *Qu'un autre considère ici ta renommée,*
> *Et te blâme, s'il veut, de m'avoir trop aimée;*
> *Ce n'est point à Camille à t'en mésestimer,*
> *Plus ton amour paroit, plus elle doit t'aimer.*

D'ailleurs Corneille, écrivain précieux, distingue l'amour sur estime, si répandu dans le Pays de Tendre, de l'amour inclination. Par raison d'Etat, Eurydice épouserait Pacorus; aussi :

> *... il faut que le temps m'apprenne à vous aimer.*
> *Il ne me l'apprendra qu'à force d'estimer,*
> *Et si vous me forcez à perdre cette estime...*
>
> (*Suréna*, IV, 3, 1203-1205)

Amoureux et amoureuses ne cessent de marquer l'immense distance entre amour et estime : on peut estimer sans aimer pour cela. Le cœur ne se rend pas forcément où l'esprit se voit obligé d'accorder le plus d'estime. On ne peut qu'être étonné de voir ces vérités sans cesse répétées; Psyché à elle-même (II, 3, 799-802) :

> *O Ciel, m'auriez-vous fait un crime*
> *De cette insensibilité ?*
> *Déployez-vous sur moi tant de sévérité,*
> *Pour n'avoir à leurs vœux, rendu que de l'estime ?*

et à l'Amour (III, 3, 1054-1055, 1058) :

> *J'ai senti de l'estime et de la complaisance*
> *De l'amitié, de la reconnaissance...*
> Mais je n'ai point encor senti ce que je sens.

On a proposé à Carlos (*Don Sanche d'Aragon*, III, 6, 1025-1029) de hauts partis mais il s'est excusé :

> *— Il estime ces dames*
> *Dignes des plus grands cœurs et des plus belles flammes.*

— *Et qui l'empêche donc d'aimer et de choisir ?*
— *Quelque secret obstacle arrête son désir.*
Tout le bien qu'il en dit ne passe point l'estime.

Eurydice a promis d'épouser Pacorus par raison politique; elle donnera bien la main, mais non le cœur (*Suréna*, II, 2, 496-500) :

> *Seigneur, sachez pour vous quels sont mes sentiments.*
> *Si l'amitié vous plaît, si vous aimez l'estime,*
> *A vous les refuser je croirois faire un crime;*
> *Pour le cœur, si je puis vous le dire entre nous,*
> Je ne m'aperçois point qu'il soit encore à vous.

Créon déclare à sa fille Créuse, aimée du roi Ægée (*Médée*, II, 3, 535-536; II, 5, 644, 648) :

> — *Regarde seulement*
> *A le payer d'estime et de remercîment.*

Elle n'y manque pas; à Ægée :

> ... *bien que vous m'aimiez, je me donne à Jason,*
> *D'abord dans mon esprit vous eûtes ce partage,*
> *Je vous estimai plus et l'aimai davantage.*

A quoi le vieux Ægée :

> *Gardez ces compliments pour de moins enflammés*
> *Et ne m'estimez point qu'autant que vous m'aimez.*

Même distinction dans *La Toison d'Or*. Hypsipyle à Absyrte (II, 5, 984-987) :

> *Mais ne vous flattez point sur ces marques d'estime*
> *Qu'en mon cœur, tel qu'il est, votre présence imprime :*
> *Quand l'univers entier vous connoîtroit pour roi,*
> *Que pourrois-je pour vous, si je ne suis à moi ?*

Et d'autre manière (V, 1, 1805-1807) :

> ... *si j'étois à moi, je voudrois être à vous.*
> *Mais un reste d'amour retient dans l'impuissance*
> *Ces sentiments d'estime et de reconnoissance.*

Le cas d'Andromède est plus curieux. Elle aimait Phinée avant de connaître les mérites de Persée qui l'a délivrée du monstre marin. Elle abandonne Phinée. L'estime du demi-dieu l'oblige, semble-t-il, à être infidèle. Il n'en est rien : les dieux seuls ont tout conduit (IV, 2, 1152-1157) :

> *Au défaut de l'amour que Phinée emportoit,*
> *Il lui donnoit dès lors tout ce qui lui restoit;*
> *Dès lors ces mêmes Dieux, dont l'ordre s'exécute,*
> *Le penchoient du côté qu'ils préparoient sa chute,*
> *Et cette haute estime attendant ce beau jour*
> *N'étoit qu'un beau degré pour monter à l'amour.*

Devoir.

★

Nous ne relèverons pas ici les marques de civilité ou de politesse, les bienséances, les obligations du sujet envers son roi ou envers son supérieur, des enfants envers les parents, etc... On trouve un peu partout cette idée du mot devoir, et il suffira de se reporter au répertoire où nous en avons consigné les exemples. D'ailleurs ce genre de devoir ne fait jamais le nœud du conflit; dans les tragédies il s'ajoute à d'autres devoirs : par exemple à la piété filiale de Chimène ou d'Emilie envers leur père mort, ou bien, chez Rodrigue, au sentiment de la race et du devoir filial envers son père, chef de la maison, etc... Ainsi situé, il peut prendre un caractère tragique (« Je dois tout à mon père... », *Le Cid*, I, 1, 342). Pour le reste, le mot devoir désigne ce à quoi est obligé ou s'oblige le personnage cornélien. Il s'agit dans la plupart des cas de l'obligation de l'honneur ou de la gloire. Le devoir du cornélien ne remonte pas à la source des principes moraux, bien et mal, ou religieux, grâce et péché. « Ceux qui veulent arrêter nos héros dans une *médiocre bonté* où quelques interprètes d'Aristote *bornent leur vertu*, ne trouveront pas ici leur compte [2]. » Corneille avait déjà insisté sur ce point dans son *Examen du Cid* : « Une maîtresse que son *devoir* force à poursuivre la mort de son amant qu'elle tremble d'obtenir, a les passions plus vives et plus allumées que tout ce qui peut se passer entre un mari et sa femme, une mère et son fils, un frère et sa sœur; et la *haute vertu* dans un naturel sensible à ces passions qu'elle dompte sans les affaiblir, et à qui elle laisse toute leur force *pour en triompher plus glorieusement*, a quelque chose de plus touchant, de plus élevé et de plus aimable que cette *médiocre bonté*, etc... [3] »

Dans ce théâtre, le devoir ne consiste pas en définitive à être juste, bon, honnête, mais à satisfaire la gloire, principe même de l'obligation ou du devoir :

Mon devoir *est, Seigneur, de soutenir* ma gloire.
>   (*Attila*, IV, 3, 1169)

*L'*honneur *est un* devoir
>   (*Le Cid*, III, 6, 1059)

Je ne consulte point pour suivre mon devoir :
Je cours sans balancer où mon honneur *m'oblige.*
>   (*Le Cid*, III, 3, 820-821)

Tu n'as fait le devoir *que d'un* homme de bien.

dit Chimène à Rodrigue (III, 4, 911), mais elle nous avait informé
de ce qu'il fallait entendre par « homme de bien » (*Le Cid*, III,
3, 909-910) :

Je sais ce que l'honneur, *après un tel outrage,*
Demandoit à l'ardeur d'un généreux courage.

Ces rapports du devoir à l'honneur et à la gloire sont indiqués
avec netteté par Sévère. Son « devoir » est de sauver Polyeucte,
car, dit-il : « Ici l'honneur m'oblige... » et « Périssant glorieux,
je périrai content » (*Polyeucte*, IV, 6, 1406-1407-1410). Le devoir de Pauline n'a pas un caractère différent. Par « devoir »
(obéissance à son père et aux préjugés de sa caste : une jeune
fille de haute naissance se doit de ne point épouser un simple cavalier sans fortune et sans gloire), elle a repoussé Sévère à Rome.
Le « même devoir » l'oblige, à Mélitène, à épouser le grand seigneur Polyeucte, chef de la noblesse arménienne. Raison d'ordre
social, non d'ordre moral. Ni le courage de l'amour, ni « la vertu
toute nue » n'ont pu avoir raison de cette vertu sociale, vouée à
la gloire. C'est Félix lui-même qui en fait la remarque :

Ton courage *étoit bon, ton* devoir *l'a trahi.*

et encore :

Ah ! regret qui me tue
De n'avoir pas aimé la vertu toute nue !
Ah ! Pauline, en effet, tu m'as trop obéi...
>   (*Polyeucte*, I, 4, 329-332)

On pressent l'opposition inévitable des deux morales (de la cornélienne et de la morale commune), de la vertu et de la gloire.
Ce « devoir », dont la gloire est la fin, peut avoir en effet des

obligations étrangères à la morale. Parfois, il commande la vengeance (*Le Cid*, II, 2, 441-442) :

> *Viens, tu fais ton devoir et le fils dégénère,*
> *Qui survit un moment à l'honneur de son père...*
> *Son sang sur la poussière écrivoit mon devoir.*
> (*Le Cid*, II, 8, 678)

> *Appelez ce devoir haine, rigueur, colère : .*
> *Pour gagner Rodogune, il faut venger un père.*
> (*Rodogune*, III, 4, 1043-1044)

« Amour, sers mon *devoir* », dit Emilie (*Cinna*, I, 1, 48) et ajoute
(I, 1, 107-108) :

> *Joignons à la douceur de venger nos parents,*
> *La gloire qu'on remporte à punir les tyrans.*

Parfois il soutient l'ambition, la haine :

> *Vous faites des vertus au gré de votre haine.*
> (*Cinna*, III, 4, 977)

> *J'ai de l'ambition, et soit vice ou vertu...*
> (*Pompée*, II, 1, 431)

et pousse au crime :

> *Nos malheurs sont plus forts que ces déguisements.*
> *Leur excès à mes yeux paroît un noir abîme*
> *Où la haine s'apprête à couronner le crime,*
> *Où la gloire est sans nom, la vertu sans honneur.*
> (*Rodogune*, III, 5, 1070-1073)

★

Vertu.

Nous décrirons maintenant ce qui, dans ce théâtre, est qualifié
vertu. En dehors de quelques qualités particulières, entre autres
celle de pudeur, de chasteté et d'honneur de la femme (*La Place
Royale*, I, 4, 280; *Le Cid*, III, 4, 979; *Le Menteur*, I, 1, 48;
Théodore, II, 2, 367, 379; II, 6, 662; II, 7, 692; III, 1, 730), de
pitié (*Héraclius*, V, 2, 161), de constance (*Don Sanche*, III, 4,
963), de prudence (*Nicomède*, III, 2, 819-820), en général sous le
nom de vertu, Corneille entend la « grandeur du courage », la

ferme disposition et résolution de l'âme à rester maîtresse d'elle-même. La vertu n'est point la force nue (*Horace*, IV, 1, 1067-1070), ni même le courage aveugle, mais la force d'âme, le serment à soi de ne jamais manquer de courage. Le contraire d'une telle vertu, selon Corneille, est la pusillanimité[4]. Ici encore la vertu recherche la gloire, qui peut avoir un objet moral, honnête, juste, raisonnable mais aussi bien injuste, insensé, criminel. Corneille s'est expliqué sur ce point à l'occasion des critiques qu'on avait faites à son Dorante du *Menteur,* au nom précisément de la morale : « Si j'étois de ceux qui tiennent que la poésie a pour but de profiter aussi bien que de plaire, je tâcherois de vous persuader que celle-ci (la pièce de *La Suite du Menteur*) est beaucoup meilleure que l'autre, à cause que Dorante y paroit beaucoup plus honnête homme, et donne des exemples de vertu à suivre; au lieu qu'en l'autre, il ne donne que des imperfections à éviter; mais pour moi, qui tiens avec Aristote et Horace que notre art n'a pour but que le divertissement, j'avoue qu'il est ici bien moins à estimer qu'en la première comédie, puisque, avec ses mauvaises habitudes, il a perdu presque toutes ses grâces, et qu'il semble avoir quitté la meilleure part de ses agréments lorsqu'il a voulu se corriger de ses défauts[5]. » S'il arrive à quelque personnage de parler de remords, on s'étonne de ce retour de « vertu délicate » (*Sertorius*, I, 1, 17); Cléopâtre (*Rodogune*, V, 1, 1510) se laisse un instant émouvoir par les « tendresses du sang » mais s'écrie aussitôt : « Ridicule retour d'une sotte vertu ! » Et Pison « l'honnête homme » est sévèrement jugé (*Othon*, II, 4, 636-640) :

> *S'il a grande naissance, il a peu de vertu :*
> *Non de cette vertu qui déteste le crime,*
> *Sa probité sévère est digne qu'on l'estime;*
> *Elle a tout ce qui fait un grand homme de bien,*
> Mais en un souverain c'est peu de chose, ou rien.

Voici enfin comment sont entendues les vertus :

> *...des hautes* vertus *la* gloire est le seul prix.
> (*Pertharite*, V, 5, 1854)

> *La* vertu *doit régner dans un si grand projet,*
> *En être seule cause, et* l'honneur *seul objet;*
> *Et depuis qu'on le souille ou d'espoir de salaire,*
> *Ou de chagrin d'amour, ou de souci de plaire,*
> *Il part indignement d'un* courage abattu
> *Où la passion règne, et non pas la* vertu.
> (*Pertharite*, II, 5, 661-666)

★

Générosité.

Générosité, chez Corneille, ëst rarement entendue comme libéralité. Il y a bien « le généreux Monsieur de Montoron » qui « par une libéralité inouïe ên ce siècle s'est rendu toutes lès muses redevables ». « C'est, dis-je, que cette générosité, à l'exemple de ce grand empereur (il s'agit d'Auguste) prend plaisir à s'étendre sur les gens de lettres, en un temps où beaucoup pensent avoir trop récompensé leurs travaux, quand ils les ont honorés d'une louange stérile... [6] » Et la même acception se retrouve dans *La Suite du Menteur* (I, 2, 261).

Toutefois, la générosité caractérise le plus souvent ce qui est de naissance, de race, de naturel nobles [7]. (Gens, race, c'est la famille chez lès Latins; et Rodrigue est d'une « maison », *Cid*, I, 6, 334). Le généreux, la généreuse sont de souche noble. Si le mot ou l'adjectif *généreux* n'apparaît que rarement dans lès premières comédies, c'est que les personnages y sont de bonne bourgeoisie. Dès *La Galerie du.Palais*, Corneille introduit des hommes de cour (II, 2, 390-391), dans *La Suivante*, Florame est noble (I, 2, 74); aussi peut-il dire à l'occasion d'un duel projeté (IV, 6, 1183-1184) :

> *ma générosité*
> *Suppléera ce qui fait notre inégalité.*

A partir du *Cid*, nous ne trouvons plus que des généreux (à part les comparses et quelques personnages de second plan). Pour l'intelligence du mot générosité, définitions, éclaircissements de toutes sortes abondent :

> *La* générosité *suit la* belle naissance.
> (*Héraclius*, V, 2, 1603)

> *Les princes ont cela de leur* haute naissance :
> *Leur âme dans leur sang prend des impressions*
> *Qui dessous leur vertu rangent leurs passions.*
> *Leur* générosité *soumet* tout *à leur gloire.*
> (*Pompée*, II, 1, 370-373)

La princesse Rodogune déclare (*Rodogune*, III, 3, 847-848) :

> *Celles de ma naissance ont horreur des bassesses :*
> *Leur* sang tout généreux *hait ces molles adresses.*

Pulchérie (*Héraclius*, V, 2, 1626-1627) s'étonne qu'Héraclius ait pitié du tyran :

> *Et quoique la pitié montre un cœur généreux,*
> *Celle qu'on a pour lui de ce rang dégénère...*

Dans ce théâtre, il est bien rare qu'un homme de basse naissance soit généreux :

> *Jamais un affranchi n'est qu'un esclave infâme;*
> *Bien qu'il change d'état, il ne change point d'âme;*
> *La tienne encor* servile, *avec la liberté*
> *N'a pu prendre un rayon de* générosité.
> (Cinna, IV, 6, 1409-1412)

Mais cela peut arriver : on souligne alors l'extraordinaire de la chose (*Pompée* II, 2, 557-558) :

> *Philippe, d'autre part, montrant sur le rivage*
> *Dans une* âme servile *un* généreux *courage.*

ou encore : « La supposition que fait Léontine d'un de ses fils, pour mourir au lieu d'Héraclius, n'est point vraisemblable : mais elle est historique, et n'a point besoin de vraisemblable, puisqu'elle a l'appui de la vérité, qui la rend croyable, quelque répugnance qu'y veuillent apporter les difficiles. Baronius attribue cette action à une nourrice; et je l'ai trouvée *assez généreuse* pour la faire produire à *une personne plus illustre,* et qui soutient mieux la dignité du théâtre. » (Examen d'*Héraclius*, p. 153.)

Œdipe (V, 1, 1655) juge que, de la princesse Dircé et du vieillard thébain Phorbas :

> *Phorbas est* plus à craindre *étant* moins généreux.

La même opinion est exprimée dans l'Adresse au Lecteur de *Sertorius* : « C'est une confiance de généreux à généreux, et de Romain à Romain, qui lui donne quelque droit de ne craindre aucune supercherie de la part d'un si grand homme. »

★

Gloire.

Entre honneur et gloire, le théâtre de Corneille marque plus d'une nuance. La gloire est la valeur la plus haute, le principe. Nous l'étudions plus loin. Nous donnerons au préalable les

textes susceptibles de justifier notre analyse. Il y a dans l'honneur et la gloire l'idée d'obligation; il s'agit bien, ici et là, d'un
devoir. Mais le sentiment de la gloire, du moins dans son mouvement le plus beau, ressemble plus à une exigence intime qu'à
ce qu'on doit aux règles de l'honneur, toujours un peu extérieures
et de société. La gloire cornélienne est la loi suprême d'un
modus vivendi personnel. (« La gloire de répondre à ce que je
me doi », *Attila II*, 6, 684.) Inviolable et inaliénable elle est la
part réservée de l'être noble. C'est le plus « cher souci » (*Toison d'Or* I, 1, 300). Et son précepte est gracieux : « ma gloire
m'en prie » (*Attila* III, 1, 754).

Ce sentiment de fierté que le cornélien a de lui-même peut
être tiré de la considération ou de la célébrité plus ou moins
grande et honorable que donne la fortune, ou les actions de
l'homme. On rencontre très souvent, de *Mélite* à *Suréna*, cette
gloire-réputation : *Clitandre* I, 1, 18; I, 9, 262; V, 3, 1430, etc.
Place Royale, Epitre p. 220; *Le Cid* I, 6, 313; III, 3, 842; III, 4,
914; V, 6, 1766. *Horace* III, 2, 799; V, 3, 1719 et 1760.
Cinna I, 2, 108 et 132; I, 3, 262; II, 1, 474; V, 1, 1527. *Pompée* II, 1, 435; III, 2, 821. *Le Menteur* II, 5, 569. *Rodogune*
II, 2, 472; III, 5, 1067. *Pertharite* IV, 5, 1464. *Toison d'Or*
I, 1, 300. *Othon* IV, 1, 1184. *Attila* I, 2, 222. *Tite et Bérénice* V, 5, 1728. *Pulchérie* I, 1, 11 etc... Il y a la gloire militaire et même la gloire de la favorite que le sultan « daigne
honorer de son lit »; mais cette gloire (*Agésilas* II, 1, 424,
426-427) :

> ... *s'en partage entre tant de rivales,*
> *Qu'elle est moins un honneur qu'un sujet de dépit.*

Quand le mot gloire marque la plus haute valeur, il est presque toujours précédé de l'adjectif possessif qui en souligne l'idée
particulière. Voici cette haute gloire :

> *D'ailleurs sa résistance obscurciroit sa gloire*
>> (*Suivante* III, 1, 697)

> ... *Si ma passion chérchoit à s'excuser,*
> *Mille exemples fameux pourroient l'autoriser;*
> *Mais je n'en veux point suivre où ma gloire s'engage*
>> (*Cid* I, 2, 95-97)

> *Je m'immole a ma gloire*
>> (*Horace* V, 2, 1594)

Les princes ont cela de leur haute naissance :
Leur âme dans leur sang prend des impressions
Qui dessous leur vertu rangent leurs passions.
Leur générosité soumet tout à leur gloire.

> (*Pompée* II, 1, 370-373)

Ma gloire *de mon âme est toujours la maîtresse.*

> (*Don Sanche* II, 1, 462)

... Des hautes vertus la gloire *est le seul prix.*

> (*Pertharite* V, 5, 1854)

Je sais ce que je suis et ce que je dois faire,
Et prends pour seul objet ma gloire à satisfaire.

> (*Sophonisbe* III, 5, 993-994)

Je vis peut-être encor pour quelque autre raison
Qui se justifiera dans une autre saison...
Quand il en sera temps je mourrai pour ma gloire.

> (*Sophonisbe* III, 5, 1095-1096, 1098)

... rien ne m'est sensible à l'égal de ma gloire.

> (*Attila* II, 1, 486)

Mon devoir est, Seigneur, de soutenir ma gloire.

> (*Attila* IV, 3, 1169)

Ma gloire *inexorable...*
> (*Pulchérie* III, 3, 953)

Nul ne saurait forcer la gloire, pas même l'empereur :

S'il tient entre ses mains ma vie et ma fortune,
Je suis encor Sévère, et tout ce grand pouvoir
Ne peut rien sur ma gloire...

> (*Polyeucte* IV, 6, 1404-1406)

... J'ai trop de courage
Pour souffrir qu'avec toi ma gloire se partage,
Il peut vaincre Don Sanche avec fort peu de peine,
Mais non pas avec lui la gloire de *Chimène.*

> (*Cid* III, 4, 953-954: V, 4, 1681-1682)

> *Ce sont vœux superflus de vouloir un miracle*
> *Où votre gloire oppose un invincible obstacle.*
> (*Don Sanche* III, 1, 773-774)

> *Il y va de ma gloire, et j'ai beau soupirer,*
> *Sous cette tyrannie il me faut expirer.*
> (*Toison d'Or* III, 3, 1206-1207)

> *J'y fais ce que je puis, et ma gloire m'en prie.*
> (*Attila* III, 1, 754)

Passions, sentiments, devoirs, vertus, sont tournés vers la gloire; les conflits qui peuvent naître entre eux, seule la gloire les résout.

La gloire anime l'amour :

> *De notre amour naissant la douceur et la gloire.*
> (*Clitandre* V, 3, 1389)

> *Ce feu, si juste en l'un, en l'autre inexcusable,*
> *Rendroit l'un glorieux, et l'autre méprisable.*
> (*La Suivante* I, 2, 113-114)

> *Je meurs trop glorieux, puisque je meurs pour vous.*
> (*L'Illusion* IV, 7, 1244)

> *Et fais de mon amour un sujet de ma gloire.*
> (*Cid* II, 5, 546)

> *Ma gloire la plus haute est celle d'être à vous.*
> (*Tite et Bérénice* III, 5, 1030)

> *Ne t'effarouche point d'un feu dont je fais gloire.*
> (*Suréna* I, 1, 65)

Elle réchauffe l'amour de la patrie, l'exalte (*Horace* III, 2, 799-801; *Cinna* II, (1, 465-466); anime l'obéissance aux parents (*La Suivante* III, 1, 697), l'amour divin (*Polyeucte* IV, 3, 1213-1214; V, 3, 1679. *Théodore* II, 5, 596; III, 3, 823; III, 3, 892-893) mais aussi l'ambition, la vengeance, la colère, la haine (*Clitandre* I, 8, 214; *Cid* III, 3, 842; III, 4; 913-916; III, 6, 1049-1050; *Cinna*, I, 1, 9; II, 2, 691-692; III, 4, 973-976; *Rodogune* II, 2, 470-472; *Pertharite* II, 5, 693-704. *Sertorius* III, 2, 995-996).

La gloire s'accorde quelquefois avec l'amour; le plus souvent elle exige qu'il lui soit sacrifié. Si bien que pour satisfaire la gloire, on en vient à rechercher une union sans amour, ou à fuir une union toute aimable; parfois la gloire impose ce double effort; et même l'infidélité comme on voit dans *Don Sanche* (V, 1, 1470).

Voici la gloire et l'amour accordés ou antagonistes :

> *Et c'est, pour peu qu'on aime, une extrême douceur*
> *De pouvoir accorder sa gloire avec son cœur.*
> (*Sophonisbe* II, 5, 709-710).

>   *Ne vois-tu point de jour*
> *A mettre enfin d'accord sa gloire et son amour ?*
> (*Tite et Bérénice* IV, 4, 1309-1310)

> *Tous mes plaisirs sont morts, ou ma gloire ternie.*
> (*Cid* I, 6, 313)

> *Mon bras, pour vous venger, armé contre ma flamme,*
> *Par ce coup glorieux m'a privé de mon âme,...*
> *Impitoyable sort, dont la rigueur sépare*
>   *Ma gloire d'avec mes désirs !*
> (*Cid* III, 6, 1049-1050; V 2, 1573-1574)

> *On publieroit de toi que les yeux d'une femme*
> *Plus que ta propre gloire auroient touché ton âme.*
> (*Pertharite* II, 4, 671-672)

> *Mais il ne peut trouver qu'on soit digne du jour*
> *Quand aux soins de sa gloire on préfère l'amour.*
> (*Œdipe* III, 2, 879-880)

> *Et vous ne m'aimez pas, si vous n'aimez ma gloire.*
> (*Toison d'Or* IV, 4, 1705)

La gloire pousse la jeune Viriate à choisir le vieux Sertorius comme mari (*Sertorius* IV, 2, 1285-1286) :

> *Et la part que tantôt vous aviez dans mon âme*
> *Fut un don de ma gloire et non pas de ma flamme.*

Elle est plus forte que l'amour :

> *Mais enfin il est beau de triompher de soi,*
> *Et de s'accorder ce miracle...*

> *Et que le juste soin de combler* notre gloire
> *Demande notre cœur pour dernière victoire.*
> (*Agésilas* V, 6, 1982-1983, 1985-1986)

> *Si vous m'aimez, Seigneur, il faut sauver* ma gloire.
> (*Tite et Bérénice*, IV, 3, 1187)

> *Si vous m'aimiez, Seigneur, vous me deviez mieux croire*
> *Ne pas intéresser mon devoir et ma gloire :*
> *Ce sont deux ennemis que vous nous avez faits,*
> *Et que tout notre amour n'apaisera jamais.*
> (*Pulchérie* III, 3, 909-912)

Plus forte aussi que l'amou fraternel (*Horace* IV, 5; V, 2, 1594) ou maternel (*Rodogune* IV, 7, 1491; *Pertharite* III, 3, 923-924); que la foi conjugale (la scène V de l'acte III de Sophonisbe est caractéristique; la reine y répudie Syphax vaincu) :

> Ma gloire *est d'éviter les fers que vous portez.*

à quoi Syphax :

> *Ah ! s'il est quelques lois qui souffrent qu'on étale*
> *Cet illustre mépris de la foi conjugale.*
> (III, 5, 1015, 1061-1062)

Enfin la gloire l'emporte sur la vertu de générosité, et sur l'honneur même (*Cinna* III, 4, 969-973) :

> — *Une âme généreuse et que la vertu guide,*
> *Fuit la honte des noms d'ingrate et de perfide;*
> *Elle en hait l'infamie attachée au bonheur,*
> *Et n'accepte aucun bien aux dépens de l'honneur.*
> — *Je fais gloire, pour moi, de cette ignominie.*

Et presque toujours elle est satisfaite au prix du bonheur (*Tite et Bérénice* V, 5, 1728) :

> *Nous pourrions vivre heureux, mais avec moins de gloire.*

CHAPITRE III

LE PLAN CORNÉLIEN : UNE ÉTHIQUE DE LA GLOIRE

Ce regard jeté sur quelques mots du vocabulaire cornélien suffit sans doute à rendre sensible une curieuse méprise : en donnant à ces mots l'expression qu'ils ont communément dans notre langage actuel, on a très souvent trahi les images et les idées qu'ils représentent dans ce théâtre. Si l'on songe qu'ils sont les termes dont use de façon constante la psychologie de Corneille, comment ne serait-on pas tenté de découvrir ici, à sa source, la raison commune de tant d'exégèses contradictoires ? Prendre la « vertu » du glorieux pour une disposition de l'âme à faire le bien, le « devoir » du héros, du roi ou du politique, pour les obligations de la conscience et de la raison, les « mérites » pour ce qui est estimable du point de vue moral, c'est ignorer l'esprit de ces mots chez Corneille et ainsi se tromper parfois du tout au tout. Bien plus, si l'on ne retrouve pas la notion de gloire ni ses nuances originales, si l'on ne la replace pas sur le plan où s'exerce sa loi, le principe même de la psychologie cornélienne risque de rester lettre morte. Ce qu'il faut donc dénoncer c'est la confusion du plan cornélien avec celui de la morale commune ou encore avec celui de la religion.

Il est vrai : les exercices du héros cornélien ne sont point toujours si différents des exercices moraux ni même des religieux, qu'on ne tombe aisément dans cette erreur. Mais l'orientation ici et là n'est pas la même. Dans ce théâtre qui, dans son ensemble, ignore le christianisme et, dans une même mesure, la morale laïque, il n'est faute ni remords qui troublent l'âme du héros. Le sentiment du péché, ni celui du mal n'y enfantent de drame. Dieu, ni la conscience morale, n'orientent le cornélien. Seule la gloire est le principe et la fin, la loi et la foi de cette morale particulière. Il nous faut en définir les caractères généraux, l'échelle de valeurs, les règles qu'elle impose.

Ce plan de la gloire apparaît nettement avec le *Cid*. Mais il n'est pas tout à fait absent des comédies de *Clitandre* ou de *Médée*. Du *Cid* à *Pertharite*, il se confond avec le plan héroïque; dans les tragédies dynastiques, à partir d'*Œdipe* et jusqu'à *Suréna*, il constitue la société monarchique où évoluent les mœurs des grands et des politiques. Corneille a donc appliqué les mêmes règles de conduite à ses amoureux, à ses héros, à ses hommes d'Etat, à ses politiques, à ses rois, à ses martyrs. Il les a tous orientés vers un même but : la gloire. De là l'unité si solide de son théâtre, l'air et l'esprit de famille de tous ses personnages, le dynamisme de la foi cornélienne. Que cette gloire ne soit point située en même lieu, c'est évident; elle n'entraîne pas moins pour tous une égale conviction. Ordonnées par et pour la gloire, les « vertus » cornéliennes, générosité, ambition, haine, clémence, vengeance, prennent une valeur toute particulière, leurs conflits un caractère insolite. La volonté ou mieux comme l'appelle Corneille « la grandeur de courage », « la fermeté des grands cœurs [1] », les devoirs, l'honneur, l'amour, les mérites, ne sont considérés et hiérarchisés que par rapport à la gloire. Elle seule les réprime, les exalte ou les justifie; leur donne leur caractère « illustre », « beau », « grand », « extraordinaire », « admirable », ou au contraire « indigne », « ignoble », « infâme ». Sans doute elle n'exclut ni le juste, ni le bon, ni l'humain, ni le sacré qu'elle fait souvent rayonner; mais là n'est pas sa fin qui n'est qu'elle-même [2]; ainsi la colère, la perfidie, l'infidélité, la ruse, la félonie, le mensonge, le chantage, la cruauté, le crime peuvent être glorieux. C'est dans l'ordre cornélien. Il existe une « gloire sans nom » aussi impérieuse que la « vraie gloire ». Il s'ensuit que dans ce théâtre, les faits de sensibilité, les actions, les jugements, les intuitions et les volontés, sont ressentis, s'organisent, s'exercent ou se déterminent en fonction de cette idée de gloire qui les pénètre tous [3]. Là est la clef, nous semble-t-il, des mœurs et de la psychologie cornélienne, ainsi que de leurs illustrations scéniques. C'est la gloire, non la raison, la vertu morale, ou la connaissance, qui commande tout le système. Aussi insisterons-nous quelque peu sur le principe.

CHAPITRE IV

LA NOTION DE GLOIRE

Le caractère des activités que couvre la gloire est fort complexe. La gloire chez Corneille embrasse trois ordres distincts, l'ordre de société, l'ordre de la puissance, l'ordre de la valeur; ce qui revient à dire qu'elle est tirée de considérations fort diverses, soit que le héros recherche la seule louange des hommes, soit qu'il prenne occasion des conflits et des devoirs pour éprouver sa puissance, inscrire son courage et ses passions dans le texte des événements et des hommes, soit enfin que, dépassant ce moment, il découvre une autre sorte de contentement qui ne dépend plus du succès ou de l'échec de l'entreprise mais de la seule obéissance à une loi intime. Telle est alors la plus haute gloire; celle-ci fait naître l'admiration et le tragique propres à la tragédie cornélienne. En bref, la gloire, chez Corneille, peut être la gloire mondaine, ou bien la gloire du monde chevaleresque et héroïque que nous ne confondons pas avec la gloire tirée de la puissance et du pouvoir, enfin la gloire secrète, qui répond à une exigence de la nature profonde de l'homme cornélien et exprime en définitive sa liberté intérieure.

Ces divers degrés de la gloire sont parfois inextricablement mêlés; ils n'ont que rarement cette pureté qui devrait marquer chaque ordre. Ainsi il arrive que la gloire intérieure s'accorde avec celle qui s'attache à la puissance, ou même à l'honneur le plus extérieur, à l'amour-propre, à l'éclat du rang, etc... Si l'on essayait pourtant de saisir quelque évolution du sentiment de la gloire au long d'une œuvre où il se trouve sans cesse nuancé, on découvrirait sa valeur suprême dans les tragédies du *Cid* à *Polyeucte* (les tragédies précisément de l'héroïsme), ses manifestations les moins nobles dans les tragédies galantes et politiques à partir d'*Œdipe*. Encore pourrait-on retrouver dans *Tite et Bérénice*, et surtout dans *Suréna*, ses formes les plus élevées.

A la rigueur, il suffirait du *Cid* pour apercevoir la totalité de ses aspects.

L'infante sacrifie son amour à la gloire, pour des raisons de préséance; la splendeur de la naissance et du rang lui fait une loi de ne point s'allier à un simple chevalier. Dona Urraque préfigure un grand nombre de reines et d'héroïnes, dont la gloire n'ira jamais qu'à refuser une mésalliance. D'où surgira un conflit qui, en général, ne parvient pas à nous toucher. La jeune fille de haute lignée, qui ne peut se défendre d'aimer le beau cavalier ou le bel officier, s'interdit de descendre jusqu'à lui; volontairement elle donne sa main à celui qu'elle n'aime pas. Cette image un peu sommaire de l'idylle princière nous enchante dans le *Cid*. Toutefois, ce n'est pas le conflit en lui-même qui nous intéresse, mais la personne de l'infante, sa jeunesse, un visage de fierté et de nostalgie. Cette tendre princesse, durcie par le point d'honneur, enfermée dans un réseau de convenances et de devoirs, garde dans ses actes les plus sévères une chaude et somptueuse féminité, dans ses abandons une retenue de race. Chez elle, les hardiesses tout instinctives se mêlent sans artifice aux moralités; elles ne grimacent pas d'être ainsi rapprochées : l'âge de l'héroïne les accorde et leur prête sa grâce. On la surprend par exemple penchée sur l'arène où Rodrigue et Don Gomès sont aux prises; insensible à la pitié et au péril, elle s'enivre de la vision de tout un peuple à genoux qui adore en tremblant le héros maître de son cœur [1].

Corneille pourra reprendre inlassablement un tel conflit; il ne parviendra plus à nous intéresser aux malheurs de ses amoureuses couronnées. Il ne manquera pas pourtant d'en faire varier les données; ici, bien qu'on puisse se marier avec l'amant de cœur — ni parents, ni obstacle ne s'y opposent — on refuse de donner sa main. La gloire ne détruit pas l'amour mais elle ruine le bonheur. Là, on épousera sans avoir d'amour, car la formule : la reine se doit d'épouser un roi, revient à ceci : la reine ne peut épouser qu'un roi. Le drame s'extériorise alors dans un jeu de conventions parfois minutieux, mais toujours mécanique.

Ces conflits propres aux grands de ce monde présentent d'autres traits. La gloire presse ceux qui sont au pouvoir de tout sacrifier à la dignité de leur charge. Mais elle reste le plus souvent une passion de conquête et de faste. La politique s'en est fait une alliée. La tragédie, dès *Œdipe,* emprunte ses plus constants éléments aux intérêts politiques, aux desseins avoués ou tus de garder coûte que coûte le trône, ou bien de s'en emparer. La gloire y convoite les dignités, se hausse aux hiérarchies suprêmes, complote dans les intrigues de cabinet, prépare dans l'ombre les coups fourrés, le poignard ou le poison.

Au niveau de la puissance, la gloire cornélienne se confond très souvent avec l'honneur. Nous n'en préciserons que quelques traits. On ne peut isoler l'honneur de la structure sociale. Formant un lien solide entre le héros et sa génération, il relève d'un savoir-vivre et de mœurs particuliers. Il est un fait de sensibilité plus qu'une vue de la raison. Tel est surtout le point d'honneur qui vaut pour une noblesse attachée aux traditions de sa caste, à l'orgueil du nom, à l'ascendance nobilière, au rang. Cet honneur transmis par la coutume, et pénétré d'ailleurs de conscience, rend cette élite sensible au scandale et à l'opinion, à la louange et à l'injure, aux décorations et aux disgrâces de société. L'esprit de corps l'anime. C'est cet honneur qu'entend la génération de Don Diègue et de Don Gomès. Mais tout en conservant ses fondements raciaux et son caractère social, l'honneur peut se réfugier au plus secret et au plus profond de la personne; il en devient la loi intime, envahit toutes les régions et toutes les activités de l'homme. Le cœur de Rodrigue — courage et amour, cavalier et amant — bat dans cet honneur [2]. L'âme, qui l'anime, l'élève au rang d'une valeur. Mais il reste que ce sentiment de l'honneur, écoutant plus volontiers la colère et les emportements de l'orgueil que les conseils de la sagesse, retombe vite à la force nue. Et l'on voit aussi qu'à ce niveau la gloire éclaire moins une éthique de la grandeur qu'une éthique des grands. Il en va de même de la gloire du roi. La toute-puissance du pouvoir met le roi, fondateur et mainteneur de l'ordre et du droit, en dehors de l'ordre et des lois de la conscience. « Sa gloire se sauve à l'ombre du pouvoir [3]. »

Reste l'autre espèce de gloire. Jusqu'ici ses mouvements commandés par une exigence plus ou moins extérieure (honneurs ou honneur, pouvoir ou règne) se répercutaient dans l'univers des hommes et des choses. Ils répondaient à des convenances et à des devoirs qu'une société impose à ses membres dans l'épreuve domestique, civique ou patriotique; ils étaient la part que l'homme, ou le roi, joue dans l'histoire, sa réponse au destin. Ils assuraient la continuité du groupe en même temps qu'ils affirmaient la personnalité du héros ou la personne du roi [4]. La plus haute gloire cornélienne illustre une réalité de nature différente. Son lieu et son principe n'est plus dans ce qui paraît mais dans ce qui est, non plus au monde mais dans l'être. Sans doute est-elle encore la satisfaction que le héros ou le roi tirent du sentiment de leur force, du plein exercice du courage ou de la fonction royale. Mais cette fois la loi obéie n'est plus reconnue comme extérieure, ni l'action développée sur le plan de l'histoire. Ce qui compte pour le héros c'est de ne point trahir l'ordre de la loi intime. Il s'agit d'affirmer cette valeur, qu'il sent précieuse entre toutes, dans une épreuve qui ne peut que s'appuyer sur l'événement du dehors mais dont le succès ou l'échec ne décide plus de la louange ou du blâme. Au dedans de lui-même le héros rencontre l'obstacle, le courage ou non de le surmonter, le contentement ou la réprobation. Il passe de la vie du monde et de ses réalités à la vie spirituelle. Et, certes, il n'y a pas de rupture de l'un à l'autre mais l'éclairage change. La vie d'un homme n'est réelle qu'autant qu'il la compose; sans cette présence elle n'est qu'images et effacements. Voici pour le héros cornélien paraître un univers secret et inviolable où il se sent chez lui; libre et son propre souverain. Il y trouve sa respiration, son espace, sa noblesse.

Mais ici encore le dépassement et même la destruction de la personne que la gloire impose parfois, ne tendent qu'à témoigner pour la gloire elle-même. Il ne saurait être question d'une autre récompense ni d'une autre fin [5]. La palme, le héros en sortant de la vie, se la met sur la tête sans espérer rien d'autre que ce signe de grandeur laissé dans le souvenir des hommes. La survie se prolonge dans les monuments du Livre et de l'Histoire, ou, à défaut, dans la mémoire des races. Une telle gloire n'est pas remise à Dieu; le héros se la réserve. Parfois il en entrevoit bien les vicissitudes posthumes : ce n'est pas une raison pour ne pas la poursuivre. Ne pas accomplir ce qu'il s'est juré à soi-même reviendrait à se nier, à vivre sa mort. C'est le parti de remplir toute son humanité qui l'isole du reste des hommes, son amour même de la vie qui l'en fait sortir.

Dans cet effort il se peut qu'à la fin se glisse une tristesse hautaine dont Suréna et quelques autres ont daigné nous faire l'aveu [6]. La gloire cornélienne ne peut mener à la joie; le héros en prend noblement son parti [7]. Telle est cette notion de la gloire ou cette foi nouvelle qui échappe au monde des croyants comme à celui des philosophes et des sages. Et il faut bien parler d'une sorte de mystique de la gloire puisqu'elle permet à ses fervents d'atteindre aux limites d'eux-mêmes et parfois de les transgresser. La raison, la volonté pourraient-elles faire ce miracle ? On saisit ici quelque chose du caractère surnaturel de cette orthodoxie mondaine; on pressent certains prolongements métaphysiques et même religieux qu'elle porte avec elle sans qu'elle en soupçonne la mystérieuse présence. Pour cette gloire qui touche au sacré, Polyeucte témoignera.

CHAPITRE V

DE LA GLOIRE DU HÉROS, DU ROI, DU POLITIQUE

La recherche de la gloire — qu'elle soit de l'ordre de l'être, de la puissance ou de la vanité — éclaire et détermine la volonté d'être et la volonté de puissance qui caractérisent les personnages cornéliens. En réalité il est souvent malaisé de distinguer l'une de l'autre, tant la volonté d'être ressemble dans ses manifestations à la volonté de puissance. Toutefois il est constant que l'attitude héroïque et chevaleresque (du *Cid* à *Pertharite*) se fonde sur la puissance et la gloire intérieures — à quelques exceptions près — l'attitude politique à partir de *Rodogune* sur la puissance extérieure, l'attitude royale sur le pouvoir, et quelquefois sur la souveraineté (Auguste dans *Cinna*).

Au fond, ce qui est en jeu dans les chefs-d'œuvre où Corneille a dessiné le héros, c'est la grandeur de l'homme. Celui-ci n'est grand qu'autant qu'il observe la loi de la gloire intérieure; elle seule peut l'entraîner au delà de lui-même, jusqu'au sacrifice de soi. C'est en ce sens que la gloire est créatrice du héros; elle est sa substance. Il en va de même pour le roi; mais ici la gloire, malgré le renoncement du roi à lui-même, se mêle trop au pouvoir extérieur pour ne pas ressembler, par quelque côté, à la gloire des politiques.

C'est par l'affirmation du Moi que Corneille aborde à la scène le problème de la puissance. Dès *Médée,* cette affirmation est hautainement proclamée[1]. Soit que ce moi menacé dans son intégrité songe à se défendre, soit qu'il veuille s'étendre, il entend toujours conserver la puissance ou l'acquérir. L'ensemble de la psychologie des passions, chez Corneille, s'organise autour d'une telle volonté de puissance et de gloire. L'énergie est puisée aux sources de la sensibilité, haine, vengeance, ambition, enthousiasme, amour de la patrie, amour du trône. Ces passions « mâles », « nobles », « dominantes », sont les vertus cornéliennes par excellence[2]. Ces « hautes vertus » ont pour seul prix la gloire. La vertu est cette énergie et cette fermeté d'âme bandées pour les actions glorieuses.

Qu'il surgisse à l'occasion d'un drame domestique (*Le Cid*), ou national (*Horace*), ou de l'option entre deux manières d'être (*Cinna*), ou d'un conflit religieux (*Polyeucte*), ou dynastique et politique (la plupart des tragédies dès *Pompée*), qu'il soit réchauffé par le sentiment du point d'honneur, de la patrie, par l'amour humain ou l'amour divin, par le désir de régner ou même par de plus obscurs intérêts politiques, Corneille a voulu nous faire entendre que ce combat pour la gloire ne prenait son sens que par référence au combat qui se livrait dans l'âme du héros. L'univers de la vraie gloire est celui de l'âme attentive à ne pas se trahir. C'est au dedans que ce qui est essentiel à l'homme s'est joué.

On s'explique donc que la gloire dans ce théâtre puisse avoir ses hauts moments de moralité comme ses moments démoniaques; le principe qui engendre les uns et les autres, est le même. Les glorieux n'hésitent pas pour conquérir la gloire à faire appel au crime, aux vertus « sans honneur », à proposer des actes « sans exemple [3] ». Un grand nombre d'entre eux confondent la gloire avec les prestiges de l'autorité et du trône, les jouissances de l'amour-propre, de l'orgueil, du Moi victorieux. Toutefois il reste possible que Corneille ait pris occasion de ces conquêtes et de ces conflits dynastiques, de ces symboles de la puissance, pour illustrer ici encore le conflit intérieur où s'élabore et se conquiert la vraie gloire. Le thème du roi, qui emplit la tragédie à partir de *Pompée*, peut être à la rigueur considéré comme celui de l'homme. Tout homme est roi de lui-même, et, en ce sens, ces princes et ces princesses du sang pouvaient ne pas constituer aux yeux de Corneille une humanité privilégiée; ils relevaient de l'humaine condition [4]. On peut penser aussi que la dignité de la tragédie imposait à l'écrivain ce choix d'illustres destinées. Il reste pourtant que, dès *Pompée*, Corneille a fait briller pour les seules têtes couronnées la suprême valeur de cette gloire qu'il avait jusqu'alors accordée au héros. Cela peut surprendre et touche en sa profondeur au problème même de l'évolution du théâtre cornélien. Il est bien difficile d'expliquer cette éclipse du héros par des raisons sûres. Peut-être n'avait-il pas échappé à Corneille que ce principe de la Gloire menait les héros à la source où buvaient les dieux eux-mêmes :

Un héros, comme un dieu, peut faire des miracles.

Mais qui justifiait cette puissance ? Quelle en était l'origine ? Le héros ne remontait pas au delà de lui-même, n'en appelait qu'à soi et renonçait jusqu'à sa personne pour affirmer le bien essentiel de la gloire. Polyeucte seul avait fait reposer cette source de courage dans la volonté divine et reconnu la raison de son être en dehors de lui-même. Mais cet ordre de Dieu, origine et justification de toutes choses, absolument étranger aux héros cornéliens dans leur ensemble, ne peut-on le reconnaître dans les tragédies où domine l'idée monarchique ? La puissance du roi, sa souveraineté morale, semblent bien, pour Corneille, procéder d'un mystère; elles sont inscrites dans l'ordre divin [5]. De là le caractère sacré de la personne royale, son rôle de justicier. La Toute-Puissance couvre la puissance et le pouvoir. Les actes du roi, ses ordres, ses paroles, ne sont que les expressions d'une volonté et d'une nécessité qui remontent au delà de lui-même, témoignent d'un ordre antérieur qui se perd dans le temps et reste mystérieusement impérieux [6]. Par le sang se transmettent cette grâce et ces fatalités attachées aux princes de ce monde. Esclaves eux-mêmes de leur privilège, ils ne peuvent pas plus déchoir de leur naissance que renoncer cette noblesse dont ils sont les héritiers. Poussés par de mauvais ministres, s'ils ternissent un instant le visage de la majesté royale, la mort les rétablit dans toute leur gloire. Et les accidents du hasard et de l'histoire peuvent bien traverser mais non anéantir ces destins providentiels. *Pertharite* et *Don Sanche* sont les illustrations les plus appuyées de ces vues.

Une telle définition du Roi permettrait à Corneille d'attribuer aux vertus royales, et en particulier à la Gloire, vertu de toutes les vertus, un caractère absolu. Le critère du mal et du bien, celui du juste et de l'injuste, devaient perdre ici leur autorité. De là ces étonnantes maximes, si éloignées des principes de la morale commune et des lois de l'humaine condition :

> *Tous ces crimes d'Etat qu'on fait pour la couronne,*
> *Le ciel nous en absout alors qu'il nous la donne,*
> *Et dans le sacré rang où sa faveur l'a mis,*
> *Le passé devient juste et l'avenir permis.*
> *Qui peut y parvenir ne peut être coupable;*
> *Quoi qu'il ait fait ou fasse, il est inviolable.*

ou bien :

> *Vous ne savez que trop qu'un homme de ma sorte,*
> *Quand il se rend coupable, un peu plus haut se porte;*
> *Qu'il lui faut un grand crime à tenter son devoir,*
> *Où sa gloire se sauve à l'ombre du pouvoir.*

ou encore :

Soutenez votre sceptre avec l'autorité
Qu'imprime au front des rois leur propre majesté.
Un roi doit pouvoir tout.

Nous retrouvons ici l'ambiguïté de l'attitude cornélienne en ce qui concerne la notion de puissance et de valeur. La conception monarchique (l'Etat c'est le Roi) conduit Corneille à abandonner peu à peu l'univers de l'héroïsme, celui de ses premières tragédies, du *Cid* à *Polyeucte*; nous l'avons dit, le Héros fait place au Souverain et au Politique. Ce qui importe désormais ce sont les signes de la puissance et du règne, non ceux de l'être ou de la volonté d'être, qui caractérisaient le héros. Or, dans le monde de la tragédie dynastique, la gloire attachée à la naissance et au rang, se confond avec la raison d'Etat. A ce niveau elle n'est plus poursuivie avec cette ferveur qui brûlait Rodrigue ou Horace, par exemple. En outre, comme il n'est plus question du salut ou de la création de l'Etat, tâche qui incombait au héros, mais de la maintenance et de la continuité du règne, nous n'assistons plus qu'aux conflits et aux complots des intérêts royaux et de la politique parmi lesquels le héros ne pourrait retrouver son noble exercice. Aussi disparaît-il ou presque des tragédies après *Polyeucte*, entraînant tout un monde qui vivait obscurément autour de lui. Il est évident en effet que l'aventure héroïque, si décisive pour la marche et l'ordre de la Cité, recevait une sorte d'approbation non seulement de la part de l'élite aristocratique mais aussi des couches profondes de toute une race. La geste glorieuse rayonnait; elle traversait l'épaisseur d'un peuple attentif et partisan. Du *Cid* à *Polyeucte* la substance de l'héroïsme est nourricière de la Cité, de la nation, de l'Etat et même des mœurs. Rodrigue, Horace, Auguste, Polyeucte, imposent leur être au groupe ethnique dont ils prennent la charge. Aussi voit-on les peuples solidaires d'une action qui élabore et oriente leur destin. Ainsi les gens de Castille accompagnent Rodrigue jusqu'aux bouches du Guadalquivir et, de nouveau, ils prennent parti pour lui dans ses malheurs et ses peines d'amour. Ainsi le peuple romain défend l'infortuné Horace, et l'Arménie entière, à la mort de son martyr, s'apprête à adorer les symboles et le rite nouveaux. Une telle participation du groupe à l'action héroïque donne à la tragédie une allure d'épopée ou encore l'accent authentique d'une chronique.

Dans la tragédie où domine l'idée royale, le drame des personnages se referme sur la seule politique, les soins de l'ambition, les intrigues. La nation, le peuple sont absents ou méprisés. Ils ne participent jamais qu'à des émeutes introduites au dénouement de la pièce comme des subterfuges ou des utilités scéniques.

Suréna, il est vrai, pose le conflit du Pouvoir royal et du Héros, mais Suréna meurt assassiné par le fils de son Roi. D'ailleurs dans cette dernière pièce, le mythe de la gloire n'a plus la vertu de création qu'il revêt dans les tragédies de l'héroïsme. Il est contemplé et même jugé [7]. Et l'action de Suréna demeure presque entièrement amoureuse. Dans toutes les autres tragédies, les maximes cent fois reprises de l'héroïsme ne sont plus l'expression d'une nécessité intérieure et tragique; formule et mot de passe d'une élite qui nous est étrangère, la tragédie reste abandonnée à un jeu de surface prévisible et monotone.

CHAPITRE VI

CARACTÈRES DE LA PSYCHOLOGIE CORNÉLIENNE

L'idéologie particulière des termes sur lesquels s'appuie la psychologie cornélienne et l'éclairage que donne à celle-ci la notion de gloire, remettent en question certaines conclusions — qu'on pouvait croire définitives — sur les rapports du héros cornélien et du « généreux » selon Descartes, sur la théorie des passions dominées par la volonté et par la raison, sur l'amour raisonnable naissant de l'estime, enfin sur le sens même du tragique cornélien. Nous voudrions, pour terminer, en dire quelques mots.

On a rapproché, dans un article célèbre, la générosité cornélienne de la générosité cartésienne [1], et, de façon plus générale la théorie des passions chez Corneille de la théorie des passions chez Descartes. Or, ce philosophe tout en reconnaissant que la générosité est une passion et qu'elle dépend en quelque façon de la noblesse de la naissance, ajoute que « la bonne institution sert beaucoup pour corriger les défauts de la naissance, et que, si on s'occupe souvent à considérer ce que c'est que le libre arbitre et combien sont grands les avantages qui viennent de ce qu'on a une ferme résolution d'en bien user, comme aussi, d'autre côté, combien sont vains et inutiles tous les soins qui travaillent les ambitieux, on peut exciter en soi la passion, et ensuite acquérir la vertu de générosité [2]. » Pour Corneille, nous l'avons vu, la générosité reste un don de naissance et la vraie noblesse ne peut guère se découvrir que dans une noblesse de race, dans l'homme de souche noble. Cette vue est entièrement dominée par les mœurs de l'univers cornélien.

D'ailleurs, à eux seuls, les effets de la générosité cornélienne devraient suffire à nous interdire de la confondre avec la générosité cartésienne. Chez le philosophe elle se porte au bien envers le prochain, se rend maîtresse de la jalousie, de l'envie, de la haine, de la colère, fuit l'orgueil comme un vice. Cette « vertu de générosité » poursuit Descartes, est « comme la clef de toutes les autres vertus et un remède général contre tous les dérèglements des passions [3]. » On ne peut, de façon plus décisive, marquer la fin morale que le philosophe entendait donner à la générosité. Elle va à « l'humilité vertueuse » qui consiste « en ce que la réflexion que nous faisons sur l'infirmité de notre nature et sur les fautes que nous pouvons autrefois avoir commises... est cause que nous ne nous préférons à personne [4]... » Qui pourrait reconnaître cette humilité et cette interrogation sur notre nature infirme ou sur nos faiblesses, dans l'attitude propre aux héros de Corneille ? Chez eux « la générosité soumet tout à leur gloire [5] »; aussi bien courage, désirs, haine, ambition. Tous ces sentiments et passions deviennent « généreux » et « vertueux » aux yeux du cornélien : il suffit qu'ils aient une fin « glorieuse ». La générosité cornélienne trouve sa fin dans le beau, l'illustre, l'extraordinaire, c'est-à-dire dans les seules expressions de la gloire. Ce que se doit le généreux peut commander une action morale, humaine. Mais également une gloire « sans nom » pousse Rodogune à demander à deux frères l'assassinat de leur mère [6]; le cri de Cléopâtre : « Sors de mon cœur, Nature... » est démesuré [7]. La gloire exige du généreux aussi bien la puissance, l'ambition, la vengeance, l'amour, que leur renoncement.

Il suit, sans qu'on ait besoin de pousser plus loin l'analyse, que toute description de l'héroïsme cornélien qui prendrait la conscience, la raison morale comme détermination des actes et armes contre les passions, ignorerait l'optique propre à cette humanité héroïque tirée à la gloire comme à sa fin essentielle. Et sans doute, une fois encore, arrive-t-il que les démarches du héros empruntent des voies si semblables à celles du bien et du juste qu'on soit porté à croire les unes et les autres identiques. Mais ce n'est que par l'apparence la plus extérieure et, au prix d'une description inexacte de l'univers spirituel et sentimental qu'expriment certains mots-clefs chez Corneille, qu'on a pu affirmer une telle identité. Ici la raison, c'est la raison du héros, c'est-à-dire sa gloire; la volonté c'est le courage du héros, toujours au niveau du cœur (la langue cornélienne l'indique inlassablement), lieu même des émotions et des passions, colère, haine, amour, enthousiasme, cruauté, générosité. Quant à l'impérieuse valeur qui détermine et justifie l'acte cornélien, elle a le caractère d'une foi. Sans doute est-elle l'expérience d'une époque, d'une race d'hommes, ou seulement d'un groupe. Notre étude ne traite point ce problème social que pose la notion de gloire. Nous ne tâchons que de saisir l'illustration de ce sentiment dans la psychologie cornélienne; celle-ci se présente comme un système clos dont l'agencement et les lois intrinsèques constituent un monde à part; une humanité privilégiée l'habite et c'est pourquoi les contemporains

— cela dura à peine quelque trente ans — à peu près seuls s'y reconnurent. Ils entraient de plain-pied (cent témoignages l'assurent) dans une œuvre qui devait répondre à leur raison de vivre, à leur sensibilité, à leur respiration même; ils communiquaient avec elle, ils y participaient, ils étaient de connivence.

On en a perdu très vite le sens. Quelques survivants de l'époque Louis XIII applaudissaient bien encore Corneille en un temps où lui-même s'exténuait à retrouver l'âme de ses premières créations. Il en reproduisait seulement les formules et les images que son intelligence du théâtre, et peut-être aussi un entêtement tranquille, continuaient à répandre sur la scène; ce n'était le plus souvent que replâtrage et recettes de métier. Du moins ses dernières pièces, pour la plupart systématiques et de sang-froid, nous servent-elles aujourd'hui d'introduction et d'initiation aux chefs-d'œuvre dont l'âme a pu si longtemps nous échapper.

Il fallait en effet entendre la notion de la Gloire pour aborder par exemple le drame de Rodrigue et de Chimène et saisir par le dedans ces âmes désespérées. Nous avons plus haut essayé d'en décrire le tragique et reconnu qu'il naissait de l'accord ou de l'opposition entre la loi de l'éthique cornélienne et les exigences non moins sévères de la nature. Que la morale de la gloire ici triomphe et là reste impuissante à dominer une humanité toute instinctive et la fatalité du sort, les tragédies du *Cid* à *Polyeucte* nous en assurent. Aussi sont-elles restées vivantes et proches de nous. Mais dans les pièces où Corneille n'oppose plus rien d'humain à la gloire, ou ne parvient pas à nous convaincre de la vérité des sentiments, de la grandeur des intérêts qui lui sont sacrifiés, le tragique nous échappe. C'est ce qui arrive plus ou moins avec la tragédie politique et dynastique.

Enfin la même raison de Gloire, et non la raison, éclaire le conflit des passions, et en particulier celui de l'amour. Il s'agit bien d'amour héroïque ou glorieux, non d'amour raisonnable. L'amour, chez Corneille, ne peut être aimé que glorieux. Il ne faut point donner aux « mérites » de la personne aimée le seul caractère moral, mais les considérer toujours en regard de la gloire. Ils s'inscrivent dans le jeu des valeurs cornéliennes où le plus haut mérite ne va qu'à la sauver. Le bien de l'aimée ou de l'aimé c'est sa gloire. Aimer et rechercher ce bien n'est point aimer et rechercher la perfection de l'être aimé, mais sa gloire, etc... On n'a pu soutenir la théorie de l'amour-estime-perfection qu'en confondant mérite et mérite moral. Rien de pareil, nous l'avons montré, dans l'œuvre de Corneille, du moins dans la plupart des cas.

Sans nous attarder aux premières comédies où la beauté de la femme fait tout le mérite (cette vue se retrouve dans les tragé-

dies et jusquē dans *Tite et Bérénice*), nous examinerons ici deux
textes qui sembleraient prouver — mais il n'en est rien — le caractère vertueux et moral de l'amour et la théorie de l'amour-
estime :

> *Je te répondrois bien que dans les* belles âmes
> Le seul mérite a droit de produire des flammes;
> *Et si ma passion cherchoit à s'excuser,*
> *Mille exemples fameux pourroient l'autoriser;*
> *Mais je n'en veux point suivre où* ma gloire *s'engage;*
> La surprise des sens *n'abat point mon courage;*
> *Et je me dis toujours qu'étant fille de roi,*
> *Tout autre qu'un monarque est* indigne *de moi.*

Ainsi parle Dona Urraque au premier acte du *Cid*[8]. Rodrigue
n'a encore vaincu ni le Comte, ni les Maures. Pour l'instant, le
« seul mérite » de Rodrigue, c'est d'être le fils de son père, d'être
jeune, beau, ardent, séduisant; d'avoir aussi une « belle âme »,
c'est-à-dire une âme fière, noble. Tels sont le charme de ce cavalier aimé et ces qualités qui « ont droit de produire des flammes » et font « la surprise des sens » dont le cœur de l'Infante
se défend mal. Mais le sentiment de la gloire ne permet pas une
mésalliance jugée « indigne ». Avons-nous quitté le plan cornélien ?

L'autre texte est la réplique de Carlos à la Reinē de Castille :

> *Et quand j'aurois des feux dignes de votre haine,*
> *Si votre âme, sensible à ces indignes feux,*
> *Se pouvoit oublier jusqu'à souffrir mes vœux;*
> *Si par quelque malheur que je ne puis comprendre,*
> *Du trône jusqu'à moi je la voyois descendre,*
> *Commençant aussitôt à vous* moins estimer,
> Je cesserois *sans doute aussi* de vous aimer[9].

On croirait ici *de visu* saisir le mécanisme de l'estime déterminant l'amour; mais les vers qui précèdent la déclaration de Carlos obligent à quelque prudence :

> *Je ne me défends point des* sentiments d'estime
> *Que vos moindres sujets auroient pour vous sans crime...*
> *Je* vous *aime, Madame, et* vous estime en reine;
> *Et quand j'aurois des feux, etc...*[10]

Malgré une ambiguïté due à la situation — on sait que Carlos
ignore sa véritable origine : héritier du trône d'Aragon, il se croit

fils de pêcheur — le sens de ce passage est parfaitement clair. Sanche, fils de pêcheur et soldat glorieux, aime en reine Isabelle; Sanche, qui croit se connaître, ne pourrait lever les yeux sur elle « sans crime ». Du moins peut-il avouer et s'avouer l'estime d'un sujet pour sa souveraine. Telle est l'apparence. En réalité, il s'agit bien d'un sentiment d'amour inavoué, ou mieux, non reconnu. Car la noblesse ignorée mais réelle en Don Sanche le pousse à user des droits et des prérogatives de la naissance. L'identité réelle, le caractère sacré du Roi, se révèlent et agissent à l'insu de Don Sanche qu'ils placent comme malgré lui sur le plan de la morale aristocratique; d'où ce sentiment en lui de la Gloire et de ses exigences. Celle-ci lui interdit et commande à la fois d'aimer Isabelle. Cet amour se veut glorieux; il ne pourrait souffrir que la personne aimée déméritât, c'est-à-dire perdît son rang. Ce n'est point, ici encore, la perfection de l'objet que recherche l'amour mais sa gloire.

Ailleurs telle amoureuse pourra faire cet extravagant aveu : estimer et aimer davantage l'amant que l'ambition a rendu infidèle :

> Mettez-vous, j'y consens, au-dessus de l'amour,
> Si pour monter au trône il s'offre quelque jour.
> Qu'à ce glorieux titre un amant soit volage,
> Je puis l'en estimer, l'en aimer davantage,
> Et voir avec plaisir la belle ambition
> Triompher d'une ardente et longue passion [11].

Bref, la gloire couvre tout. Non qu'elle fasse naître l'amour; Corneille laisse à ce sentiment son caractère de grâce ou de fatalité [12]. C'est la part des dieux. N'aime pas qui veut et où il veut; et de même l'on n'est pas toujours aimé par qui l'on voudrait. Corneille pense là-dessus comme tout le monde [13]. Mais c'est précisément parce que ni la volonté, ni la raison, ni la gloire ne font naître l'amour, que le conflit de l'amour et de la gloire est possible. La volonté — courage ou générosité — intervient lorsque dans l'âme du héros ou de l'héroïne l'amour s'est mystérieusement glissé. Alors le cœur ne s'accorde pas toujours avec la gloire; alors seulement commence la tragédie de type cornélien. La gloire exige qu'on se refuse où l'on aime, ou qu'on se donne où l'on n'aime pas; quelquefois elle exige l'un et l'autre. Tel est le ressort dramatique du conflit. La gloire est « inexorable ». Elle veut qu'on soit « au plus illustre et non au plus aimable [14] ».

Dans les tragédies dynastiques, ou politiques et galantes, glorieux et glorieuses s'en tirent en donnant « la main » et en gardant « le cœur ». Et en vérité ce n'est point le devoir, la raison ou l'estime, ainsi que nous entendons communément ces mots, qui leur font obligation de triompher de l'amour, mais leur devoir, leur raison, leur estime. Il s'agit d'autre chose que d'une nuance. Car on voit bien que des devoirs, comme le devoir civique, patriotique, l'estime ou l'amour du prochain, la vertu du pardon et de la maîtrise de soi, l'emportent sur l'amour le plus tendre; mais on voit également des « passions nobles » selon Corneille, c'est-à-dire « l'ambition ou la vengeance [15] » mener tous ces glorieux à la gloire par les voies du crime, de l'infidélité, du parjure, etc... Quand bien même le souci de la gloire, imposerait à l'amoureux de ne pas démériter à ses yeux et aux yeux de celle qu'il aime, ce n'est point la perfection mais l'honneur de l'amour qui est recherché. La loi qui exhausse l'amour cornélien n'est ni la pureté, ni la vertu, ni la raison mais la loi de la gloire. Encore n'est-il jamais question de ne plus aimer, ni de sacrifier l'amour, mais au contraire de le sauver en évitant l'infamie. Ce qui est perdu c'est le bonheur et la personne aimée, mais non pas l'amour.

CONCLUSION

Notre propos ne tendait qu'à préciser l'idée de gloire; elle nous a paru dominer la psychologie du théâtre cornélien et même donner son sens à l'œuvre tout entière. La gloire — on le pressent plus qu'on ne l'a encore montré — a marqué fortement l'époque Louis XIII, jusqu'à produire des manières de penser et de sentir particulières; elle a trouvé une expression dans les ouvrages de l'esprit, romans, pièces de théâtre, discours profanes et sacrés, correspondances, mémoires; enfin elle a nourri une querelle où tour à tour s'élevèrent les protestations de l'Eglise, de la Royauté et de la Bourgeoisie, effrayées du péril que représentait pour l'orthodoxie, le pouvoir ou les mœurs de l'honnête homme, une attitude jugée, à tort ou à raison, inquiétante [1]. Le problème d'histoire littéraire et celui de sociologie que pose la notion de Gloire étaient trop vastes pour que nous songions ici à les traiter. Nous avons borné notre investigation au théâtre cornélien où apparaissent de façon lumineuse, de *Mélite* à *Suréna,* les incidences de la gloire sur la sensibilité, sur les déterminations du héros, et sur le caractère même du conflit tragique.

Dans son ensemble la critique semblait pourtant avoir perdu de vue — et depuis fort longtemps — de telles incidences, par on ne sait quelle information peu sûre de l'esprit de la langue cornélienne. Aussi avons-nous songé à vérifier les idées, les sentiments et plus particulièrement le contenu psychologique qu'enferment les mots les plus usuels de ce théâtre; il suffisait, pensions-nous, de faire un relevé complet de leur emploi pour dégager les expressions diverses et originales que Corneille leur donne. Ainsi replacés dans l'œuvre qui les contient et dans l'esprit qui les anime, ces mots n'offrent que rarement les images, les combinaisons et les rapports d'idées ou de sentiments que nous leur donnons aujourd'hui. Ils sont par contre les symboles d'une idéologie singulière.

Les mots mérite, estime, devoir, vertu, générosité, gloire, interrogés dans le texte même où ils prennent vie, les conflits psychologiques, l'héroïsme et la politique apparaissent sous un éclairage nouveau. Les rapports constants qu'entretiennent ces termes, l'échelle et la subordination des valeurs qu'ils représentent, forment l'ensemble cohérent d'une éthique authentique et, qu'à ce titre, nous avons appelée cornélienne. Elle a sa fin et son principe dans la gloire.

On a le plus souvent expliqué l'œuvre sans tenir compte de ces vues. Il en est résulté des erreurs. En particulier, il nous a semblé difficile qu'on pût admettre le bien fondé de l'analyse qui fait de la raison et de la volonté les principes de la psychologie cornélienne et ramène celle-ci à l'idée de connaissance. De même nous avons dénoncé la théorie de l'amour raisonnable, fondé sur l'estime, et s'élevant par la connaissance des mérites jusqu'à l'idée de la perfection [2], ainsi que l'identité entrevue entre le « héros cornélien » et « le généreux » selon Descartes, ou enfin la tentative de ramener l'éthique cornélienne à la morale commune et plus arbitrairement encore à la religion chrétienne.

Il restait à rétablir de plus exactes perspectives. Nous n'avons fait que les indiquer; peut-être éclairent-elles une recherche mieux circonscrite des caractères du Héros, du Roi et du Politique; elles situent aussi la description plus étendue que nous avons donnée de l'amour cornélien.

NOTES ET RÉFÉRENCES

*Les chiffres entre parenthèses renvoient aux numéros de la biblio-
graphie.*

1. Un exemple : le théâtre où fut joué *Horace,* la date de la représentation, le succès de la pièce, on n'en sait rigoureusement rien. —
2. Le mot est de Beaulieu, dans les hommages adressés à Corneille à
l'occasion de *La Veuve* (44), t. I, p. 393. — 3. Pour le témoignage de
Thomas Corneille cf. (45), t. III, p. 301; pour celui de Fontenelle (77),
p. 89, article X; parmi les travaux des érudits qui traitent de la question nous citerons entre autres ceux de l'abbé Joseph-André Guiot, Gaillard, abbé Granet, Gosselin, Félix Hémon, Marty-Laveaux, Bouquet,
Faguet, Dorchain, etc... Sur toute cette légende voir (319) pp. 58-64. —
4. (44), t. X, pp. 77-78, vers 58 à 90. — 5. Mornet (297), Introduction,
p. 8 : « ...l'étude du milieu et du moment, dans cette vie générale et
cette vie littéraire, doit permettre d'établir, non pas, comme le veut
Taine, ce qu'est Racine, mais ce qu'il n'est pas, c'est-à-dire ce qui n'est
qu'imitation et non pas son génie vrai. » — 6. (44), t. I, *Mélite* I, 1,
v. 73-74. — 7. (44), t. III, *Polyeucte* IV, 6, (var. 1643-56) :

> *Peut-être qu'après tout ces croyances publiques*
> *Ne sont qu'inventions de sages politiques,*
> *Pour contenir un peuple ou bien pour l'émouvoir,*
> *Et dessus sa foiblesse affermir leur pouvoir.*

Cf. sur ces vers (44), t. III, note 1 (b) pp. 553-554. — 8. (319), pp. 465-
559. — 9, (44), t. II, *La Place Royale.* Epitre à Monsieur ***, p. 220.

INTRODUCTION

1. Tanquerey (339) et Brasillach (213). — 2. Sur *Andromède* et les
pièces à machine qui précédèrent la pièce de Corneille cf. E. Gros (252),
pp. 161-193. — 3. En dehors des livres d'érudition, cf. les éditions de

Desjardins (237), H. Clouard (228), Lucien Dubech (240), P. Lièvre (276) et les ouvrages de Dorchain (238), J. Schlumberger (325), R. Brasillach (213), Reinhold Schneider (328), V. Vedel (346), ainsi que les études de Paul Desjardins (236), Bellessort (205), Tanquerey (338) et les articles parus dans diverses revues, entre autres de Schlumberger (324), pp. 333-346, de R. Caillois (220), de P. Lièvre (275), de Rousseaux (320), de Thibaudet (342), etc... — 4. (44), t. III, *Polyeucte :* A la Reine Régente, p. 472 : « Pour rendre les choses proportionnées, il falloit aller à la plus haute espèce... ». — 5. cf. Tanquerey (338). — 6. Pour ces vues d'ensemble consulter Léontine Zanta (347), C. Serrurier (332), Hub. Gillot (251), Abel Lefranc (273), Rivaille (319). — 7. Corneille avait pu connaître à Rouen l'extraordinaire épopée des mystiques normands, MM. de Renty et Bernières de Louvigny, Mme de la Peltrie, etc... Sur cette exaltation religieuse qui fit scandale dans le diocèse rouennais voir Maurice Souriau (333) et Albert Bessières (209) ainsi que Calvet (221), pp. 94-101. — 8. Au sujet de l'influence de Machiavel ou du machiavélisme sur l'œuvre de Corneille, cf. Albert Cherel (225), pp. 115-117 et (224); pour une vue d'ensemble, Ch. Benoist (206) et (207); plus particulièrement sur l' « *instrumentum regni* » dans notre théâtre du XVIIᵉ siècle, Baudin (202), pp. 417-426.

PREMIÈRE PARTIE

LA THEORIE DE L'AMOUR AVANT 1630

CHAPITRE PREMIER. — CORNEILLE ET LES DOCTRINES DE SON TEMPS..   29

1. Sur cette renaissance religieuse du début du XVIIᵉ siècle ainsi que sur le libertinage les travaux sont considérables. Nous citerons ceux de H. Brémond (217), en particulier les cinq premiers tomes, et (218); Strowski (336) et (334); Fagniez (242); Prunel (308); Rebelliau (310); Allier (194); Busson (219); sur le libertinage : Perrens (304); Lachèvre (260); Charbonnel (222); Gaiffe (248); Lanson (268); Mongrédien (289); Adam (193); Pintard (306) ainsi que pour la fin du XVIIᵉ siècle l'ouvrage de P. Hazard (256). — 2. Sur la querelle des passions, voir Miloyevitch (288). — 3. Scupoli (177) aux chapitres V, VII et X. — 4. Scupoli (177), chap. VI, pp. 37-38. — 5. Richeome (155) en sous-titre au chapitre : le visage, image de l'âme. Devis L I, p. 294. — 6. Cureau de La Chambre (53), chap. II, Les charactères de l'amour, pp. 23-24, cf. également sur ce sujet de querelle, Jean Boucher (25), P. Charron (38), R. de Ceriziers (54), ainsi que sur la notion de l'honnête homme et du courtisan entre cent traités : Pierre Bardin (8), Faret (74). — 7. Sur ce point d'esthétique, voir P. Barrière (199), p. 23-38, et Crétin (230).

CHAPITRE II. — L'AMOUR : LE CLIMAT HÉROÏQUE.................   33

1. Strowsky (334), t. I, chap. III, pp. 166-248; Sabrié (321); Pommier (307). — 2. Thamin (341) et Zanta (347). — 3. Zanta (347) au chapitre III : les paradoxes stoïciens dans la « Manuductio », pp. 210-224. — 4. Radouan (309), chap. XII : Le traité de la « Constance »,

pp. 234-275, et Zanta (347), chap. VII : « La philosophie morale des Stoïques », pp. 287-307 ; cf. aussi Mesnard (287). — 5. Desjardins (236), pp. 44-46. — 6. C'est en soulignant du mouvement néo-stoïcien la lutte systématique contre la sensibilité que L. Zanta a pu écrire : « Le néo-stoïcisme est en définitive un rationalisme chrétien, dans lequel le christianisme n'apparaît pas toujours comme essentiel, mais plutôt comme surajouté ; la meilleure preuve en est qu'il aboutit, en théorie, au rationalisme de Descartes et au déterminisme de Spinoza, et, dans la pratique aux héros cornéliens, incapables de vraie passion, si nous entendons par passion ce sentiment violent, exclusif, qui absorbe, envahit l'âme et la prend toute. Les personnages de Corneille n'ont point connu l'amour passion ; ils en sentent l'approche ; ils sentent la douleur aiguë des premières attaques, mais non point le trouble profond qui bouleverse l'être et ne lui laisse plus la faculté de se reconnaître, encore moins d'entendre la voix de la raison. Les héros cornéliens ont, eux, la faculté de discourir, ils ont la raison un peu trop raisonnante pour être amoureux. Ils sont stoïciens, or un stoïcien ne peut pas être amoureux » (347), p. 337. Une telle conclusion, cela est évident, est trop absolue pour embrasser tous les aspects de l'amour chez Corneille. — 7. Balzac (7), cf. dans le discours premier : *Le Romain*, ce que Balzac dit de l'intelligence et de la passion en ce qui concerne Rome : « Elle a sceû mesler comme il faut l'art avec l'adventure, la conduite avec la fureur, la qualité divine de l'intelligence dans les actions brutales de la partie irascible », p. 212. Sur le héros impavide : « Tout ce qu'il y a dans le monde d'effroyable et de terrible n'est pas capable de luy faire cligner un œil : Tout ce qu'il y a d'éclatant et de précieux ne luy peut pas donner une tentation », p. 215. Sur l'autorité que donne la grandeur morale : « Et cette seconde Authorité, qui survit à la première, cette Authorité, qui se conserve dans les ruines de la Puissance, qui consacre la mauvaise fortune, les chaisnes et le cachot, qui rend l'affliction saincte et venerable, n'est-ce pas une chose bien plus noble que l'indigne prospérité des Heureux? », p. 221. Voici dans le Discours quatrième : *De la Gloire,* les définitions et les maximes de l'éthique aristocratique : « ...Ils croyaient que la gloire estoit l'unique salaire que les Dieux et les Gens de bien devoient attendre de la reconnaissance des Hommes » « ...L'Honneur est la seule chose que se peut donner à ceux qui ont tout », p. 271 ; « ...qu'elle (la gloire) n'est pas tant une lumière estrangère, qui vient de dehors aux actions héroïques, qu'une Réflexion de la propre lumière de ces actions, et un esclat, qui leur est renvoyé par les objets qui l'ont receû d'elles », p. 275. Enfin sur la Gloire et l'orthodoxie chrétienne : « Mais d'autant que quelques-uns plus ignorans que dévots et plus paresseux que véritablement humbles, voudroient excuser leur peu de courage en condamnant la Gloire du Monde, et soustenant qu'elle est contraire à celle du Ciel; Ils doivent sçavoir, Madame, que Dieu met l'Infamie au nombre des supplices de sa Justice ». p. 273; cf. d'autre part Gillot (251). — 8. Strowski (336) et (335), Serrurier (332), P. Archambault (195). — 9. Rivaille (319), pp. 463-559. — 10. Rivaille (319). On trouvera dans cet ouvrage (p. 447 et sq) l'essentiel des maximes des Jésuites sur le libre arbitre, la volonté, la connaissance, la passion. Parmi les textes les plus caractéristiques, M. Rivaille cite ceux de Molina, Danner, F. Suarez, J. Dannemayer, J. François, F. Laymann, P. Coton, Nic. Longobardi, Wangnereck. Voir en particulier, pour le sujet qui nous occupe, les extraits concernant : le libre arbitre : Commentarii... sur la *Summa totius Theologiae* de Saint Thomas d'Aquin (1593) (Ia, qu.83 a.4, concl.) de Molina ; la volonté et la liberté : *Concordia liberi arbitrii cum Gratiae donis,* de Molina 1588 (disp. 19 p. 100) et la *Theologia Moralis* du P. Laymann 1625 (Lib. I, tr. II, cap. 2 a.6. éd. 1630); la puissance de la volonté : *Concordia liberi...* (pp. 12-20 et 158); la raison : *Concordia liberi...* (p. 22), et *Summa totius theologiae* (Ia, qu. 79, a.12), les passions : *Theologia Moralis* (Lib. I, tr. II, cap. 5). *Summa Theologiae* (Ia, IIac, qu.77, a.2), *Theologia moralis* (Lib. I, tr. II, cap. 5), *Concordia liberi arbitrii* (p. 100), *Summa totius Theologiae* (Ia, qu.81, a.3; Ia IIae, qu.10, a.3, Ia, qu.81, a.3), *Theologia moralis* (Lib. I, tr. II, cap. 5; Lib. I, tr. II assertio I). — 11. et 12. Ignace de Loyola (117), pp. 393-394. — 13. pour les rapports de Corneille avec d'Urfé, voir Droz (239), avec Saint François de Sales et Descartes, C. Serrurier (332), pp. 89-99 et Lanson (267), pp. 517-550. 14. Bray (214), compte rendu critique de l'ouvrage de M. Rivaille : *Les débuts de Pierre Corneille*, pp. 101-102. — 15. Sur l'enseignement donné par les Jésuites dans les collèges au XVIIᵉ siècle, C. de La Rochemontaix (235), t. IV, et Schimberg (323). — 16. (44), t. II, *La Place Royale*. Epitre à Monsieur..., p. 220.

1. Vue d'ensemble dans Abel Lefranc (273), ouvrage où ont été recueillies deux études : « Le Platonisme et la Littérature en France à l'époque de la Renaissance 1500-1550 » et « Marguerite de Navarre et le Platonisme de la Renaissance ». La première a paru pour la première fois dans la *Revue d'histoire littéraire de la France* en 1896, la seconde dans la *Bibliothèque de l'Ecole des Chartes* en 1897 et 1898. On les trouvera toutes deux dans « Grands Ecrivains français de la Renaissance », pp. 63-249; cf. aussi G. Reynier (314), 1ʳᵉ partie, ch. IX, X, XI et 2ᵉ partie, ch. III; P. Monnier (292). — 2. Lefranc (273), p. 147 et sq. — 3. « Bien avant d'agir sur son entourage par ses compositions littéraires, la reine avait commencé à donner l'impulsion au mouvement platonicien, en usant des précieuses ressources que la vie de cour et l'extrême développement de la sociabilité qui en résultait mettaient à sa disposition. Ce fut d'abord par la conversation — *l'Heptaméron* le prouve suffisamment — que la doctrine se trouva exposée dans les cercles polis dont elle était l'âme et l'inspiratrice. » Lefranc, op. cit., pp. 80-81. — 4. Dans l'épilogue de la XIXᵉ nouvelle (*Les amans en religion*) : « Encores ay-je une oppinion, dist Parlamente, que jamais homme n'aymera parfaitement Dieu, qu'il n'ait parfaitement aymé quelque creature en ce monde » Marguerite de Navarre (139), p. 155. — 5. M. de Navarre (138) *Comédie jouée au Mont de Marsan*, p. 241. — 6. On sait qu'on a pu réunir tout un recueil des diverses œuvres, poésies, opuscules de partisans et d'ennemis de l'Amour parfait. Les réalistes s'ingénièrent à ramener sur terre cet amour enthousiaste et pur. *L'amye de Court*, de Jean Boiceau de la Borderie (1543), n'y voit pas tant de mystère. Voir là-dessus Lefranc, op. cit. pp. 97-98 et Marsan (283), p. 135 et note 2 même page. — 7. Entre autres *Les Prisons* et *les Nouvelles XII* (La vengeance du frère), XIK (Les amans en religion) XXXIV (L'Amour spirituelle), etc. — 8. Dans les cercles polis on poursuivit « entre initiés les discussions les plus raffinées touchant la nature de l'amour, la légitimité de la passion, le goût de la beauté et de la recherche du vrai. Il se constitua ainsi peu à peu comme un formulaire commun de haute courtoisie ». Lefranc, op. cit. p. 239. — 9. « Aussi ne voit-on pas assez généralement à cette époque cette réserve discrète qui fait le charme de la femme. Sans doute les faiblesses n'ont pas disparu, mais elles

se cachent mieux. Si le monde les connaît ,il affecte de respecter le mystère décent dont elles s'enveloppent; silence convenu dont personne n'est dupe mais qui du moins rend possible la déférence ». Magendie (280), t. I, p. 105; l'influence du *Courtisan* de B. Castiglione (33) à cette époque est considérable, voir (280), t. I, pp. 305-338. — 10. Le mot peut aujourd'hui être employé avec quelque précision à la suite des analyses l'Eugénio d'Ors (239) et des nombreuses études dans le domaine de l'art et de la poésie : B. Croce (231); L. Hautecœur (255) ainsi que dans l'histoire littéraire : Schürr (329): Valdemar Vedel (346), chap. II : Le baroque et le classique, pp. 36-70; Antoine Adam (193), en particulier les pages sur Malherbe et le baroque; J. Hatzfeld (254); Raymond Lebègue (270), pp. 161-184; A. Chastel (223), pp. 177-214, etc. — 11. Lettre de Thomas Corneille à l'abbé de Pure du 19 mai 1658 dans (51), p. 749. — 12 (247), pp. 1-76. — 13. Mornet (296), introduction, chap. II, pp. 25-45 et Deuxième Partie, chap. II et III, pp. 125-153. — 14. Lettre de Chapelain à Balzac 22 mars 1638 dans (247), p. 46. — 15. De Chapelain à Balzac, 1639, dans (247), p. 47. — 16. Lettre de Balzac à Chapelain en réponse à la lettre de Chapelain du 22 mars 1638 dans (247), pp. 48-49. — 17. Balzac à Mme des Loges dans (247), p. 48, note 1. — 18. Baumal (203) et (204), *passim;* ainsi que Mornet (296), en ce qui concerne la préciosité chez Molière, La Fontaine, Racine et même Boileau, pp. 146-153; et Faguet (244), t. III : *Précieux et Burlesques.* Voir encore Schmidt (326), pp. 101-118. — 19. (44), t. II : *La Place Royale.* Dédicace, pp. 220-221. — 20. Somaize (179), au mot Morale. Maxime I dans Mongrédien (291), p. 121. — 21. Domitie à Tite (44), t. VII. *Tite et Bérénice,* V. 2, 1557-1560.

> *A l'amour vraiment noble, il suffit du dehors;*
> *Il veut bien du dedans ignorer les ressorts :*
> *Il n'a d'yeux que pour voir ce qui s'offre à la vue,*
> *Tout le reste est pour eux une terre inconnue.*

L'alchimie de ce dernier vers risque de perdre son pouvoir si l'on songe aux « terres inconnues » de la *Carte du Tendre;* quant à la morale courageuse que ces vers laissent entendre (cf. à ce sujet Schlumberger (325), pp. 253-254), elle relève entièrement de la conception des Précieuses. Rapprochez d'elle en effet la troisième maxime des Précieuses : « Refuser les dehors à l'amour parce qu'elles sont persuadées qu'on ne peut les accuser que de ce qui est visible... » Somaize (179) dans Mongrédien (291), p. 121. — 22. Abbé de Pure (145), t. I, p. 61. — 23. Abbé de Pure (145), t. I, p. 63. — 24. Somaize (179), 4ᵉ maxime dans Mongrédien (291), p. 121. — 25. Abbé de Pure (145), t. I, seconde partie. Histoire d'Eulalie, p. 276 et sq. Baumal (203), pp. 91-145; ainsi que la note prudente d'Emile Magne sur l'ouvrage de Baumal, dans (145) t. I, note 1, p. 285. Voir pour l'ensemble du féminisme au xviiᵉ siècle : Livet (278); Mongrédien (291); Magne (282); Fagnez (242); pour l'influence de la Préciosité sur les première comédies de Corneille : Van Roosbroeck (345) : les conclusions de ce dernier critique sont discutables. — 26. Saint Evremond (322), t. II, p. 535. — 27. Boissière. Poème « A la Nuit » :

> *O nuit, jour des Amants, claire, brune déesse,*
> *Dont un ciel sans nuage étale les beautés...*

publié dans (261) p. 116. — 28. A.-M. Schmidt (327), pp. 22-24; ainsi que Blanchot (211) : les poètes baroques du xviiᵉ siècle, pp. 151-156. — 29. Brémond (217), t. III. ch. II : La pratique, p. 112 et sq., et (218). — 30. Sur les rapports des deux mystiques, profane et sacrée, l'abbé Brémond (217), t. III, ch. II, p. 22 et sq., pressent l'intérêt d'une étude sur ce qu'il nomme « la préciosité mystique », des Précieuses et le « mysticisme précieux » bérullien; Baumal (204), note I, p. 127, flaire à son tour l'immense sujet et propose un plan de recherche sans beaucoup ajouter aux indications de Brémond. Cette étude reste donc à faire. Poussée jusqu'aux sources de l'amour mystique, elle révélerait peut-être le secret de l'amour précieux, sorte de théocentrisme transposé dans le registre profane, auquel Brémond donne le nom de gynéocentrisme. L'être n'aime que pour Dieu ou pour l'être aimé. Il n'aime plus pour son salut particulier mais pour la seule gloire de Dieu. Cet art d'aimer s'oppose à l'art d'aimer eudémonique de saint Augustin, de saint Ignace et, en général, des Jésuites comme l'art d'aimer gynécentrique des Précieux s'oppose à l'art d'aimer anthropocentrique de la tradition gauloise. Brémond a donné de l'exercice bérullien un certain nombre d'actes; on remarquera que le vocabulaire sacré use des mêmes termes et des mêmes symboles que le vocabulaire profane de l'amour précieux. La réforme bérullienne porte tout d'abord sur la façon d'aimer, c'est-à-dire : « adorer la souveraine majesté de Dieu, par ce qu'il est en soi, plutôt que par ce qu'il est au regard de nous, et d'aimer plutôt sa bonté pour l'amour d'elle-même, que par un retour vers nous, ou par ce qu'elle est envers nous ». (R.P. François Bourgoing.) *Les vérités et excellences de Jésus-Christ, notre Seigneur*, 1636, cité par Brémond (217), t. III, pp. 31-32; et dans Bérulle lui-même : « nous laisser au fils de Dieu pour mourir en nous-mêmes (...) et pour le laisser être et vivre en nous ». (Œuvres, p. 949) « ...Et quelquefois nous vivons plus sensiblement en autrui qu'en nous-mêmes. » (*Idem*, p. 916.) On trouve encore sur l'anéantissement en l'Etre aimé commun aux deux mystiques : « Dieu est notre vie, notre âme, notre être : *In Ipso vivimus, et movemur et sumus* » ou « chaque homme (...) doit être désapproprié et anéanti, etc. ». (Bérulle cité par Brémond (217) p. 129 et p. 131.) On songe aux maximes de l'honnête amitié : « vivre en l'objet aimé »; « une affection partagée ne se peut point dire amour, estant de l'essence de l'amour de se donner toute entier à la personne aymée ». Casseneuve : *Carité* (1621), p. 155; « L'âme est plus où elle ayme qu'où elle anime », Scanderberg (1643), I, 426; « Savez-vous bien ce que c'est qu'aimer, c'est mourir en soy pour revivre en autruy, c'est ne se point aimer que d'autant que l'on est agréable à la chose aimée et bref c'est une volonté de se transformer, s'il se peut, entièrement en elle » (*l'Astrée*, I, 505-506). cf. également l'amour gynécentrique de Philiste (*La Veuve*), II, 4, 597-602.

> *J'aime sans espérer, et mon cœur enflammé*
> *A pour but de vous plaire, et non pas d'être aimé*
> *L'amour devient servile, alors qu'il se dispense*
> *A n'allumer ses feux que pour la récompense.*
> *Ma flamme est toute pure, et sans rien présumer.*
> *Je ne cherche en aimant que le seul bien d'aimer.*

De même, les marques de respect et de soumission que nous avons soulignées dans l'art d'aimer des Précieux et des Précieuses se retrouvent dans la doctrine oratorienne. Amelote écrit : « Le respect singulier, envers Dieu, est le premier mouvement de l'esprit de ces lévites (les Oratoriens). C'est l'instinct que leur éminent fondateur leur a imprimé. C'est lui qui a suscité en nos jours cette vertu ensevelie et qui a excité notre siècle à se ressouvenir du plus ancien de tous nos devoirs. » (Cité par Brémond, p. 34, op. cit.) La familiarité avec Dieu, ajoute Amelote, est écartée du commerce mystique : « il est certain qu'en ce siècle où il paraît tant de sainteté, nous voyons dans les âmes plus de familiarité avec Dieu que de révérence (*idem*, p. 35) ». Cette civilité envers Dieu, que réclament les Oratoriens, ressemble curieusement à celle qu'exigeaient sur un autre plan les Précieuses : « Si les peuples n'ont de l'eau à souhait, et si la gloire ne se répand sur eux avec abondance, il n'est rien de si prompt que les murmures... si les rayons de la grâce donnent tant soit peu sur notre cœur, nous nous jetons de nous-mêmes dans ses divines caresses, et, oubliant la qualité qu'il a de souverain, de roi et de maître, nous ne considérons que celle d'ami et de père. Cette licence... détruit cette noblesse de la vie et du ciel, que j'appellerais volontiers la civilité de la maison de Dieu, le défaut de laquelle nous réduit à la roture et fait que nous traitons avec Dieu, ou en enfants ou en sauvages. » Amelote dans Brémond, pp. 35-36. Ailleurs, Amelote parle de l'ancienne « rusticité » des croyants à laquelle a succédé heureusement une « sainte politesse des mœurs chrétienne (*idem*, p. 37) ». Au reste, la plupart des « actes » des Oratoriens seraient à considérer; par exemple l'acte d'honneur qui est « regarder et estimer quelque perfection et excellence en autrui, avec un respect et un abaissement de soi-même à proportion du degré de cette excellence (Bourgoing dans Brémond, op. cit., p. 120) ». Un tel acte implique l'adoration, l'admiration, la louange, l'amour, la joie, etc. Nous connaissons l'emploi de ces termes dans le commerce de l'amour précieux. Leur transposition dans le registre sacré est évidente (ou bien c'est l'inverse qui s'est produit; nous ne discuterons point ici d'un problème littéraire si délicat). Pour terminer, rappelons la définition que donne Bérulle de l'adoration et Tronson de l'admiration : « Adorer, c'est avoir une très haute pensée de la chose que nous adorons, et une volonté rendue, soumise et abaissée à l'excellence et dignité que nous croyons ou savons être en elle. Cette estime très grande en l'esprit et ce consentement de la volonté qui se rend toute à cette dignité suprême font l'adoration; car elle requiert, non la seule pensée, mais aussi l'affection qui soumet la personne adorant à la chose adorée par l'usage et correspondance de deux facultés de l'âme, l'entendement et la volonté, également employées et appliquées au regard du sujet que nous voulons adorer. » (Bérulle, Œuvres, p. 1210, cité par Brémond (217), p. 118). Enfin sur la touche singulière de l'admiration : « C'est un acte ou un état d'âme surprise par la vue des grandeurs de Dieu qu'elle contemple; elle demeure comme en suspens... Elle est toute hors d'elle-même, et ne sait que dire, tant elle est remplie, offusquée, éblouie par l'éclat et la beauté des choses qu'elle envisage. » (Tronson cité par Brémond, op. cit., p. 123.) — 31. Voir les premières leçons de *Mélite* et le Complément des Variantes de *Clitandre* (44), t. I, pp. 365-369; ainsi que les variantes de l'*Illusion* (44), t. II, pp. 524-527). — 32. *Polyeucte* (44), t. III, Examen, p. 481. — 33. (44), t. VI, *Sertorius*, p. 357. Au lecteur : « Ne cherchez point dans cette tragédie les agréments, » etc.; *Sophonisbe*, p. 469. Au lecteur. Il convient d'ajouter à ces textes le passage célèbre de la lettre de Corneille à Saint-Evremond, 1666 (44), t. X, p. 498; et celui du *Discours du Poème dramatique* (44), t. I, p. 24. — 34. Chapelain (35) dans (247), p. 189. — 35. *Idem*, p. 190. 36. (44), t. I, *Discours du Poème dramatique*, p. 21. De même, Corneille ne chercha pas à peindre des personnages vertueux mais « le caractère brillant et élevé d'une habitude vertueuse ou criminelle, selon qu'elle est propre et convenable à la personne qu'on introduit ». (*Idem*, p. 32.)

DEUXIÈME PARTIE

LA METAPHYSIQUE AMOUREUSE AU THEATRE
AVANT MELITE (1620-1630)

CHAPITRE PREMIER. — CORNEILLE ET LE THÉÂTRE AUTOUR DE 1630.. 57

1. Cf. Martinenche (284), pp. 179-198; et J.-B. Segall (330), pp. 6 et sq.; tous deux affirmatifs sur ce point : on ne peut relever aucune influence, du moins directe, de la comedia espagnole sur les premières pièces de Corneille avant *Médée*. Huszar (257), ch. VI, pp. 217-251, prétend au contraire que cette influence est marquée dès *Mélite*. Sur ces conclusions, voir l'article de Martinenche dans le Bulletin hispanique 1903 : « Corneille jugé par un Hongrois », ainsi que Rivaille (319), p. 390, et note 13, même page. — 2. Pour l'intrigue de *Mélite*, Marsan (283), p. 630; Dr Küchler : Germanisch Romanische Monatsschrift, V (1913), pp. 679-682; Lancaster Modern language Notes, XLII (1927), p. 75; Rivaille (319), pp. 392-393. Pour l'égarement d'Eraste, G.-L. van Roosbroeck (344); Marsan (283), p. 359, et note p. 360; Lintillac (277), t. III, p. 33; Lancaster (263), P. I, V, II, p. 577; enfin Rivaille (319), pp. 396-397. Pour les lettres supposées de *Mélite*, Marsan (283), note p. 360; Lancaster (263), P. I, V. II, p. 578, cite Dr Van Roosbroeck : emploi de lettres dans *Francion* de Sorel, les Amours de *Florigène et de Méléagre;* Rivaille (319), p. 395. Enfin pour le spectacle des boutiques, Lancaster (263), P. I, V, II, p. 601; et Rivaille (319), p. 408. — 3. (44), t. I, Préface de *Mélite*, p. 137. — 4. Lettre du sieur Claveret à M. Corneille, dans Gasté (250), p. 309. — 5. (44), t. III, p. 74, « *Excuse à Ariste* », v. 63-64. — 6. (44) « Un jeune homme mène un de ses amis chez une jeune fille dont il était amoureux; le nouveau venu s'établit chez la demoiselle sur les ruines de son introducteur; le plaisir que lui fit cette aventure le rend poète; il fait une comédie, et voilà le grand Corneille. » Fontenelle : Histoire du Théâtre Français (Œuvres 1742, t. III, p. 78). — 7. « Supplément au dictionnaire de Moreri », ms num. 57, F. 101, Bibliothèque de Caen. — 8. (44), t. I, *Clitandre*, Préface, p. 263. — 9. (44), t. I, *Mélite, Préface*, p. 137. — 10. « Nous auons encore tout ce jeu imprimé, la Pirame de Theophile (...). Nous auons aussi la Siluie, la Chriseide, et la Syluanire, les Folies de Cardenio, l'infidelle Confidente, et la Philis de Scire, les Bergeries de M. de Racan, le Ligdamon, le Trompeur Puny, Melite, Clitandre, la Vefue, la Bague de l'oubly, et tout ce qu'ont mis en lumière les plus beaux esprits du temps... » Scudéry (170), II, 1. — 11. En laissant de côté *les Heureuses infortunes* de Bernier de la Brousse, et *Alexandre et Anette*, œuvre confuse d'un anonyme. (Cf. Lancaster (263), P. I, VI, p. 122 et p. 146.) — 12. Lancaster (263), P. I, VII, *passim*. — 13. Torquato Tasso : *Aminta* (181). Prologue. Corneille semble s'être souvenu de cette égalité des Amants devant l'Amour (*La Veuve*, III, 8) :

> *En vain nos inégalités*
> *M'avaient avantagée à mon désavantage*
> *L'amour confond nos qualités*
> *Et nous réduit tous deux sous un même esclavage.*

— 14. *Aminta*, II, 3. — 15. *Aminta*, III, 1. — 16. *Aminta*, III, 2. — 17. Cf. la critique que Tasse fait de l'érudition : « Amour, dis-nous en quelle école, auprès de quel maitre s'apprend ton art, cet art d'aimer si long, si difficile... Il (Phœbus) disserte bien sur l'amour... mais il en parle trop peu et avec trop de froideur et il n'a pas l'ardente voix qui convient quand il s'agit.de toi ; il exalte moins tes pensées que tes mystères... souvent un discours confus et des mots balbutiés expriment mieux un cœur et trahissent une plus profonde émotion que ne le font les mots recherchés et savants. Et parfois le silence encore sait prier et se faire entendre... Amour, que d'autres lisent les écrits de Socrate ; pour moi, c'est dans deux beaux yeux que j'apprendrai cet art... » On pourrait rapprocher ce passage de l'*Aminta* (II, Le chœur) du discours de Dorimant dans *La Galerie du Palais* (pour bien parler de l'amour, l'expérience est nécessaire) :

> *Lui seul de ses effets a droit de nous instruire*
> *Notre plume à lui seul doit se laisser conduire ;*
> *Pour en bien discourir, il faut l'avoir bien fait ;*
> *Un bon poète ne vient que d'un amant parfait.*

(44), t. II, *Galerie du Palais*, I, 8, 153-156 ; ou bien encore des 62-64 de *l'Excuse à Ariste*. — 18. Cf. Léon Hebreu (105), Bembo (14), Sperone Speroni (180) ; voir aussi sur cette philosophie d'amour Mario Equicola d'Alveto (73). — 19. Canello : « *Historia della lett. ital. nel sec.* XVI⁰ », pp.244-245 ; ainsi que le passage cité par Marsan (283), note 1, p.´ 51 : « *Il gran merito di questo dramma consiste nell'avere corogiosamente affrontato e con serena sapienza risolto il problema della lotto tra la legge e la natura, tra il guis positivo e il naturale.* » — 20. Corneille appelle *Le Pastor Fido* « le miracle de l'Italie ». Au lecteur : dans Œuvres de Corneille, seconde partie, Rouen et Paris, 1648, in-12. Pour le *Pastor Fido*, voir (85), *l'Alcée* (140), le *Pentimento amoroso* (84). — 21. Lanson (266) et Morel Fatio (294), pp. 30-32 ; ainsi que Bardon (198), pp. 3-10. — 22. « ...Une absolue contrariété de nature sépare la pastorale dramatique des genres en faveur au delà des Pyrénées. » Marsan (283), p. 84. — 23. Voir Marsan (283), pp. 72-74, et A. Gassier (249), et Morel Fatio (293). — 24. Martinenche (284), p. 35 : « ...Nous pouvons retenir ce criterium : chaque fois qu'une comédie, quelles que soient les complications de son intrigue, ne met en lumière qu'un amour facile et léger, qu'une héroïne et un héros prêts à toutes les ruses pour jouir de leur savoureuse perversité et des raffinements de leur désir, nous ne nous tromperons guère en disant, sans chercher même le nom de l'auteur : originale ou traduite, cette œuvre a vu le jour, sous sa première forme, au delà des Alpes, dans la voluptueuse Italie. » — 25. Montemayor (133).

CHAPITRE II. — DE MÉLITE A L'ILLUSION. L'ESPRIT DU DÉCOR NOUVEAU LA COMÉDIE D'AMOUR..................................... 65

1. Pour la comédie et la tragédie, Marsan (283), pp. 346-374 ; ainsi que pour la tragédie du *Cid* et les survivances de la pastorale, Lanson (265), p. 71. — 2. Nicolas de Montreux (134), *Athlette*, I, 1 ; *La Valletrye* (116) ; *La Chasteté repentie*, V, Débat entre Amour et Diane ; Montreux (135) : *La Diane*, II, et (136) *Arimène*, V, 2 ; etc. — 3. En particulier dans *Alcée* et *Alphée* de Hardy, la *Sylvie* de Mairet, les *Bergeries* de Racan. — 4. *Mémoire de Mahelot* (118), la décoration des Travaux d'Ulisse de Durval, p. 83 ; ainsi que celle de la *Sylvie* de Mairet, pp. 90-91. — 5. Gombauld (81), *Amaranthe*, I, 3. — 6. (44), t. II ; *La Suivante*, I, 3, 135-136. — 7 et 8. (44), t. I, *La Veuve* : au lecteur, p. 377. — 9. Seillières (331), ch. IV, pp. 125-164. — 10. Le

goût du fait-divers et du milieu contemporain et local s'était ravivé grâce au roman picaresque qui donna un nouvel essor au courant réaliste souvent submergé chez nous mais toujours vivace. C'est aux environs de 1620 qu'il se dessine nettement, coïncidant avec le discrédit passager de la pastorale sur la scène et dans le roman. Alors paraissent les traductions du *Lazarille de Tormes, Guzman d'Alfarache,* le *Marcos de Obregon* de Vicente Espinel, les Nouvelles de Cerventès (en particulier : Les deux jeunes filles, la Jitanilla, l'Espagnole anglaise, la Force du sang), la *Justine* d'Ubeda ou le *Coureur de Nuit* de Salas Barbadillo, les Visions de Quévédo et *Don Quichotte;* Sorel donne son *Francion* (1623) et le *Berger extravagant* (1627-1628). En 1623, paraît le *Recueil général des caquets de l'accouchée.* Mais bien avant la parodie des Bergeries et de l'idylle amoureuse (dès 1603 : M. Reynier signale le roman de J.-B. du Pont : *L'Enfer d'Amour,* en particulier l'histoire de Pyrmestre et de Clirie, voir (314), pp. 308-310), un réalisme amoureux, encore timide il est vrai, s'essaie dans les romans de Du Bail, d'Humbert de Queyras, de Mathieu Turpin, de La Serre (cf. Magendie (281), pp. 262-333). En 1624, l'auteur de l'*Inconstance de Clitie* écrivait : « Je mettray seulement par ordre les mesmes demandes et réponses de ces deux amants et les mesmes lettres, sonnets, chansons et stances qui ont fait l'ambassade et la conduite de cest infortuné mariage. Et vous promets n'y donner artifice que la seule vérité, car je scay qu'un langage affecté oste beaucoup de foy d'une histoire. D'ornements, je m'en retireray tant que je pourray, jusques à laisser à dessein des discours mal polis, qui esclairent la vérité de l'histoire. » (*L'Inconstance de Clitie, ensemble les amours de Cléante et de Cléonie,* Paris, 1624, signé : P.D.G.C.; cité par Magendie (281), p. 156.) Dans sa Préface de *La Chrysolite ou le secret des romans,* Mareschal, que nous connaissons comme auteur dramatique, affirme : « Je n'ay rien mis qu'un homme ne pust faire, je me suis tenu dedans les termes d'une vie privée. » (Cité par Magendie (281), p. 156.) Dans *Lysigeraste ou les dédains de Lyside,* de Mathieu Turpin, sieur de Conchamps, dans *Floridor et Dorise* de Du Bail, dans la *Clitie,* dans le *Roman de la Cour* par La Serre, il est question des Tuileries, du pont Saint-Michel, de l'église Saint-André-des-Arts, d'autres lieux et monuments de Paris (cf. Magendie, op. cit., pp. 274 et sq.). 11. Troterel (187), *Gillette,* p. 3. — 12. Baro (9), *La Celinde,* I, t. — 13. Coste (52), *La Lizimène,* début du IVᵉ acte :

> *Peignes de buy, couteaus et fines allumettes*
> *Poinçons et virebrequins et bonnes eguillettes...*

14. Anonyme (2), *Le Mercier inventif,* acte II. — 15. L'histoire de *Clitandre* est celle d'un guet-apens amoureux en pleine forêt et d'une interminable lamentation derrière les barreaux d'une prison. Ces deux épisodes sont si mal reliés l'un à l'autre, ils se suivent et s'accrochent si péniblement qu'on a flairé quelque mystère. Corneille aurait été amené en plein travail de Clitandre à modifier et à orienter sa pièce dans un sens tout différent du canevas initial. C'est fort possible. D'excellents arguments semblent justifier cette hypothèse, jusqu'à lui donner une sorte de solidité objective. Mais notre curiosité ne va pas de ce côté. Cf. Gustave Charlier : *La Clef de « Clitandre ».* Publications de l'Académie royale de langue et littérature françaises. Bruxelles 1924; ainsi que Rivaille (319), pp. 75-81, qui s'inspire de cette étude et ajoute de nouveaux arguments. — 16. (44), t. I, *Clitandre,* Préface, p. 261. — 17. (44), t. I, *Examen de Mélite,* p. 138. — 18. Tircis (*Mélite*) ami d'Eraste, s'éprend de Mélite. Eraste jaloux fait croire à Tircis par

lettres supposées que Mélite se joue de lui et le trompe avec un certain Philandre, amoureux de la sœur de Tircis. Les amants sont désespérés. Dans un accès de folie, Eraste révèle sa fourbe. Mélite et Tircis se marient.

Rosidor (*Clitandre*), favori du Roi, aime Caliste. Dorise aime Rosidor ; jalouse de Caliste, elle l'attire dans un bois pour la tuer. De son côté, Pymante, qui aime Dorise, ourdit un guet-apens contre Rosidor. On accuse Clitandre de cet attentat. Il est arrêté. On découvre les vrais coupables. Rosidor épouse Caliste et Clitandre Dorise repentie.

Philiste (*La Veuve*) aime Clarice. Alcidon jaloux fait enlever Clarice par Célidan, un ami commun. Mais Célidan, trompé sur les motifs de l'enlèvement, se ravise et ramène Clarice chez elle. Il épouse Doris, sœur de Philiste, que ses parents destinaient au déloyal Alcidon. Mariage de Philiste et de Clarice.

Lisandre (*La Galerie du Palais*) aime Célidée. Dorimand, ami de Lisandre, s'éprend d'Hyppolite, amie de Célidée. Mais Hyppolite aime Lisandre ; elle conseille à Célidée d'éprouver Lisandre ; il en résulte un malentendu entre les amants. Cette brouille est enfin éclaircie.

Florame (*La Suivante*) aime Daphnis. Amarante, sa suivante, aime Florame qui feint de l'aimer pour être introduit auprès de sa maitresse. Elle persuade à Géraste, père de Daphnis, que sa fille aime Clarimond. Florame fait négocier le mariage de sa sœur avec le veuf Géraste afin d'obtenir Daphnis. Géraste souscrit à l'un puis à l'autre projet. Il en informe Daphnis par des allusions si imprécises qu'il s'ensuit un long quiproquo. A la fin, les choses s'arrangent.

Alidor (*La Place Royale*) aime Angélique, décide de rompre et de la marier à un ami, Cléandre. De dépit, Angélique donne sa parole à Doraste. Alidor s'obstine à réaliser son projet. Il obtient le pardon d'Angélique et veut l'enlever pour la remettre à Cléandre. Par erreur, c'est Philis, sœur de Doraste, qui est enlevée à la place d'Angélique. Abandonnée par Doraste, Angélique entre au convent ; Alidor chante sa liberté reconquise.

Clindor (*L'Illusion*) aime Isabelle qui feint d'aimer Matamore. Clindor feint également d'aimer Lysis attachée à Isabelle. Un jaloux, Adraste, provoque Clindor en duel mais il est tué. On arrête Clindor. Lysis, qui n'a cessé de l'aimer, le fait évader. Clindor épouse Isabelle et Lysis le geôlier. Ils deviennent acteurs dans une troupe ambulante de comédiens.

19. (44), t. I, *Discours du poème dramatique*, p. 30. — 20. Luigi Grotto (84). — 21. Entre autres : *La Sœur valeureuse ou l'Aveugle amante* de Mareschal (128), dont Corneille fait l'éloge (en tête de la pièce) :

> *Rendez-vous, Amants et Guerriers ;*
> *Craignez ses attraits et ses armes ;*
> *Sa valeur égale à ses charmes*
> *Unit les myrthes aux lauriers.*

22. Rampale (152), *La Belinde*, Préface. — 23. Par exemple les lettres supposées de *Mélite* sont déjà dans l'*Arcadie* de Lope, l'*Astrée*, le *Francion*, dans *Les Amours de Florigène et Méléagre* de Nervèze. Les jaloux s'en servent à des fins identiques à celle que poursuit Eraste. Cléonte (*Le Trompeur Puny*) en fait remettre une à Nérée pour lui faire croire qu'elle est trompée par son amant Arsidor (II, 7) ; Cléonice jalouse (*L'Hypocondriaque* (156)) intercepte une lettre de Cloridan adressée par son page à Perside ; puis, par de fausses lettres, fait croire à Cloridan que celle qu'il aime est morte (III, 1 et 2) ; Clarice (*La Veuve*, II, 4) n'est pas la première à faire don à Philiste d'un

bracelet de cheveux; ni Clitandre (*Clitandre*, III, 3) et Clindor (*L'Illusion*, IV, 7) à être jetés en prison. Ligdamon (*Ligdamon et Lidias*, III, 4), les amants dans *Clitophon et Leucippe* (V. 2), Caliste (*Lysandre et Caliste*, II, 3), Aristandre (*La Généreuse Allemande*, I, 3, seconde journée), Alexandre et Tancrède (*La Bague de l'oubly*) (157), connaissent avant eux les rigueurs du cachot. Un geôlier corrompu fait évader sa prisonnière dans *Lysandre et Caliste* (II, 3). Pour sauver Clindor Lyse fait perdre la tête à un autre (*L'Illusion*, IV, 2). Dans l'*Argenis et Poliarque* de Du Ryer (60), comme dans *La Veuve*, une nourrice trahit sa maîtresse; dans les *Bergeries* de Racan, Arténice déçue dans ses amours entre au couvent (III, 1), ainsi qu'Angélique de *La Place Royale* (V, 7). Les amoureuses sont enlevées ou se font enlever un peu partout dans la pastorale ou dans la tragi-comédie. L'*Alcée* (94) du vieux Hardy (IV, 5), ouvrait la marche :

> *L'heure venue élisons, ma chere ame,*
> *Une franchise à nostre chaste flâme,*
> *Brisons les fers de sa dure prison,*
> *Or que Diane éclaire l'Orizon...*
> *Partirons-nous?*

Et Democle, qu'effraie « l'aboy funeste » du chien de la maison, prononce d'aériennes paroles :

> *Ouy, donne que je serre*
> *Vostre main blanche, et sans toucher la terre,*
> *Sans aucun bruit des pieds et de la voix,*
> *Gaignons soudain de rettraite les bois.*

D'autres amants les imiteront : ceux de l'*Agarite* de Durval, Arimant et Mélite dans *La Belinde* de Rampale (I. 1), tant d'autres. Ici encore, Corneille suit la mode : Alcidon fait enlever Clarice (*La Veuve*, III, 9); Angélique se laisse enlever par Alidor (*La Place Royale*. IV, 3); Isabelle s'enfuit avec Clindor (*L'Illusion*, IV, 9). Corneille n'est pas pressé d'inventer des ruses, des épisodes, des thèmes originaux. Il puise parmi les lieux communs de l'actualité scénique autour de 1630. Rien n'est moins hardi ni moins neuf.

CHAPITRE III. — PSYCHOLOGIE AMOUREUSE : INSPIRATION SENTIMENTALE
ET INSPIRATION RÉALISTE   75

1. Qu'il s'agisse de *La Diane françoise*, du *Mélante* de Videl, de *La Bellaure triomphante* de Du Broquart, de *La Diane des Bois*, de *La Solitude amoureuse*, de *La Caritée*, de *La Cythérée* de Gomberville, des romans du Du Verdier, Du Bail, La Charnaye, Montagathe, Marcassus, Desfontaines, de tant d'autres, c'est toujours « l'honnête amitié » qui mène les héros d'amour. Les romans de Camus ne font qu'y ajouter leurs admonestations et leurs prédications au nom de la morale et de la religion. Voir Magendie (280), en particulier la note 3, page 232, sur le combat symbolique entre Débauche et Chasteté tiré du *Mélante*. — 2. Principalement dans *Clitandre* (V, 1), *Don Sanche* (amours de Carlos et Dona Elvire), *Héraclius* (Martian et Pulchérie), *Œdipe* (Dircé-Thésée), cf. notre chapitre sur la Tragédie du Tendre, 4e partie. — 3. G. Reynier (314), 2e part., ch. II, pp. 169-198. — 4. D'Urfé (189), l'*Astrée*. — 5. Auvray (6), *Madonte*, I, 2 :

> *Quand mon cœur étoit pris d'une flamme divine,*
> *Ma liberté soudain en détournoit l'épine*
> *Les plus rares beautés qui charmèrent mes sens*
> *Ne touchèrent mon cœur que de coups innocents.*

Beys (17), *Le Jaloux sans sujet*, I, 1 :

> *Pour moy, cher Alindor, j'ay cette patience*
> *Et je scay l'art aussi de leur faire des vœux,*
> *De rire, de pleurer, de mourir quand je veux...*
> *Je suis maistre absolu sur toutes mes puissances,*
> *A mon gré seulement, je gouverne mes pleurs,*
> *Et je n'impute point leur honte à mes douleurs,*
> *Sans mon consentement aucun souspir ne monte,*
> *Je les tire moy-mesme et les donne par conte.*

Coste (52), *La Lizimène* (acte V) :

> *Je me mocque d'Amour et je luy fais la nique*
> *Bel Astre lumineux, tu vois ma liberté...*

Voir aussi dans La Croix (110) : *L'Inconstance punie*, le rôle du Prince Clarimant qui annonce Don Juan. A ce sujet, cf. Lancester (263), P. I, VI, pp. 471-478. — 6. Lanson (264), p. 51. — 7. La Rochefoucauld (112), t. I, max. CXXXVI. — 8. Auvray (5), *Dorinde*, I, 2. — 9. (44), t. I, *La Veuve*, I, 1, 37. — 10. (44), t. I, *La Veuve*, 1, 5, 346-351. 11. (44), t. II, *Galerie du Palais*, V, 4, 1543-1550. — 12. (44), t. I, *Mélite*, III, 3, 875, — 13. (44), t. I, *Mélite*, III, 3, 883-885 :

> *Je ne sais qui des trois doit rougir davantage*
> *Car vous nous apprenez qu'elle est une volage,*
> *Son amant un parjure et moi sans jugement.*

Voir aussi les vers 872-876, même pièce. — 14. (44), t. I, *Mélite*, IV, 6. 1285-1286. — 15. *La Veuve*, I, 5, et III, 8; *Mélite*, V, 4; *Clitandre*, I, 7; *Mélite*, III, 2 et 3; *Place Royale*, V, 7. — 16. Du Ryer, *Argenis et Poliarque*, I, 1, 1re journée. — 17. Du Ryer, *idem*, I, 2, 1re journée. — 18. Beys (17), *Le Jaloux sans sujet*, V, 2. — 19. Pichou (141), *L'Infidèle confidente*, I, 5. — 20. Mareschal : *La Généreuse Allemande*, I, 1, 1re journée. — 21. *Clitandre*, IV, 3, 1125; *La Veuve*, I, 5 et III, 8. — 22. Théophile de Viau (182), *Pyrame*, V, I. — 23. Racan (150), *Bergeries*, I, 1. — 24. Mairet (120), *Sylvie*, I, 5. — 25. Montreux (135), *La Diane*, acte I, cité par Marsan (283), p. 218 :

> *Lorsque seulets sous les hauts alisiers,*
> *Nous nous perdions en mille doux baisers...*
> *Nos leures lors de souhait affolées*
> *L'une sur l'autre estoient ferme collées*
> *Et se pressoient de touchemens si forts*
> *Que nous n'estions qu'une bouche et un corps...*
> *Les fleurs montroient comme nous amoureuses*
> *D'un mesme bien, leurs faces gracieuses,*
> *S'entortilloient à l'entour de noz bras*
> *Et parfumoient noz seins à demy las*
> *Les arbres hauts dégouttoient sur noz têtes*
> *A blancs bouquets mille douces fleurettes.*

26. (44), t. II, *Comédie des Tuileries*, III, 7, 345-350. — 27. (44), t. I, *Mélite*, V, 4, 1607-1611. — 28. Mairet (122), *Silvanire*, V, 8, — 29. (44), t. II, *Place Royale*, I, 1. — 30. (44), t. I, *Mélite*, I, 1, 61-67. — 31. (44), t. II, *La Suivante*, II, 4, 423-426 (Var. 1637-57). — 32. (44), t. II, *La Galerie du Palais*, II, 6, 508, et II, 8, 585-586 (Var. 1637-57). — 33. (44), t. II, *La Place Royale*, I, 4, 227-234. — 34. (44), t. II, *Médée*, I, 1, 43-44. — 35. (44), t. X, *Poésies en tête de Clitandre*. A M. D.L.T., p. 25, vers 5-6, et p. 29, v. 95-96. — 36 (44), t. X, Chanson, p. 55, v. 7-10, et pp. 55-56, v. 19-24. — 37. (44), t. X, aux pages 33-35 et 43. — 38. Abbé Granet (83), Préface, folio IV recto, cité par (44),

t. X, p. 5. — 39, *L'Illusion*, V, 4, var. 1639-1657. — 40. (44), t. X, pp. 46-49. — 41. (44), t. X, p. 60. — 42. Tircis (*Mélite*, I, 5, var. 1633) surprenant Philandre et Cloris en tête à tête, dit gaillardement :

> *Je pense ne pouvoir vous être qu'importun.*
> *Vous feriez mieux un tiers que d'en accepter un.*

43. *Mélite*, I, 1, 117-118, leçon 1633 et v. 120 (leçon 1633-57). — 44. *Mélite*, V, 4, 1611-1613 (var. 1633-57). — 45. Voici un amoureux pressé dans *La Belinde* de Rampale (V, scène dernière) :

> *Que je me fais de force, adorable Princesse,*
> *Pour contenir l'ardeur du désir qui me presse!*
> *Que j'ay d'impatience, et que l'heureux moment*
> *De mon prochain bonheur s'auance lentement.*
> *Je me fonds de langueur et mon ame flotante*
> *Au port de ses désirs n'en peut soufrir l'attente.*

C'est à peu de choses près le propos de Rosidor à Caliste (*Clitandre*, V, 3). Certains traits du vieux Hardy sont plus directs :

> *La robuste droiteur qui moule ce corsage,*
> *D'un bon commencement, me promet dauantage,*
> *M'augure combattant qui proche de la mort,*
> *Contre son ennemy, se redresse plus fort.*

Procris (92), III, 1; Pluton (*Le Ravissement de Proserpine* (99), III, 2), fait à la jeune fille, qu'il veut enlever, une cour bien scabreuse :

> *...alors*
> *Que dans le lit nopcier nous ne ferons qu'un corps,*
> *Que nous nous tirerons les ames par la bouche,*
> *Transis d'aise pendant l'amoureuse écarmouche*
> *Que j'espère ataquer aussi vif et dispos.*

Philandre (*Les Passions esgarées* de Richemont Banchereau (154), IV, 4) trépasse de joie sur le sein d'Agarite. Elle le croit seulement pâmé :

> *Si vous estes pasmé pour estre entre mes bras,*
> *Je crois que vous mourrez estant entre mes draps.*

Cloris (*L'Espérance glorieuse* (153)) que Philidor a calomnié par toute la ville, porte plainte au Procureur qui rédige une requête fort licencieuse (I, 2). A côté, le dialogue de la vieille Francine et du Satyre Turquin (*La Carline* (79), V, scène dernière) est bien innocent :

> *Ne pense pas, ne pense pas Turquin*
> *Qu'encore dur je n'aye le tetin*
> *Et qu'à ton gré je ne me puisse rendre*
> *Pour y pouvoir du contentement prendre...*

Philidor devant Amarillis endormie (*Amarillis* (70), V, 2), n'a pas la retenue d'un Céladon :

> *Mais ne voy-je pas bien que cette belle bouche,*
> *Présente de ses fleurs à l'amour qui me touche,*
> *Cueillons, cueillions ces fleurs toutes pleines d'appas*
> *En attendant le jour que j'en cueille plus bas.*

Est-il besoin d'ajouter qu'il n'est guère possible de citer les indécences de Troterel, en particulier celles de son galant Brillant au domestique Almerin, ou à Clorette elle-même (*Les Corrivaux* (185), II), ni celles de Veronneau dans l'*Impuissance* (191), scène entre Ismin et Philène, II, 1, ou encore Sylvain et Charixène, II, 2, si rudes à l'oreille et au cœur.

CHAPITRE IV. — AMOUR CONNAISSANCE ET AMOUR GLORIEUX........ 87

1. (44), t. II, *La Galerie du Palais*, III, 5, 911-918. — 2. (44), t. II, *Comédie des Tuileries*, III, 2, 102-104 et 107-108; *Médée*, II, 5, 635-636; *L'Illusion*, III, 1, 641-646; (44), t. IV, *La Suite du Menteur*, IV, 1, 1221-1222; *Rodogune*, I, 5, 359-362. — 3. *Astrée* (189), II, 672. — 4. D'Urfé (188), p. 260. — 5. « S'arrester entièrement à la beauté du corps, c'est un amour digne du corps. Et comme dit Trismegister en son *Pimandre*, cet amour est à cause de la mort, c'est-à-dire pour perpétuer son espèce, mais pour l'âme elle est honteuse en quelque sorte, si elle ne s'esleue à ce qui est de sa qualité et ainsi que dit Orphée :

> Il faut sage, fuyant le violent effort
> De l'amour terre-né, s'esleuer de la terre
> A sa grande beauté.

Car Dieu donne plusieurs, et diuers degrez pour attirer à son amour toute chose. Aux Anges les intelligences pures, d'autant que la beauté de leur cognoissance naist de leur perfection, et de cette perfection l'union auec ce qu'ils ayment. Car cognoistre et s'unir leur est mesme action. Aux hommes, d'autant qu'ils sont créatures meslées d'âmes et de corps, et ainsi que dit *Pimandre*, seuls entre tous les animaux terrestres ayant double nature, il a donné deux eschelles, pour paruenir à son amour. La première des formes qui sont en la matière, la seconde des raisons qui sont en l'ame. Et cela d'autant que l'homme parfaict, ayant l'ame et le corps, il est nécessaire, pour esleuer tout l'homme à luy, d'auoir les aymants de l'un et de l'autre. Or, tout ainsi que plus l'aymant attire violemment le fer à soy, plus aussi ce fer monstre d'auoir de sympathie auec luy : de mesmes plus une beauté attire un amant à elle, plus cet amant a de sympathie auec la chose aymée, il s'ensuit la beauté estant une partie de Dieu indiuisible, que celuy qui ayme plus cette beauté a plus de diuinité. Mais d'autant, comme je t'ay dit, qu'il y en a deux en l'homme, celuy qui n'en ayme qu'une a quelque imperfection en son essence : et celuy est parfaict qui les ayme toutes deux. Et voicy les noms que je donne à leur différence : celui qui n'ayme que le corps s'appelle corporel, qui le seul esprit, spirituel, et qui tous les deux, homme. Le premier est vertu honteuse, le deuxième vice glorieux, et le dernier la vraye vertu humaine. » D'Urfé (188), second livre. Epitre IV, p. 262 et sq. — 6. *L'Astrée* (189), I, 678-680. Mythe de l'aimant. On connaît le rappel du mythe et du vieux saule de l'*Astrée* dans *La Suite du Menteur* (IV, 1, 1235-1243). A ce propos, Marty Laveaux (44), t. IV, p. 353, note 5, renvoie au 3ᵉ livre de la Seconde partie de l'*Astrée* où il est question du cadran gravé par Sylvandre et du madrigal qui en indique le sens. Cette référence n'est pas la bonne : Corneille, de toute évidence, songeait au mythe même de l'aimant, dont il reprend les termes. — 7. *L'Astrée* (189), III, 783. *Histoire de Chyséide et Arimant.* — 8. Veronneau (191), *l'Impuissance*, I, 1 :

> Je dis que nous auons en receuant le jour
> Des inclinations ou de haine ou d'amour.
> Toutes nos passions se voyent disposées
> Selon que les humeurs sont en nous composées,
> De secrets mouuements qui sont dans nous cachez
> Retiennent nos désirs doucement attachez,

Et font que tous les jours chacun de nous s'estonne
D'aimer ou n'aimer pas d'abord une personne :
L'esprit venant des Cieux, nostre corps animer
Reçoit l'impression de ce qu'il doit aimer.

9. Rampale : *La Belinde*, II, 1 :

On a feint sans raison qu'amour maistre des Dieux
Pour loger dans nos cœurs n'entre que par les yeux;
On peut d'une beauté parler en telle sorte
Qu'amour et ses discours entrent par mesme porte;
Soit qu'alors nostre cœur se trouve disposé
A désirer le bien qui luy est proposé
Que ce soit influence ou bien la simpathie,
Soit qu'un destin secret se mesle en la partie.

10. Rotrou : *Diane*, IV, 7 :

Cette sainte union des inclinations
Est la première au rang des libres actions;
C'est là qu'innocemment un esprit se dispense
A ne point révérer la loi de la naissance;
C'est là qu'il faut oser et qu'un cœur abattu
Fait de l'obéissance une lâche vertu.

11. L'*Astrée* (189), II, 670, et II, 671. — 12. Du Ryer (62), *Alcimédon*, I, 1. — 13. Du Ryer (61), *Lisandre et Caliste*, III, 1. — 14. Du Ryer : *Argenis et Poliarque*, V, I, — 15. Beys (17), *Le Jaloux sans sujet*, IV, 2. — 16. Hardy (91), *Panthée*, acte I. — 17. Hardy (98), *Dorise.* — 18. Scudéry (175), *Le Vassal généreux*, II, 2. — 19. M. de Navarre (139), *Heptaméron*, p. 102. — 20. *Astrée*, IV, 557; II, 860; I, 357; cf. pour les deux dernières citations Magendie (279), p. 297 et 298. — 21. Beys : *Jaloux sans sujet*, III, 2. — 22. (44), t. VII, *Suréna*, I, 1, 93-96. — 23. Tasse (181), *Aminta*, acte I. Le chœur : « Mais rien que parce que ce vain nom sans objet, cette idole d'erreur et de tromperie que le vulgaire insensé a plus tard appelé Honneur, et dont il a fait le tyran de notre nature, ne venait pas encore mêler son chagrin aux doux plaisirs de la multitude amoureuse. Et son code inhumain demeurait ignoré de ces âmes élevées en liberté, qui n'avaient qu'une loi de félicité dorée, gravée en elles par la Nature : tout ce qui plaît est permis. » Et encore : « C'est toi, Honneur, qui, le premier, as voilé la source des plaisirs, en refusant l'eau à la soif amoureuse. C'est toi qui as enseigné aux beaux yeux à baisser leurs regards et à dérober leurs beautés à autrui; c'est toi qui as serré dans un réseau les chevelures éparses au vent, qui as rendu louches et honteux les doux gestes lascifs, qui as mis au frein aux paroles et un art dans la démarche. C'est par toi seul, ô Honneur, qu'est devenu larcin ce qui n'était auparavant qu'un don d'Amour. » — 24. Racan : *Les Bergeries*, I, 3. — 25. Mairet (122), *Silvanire*, III, 2. — 26. Guarini : *Pastor Fido, atto quarto, coro* 14 sq. :

Quel suon fastoso e vano,
Quell' inutil soggetto
Di lusinghe, di titoli et d'inganno,
Ch'Onor dal volgo insano
Indegnamente è detto :
Non era ancor degli animi tiranno :
Ma sostener affanno
Tra i boschi e tra le gregge

> *La fede aver per legge,*
> *Fu di quelle'alme al ben oprar avvezze*
> *Cura d'onor felice,*
> *Cui dettava Onesta : Piaccia se lice.*

27. Pichou (141), *L'Infidèle Confidente,* IV, 1. — 28. Scudéry (173), *Orante,* V, 1. — 29. Rotrou (160), *Agesilan de Colchos,* V, 1. — 30. *Astrée,* I, p. 113. — 31. *Astrée,* II, 860. — 32. *Astrée,* V, p. 10. — 33. Scudéry (175), *Vassal généreux,* IV, 2; Du Ryer (61), *Lysandre et Caliste,* II, 5; IV, 1. — 34. La Tour (115), *Isolite,* IV, 5. — 35. Scudéry (168), *Ligdamon et Lidias,* I, 1; Du Ryer : *Argenis et Poliarque,* I, 1; Auvray : *Madonte,* II, 4. — 36. Scudéry : *Ligdamon et Lidias,* II, 3. — 37. Mareschal : *Généreuse Allemande* (I, 1, première journée). La maxime si fière se retrouve presque dans les mêmes termes dans la 2ᵉ journée, III, 3. On la retrouve aussi dans Scudéry (172), *La Mort de César :* « Nous mesmes conduisons nos faicts et nos années », I, 1. Ces maximes d'esprit cornélien abondent; voir dans Mairet (121), *Chryséide et Arimand.* (Bellaris voudrait faire évader Arimand en lui passant ses habits; Arimand délibère s'il doit accepter :

> *Dieux! que mon ame icy souffre de violence*
> *L'amour et le devoir me tiennent en balance... etc.*)

CHAPITRE V. — LA PART CORNÉLIENNE.............................. 95

1. Nous avons utilisé pour la documentation de ce chapitre quelques exemples concernant l'amour et la chasteté pris dans Marsan (283), pp. 175 à 208. — 2. Nicolas Filleul (76), *Les Ombres,* acte V. — 3. LaValletryc (116), *La Chasteté repentie,* acte V. — 4. M. de Navarre (139). Xᵉ Nouvelle, p. 90. — 5. S.-G. de la Roque (55), *La Chaste Bergère,* fin acte IV, sonnet du Dieu Pan; sur l'auteur de cette pastorale Marsan, op. cit., pp. 186-187. — 6. de Montreux (135), *La Diane,* acte I. — 7. Albin Gautier (80), *L'Union d'Amour et de Chasteté,* en particulier I, 1. — 8. De Montreux (Ollenix du Mont Sacré) : *Athlette,* III, 2. — 9. Rampale : *La Belinde,* V, 2. — 10. Antoine Gaillard : *La Carline,* II (début). — 11. Veronneau : *l'Impuissance,* II, 2. — 12. Troterel : *Les Corrivaux,* I, 2. — 13. Nicolas Chrestien des Croix : *Les Amantes ou la Grande Pastorelle* (42). Epitre au Roy. Cité par Marsan, op. cit., p. 232. — 14. Hardy (97), *Corine.* Préface, t. III, p. 8. — 15. Cf. Rigal (317), pp. 234-246 et Martinenche (284), pp. 50-52. — 16. Dans *Corine ou le Silence,* le berger Caliste échappe des mains et des soupirs de ses trop flambantes amoureuses. Est-ce par jeu qu'il peut rester si longtemps chaste? par fidélité à soi ou par quelque vœu? (I, 2). Non. Il n'a eu du plaisir aucune initiation; le désir n'est pas alerté chez ce garçon d'une candeur un peu niaise qui joue avec son passereau, ses bouquets, ses bêtes; promet d'épouser la bergère qui s'abstiendra le plus longtemps de parler. S'il est vrai qu'avec l'amour l'esprit vient aux filles (IV, 3), chez Caliste on attendra désespérément l'un et l'autre. L'Amour dénouera enfin cette innocence; il n'était pas nécessaire : nous commencions à en prendre notre parti (V. 2, et scène dernière). *L'Amour victorieux* (102) est un curieux chassé-croisé d'amoureux et d'amoureuses, tour à tour insensibles. Les bergers Lycine et Adamante soupirent vainement pour Philère et Nérée consacrées à Diane (I, 2). Les voici rendus insensibles par Cupidon; à Philère et Nérée maintenant de se consumer pour eux. Malgré une gravité et une délicatesse que la passion donne aux paroles

des bergères au moment de mourir (V, 2), *l'Amour victorieux* n'apporte aucune nouveauté dans le constant débat amoureux de la Pastorale; du moins pour le fond psychologique. De même le *Triomphe d'amour* (100) et *Alcée* (94). — 17. Hardy (88), *Alphée*, I, 1; II, 3. — 18. Marsan, op. cit., p. 257. — 19. Paul Ferry (75), *Isabelle ou le Dédain de l'Amour*, II, 1 :

> *Sauuez bien vostre honneur...*
> *Si vous voulez aimer, aimez, aimez, ma fille;*
> *Mais qu'un trop chaud désir le sang ne vous frétille.*
> *Aimez, mais sagement, gardez-vous et sauuez*
> *Auec discrétion ce que vous vous deuez,*
> *Patiente, attendant le lict des espousailles.*

20. Boissin de Gallardon (23), *Les Urnes vivantes ou les Amours de Phélidon et Polibelle* (acte II) :

> Polibelle : *Je n'ay rien de parfait que le thrésor d'honneur,*
> *Le ciel doux envers moy en est le seul donneur,*
> *Mon habit de grison fait voir mon héritage*
> *Mais le plus beau que j'ai c'est mon cher pucelage.*
> Phélidon : *Son pris est sans estime.*
> Polibelle : *Il sera sans périr.*
> Phélidon : *Sous un hymen sacré, cela me peut guérir.*
> *Hélas! donne-le moy, hostesse de ma vie.*

De même, voir dans La Morelle (111), *Endymion ou le Ravissement,* III, 2 :

> Roselle : *Ne sçais-tu pas que la fille amoureuse*
> *Oyant parler de l'amour est honteuse?...*
> Phélidon : *Ce néantmoins je baiseray ta bouche,*
> *Touchant ton sein et quelque peu plus bas.*
> Roselle : *Toubeau, causeur, vous n'y toucherez pas.*
> *Est-ce la foy que vous m'auez promise?*
> Toubeau, *Berger, car dedans ma chemise*
> *Il n'y a rien qui appartienne à vous*
> *Si ce n'estoit en qualité d'époux.*
> Phélidon : *Sera-ce pas toujours la mesme chose?*
> Roselle : *Après l'œillet, on peut cueillir la rose.*

Nous citons un peu longuement ces textes pour rendre sensible la distance de ces auteurs de pastorale à Corneille, quand bien même ils parlent les uns et les autres d'honneur et d'amour; les mots ne doivent pas faire illusion — 21. Marsan, op. cit., p. 370. — 22. Racan : *Les Bergeries* :

> *...Quel Astre malheureux*
> *Se plaist à trauerser nos désirs amoureux?*
> *Quel charme, ou quelle erreur ont troublé nos pensées?*
> *Quels traits enuenimez ont nos ames blessées?*
> *Quel funeste ascendant nostre destin conduit,*
> *Qui nous fait à tous deux aymer ce qui nous fuit?* (IV, 3.)

De tels vers ne font-ils pas mieux qu'annoncer l'auteur de *Phèdre* :

> *Je voy tous mes dessins d'eux-mesmes se détruire,*
> *Et semble que le ciel ne se plaist qu'à me nuire...* (I, 2.)
> *Je n'ay plus soing de rien, mes terres sont désertes.*
> *Tandis qu'en ces forests tout seul je m'entretiens,*
> *Je laisse mon troupeau sur la foy de mes chiens.*
> *Mes doigts appesantis ne font plus rien qui vaille.* (IV, 2.)

ou encore la fluidité, le prolongement mystérieux de ceux-ci :

> *Hélas! que fera-t-elle en vostre longue absence,*
> *Elle qui ne respire et ne vit que par vous?* (V. 3.)

23. Racan : *Les Bergeries*, II, 4. Cf. également sur la sensualité de la pièce le récit (III, 2) complaisant et sans fin d'Artenice devant les autels de Diane, des amours coupables d'Ydalie et d'Alcidor ; et nous connaissions ces derniers déjà grâce au miroir magique, II, 4. Pour tout ce qui touche Racan et *Les Bergeries*, voir Arnould (196) ; pour Tristan, Bernardin (N. M.) (208) ; pour Rotrou et ses imitateurs, voir Jarry (258), p. 133, note 1, et p. 134, note 1. Pour l'étude des comédies de Rotrou, cf. Mornet (298), pp. 24-25.

CHAPITRE VI. — L'AMOUR CRÉE LE CONFLIT DRAMATIQUE............   102

1. (44), t. I, *Mélite*, I, 1, 73-78. — 2. Cf. le libertinage de Tircis au début de la pièce dans son entretien avec Eraste, I, 1, 57-90, et plus tard la gravité tendre de la scène entre Mélite et lui, V, 4. — 3. (44), t. I, *Clitandre*, III, 5 ; IV, 1. — 4. Pour Pymante, cf. IV, 1008-1012, et le long monologue où, aveuglé, il maudit Dorise, IV, 2, en particulier 1070-1076, ainsi que son fier langage devant le Roi avant de mourir, V, 4, 1524-1527. — 5. Dans la *Comédie des Comédiens* de Scudéry (170), « *the play within a play* », elle emplit les trois derniers actes de la comédie. On lit pour le premier acte de *l'Amour caché par l'amour* « acte premier qui est le troisième de la *Comédie des Comédiens* ». Sur « cette pièce dans la pièce » qui pourrait bien être *La Courtisane*, voir Lancaster (263), P. I, V, II, note 1, p. 654. — 6. La *Comédie des Comédiens* (actes I et troisième, 2). — 7. (Actes III et cinquième, 4.) — 8. *Idem* (III et cinquième, 4). — 9. (44), t. II, *Galerie du Palais*, II, 6, 507-510 :

> *Mon cœur a de la peine à demeurer constant.*
> *Et pour te découvrir jusqu'au fond de mon âme,*
> *Ce n'est plus que ma foi qui conserve ma flamme.*

Cf. aussi la réplique de Célidée à Hyppolite qui se plaint des assiduités de Dorimant, II, 6, 501-504. — 10. *Galerie du Palais*, II, 7, 575-577. De même, voir II, 6. 543-545. — 11. *Galerie du Palais*, II, 6, 511-516. — 12, *La Suivante*, III, 4 et 7. — 13. *La Suivante*, V, 9. — 14. Claveret (43), *L'Esprit fort*, III, 3. — 15. Coste : *Lizimène*, V, scène avant-dernière. — 16. Auvray : *Madonte*, I, 2. —17. Du Bail : *Floridor et Dorise* (1633), p. 74, cité par Magendie (281), p. 409. — 18. Du Verdier (71), *La Parthénice de la Cour*. Livre III, p. 241-244. — 19. Chapelain (36). Ce discours (Bibliothèque nat., f. mss. fr. 12847, fol. 22 à 34) a été imprimé par J.-E. Fidao Justiniani dans son ouvrage (247), pp. 115-139 ; G. Collas (229) en avait analysé rapidement le contenu et produit quelques extraits, pp. 127-129. Pour les écrits théoriques de Chapelain, cf. Hunter (37). — 20. *Discours contre l'Amour* dans (247), pp. 117-118. — 21. *Idem*, pp. 122, 123, 127, 128, 133, 136, 138, 139. — 22. *Place Royale*, I, 4, 201. — 23. *Place Royale*, I, 4. *passim*. — 24. *Place Royale*, I, 4, 213-220. — 25. *Place Royale*, I, 4, 227. — 26. *Place Royale*, IV, 1, 936-939. — 27. *Place Royale*, IV, 1, 945-948. — 28. *Place Royale*. Epitre dédicatoire à M***, p. 220. — 29. *Place Royale*. Epitre dédicatoire, pp. 220-221. — 30. (44), t. I, *Discours du Poème dramatique*, p. 24. — 31. *Place Royale*, V, 8, 1506-1507. — 32. *Place Royale*, IV, 6, 1108. — 33. *Place Royale*, I, 4, 227-236. — 34. *Place Royale*, I, 4, 204. — 35. C'est au nom de l'indépendance, de l'intelligence et de la volonté individuelles, non à celui du libertinage ou de l'infidélité qu'Alidor entreprend de lutter contre l'amour. L'honneur de l'amour comme l'entendent Célidée et Alidor, et à leur suite presque tous les héros cornéliens à partir de Pompée (voir surtout Attila) n'est autre que la volonté de puissance. Célidée veut savoir si elle a pouvoir sur le cœur de Lysandre, si elle est maitresse, pleinement (II, 7). Et de même Alidor a le culte du Moi, de l'indépendance. Pour lui, aimer c'est se réjouir d'exercer sa puissance sur soi et sur l'être aimé. En un sens, il n'y aurait aucun romanesque dans l'attitude d'Alidor ; sa manière d'aimer relève plus de la prudence et de la raison lucide que de l'incohérence et de l'aveuglement de la passion. Certes, nous ne méprisons pas un tel amour : il cherche à s'élever. Toutefois, il ne va ni à la mystique de « l'honnête amitié », ni à l'exaltation des héros de la comedia espagnole, ni à l'idéalisme platonicien, mais à une casuistique amoureuse où s'exerce l'intelligence plus que la sensibilité. Finalement, ce n'est pas l'amour qui oriente l'aventure d'Alidor, mais plutôt une sorte d'impuissance à oser aimer. La fatalité qui semble peser sur sa rencontre avec Angélique, l'obsession que l'aimée ne cesse d'entretenir en lui, la rêverie tendre qui s'empare de ses facultés et de ses sentiments les plus vifs, le poussent à craindre l'amour, à le considérer comme ennemi. D'où cette vue d'une lutte et d'une politique à mener contre ses atteintes. Mais il reste évident que l'héroïsme ou le romanesque amoureux peuvent s'exalter hors d'une telle crainte ; l'amour ignore les conseils de l'avenir, les inquiétudes et les pressentiments qui troublent Alidor. Angélique le montre assez. Réfugiée au plus secret comme au plus désespéré de son adoration, elle ne cesse de rappeler les raisons et la joie qu'elle a d'aimer, c'est-à-dire d'admirer et de se fier tout entière à l'amour. Son romanesque est de volonté. Dans *Le Cid,* Corneille saura accorder ces deux attitudes qui semblent contradictoires. — 36. (44), t. II, *L'Illusion,* I, 1, 4. — 37. Telle est du moins la version définitive. On sait que dans les premières leçons, Rosine, femme du Roi, vient au rendez-vous ; elle ne peut décider le Favori du Roi à consommer avec elle l'adultère (leçon de 1639) (44), t. II, p. 526. — 38. Cf. Rousseaux (320). — 39. *L'Illusion,* v. 5, 1615-1616 et 1621-1624.

TROISIÈME PARTIE

L'AMOUR DANS LA TRAGEDIE CORNELIENNE

1. (44), t. III, *Polyeucte,* Examen, p. 480. — 2. Taschereau (340), p. 151 et p. 332 et sq.

1. Le mot exact est dans *Attila,* III, 1, 754 : « J'y fais ce que je puis et ma gloire m'en prie. » — 2. (44), t. III, *Le Cid,* III, 1, 753. — 3. On a pu au sujet de ce théâtre rappeler avec autant de justesse le roman chevaleresque et le roman réaliste, le roman courtois, et le roman noir, cf. Matulka (285), Brasillach (213). — 4. *La Veuve, le Cid, Polyeucte.* — 5. « Il y a beaucoup de discours et peu d'action sur la scène française (...) Racine et Corneille, avec tout leur génie ne sont

eux-mêmes que des parleurs. » J.-J. Rousseau. *La Nouvelle Héloïse*, sec. part. XVII ; « La tragédie française a été presque toujours une suite de discours sur une situation donnée. » A. de Vigny. *Journal d'un poète* (1842. Edition Lemerre, p. 172 ; « Nos tragiques ne sont que de grands orateurs. » Taine : *Art. sur Stendhal. Nouveaux essais de critique et d'histoire.* Voir Mornet (295), chap. 3, p. 156 et sq. — 6. Il est aisé d'apercevoir que les raisons données par Rodrigue à Chimène pour justifier son acte sont plus explicites que celles qu'il découvre confusément dans le fameux monologue I, 6. Celle-ci par exemple :

> *Je t'ai fait une offense et j'ai dû m'y porter*
> *Pour effacer ma honte et pour te mériter.* (III, 4.)

Dans le monologue on trouve bien :

> *A mon plus doux espoir l'un me rend infidèle*
> *Et l'autre indigne d'elle...*

Mais c'est tout. La netteté, la précision et la valeur de l'argument « pour te mériter » ne peuvent échapper. De même on relève dans les Stances ce trait :

> *Je m'accuse déjà de trop de négligence*

Et dans la confrontation :

> *Je me suis accusé de trop de violence.* (III, 4.)

7. « Il (Corneille) a le premier nettement et décidément posé en règle que le ressort de l'action devait être non extérieur mais intérieur : c'est-à-dire qu'excluant le hasard, les coïncidences ou la fatalité, il a transposé aux caractères la puissance de produire les révolutions qui aboutissent au dénouement. » Lanson (264), p. 122. Cf. encore pp. 123-137 *passim*, et la réfutation de ce point de vue par Tanquerey (338) et (339). — 8. Tel est alors le pessimisme cornélien qu'il fait songer à Schopenhauer et à Nietzsche. Lanson a fort bien noté cette inaction où fatalement se réfugie tout héros de pensée (254), pp. 138-139. L'explication fournie ne nous paraît pourtant pas la bonne. Cf. sur ce point notre chapitre V dans la quatrième partie. — 9. Desjardins (236), p. 48. — 10. *Le Cid*, I, 6, 337. 11. *Idem* I, 6, 347.

1. Taschereau (340), pp. 197-198. — 2. (44), t. III, *Le Cid*, III, 6, 1052.

> *Ce que je vous devais je vous l'ai bien rendu.*

3. « Le succès a montré que la fermeté des grands cœurs, qui n'excite que de l'admiration dans l'âme du spectateur, est quelquefois aussi agréable que la compassion que notre art nous ordonne d'y produire par la représentation de leurs malheurs. Il en fait naître toutefois quelqu'une, mais elle ne va pas jusques à tirer des larmes. » (44), t. V *Nicomède*. Examen, pp. 507-508.

1. Rappelons pour l'Angleterre les œuvres de Middleton, Ben Jonson, Fletcher, Christopher Marlowe, Ford et le Shakespeare des tragédies du sang (1602-1608), entre autres *Titus Andronicus, Othello, Macbeth,*

Le Roi Lear, etc... On ne saurait parler de l'influence de ce théâtre sur le nôtre : durant toute l'époque Henri IV et Louis XIII on ne lit point en France le théâtre anglais. Cf. G. Ascoli : *La Grande-Bretagne* devant *l'opinion française au* XVII*ᵉ siècle* (197). Pour l'influence du théâtre italien, Lanson (265), Lintillac (277), t. II et t. III, A. Baschet (200) et pour la tragédie italienne en général, B. Croce (232) ainsi que Toldo (343). — 2. « Entre Jodelle et Corneille, Hardy est l'intermédiaire nécessaire. Après lui Corneille peut venir. » Lanson (265), p. 46. Cf. aussi pp. 25-26 : « L'identité de l'esprit français s'affirme en faisant évoluer dès le premier jour la tragédie comme l'ancien théâtre, vers l'accident pathétique et les moralités particulières, aux dépens du pur tragique. Les sujets historiques et les sujets antiques traités comme tels, où tout paraît humain, choc de volontés humaines, préparent et favorisent l'introduction de la psychologie, donc l'organisation du théâtre classique. » Sur le même sujet, Rigal (317), p. 678 : « ...Mais enfin Garnier fut abandonné et, chose curieuse, le plus estimable classique du XVIᵉ siècle fut sans influence sur le mouvement classique d'où allait définitivement sortir notre tragédie. » Enfin sur ce point de difficulté, voir la subtile et prudente conclusion de Faguet (245), p. 307, citée par Rigal : « A ne prendre que les faits nous voyons la restauration de Jodelle, accommodée au goût moderne par Garnier, je n'oserai pas dire enfanter le théâtre classique de 1630, mais se renouveler vers 1630 sous une forme agrandie qui sera considérée pendant deux cents ans comme définitive. » Voir encore René Bray (215), ch. Iᵉʳ : La rupture avec le XVIᵉ siècle, pp. 7-27. — 3. Bray (215), ch. IV : Le culte d'Aristote, pp. 49-61. — 4. Rigal (317), pp. 73-82; Lanson (265), p. 43; Lancaster (263), p. I, VI, p. 45. — 5. Cf. Gabriel Maugain (286), chap. III, pp. 143-146. — 6. Marty-Laveaux, t. III, p. 179. — 7. R. Lebègue (272), p. 289 et passim. — 8. *Tragédie mahommétiste* (dernier acte) cité par Lancaster (263), P. I. VI, p. 78. Pour Hardy, cf. *Scédase* (93); *Méléagre* (90), *Alcméon* (101), *Timoclée ou la Juste Vengeance* (103). — 9. Rotrou : *Crisante* (164). III, 6, et IV, 5. — 10. La Calprenède (106), *Mort de Mithridate*, V, 1, 2 et 3 (par erreur scène 5 dans le texte). — 11. Mairet (126), *Solyman*, V, 4. — 12. Gombauld (82), *Les Danaïdes*. Epitre à Monseigneur Fouquet. — 13. Chevreau (40), *Lucrèce romaine*, III, 5. — 14. Ce n'est pas la première pièce qui traite ce sujet en France; voir Lebègue (272), 15 juin 1937, p. 396 et note 1 même page; ainsi que Lancaster, P. II, VI, p. 194. — 15. Anonyme (4), *Rosimonde ou le Parricide puny*, I, 1 et II, 4; V, 1, 2 et scène dernière. — 16. Nous en donnerons deux ou trois exemples : voici Hécube (Benserade (16) *Mort d'Achille*) :

> *Détestable, et perfide, ennemy de ma joye,*
> *Tigre qui dans mon sang as presque noyé Troye,*
> *Que ne tiens-je ton cœur sous mes auides dents,*
> *Et que ne puis-je faire en mes désirs ardens,*
> *En te le déuorant, et rongeant tes entrailles,*
> *A ton corps demy-vif de longues funérailles!* (IV, 1.)

Alphite (*Les Danaïdes*) raconte la nuit du massacre des époux :

> *Une soigneuse veille*
> *M'a rendu le témoin d'une horrible merueille.*
> *Après auoir long temps erré de tous costez,*
> *Les bruits avant-coureurs de tant de cruautez*
> *Ont frappé sourdement mon oreille attentiue,*
> *Qui prenoit chaque voix pour une voix plaintiue,*
> *J'ay commencé d'oyr les mouuements soudains,*
> *Qu'après un coup mortel, font les pieds et les mains...* (IV, 2).

Le récit se prolonge ainsi durant plus de cinquante vrs. Danse l'*Edipe* de Prévost (143), le messager annonce au chœur l'action sanglante du héros :

> *Il courbe en longs crochets ses ongles aiguisées*
> *Et fouillant jusqu'au fond des paupières creusées*
> *En arrache insensé les yeux desracinez.*
> *Encore après le coup de ses doigts acharnez*
> *Il rompt, il tranche, il coupe, il accroche, il déchire*
> *Les vaisseaux de ses pleurs qu'hors des cercles il tire*
> *Et ne laisse au dedans peau, ne vaine, ne chair,*
> *Tant le jour lui deplaist, qu'il ne tâche arracher* (V^e acte).

Nous aurions pu tout aussi bien relever les imprécations de *Didon* (Scudéry (176), V, 2 et 6), de Massinisse (Mairet (123), *Sophonisbe*, V, 8). de Lucrèce (Du Ryer (64) *Lucrèce* IV, 5), du comte d'Essaix et d'Elisabeth (La Calprenède *Le Comte d'Essaix*) (107), V, 1 et 7) de la mère de Tantale (Frénicle (78) *Niobe* IV, 4) de Mitridate contre son fils Pharnace et d'Hypsicratée contre le même Pharnace (La Calprenède (106) *Mort de Mitridate* IV, 3 et 4), d'Hémon contre son père dans le caveau où Antigone se balance au bout de son lacet (Rotrou (163), *Antigone* V, 9); de même le récit de Dircet de la mort d'Antoine à César et à ses officiers, celui de la fin pathétique de Cléopâtre : le cadavre paré de l'Africaine que Charmion couronne une dernière fois avant de s'effondrer (Benserade (15), *Cléopâtre* IV, 3 et V, 7); ou encore la frénésie de Coriolan contre ses concitoyens et Rome (Chevreau (41), *Coriolan* I, 2 et I, 3), les lamentations d'Hercule (Rotrou (158), *Hercule mourant*), la longue description du viol où rien ne nous est épargné des cris et des gémissements de la vertueuse femme de Colatin (Chevreau (40), *Lucrèce romaine* III, 5 et IV, 2), etc.

CHAPITRE V. — L'AMOUR ET LA TRAGÉDIE DANS LE PREMIER TIERS DU XVIIe SIÈCLE 148

1. Au sujet des éditions successives des *Histoires tragiques* de Bandello, traduites par Boïastuau (19), puis par François de Belleforest. Cf. R. Sturel (337), p. 35 et sq. — 2. Sur l'influence de la Nouvelle italienne ou espagnole sur la tragédie du sang (en particulier l'aventure tragique des *Amants de Vérone* et les nouvelles de Da Porto ou de Bandello : *Roméo et Giulietta*, de Lope de Vega : *Los Castelvinos y Monteses*, de Francesco de Roxas : *Los Vandos de Verona*, et de la tragédie de Shakespeare), cf. dans Giuseppe Chiarini (226), chap. Le Fonti, p. 225 et sq. — 3. Lebègue (272) donne, note 3, p. 394, une bibliographie sur la question. — 4. Sur l'influence possible du théâtre italien en France au début du XVIIe siècle, cf. surtout A. Baschet (200). — 5. Texte cité par Sturel (337). — 6. Sans oublier, vers 1608, le viol de Thamar par son frère Amnon dans *Amnon et Thamar,* de Nicolas Chrétien (272), p. 400, 15 juin 1937. Pour *La mort d'Achille, Mariamne, Didon* de Hardy, cf. (96), (95) et (89). Pour la *Mariane* de Tristan, voir (184). *Axiane* (1), *Le More cruel* (3), *La Charité* (130). — 7. Le mot est dans Corneille (44), t. I, 2e Discours de la tragédie, p. 55. — 8. Marsan (283), pp. 365-392. — 9. Scudéry : *Didon*, II, 6. — 10. La Calprenède (108), *Phalante*, V, 4. — 11. Benserade. *Mort d'Achille*, II, 4; Mairet (125), *Marc Antoine*, I, 4; Du Ryer (65), *Alcionée* V, scène dernière; La Calprenède : *Phalante*, I, 1; Baro (11) *La Parthénie*, III, 2. —

12. Mairet (123) : *Sophonisbe*, I, 3. — 13. *Idem*, II, 1. — 14. La Calprenède : *Mort de Mitridate*, I, 3. — 15. *Idem*, I, 3. — 16. *Idem*, III, 3.

> *Je sçay ce que je dois à la foy conjugale*
> *Mais scache que mon ame est une ame royale*
> *Qui ne peut sans contraincte appreuver un forfaict*
> *Ni louer un péché quoy qu'un mary l'ayt faict.*

17. Gombauld : *Danaïdes*, II, 3. — 18. Idem, V, 3. — 19. *La Calprenède, Comte d'Essaix*, II, 1. — 20. Idem, IV, 1. — 21. Idem, V, 5 et 6. — 22. Chevreau (41), *Corolian*, III, 3. — 23. (190), *Valentins, questions d'Amour et autres pièces galantes*, p. 116. — 24. Du Ryer (64), *Lucrèce*, IV, 2. — 25. Idem, IV, 2. — 26. Idem, IV, 6. — 27. Rotrou (164), *Crisante*, III, 4 et 6; IV, 5. — 28. (66), introduction, pp. 11 et 12. — 29. Benserade (15), *Cléopâtre*, I, 1. — 30. Benserade (16), *Mort d'Achille*, II, 4. — 31. Idem, IV, 4. — 32. Mairet (125), *Marc Antoine*, I, 4. — 33. Du Ryer : *Alcionée*, I, 1. — 34, Idem, III, 1. — 35. Idem, III, 3. — 36. La Calprenède : *Phalante*, I, 4. — 37. Idem, I, 3; IV, 6; V, 3, III, 3. — 38. Dʳ Van Roosbroeck : *The Cid Theme in France in 1600*, Minneapolis, Pioneer Printers, 1920, et Reedle (316), p. 10. — 39. Rotrou (161), *Céliane*, II, 3; entre autres maximes, Nise à Pamphile :

> *Qui sait ranger ses vœux aux lois de la raison*
> *Ne porte point de fers et n'a point de prison :*
> *Son esprit innocent ne sait point d'artifices,*
> *Il ignore les mots de feux et de supplices,*
> *Ses yeux ne jettent point ni de flamme ni d'eau,*
> *L'Amour n'a point chez lui d'ailes ni de bandeau.*

40. Rotrou (162), *La Pélerine·amoureuse*, I, 1 :

> *Ils* (les Dieux) *donnent aux mortels, avecque la clarté,*
> *Un pouvoir absolu dessus leur volonté :*
> *Tout ce qu'ils ont créé sur la terre où nous sommes*
> *Tout ce qu'ils ont soumis à l'appétit des hommes,*
> *N'est plus considéré de leurs divinités;*
> *C'est à nous de pourvoir à nos nécessités.*

41. Cf. Magendie (279), p. 435, note 1. — 42. De Molière (131), *La Polyxène*, I, p. 187.

CHAPITRE VI. — L'AMOUR HÉROÏQUE............................ 161

1. (44), t. X : lettre à Saint-Evremond (1666), p. 498. — 2. Les confidences de Chimène, les audiences et les réceptions royales où l'Infante s'éprend de Rodrigue, la « surprise des sens » qu'elle ne peut vaincre, le parti qu'elle prend enfin de « donner » ce cavalier à Chimène, les mystérieux entretiens entre la dame d'honneur et la jeune princesse curieuse de savoir « en quel point se trouve son amour » (I, 2, 82 et I, 2, 64), toute cette aventure reste empreinte d'un léger scandale; elle annonce une sensibilité bien vive. On apprend aussi de Chimène que Rodrigue est « son choix » malgré l'allégation précise et contraire de l'Infante (I, 1, 8, et 1, 2, 65-70); qu'elle l'aime déjà à l'insu de son père ; que sa gouvernante, dans le secret, sert d'intermédiaire entre elle et ses soupirants et couvre tout (I, 1, 11-14); plus tard le Comte et Rodrigue en sont aux mains. Chimène, devinant ce malheur, donne sur les sentiments et le caractère de Rodrigue une vue si aiguë qu'on ne saurait douter de la connaissance et de l'intimité d'âme

qu'ils ont déjà l'un de l'autre (II, 3, 487-492). — 3. (299). — 4. *Cid*, I, 6, 334. — 5. :

> *J'attire ses mépris en ne me vengeant pas.*
> *A mon plus doux espoir l'un me rend infidèle*
> *Et l'autre indigne d'elle.*

Après cela, on attendrait que Rodrigue tirât la conséquence logique : mon amour lui aussi me pousse à frapper. Il n'en est rien. La conclusion du héros est déconcertante :

> *Tout redouble ma peine*
> *Allons mon âme et puisqu'il faut mourir...*

6. *Cid*, III, 4, 895-896. — 7. *Cid*, III, 6, 1058-1059 et 1061-1064. — 8. *Cid*, I, 5, 261-262 et I, 6, 294-322; III, 6, en particulier le : hélas! (vers 1026) et les répliques. 1039-1052 et 1061-1070. — 9. *Cid*, I, 3, 219. — 10. *Cid*, I, 1, 44. — 11. *Cid*, I, 3, 173-192. — 12. Cf. Matulka (285). — 13. Nous donnerons ici, à titre de curiosité, une partie des stances du *Fils supposé* de Scudéry (171), probablement joué dans la première moitié de 1634 et publié en 1636, achevé d'imprimer le 20 avril 1636. Cf. Lancaster (263), P. I, V, III, p. 646. L'héroïne Luciane est partagée entre l'obéissance filiale et l'amour, II, 1 :

> *A quelle injuste loy me trouuay-je asseruie,*
> *Que tout me nuit esgallement?*
> *J'oy commander un père et prier un Amant;*
> *De l'un je tiens l'Esprit; et de l'autre la vie.*

> *J'oy parler à mon cœur, l'Amour et la Nature,*
> *Le deuoir, et la volonté;*
> *Et mon mal heur enfin a tel point est monté*
> *Qu'il faut que je me rende, ou rebelle, ou parjure.*

> *Dures extrémitez qui partagent mon âme!*
> *Lesquel dois-je désobliger?*
> *De tous les deux costez je trouve à m'affliger;*
> *De l'un je tiens le jour; et de l'autre la flamme.*

> *L'un fait agir pour luy, le respect, et la crainte.*
> *Et l'autre l'inclination;*
> *J'ay de l'obéissance et de la passion...*

> *Quoy, manquer de respect! quoy manquer de promesse!*
> *Ha non, non, il vaut mieux mourir;*
> *Mon Oronte l'emporte, et j'ay beau discourir,*
> *Le nom de fille cède à celuy de Maistresse.*

> *Arrière ce propos, dont mon âme insensée*
> *A pensé chocquer mon amour :*
> *Auant de perdre Oronte, il faut perdre le jour;*
> *Et mourir de douleur pour viure en sa pensée.*

> *Tyran de nos désirs, respect trop rigoureux,*
> *Ennemy capital de l'Empire amoureux,*
> *Je n'ay que trop gemy sous tes loix inhumaines...*

1. *Cid*, I, 6, 313 et 295. — 2. *Cid*, I, 6, 321. — 3. *Cid*, I, 6, 331-336. 4. *Cid*, I, 6, 303 et 306. — 5. *Cid*, I, 6, 324-326. A ces vers lumineux, il convient d'ajouter ceux de la leçon de 1637-1656 :

> *Qui venge cet affront irrite sa colère.*
> *Et qui peut le souffrir ne la mérite pas.*

Le « ne la mérite pas » a toute la rigueur et toute la netteté désirables. On doit, croyons-nous, entendre « qui peut souffrir cet affront ne mérite pas Chimène », ce qui offre un sens très beau, sans se soucier de la variante du même vers des éditions de 1637 et 1638 :

> *Et qui peut la souffrir ne la mérite pas.*

laquelle est évidemment une faute d'imprimerie. — 6. *Cid,* I, 6, 322. — 7. *Cid,* I, 6, 335-338. — 8. Cf. Plus haut (troisième partie, ch. II), ce que nous disons de l'espace cornélien. — 9. *Cid,* I, 6, 345. — 10. *Cid,* III, 4. — 11. *Cid,* III, 4, 849. — 12. *Cid,* 4, 371-372. L'argument se trouve dans *Castro* (34), Seconde journée, 2e tableau. L'appartement de Chimène, 262-274 :

> *Mas en tan gran desventura*
> *Lucharon, á mi despecho,*
> *Contrepuestos en mi pecho,*
> *Mi afrenta con tu hermosura;*
> *Y tú, Señora, vencieras,*
> *A no haber imaginado*
> *Que, afrentado,*
> *Por infame aborrecieras*
> *Quien quisiste por honrado,*
> *Con este buen pensamiento,*
> *Tan hijo de tus hazañas,*
> *De tu padre en las entrañas*
> *Entró mi estoque sangriento.*

13. *Le Cid,* III, 4, 871-879. — 14. Tout le dialogue mériterait une étude ; les charnières du développement parfois cachées n'en sont pas moins très sûres ; et l'argumentation ne cesse d'être toujours plus pressante et incisive. Rodrigue rappelle tout d'abord ce que l'honneur ordonne à Chimène : poursuivre le criminel. Réponse : oui, et c'est l'objet de la poursuite judiciaire en cours. Il s'agit d'une question d'honneur qui ne peut relever de la justice. C'est affaire de générosité non de juridiction. Réponse : la chose me regarde. Je veux rester libre. Mon père ne sera vengé et mon honneur recouvré que par ma seule volonté. Je ne veux pas d'une gloire partagée. Ni ton amour, ni ton désespoir ne m'aideront ; j'en appelle à moi seule. — Si ce n'est ni par vengeance, ni par amour, frappe-moi par pitié. Réponse : je ne te puis haïr, c'est-à-dire je t'aime (et il ne peut donc y avoir place dans mon cœur pour la pitié). — 15. *Cid,* III, 4, 985. La variante de 1637-1644 : « *Mais* comble de misères ! » accusait encore davantage le tragique de ce duo. — 16. *Cid,* III, 4, 985. — 17. *Cid,* V, 1. — 18. *Cid,* IV, 5. — 19. *Cid,* V. I. 1496-1500. — 20. *Cid,* IV, 5, 1404. — 21. *Cid,* IV, 5, 1464 : « Qui que ce soit des deux, j'en ferai ton époux. » — 22. *Cid,* IV, 5, 1460. — 23. *Cid,* V. 1, 1471 et 1473 ; par deux fois elle s'écrie : Tu vas mourir !. — 24. *Cid,* V, 1, 1501-1515. — 25. *Cid,* V, 1, 1517-1520 :

> *Quoi n'es-tu généreux que pour me faire outrage ?*
> *S'il ne faut m'offenser n'as-tu point de courage ?*
> *Et traites-tu mon père avec tant de rigueur,*
> *Qu'après l'avoir vaincu tu souffres un vainqueur ?*

26. *Cid,* V, 1, 1547-1556. — 27. *Cid,* V, 1, 1467. — 28. Chimène disait (III, 3, leçon, 1637-1656) : « Je sais que je suis fille et que mon père

est mort », puis (leçon définitive) : « Je sais ce que je suis et que mon père est mort. » Cette lumineuse correction permet de préciser le sens de « Je suis fille ». Chimène se sent, par son père Don Gormas, de la race des gens d'honneur. — 29. *Cid*, II, 3, 487-492. — 30. Il reste même quelque incertitude dans la pensée de Chimène sur l'inspiration hardie qui força Rodrigue au duel. On est surpris en effet de l'entendre lui dire (V, 5, 1509-1512) :

> *Ton honneur t'est plus cher que je ne te suis chère*
> *Puisqu'il trempe tes mains dans le sang de mon père*
> *Et te fait renoncer malgré ta passion*
> *A l'espoir le plus doux de ma possession.*

« Malgré ta passion », dit-elle ; or, Rodrigue — il n'a cessé du moins de l'affirmer — a dû surmonter sa passion non malgré Chimène, mais à cause d'elle. Aussi sa réplique est-elle décisive : On dira seulement : il adorait Chimène (V, 5, 1533). — 31. *Cid*, cf. III, 3, les vers 820-824 et 833-836. — 32 *Cid*, III, 4, 932. — 33. *Cid*, III, 4, 970-972. Ce trait si beau se trouve dans les *Mocedades* (34), acte II, 308-310 :

> *Disculpara mi decoro*
> *Con quien piensa que te adoro*
> *El saber que te persigo.*

34. *Cid*, IV, 5. — 35. On relèverait aisément ici un zèle quelque peu suspect à crier justice (II, 8), là une certaine emphase qui voudrait trouver une expression accordée à un état pitoyable. L'exagération, l'enflure des mots trahissent parfois chez Chimène un manque de sincérité et de conviction. On la surprend même à se battre les flancs pour s'exciter à la douleur et se maintenir ferme dans son projet de vengeance. Pour soutenir une gloire défaillante, elle compte sur le ressentiment qu'excite en elle la vue de vêtements de deuil (IV, 1, 1135-1141). — 36. *Cid*, III, 4, 953. — 37. Chapelain. *Les sentiments de l'Académie françoise sur la tragi-comédie du Cid*. Dans Gasté (250), p. 373. — 38. *Examen du Cid.* (44), t. III, pp. 92-94. — 39. *Cid*, voir III, 3, 811-824 ; IV, 1, 1129 et 1139-1140, plus précisément encore : IV, 2, 1168-1169 :

> *Cependant mon devoir est toujours le plus fort*
> *Et malgré mon amour va poursuivre sa mort.*

40. *Cid*, III, 3, 803-808 ; encore 810-816. — 41. *Cid*, III, 3, 818. — 42. *Cid*, III, 4, 981-984. — 43. *Cid*, V, 4, 1685. — 44. *Cid*, V, 6, 1766 : Ta gloire est dégagée et ton devoir est quitte. — 45. *Cid*, V, 1, 1519-1520. — 46. *Cid*, III, 3, 805-808. — 47. *Cid*, V, 1, 1519-1520. — 46. *Cid*, III, 3, 805-808. — 47. *Cid*, V, 7, 1805-1812 ; une variante (1637-1656) soulignait cette impossibilité où se trouvait Chimène « d'épouser » Rodrigue — et nous entendons bien qu'il s'agit de mariage charnel, « mettant Rodrigue au lit de Chimène » :

> *Sire, quelle apparence, à ce triste hyménée*
> *Qu'un même jour commence et finisse mon deuil*
> *Mette en mon lit Rodrigue et mon père au cercueil?*
> *C'est trop d'intelligence avec son homicide,*
> *Vers ses mânes sacrés c'est me rendre perfide...*

48. *Cid*, V, 6, 1737-1740, et V, 7, 1805 et sq. — 49. *Cid*, V, 7, 1781-1782 et 1788-1792.

1. *Horace* (44), t. III, I, 1, 78. — 2. *Horace*, V, 3, 1615-1619. — 3. *Horace*, I, 2, 141-145. — 4. *Horace*, I, 2, 229-232. — 5. *Horace*, I, 2, 180-

182. — 6. *Horace,* III, 4, 923-927. — 7. *Horace,* I, 3, 243-246. — 8. *Horace,* I, 3, 247-250 :

> *Qu'un autre considère ici ta renommée*
> *Et te blâme, s'il veut, de m'avoir trop aimée;*
> *Ce n'est point à Camille à t'en mésestimer :*
> *Plus ton amour paroît, plus elle doit t'aimer.*

9. *Horace,* II, 5. — 10. *Horace,* II, 5, 533. — 11. *Horace,* IV, 2; IV, 3; IV, 5. — 12. *Horace,* IV, 4, 1196. — 13. *Horace,* IV, 5, 1280.

1. Cf. pour la tragédie religieuse en France sous la Renaissance. R. Lebègue (271), Faguet (245), Lanson (265), Darmesteter et Hatzfeld (233); pour une bibliographie cf. Lebègue (271), p. 19. — 2. Cf. avec précaution Pascoë (300), pp. 19-25, et pour la période cornélienne (1636-1650), ch. II, pp. 26-48. Cf. (278 *bis*) Loukovitch : *L'évolution de la tragédie religieuse classique en France.* — 3. Lancaster (263), P. II, V, I, p. 175 : *We have seen such plays before, composed not only by Bello, but by Troterel, Boissin de Gallardon, and others, but, as these writers were little known by Baro's generation, the latter must be credited with inaugurating a movement on the popular stage that was to result in such works as Polyeucte and St Genest.* — 4. Baro (10), *Saint Eustache,* I, III, 3, IV, 4; V, sc. dernière. — 5. (44), t. III, pp. 474-478. — 6. (44), t. III, Polyeucte, II, 6; V, 4, 1734; IV, 2; IV, 3, 1267-1272; V, 6, 1773-1776. Sur le peu d'emploi du merveilleux dans *Polyeucte,* cf. Delaporte (234), pp. 339-340. — 7. Troterel (186), *Saincte Agnès,* début IV. Sainte Agnès, le trompette, les paillards et les macquerelles. — 8. Troterel, fin acte IV. — 9. B. de Gallardon (22), *Sainte Catherine,* acte IV. — 10. Baro (13), *Saint Eustache,* III, 4; I; II, 3; V, sc. finale. — 11. Boissin de Gallardon (21), *Martyre de saint Vincent,* fin acte II :

> *Il s'est veu deschirer jusques dans les entrailles,*
> *Les glaiues acerez luy ont fait des batailles :*
> *Il voit couler son sang ainsi comme un ruisseau,*
> *Il n'y a rien qui soit presque entier en sa peau*
> *Sans en estre estonné, c'est une chose estrange.*

12. B. de Gallardon, *Martyre de saincte Catherine,* acte III :

> *...Ils ont pris rudement*
> *Catherine, et osté son riche vestement,*
> *Estant en nudité, ô chose trop cruelle,*
> *On commence à frapper sur cette cher si belle,*
> *Frapper, dis-je, frapper : mais de coups si felons*
> *Que le sang ruisseloit jusques sur les talons*
> *Pour ne voir acheuer l'action stragieuse*
> *Il m'a fallu sortir; mais, chose merueilleuse,*
> *Que ce corps tendrelet durant tant de tourment*
> *Crioit tousjours JESUS pour son soulagement,*
> *Non pas d'un cri qui fust poussé de violence,*
> *Mais comme d'un qui prend en son mal patience.*

13. Desfontaines (57), *Saint Alexis,* V, sc. dernière :

> *Grand sainct ouure la main s'il te plaît de permettre*
> *Qu'il nous fasse sçauoir ce que tu veux de nous,* etc.

— 14. P. Mouffle (137), *Le fils exilé ou le Martyre de Sainct Clair*, III, 2 et 4. — 15. D'Ennetières (72), *Aldegonde*, 3ᵉ acte. — 16. Boissin de Gallardon : *Saincte Catherine*, 1ᵉʳ acte. — 17. Poytevin : *Sainte Catherine*, 1ᵉʳ acte. — 18. Troterel : *Sainte Agnès*, I, 3 ,et II début. — 19. Idem, II, scène entre Martian et Agnès. — 20. (44), t. V, *Théodore*, III, 869-870. — 21, Troterel : *Sainte Agnès*, fin IV. — 22. Baro (10), *Sainct Eustache martyr*, III, 4. — 23. Desfontaines (56), *Saint Eustache*, II, 3, et III, 1. — 24. Desfontaines : *Saint Alexis*, I, 1; I, 3; I, 5; III, 2; IV, 6; V, 5. — 25. La Serre (113), *Thomas Morus*. Le propos du Duc de Sofoc après son entretien avec Morus où il avait été question du mariage du roi avec Arthénice est significatif : « Le Roy n'en est pas là où il pense; ce vieux Politique (T. Morus) en s'opposant à ses desseins en retardera le succès. » (I, 1.). Cf. aussi les paroles de Thomas Morus (IV, 1) et la réponse du Roi : « Je répudie mon Epouse, après auoir changé de Religion puisque Rome s'oppose à mes secondes Nopces. Ce n'est pas que ma passion m'ait instruit dans ma nouuelle creance. La vérité m'en a donné les leçons; et il vous suffit que mon exemple vous les apprenne; vous ne sçauriez faillir en m'imitant. Que si quelque nouueau Politique fait le rebelle, j'ay des prisons, des fers, et des gesnes pour le punir et pour me vanger. » (IV, 1.). — 26. Desfontaines : *Saint Alexis*. Argument, 1ᵉʳ acte, pp. 1 et 2. — 27. Idem, V, scène dernière. — 28. La Calprenède (109), *Hermenigilde*. Nous donnerons de cette pièce quelques fragments remarquables. Ils font songer à certains traits de *Polyeucte*. La pièce de La Calprenède fut jouée fin 1641, début 1642 (cf. Lancaster, P. II, V. I, p. 354) à peu près en même temps que la tragédie de Corneille. Matilde, après avoir tenté vainement de ramener Hermenigilde et sa femme Indegonde à l'Arianisme, leur conseille de feindre (même scène dans *Polyeucte*, IV, 3, 1221-1225). « Puisque vous estes si ferme dans une résolution si funeste, et que vous vous serués de vostre courage pour vostre ruine, à tout le moins dissimulés par raison d'Estat, et feignés de renoncer en public une religion que vous conseruerez dans le cœur... » Hermenigilde : « Ce conseil est digne de vostre sexe et de vostre erreur, si vous auiés le courage plus ferme, vous ne me conseilleriés pas une bassesse indigne de ma naissance, et dans laquelle je n'ay pas esté esleué, et si vous cognoissiés sans nuage le Dieu que je sers, vous jugeriés son seruice digne d'un aueu général et d'une confession publique. Je chéris trop ceste gloire pour la cacher, et ce grand maistre est trop jaloux de la sienne, pour souffrir un lasche desadueu de ceux qui sont à luy (...). » Recarède : « O Dieu! que ceste obstination est estrange, et que ceste constance est hors de saison. » Hermenigilde : « Cette constance vous sauuera, ô Recarède, et si le don de prédire l'auenir est quelquefois accordé aux personnes qui sont proches de leur fin, scachés que vous embrasserés un jour publiquement ceste foy que vous voulés maintenant combattre (III, 1). » Hermenigilde fait une prière intercessionnelle pour son frère Recarède (III, 1) ainsi que Polyeucte pour sa femme (IV, 3, 1267). Amour divin et amour humain sont en lutte, V, 1 (sc. de la prison), Hermenigilde : « Nous auons vaincu Indegonde, nous auons vaincu, et ce qui nous reste encore de carrière à passer est si aisé, que je touche desia de la main les Palmes qui nous attendent au bout. Ouy, la victoire est à moy, mais, ô Indegonde! je l'achète assez chèrement puisque je l'achète par nostre séparation, le ciel qui m'a veu sans frayeur escouter les menaces de Leuigilde, et qui me verra sans frayeur tendre la gorge au glaiue de ses ministres, m'est tesmoing que le seul desplaisir qui m'accompagne au tombeau est celuy de vous abandonner, je quitte sans regret, et une vie que je pouuois passer auec assez d'éclat, et l'espérance d'une couronne assez florissante, mais je ne puis quitter Indegonde avec la mesme constance sans une grace très-particulière de celuy pour qui j'abandonne tout le reste. » Indegonde : « O mon Prince, ô ciel, ô Leuigilde! à quelle espreuue mettez-vous ma vertu et par quelles secousses taschez-vous d'esbranler ceste résignation que j'ay pour le ciel; certes, elle n'est pas à ceste espreuue sans son secours, et toutes mes résolutions s'éuanouissent si l'assistance de mon Dieu ne me fortifie. Je succomberay sans doute à ce déplaisir, et toutesfois je ne puis me repentir des conseils que je vous ay donnez. J'ayme Hermenigilde beaucoup plus que moy-mesme... » Hermenigilde : « O Dieu! falloit-il qu'une personne si vertueuse eut une si cruelle destinée, et faut-il que vous me l'ayés donnée pour trauerser la gloire que j'ay de mourir pour vous par le regret que j'ay de l'abandonner. » (V, 1,) On retrouve ce ton simple et touchant dans le dernier adieu, lorsque l'envoyé du Roi tente de faire abjurer le martyr. Indegonde semble faiblir : « O mon âme, resous-toy! ô ma constance, ne m'abandonne point! O grace de mon Dieu assiste moi jusqu'à tout, et ne permets point que par aucune foiblesse je démente mes premiers conseils et mes premières actions... » Alors Hermenigilde : « O ciel, fortifie moy à ce départ de tes diuines faueurs, et ne permets point que je succombe aux témoignages de tant d'amour et de tant de vertu après auoir franchy une partie des difficultez, par où faut-il aller à la mort Atalaric? » (V, 2.) La douleur d'Indegonde ne manque ni de conuenance ni de grandeur : « A Dieu, mon espoux bien aymé, à Dieu, Prince chéry du ciel autant que de vostre Indegonde (...) O Dieu, il ne m'entend plus et je l'ay perdu de veüe pour jamais, ah foiblesse de nostre nature! C'est maintenant que tu te fais recognoistre, ah forces de mon âme! C'est maintenant que vous m'abandonnés, hélas, je cède à la violence de ma douleur (V, 3). Je ne puis viure sans toy, je ne puis aller à toy sans cesser de viure, et je ne puis cesser de viure sans la grâce de celuy auec qui ton sang t'a reconcilié. Il me défend la disposition d'une vie qu'il m'a donnée, et nostre amour me deffend de la conseruer sans toy, attire la donc à toy comme une chose qui fut tousjours tienne, et demande la à nostre souuerain Maistre comme une chose qu'il t'auoit luy-mesme donnée. Mon âme est si lasse de la compagnie de mon corps qu'elle ne la souffre plus que comme celle d'un ennemy, ou comme un obstacle qui s'oppose à sa dernière gloire, fais que je le franchisse mon cher espoux, et que par une intercession qui maintenant doit estre considérable au ciel je me réunisse à toy pour jamais. » (V, 6.) — 29. Nous ne citerons qu'un exemple entre tant d'autres. Après avoir ôté à Placide ses biens et les honneurs de ce monde, Dieu le sépare de sa femme (Baro : *Sainct Eustache martyr*, II, 3) et de ses enfants. Le futur martyr semble un instant se réjouir de ce nouvel état et se plier volontiers à la loi du ciel (III, 5); nous le voyons pourtant un peu plus tard abandonner sans regret cette voie humiliée et sainte (III, 6); il redevient bon général, retrouve sa femme et ses enfants avec transport (IV, 4); il accepte enfin les persécutions et subit le martyre avec la même ardeur qu'il avait montrée à poursuivre la gloire mondaine (V, 6). Ces changements de conduite surprenants ne sont jamais expliqués : ce sont desseins de la Providence.

1. Desjardins (236), pp. 108, a bien aperçu cette filiation, ainsi que Peguy (303), pp. 193-98. — 2. (44), t. III, *Polyeucte*, IV. 3. — 3. *Polyeucte*,

IV, 3, 1203-1205. — 4. *Polyeucte*, IV, 3, 1211 et 1212. — 5. Guérin de Bouscal (86), II, 3 :

> *Car si le seul effort de maintenir sa gloire*
> *Fait mesme dans la mort rencontrer la victoire...*

— 6. *Le Cid*, V, 1, et V, 7. — 7. *Horace*, V, 2, 1546. — 8. Cité par Faguet dans *En lisant Corneille*, Paris, Hachette, 1914 p. 129, n° 1. — 9. *Cinna*, II, 1, 371-372 ; 624-625. — 10. *Cinna*, II, 1, 359 et 363. — 11. *Cinna*, IV, 3, 1247-1250. — 12. *Cinna*, II, 1, 367-369. — 13. *Cinna*, IV, 3, 1210-1214. Le pragmatisme politique de Livie (ce qui réussit est vrai) ne se dément pas un instant au cours de la pièce. Livie ne cesse de dénoncer ce qu'il y a de faussement généreux dans le conseil qu'elle donna la première à Auguste de pardonner. La nouvelle façon de vivre et de juger que découvre l'empereur lui reste étrangère (V, 2, 1609-1612) :

> *Tous ces crimes d'Etat qu'on fait pour la couronne,*
> *Le ciel nous en absout alors qu'il nous la donne,*
> *Et dans le sacré rang où sa faveur l'a mis*
> *Le passé devient juste et l'avenir permis.*

Cf. aussi les paroles qu'elle adresse aux conjurés pardonnés et à Auguste, où elle marque encore — et ceux-là seuls — les avantages politiques que l'empereur pourra retirer du pardon (V, 3, 1756-1774). — 14. *Polyeucte*. Epitre à la Reine Régente, p. 472. — 15. (44), t. X, lettre de Corneille à Voyer d'Argenson du 18 mai 1646, pp. 445-446.

1. (44), t. III, *Polyeucte*, I, 3, 201-202. — 2. *Polyeucte*, I, 3, 196. — 3. *Polyeucte*, V, 5, 1739. — 4. *Polyeucte*, I, 3, 189-192.

> Stratonice : *La digne occasion d'une rare constance!*
> Pauline : *Dis plutôt d'une indigne et folle résistance*
> *Quelque fruit qu'une fille en puisse recueillir*
> *Ce n'est une vertu que pour qui veut faillir.*

— 5. *Polyeucte*, I, 3, 215. — 6. Idem, I, 3, 173-180. — 7. Idem, I, 227-228. — 8. Idem, I, 3, 214-216. — 9. Idem, I, 3, 224 et 225. — 10. Idem, I, 3, 166. M. Laroque (269) a fort bien analysé ces nuances de l'amour de Pauline. Nous lui devons beaucoup pour la compréhension de ce personnage comme d'ailleurs de l'ensemble du drame de *Polyeucte*. Pour Pauline, cf. pp. 27-33 et 73-124. — 11. *Polyeucte*, I, 2. — 12. Idem, I, 3, 134-135. — 13. Idem, I, 4. — 14. Idem, I, 4, 349-350. — 15. Idem, I, 4, 337. — 16. Idem, II, 2. — 17. C'est l'opinion de Lanson (264), p. 111 : « Voilà une femme qui aime deux hommes. » L'intuition toute féminine de Mme Clairon (227), p. 110, nous paraît beaucoup plus pénétrante : « ...Deux amours réels, existant ensemble, avoués à chacun des deux hommes, qui les inspirent, et justifiés par le respect, l'estime et la confiance de l'un et de l'autre, est chose inouïe dans la nature... » Bien sûr. Et dans *Polyeucte aussi;* pour nous du moins nous l'y avons cherchée vainement. — 18. *Polyeucte*, II, 2 et IV, 5. — 19. En particulier, cf. I, 4, 339-345 et surtout 354-359. — 20. *Polyeucte*, III, 1, 721-724. — 21. Idem, III, 2. — 22. Idem, III, 2, 779. — 23. Idem, III, 2, 800. — 24. On ne saurait trop souligner que Pauline n'abandonne rien, sinon après le baptême du sang, de la morale sociale de sa caste. Elle n'a pour son mari néophyte aucune admiration; elle l'aime sans doute, mais c'est tout autre chose; à ses yeux l'assemblée des chrétiens n'est qu'un troupeau (I, 3, 255), Polyeucte est aveuglé (III, 3, 913), son acte est criminel (IV, 3, 1171), sa foi une erreur (III, 3, 800), une chimère, un étrange aveuglement (IV, 3, 1279 et 1286). — 25. *Polyeucte*, III, 3, 945-953. — 26. Idem, IV, 3, 1249, 1250, 1281. — 27. Idem, V, 5, 1727. — 28. Et saintement rebelle aux lois de la naissance, V, 5, 1740.

1. Même de nos jours Schlumberger (325), p. 90. — 2. *Polyeucte*, I, 1, 12. — 3. Idem, I, 1, 66-68. — 4. Id., I, 1, 70-75. — 5. Id, I, 1, 75; Négliger pour lui plaire et femme, et biens et rang. — 6. Id. I, 2, 123. — 7. Id., II, 1, 416, mariés depuis quinze jours. — 8. Id., I, 2. — 9. Idem, I, 1, 21, 22 et 87. — 10. Id., I, 1, 49. — 11. Id., IV, 2; IV, 3; V, 3. — 12. Id., IV, 2, 1139 : « J'aspire à ma ruine. » — 13. Id., IV, 2, 1107. — 14. Id., IV, 3, 1231, 1232 et 1251, 1252. — 15. Id., IV, 3, 1253. — 16. Id., IV, 3, 1232. — 17. Id., IV, 3, 1254. — 18. Id. : « Seigneur, de vos bontés, il faut que je l'obtienne », IV, 3, 1267. — 19. Id., IV, 3, 1284. — 20. Id., IV, 3, 1271. — 21. Id., V, 3, 1681.

QUATRIÈME PARTIE

DE L'AMOUR HEROIQUE ET ROMANESQUE
A l'AMOUR GALANT ET POLITIQUE

1. (44), t. V, *Nicomède :* au lecteur, p. 501. — 2. (44), t. V., *Théodore*, III, 3, 823; III, 3, 892-894. — 3. *Théodore*, III, 3, 927 et sq.; IV. 5, 1465, 1470 et 1485. — 4. *Théodore*, IV, 5, 1435-1436. Cf. sur Théodore et Didyme les notes de Renan (311), pp. 43-44. — 5. (44), t. V. *Don Sanche d'Aragon*, II, 1, 462. — 6. *Don Sanche*, II, 2, 529-536. — 7. *Don Sanche*, III, 1, 735-736. — 8. *Don Sanche*, III, 1, 787. — 9. *Don Sanche*, III, 1, 763-764 et 767-768. — 10. *Don Sanche*, III, 1, 781. — 11. (44). t. V, *Nicomède :* Au lecteur, p. 501. — 12. *Nicomède*, I, 1, 9-10 et 68-70. — 13. *Nicomède:* Au lecteur, p. 504. — 14. (44), t. IV. *La Suite du Menteur*, Epître, p. 282. — 15. *Suite du menteur*, Epitre, p. 280. — 16. Voir à ce sujet dans (44), t. IV, en appendice au *Menteur* le parallèle de *La Verdad sospechosa* d'Alarcon et du *Menteur* de Corneille par Viguier, pp. 241-273. — 17 (44), t. IV. *Le Menteur*, V, 3, 1501. — 18. Idem, V, 3, 1521-1522. — 19. Id., V, 3, 1581-1584. — 20. Id., V, 3, 1525. — 21. Id., V, 3, 1598-1600. — 22. Id., I, 1, 108-130. — 23. Id., I, 4. — 24. Id., I, 2, 135-136. — 25. Id., I, 5. — 26. Id., III, 5, 977-978 : *La Suite du Menteur*, I, 2. — 27. *La suite du Menteur*, I, 2. — 28. Le mot est de Péguy (302), p. 170. — 29. *Le Menteur*, V, 6, 1741-1750. — 30. (44), t. I, *Discours du Poème dramatique*, p. 32. — 31. (44), t. IV, *Rodogune*, cf. la scène I, acte I, entre Laonice et Timagène interrompue par l'arrivée des petits princes et reprise scène IV, même acte. — 32. *Rodogune*, II, 3. — 33. Id., III, 4. — 34. Id., 1, 5, 359-362. — 35. Id., III, 3, 855-858. — 36. Id., 3,

860-864. — 37. Id., 3, 875-878 et 880-882. — 38. Id., III, 3, 884. — 39. Id., IV, 1, 1160-1163. — 40. Id., IV, 1, 1153-1156. — 41. Voltaire (192), Préface de l'Editeur, t. III, pp. 162-163. — 42. (44), t. VI, *Pertharite*, I, 2, 182-184. — 43. Id., II, 5, 702-704. — 44. Id., II, 5, 716 et 718. — 45. Id., III, 3, 909-910. — 46. Id., III, 3, 996-998.

1. Cf. G. Reynier (315), pp. 14-30; aussi p. 114 et 2ᵉ partie, ch. II. Les tragédies cornéliennes, pp. 143-168; de même Lanson (265), p. 96. — 2. Mornet (297), ch. II : La tragédie française entre 1656 et 1667, pp. 27-71; ainsi que Lanson (265), pp. 87-88. — 3. Fidao Justiniani (246), Batiffol (201), etc. — 4. Cf. Reynier (315), *passim* en ce qui concerne Thomas Corneille et Gros, (253) en ce qui concerne Quinault; pour les problèmes de psychologie amoureuse, entre autres, cf. La Comtesse de Brégy (31) et *Recueil de la Suze* (32), t. IV, p. 137 et sq. — 5. Sarasin dans son Dialogue : *S'il faut qu'un jeune homme soit amoureux*. Cité par Fidao Justiniani (247), p. 57. — 6. (44), t. VI, *Œdipe*. Au lecteur, p. 127 (à peu près même chose dans l'Examen, p. 130); Somaize : *Grand Dictionnaire des Précieuses*. Article Emilie, cf. extraits dans (44), t. VI, p. 115. — 7. Cf. Mornet (297), pp. 27-94. — 8. Racine : *Andromaque* (151), t. II, V. 3, 1562-1563. — 9. Sauf pour le couple Monime-Xipharès (*Mithridate*) : Trop parfaite union par le sort démentie! (151), t. 3, II, 6, 602. — 10. Cf. pour *Timocrate* (46); *Oroondate* (87); *Porus* (26); *Tyridate* (27); *Zénobie* de Montauban (132); *Nitetis* (56); *Clotilde* (28); *La mort de Demétrius* (29); *Oropaste* (30); *Ostarius* (144); *Darius* (47); *Camma* (48); *Pyrrhus* (49); *Astrate* (148); *Mort de Cyrus* (147); *Mariage de Cambise* (146).

1. (44), t. VI, *Œdipe*, V, 5, 1839-1840. — 2. *idem* V, 5, 1857-1864. — 3. *id.* I, 3 et 4. — 4. *id.* I, 1, 67-70. — 5. *id.* II, 4, 712-726-731-734. — 6. *id.* II, 4, 776-778. — 7. *id.* III, 2, 4 et 5. — 8. (44), t. IV *Rodogune* I, 3, 151-154. — 9. *id.* III, 1, 788. C'est Léonice qui dit à leur sujet à Rodogune : « Plutôt que de vous perdre ils perdront leurs provinces » et Séleucus à sa mère II, 3, 609 : « L'ambition n'est pas notre plus grand plaisir. » — 10. *Rodogune* I, 1, 35-38; I, 4, 279-282; 287-288. — 11. *id.* V. 4. 1611-1617. — 12. (44), t. V *Andromède* I, 4, 412-417. — 13. *id.* IV, 3, 1226-1232. — 14. *id.* IV, I, 1083-1085, 1119-1121. — 15. (44), t. VII, *Tite et Bérénice*, IV, 3. — 16. (44), t. VII, *Tite et Bérénice* IV, 3. — 17. *id.*, I, 3, 303-306. — 18. *id.*, IV, 2, — 19. cf. Marsan (283ᵛ. p. 54, n° 1, p. 390 et Gros (253), pp. 285-291. — 20. Bonarelli (24), Argument. — 21. (44), t. V, *Héraclius* III, 1, 837-838. — 22. *id.*, III, 1. 872. — 23. *id.*, III, 1, 824-826. — 24. (44), t. V, *Don Sanche d'Aragon*, I, 1. — 25. (44), VI, *Œdipe*, IV, 1, 1258-1262.

1. (44), t. VII, *Pulchérie*, I, 1, 3-11. — 2. (44), t. VI, *Sertorius*, II, 1, 401-404. — 3. (44), t. IV, *Pompée*. Examen. p. 23. — 4. *Pompée*, II, 1, 430. — 5. *Pompée*, II, 1, 389-392 et 397-400. — 6. (44), t. VI *Œdipe*, II, 1, 493-496. — 7. (44), t. VI, *Sertorius*, V, 2, 1288-1292. — 8. *idem*, I, 3, 289-291. — 9. (44), t. VI, *Sophonisbe*, I, 2, 70. — 10. *id.* I, 2, 71-74.

— 11. *id.* III, 4, 968. Sur la politique et l'amour dans *Sophonisbe* cf Bray (216), pp. 32-34. — 12. *Sophonisbe*, V, 6, 1718-1722 :

> *L'hymen des rois doit être au-dessus de l'amour;*
> *Et je sais qu'en un prince heureux et magnanime*
> *Mille infidélités ne sauraient faire un crime;*
> *Mais si tout inconstant il est digne de moi,*
> *Il a cessé de l'être en cessant d'être roi.*

13. (44), t. VI, *Othon*, III, 5. — 14. (44), t. VII, *Attila*, II, 2, 487. — 15. *id.*, II, 6. — 16. (44), t. VII, *Agésilas*, I, 1, 123-127. — 17. (44), t. VII, *Pulchérie*, III, 3, 953-954. — 18. (44), t. VII, *Tite et Bérénice*, 1, 2, 217-222. — 19. (44), t. VI, *Pertharite*, II, 2, 505 et 512-514. — 20. (44), t. VI, *Sertorius*, I, 1. — 21. (44), t. VI, *Othon*, II, 2, 4 et 5; IV, 5. — 22. (44), t. VII, *Pulchérie*, I, 5; II, 2; IV, 3 et 4; V, 4. — 23. *Pertharite*, I, 4. — 24. *Othon*. Au lecteur, p. 57. — 25. *Othon*, II, 4, 605-612. — 26. *id.* I, 1, 68. — 27. *id.*, I, 4. — 28. *id.* IV, I. — 29. *Attila*, I, 2. 117-128. — 30. *id.* I, 2. — 31. *id.* III, 1, 743. — 32. *id.* III, 1. — 33. *id.* III, 1, 753-754 et III, 1, 757-758. — 34. *id.* III, 1, 763-768. — 35. *id.*, III, 2. — 36. *id.*, III, 2. 878. — 37. *id.*, III, 2, 879-884. — 38. *id.*, III, 2, 920. — 39. (44), t. VI, *Toison d'Or*, II, 5, 996-1001. — 40. *idem*, IV, 3. 1568-1569 et 1576-1579. — 41. *Sophonisbe*, V, 1. 1546-1547 et 1553-1557. — 42. *Attila*, II, 1, 389-390 et 425-428. — 43. *Tite et Bérénice*, IV, 1, 1127-1132. — 44. *Sophonisbe*, I, 2, 125-134. — 45. *Othon*, I, 4, 364. — 46. *Tite et Bérénice*, III, 2, 788-790. — 47. *Tite et Bérénice*, III, 5, 971-974. — 48. *Pulchérie*, IV, 2, 1170. — 49. *Suréna*, I, 3, 323-328. — 50. *Œdipe*, II, 4, 717-722. — 51. *Sertorius*, I, 3, 265-270. — 52. *Attila*, V, 4. — 53. *Tite et Bérénice*, I, 1. 147-152. — 54. *Pulchérie*, III, 2, 847-854. — 55. *Othon*, I, 4, 309-316. — 56. *id.*, 4, 324-326.

1. C'est l'opinion de Lanson (264) qui est ici discutée cf. pp. 138-139. — 2. Cf. le couplet de Justine dans *Pulchérie*, II, 1, 521-528 :

> *Qu'on rêve avec plaisir quand notre âme blessée*
> *Autour de ce qu'elle aime est toute ramassée!*
> *Vous le savez, Seigneur, et comme à tous propos*
> *Un doux je ne sais quoi trouble notre repos :*
> *Un sommeil inquiet sur de confus nuages*
> *Elève incessamment de flatteuses images*
> *Et sur leur vain rapport fait naître des souhaits*
> *Que le réveil admire et ne dédit jamais.*

3. (44), t. VII, *Suréna*, I, 3, 261-266. — 4. *Suréna*, I, 3, 270. — 5. *Suréna*, I, 3, 267-268. — 6. *Pertharite*. Au lecteur, p. 5. — 7. *Pertharite*, III, 14 (Var. 1653-1656). — 8. *id.* IV, 5, 1421-1423. — 9. *id.* Examen, p. 17. — 10. cf. en particulier les variantes (44), t. VI de 1653-1656, pp. 62-65. — 11. *Sophonisbe*, V, 2, 1578-1580. — 12. *id.*, IV, 5, 1433. — 13. *id.*, II, 4, 665-667 et 669-671. — 14. *id.*, IV, 5, 1511-1513 et 1515-1516. — 15. *id.*, IV, 3 et 4. — 16. *Tite et Bérénice*, I, 1, 140-146 et aussi III, 5, 983. — 17. *id.* III, 5, 1027. — 18. *id.*, V, 2, 1500-1502; V, 5, 1659-1665. — 19. *id.*, V, 2, 1517-1520. — 20. *id.*, II, 4, 685-688. — 21. *Suréna*, IV, 3 et IV, 4. — 22. *id.*, II, 3, 609-613. — 23. *id.*, II, 3, 613-615-619. — 24. *id.*, I, 3, 301-304; 309-312. — 25. *Tite et Bérénice*, II, 5, 623-632; III, 3, 860-864; III, 5, 1021-1026; IV, 1, 1065-1090; V, 5, 1691-1694 et 1731-1732. — 26. *Pulchérie*, II, 1, 497-532. — 27. *Suréna*, I, 2, 230-233. — 28.

Tite et Bérénice, II, 1, 452-456. — 29. *Tite et Bérénice*, III, 1, 1031-1032. — 30. *Tite et Bérénice*, V, 4, 1636-1638. — 31. *Tite et Bérénice*, V, 1, 1446-1464. — 32. *Pulchérie*, I, 1, 66 et 71-74. — 33. Voltaire (192), t. III, p. 454. Cf. aussi Fontenelle Œuvres éd. 1742. T. III, p. 117 : « Il s'est dépeint lui-même avec bien de la force, dans Martian, qui est un vieillard amoureux. » — 34. (44), t. II, *La Suivante*, V, 9, 1693-1700. — 35. (44), t. II, *Médée*, II, 5. — 36. *idem*, IV, 5, 1269. — 37. Desjardins (236), pp. 161-162, a écrit excellemment sur ce point. — 38. *Sertorius*, IV, 1, 1195-1198. — 39. *id.*, IV, 2, 1262-1265 et 1279-1280. — 40. *Sophonisbe*, I, 4, 276-278. — 41. *id.*, I, 4, 378-380. — 42. *Sophonisbe*, IV, 2, 1193-1200. — 43. *Sophonisbe*, IV, fin scène 2. — 44. *Pulchérie*, II, 1, 458-460 et 428-432. — 45. *Pulchérie*, II, 1, 463-466. — 46. *id.* II, 1, 475 et sq. vers 483. — 47. *id.*, V, 3, 1506-1510. — 48. *Suréna*, II, 1, 429-432. — 49. *Suréna*, II, 1, 437-440. — 50. II, 1; II, 2; II, 3; IV, 3; IV, 4. — 51. Poésie LIII, Bagatelle, vers 4 et 7 (44), t. X, p. 158. — 52. Poésie LIII, pp. 158-159. — 53. Poésie LIV, p. 160-161 — 54. Poésie XLVI. Sonnet perdu au jeu, p. 140. — 55. Poésie LIX, sonnet, p. 167. — 56. Pièce LX, pp. 168-169. — 57. Pièce LVII, sonnet p. 164. — 58. Pièce LV, sonnet, p. 162. — 59. Pièce LVI, sonnet, p. 163. — 60. Pièce LII, Jalousie, p. 155, vers 7, 10. — 61. *idem*, vers 29-32 et 45-46, p. 156. — 62. *idem*, vers 33-38, p. 156. — 63. Pièce LVIII, Stances, p. 165. — 64. Marty Laveaux (44), t. X, p. 147, v. 70 donne « dans quel cruel instant » et n'indique aucune variante pour les éditions postérieures à 1660. Sur cet hémistiche Faguet (243) p. 477, note 3, écrit : « Cela a un sens en supposant « dans quel cruel instant » entre deux virgules; mais un sens assez sot. Ne faudrait-il pas lire : « Dans le cruel instant que vous vous en allez »? qui donne un sens très beau et très d'accord avec ce qui suit : « rigoureuse faveur... » Le critique a vu juste. Dans une des éditions des *Recueils de Sercy* que je possède (année 1666) (178), on lit p. 81 :

> *Je vous avois quittée, et vous me rappelles*
> *Dans le cruel instant que vous vous en allez.*

(Pièce XLVII sur le départ de Madame la Marquise de B.A.T. vers 29-30, p. 144; et vers 67-70, p. 147). — 65. Pièce LI, Madrigal : Pour une dame qui représentoit la Nuit en la Comédie d'Endymion, p. 154. — 66. Vers anonymes extraits du Mercure de mai 1677 (p. 96 et suivantes) dans (44), t. X, p. 388, v. 21-22. — 67. *idem* v. 25-26. — 68. *idem*, v. 33-39. — 69. Si nous savons peu de choses sur cette liaison sentimentale en dehors des quelques pièces de vers du *Recueil de Sercy* (1660) et du *Mercure* de Donneau de Visé (1677) nous pouvons, semble-t-il, en établir la durée avec quelque certitude. *Le Sonnet perdu au jeu* (Pièce LVII dans Marty Laveaux) est du 8 juillet 1658; cette date est précisée par la lettre de Corneille à l'Abbé de Pure du 9 juillet 1658 : « Monsieur, je vous envoie un méchant sonnet que je perdis hier au jeu contre une femme dont le visage et la voix valent bien quelque chose. C'est une bagatelle que j'ai brouillée ce matin. Vous en aurez la première copie. » Le poème *Sur le Départ de Marquise* (Pièce XLVII dans M.L.) doit être de fin septembre début octobre 1658, date à laquelle la troupe de Molière quitta Rouen (Cf. Bouquet (212), p. 66). Enfin les Vers anonymes parus dans le *Mercure* de mai 1677 et que Marty Laveaux donne en Appendice de son édition des Œuvres de Corneille (t. X, pp. 386-388) ont dû être écrits fin 1665 ou au plus tard début 1666. Voici nos raisons : Si le ton, l'état d'âme, les scrupules, les repentirs sont semblables ici à ceux du poème *Sur le départ de Marquise*, Corneille y accuse certains traits nouveaux relatifs à son âge. (Il parle de sa « décrépitude », « de l'heureux secours qu'il reçoit des années ». « Je suis vieux », etc.). Il est question d'un « chagrinant rival » qui courtise Marquise, et qui « n'ose lui parler ni d'hymen ni d'amour ». Ce vers et ceux qui précèdent font sans doute paraître le visage du jeune Racine auprès de la Comédienne et les débuts d'une liaison encore aujourd'hui peu connue. Racine n'ose parler d'hymen à Marquise (cf. Mongrédien (290) et Ritter (318)), veuve depuis peu (le comédien René Berthelot dit Du Parc venait de mourir le 4 novembre 1664. Cf. Registre de la Grange). Or, durant l'année 1664 où la troupe de Molière joue La Thébaïde, le nom de Marquise ne paraît pas sur la liste des interprètes de la pièce. Mais en 1665 elle tient le rôle d'Axiane dans l'Alexandre joué au Palais-Royal en décembre 1665. On peut penser que Racine fit sa rencontre durant les mois qui précédèrent la représentation, c'est-à-dire au cours des répétitions vers la fin de l'automne 1665. Le veuvage de la Comédienne étant tout récent — une année à peine s'était écoulée — cela peut faire entendre le « qui n'ose vous parler ni d'hymen ». Si cette conjecture est la bonne, Corneille aurait cessé de fréquenter Marquise fin 1665 ou début 1666. — 70. Note de l'Editeur du Mercure (44), t. X, p. p. 388. — 71. Théophile de Viau (182), Pyrame, V, 1. Le texte de Desportes est dans Faguet (243), p. 485.

1. Lebègue (272) : La tragédie « Shakespearienne » en France au temps de Shakespeare. — 2. Les princes dans Rodogune, Didyme et même Théodore (Théodore), Persée (Andromède) annoncent Thésée (Œdipe), Plautine (Othon), tous les amants dans Agésilas (sauf Aglatide et le Roi), Valamir et Ardaric (Attila), Domitian (Tite et Bérénice), Léon, Justine (Pulchérie), d'autres encore. — 3. Du moins dans ses Adresses au lecteur de Sertorius et de Sophonisbe, ainsi que dans sa lettre à Saint-Evremond de 1666 et le Discours du Poème dramatique (44), t. I, p. 24. — 4. Pertharite, IV, 5, 1423. — 5. Pertharite, IV, 5, 1422. — 6. Tite et Bérénice, V, I, 1725-1728.

— L'amour peut-il se faire une si dure loi?
— La raison me la fait malgré vous, malgré moi.
Si je vous en croyois, si je voulois m'en croire,
Nous pourrions vivre heureux mais avec moins de gloire.

7. Tite et Bérénice, V, 5, 1731-1732 :

C'est à force d'amour que je m'arrache au vôtre
Et je serois à vous si j'aimois comme une autre.

8. Suréna, V, 3, 1675.

ETUDE CONJOINTE
DE QUELQUES MOTS DU VOCABULAIRE CORNELIEN
OU D'UNE ETHIQUE DE LA GLOIRE

1. Par Ch. Marty-Laveaux. — 2. Lebègue (Raymond), De la renaissance au classicisme. Le théâtre baroque en France (Bibliothèque d'Humanisme et Renaissance), t. II, Droz, Paris, 1942), p. 183. — 3. Vede!

(V.), *Deux classiques français vus par un critique étranger... Corneille et son temps, Molière*. Traduit du danois par Mme E. Cornet (Paris, Champion, 1935), p. 70. — 4. Chastel (André), *Sur le baroque français*. Cahiers de la Restauration française (Editions de la Nouvelle France, 1944), p. 204. — 5. Schneider (Reinhold), *Grandeur de Corneille et de son temps*. Traduit par M. de Gandillac (Paris, Editions Alsatia, 1943), p. 68. — 6. Vedel, op. cit., p. 231. — 7. Desjardins (Paul), *La méthode des classiques français : Corneille, Poussin, Pascal* (Paris, Armand Colin, 1904), p. 51. — 8. Faguet (E.), *Dix-septième siècle. Etudes et portraits littéraires* (Paris, Boivin et Cie), p. 153. — 9. Rousseaux (André), *Corneille ou le mensonge héroïque (Revue de Paris, 1er juillet 1937)*, p. 52. — 10. Brasillach, *Corneille* (Paris, Fayard, 1938), p. 161. — 11. Caillois (Roger), *Résurrection de Corneille* (Nouvelle Revue Française, 1er octobre 1938), p. 662. — 12. Brasillach, op. cit., p. 232. — 13. Claudel (Paul), *Lettre*, dans Brasillach, *Notre avant-guerre* (Plon, Paris, 1941), p. 316. — 14. Rousseaux, op. cit., p. 73. — 15, Schneider (H.), op. cit., p. 44. — 16. Lanson (G.), *Le héros cornélien et le « généreux » selon Descartes* (Revue d'Histoire Littéraire de la France, 1894), p. 398. — 17. Lanson, *id., ibid.*, p. 402. — 18. Lanson, *Corneille* (Paris, Hachette, 1898), p. 107. — 19. *id., ibid.*, p. 107. — 20. Tanquerey (F.-J.), *Le Héros cornélien* (Revue des Cours et Conférences, 15 juillet 1934 et 30 juillet 1934, Paris, Boivin), p. 694. — 21. Lanson, *Héros cornélien*, op. cit., p. 407. — 22. *id., ibid.*, p. 409. — 23.

> *Commençant aussitôt à vous moins estimer,*
> *Je cesserois sans doute aussi de vous aimer.*
>
> (*Don Sanche*, II, 2, 535-536.)

> *Mon amour ne vient que de l'estime*
>
> (*Pulcherie*, V, 2, 1494.)

> *Depuis qu'un vrai mérite a pu nous enflammer*
> *Sa présence toujours a droit de nous charmer.*
>
> (*Polyeucte*, II, 4, 615-616.)

> *Le seul mérite a droit de produire des flammes.*
>
> (*Cid*, I, 2, 94.)

24. Droz, *Corneille et l'Astrée* (Revue histoire littéraire de la France, avril-juin-juillet-septembre 1921), p. 364. — 25. Telle amoureuse parle d'un prétendant (*Suréna*, I, 1, 91-96) :

> *Car son mérite enfin ne m'est point inconnu*
> *Et se feroit aimer d'un cœur moins prévenu*
> *Mais quand ce cœur est pris et la place occupée,*
> *Des vertus d'un rival en vain l'âme est frappée*
> *Tout ce qu'il a d'aimable importune les yeux :*
> *Et plus il est parfait plus il est odieux.*

Cf. encore *Toison d'or*, II, 5, 984-987. Nous donnons d'autres exemples Ch. II au mot mérite. — 26. Lanson *Héros cornélien*, op. cit., p. 405. — 27. R. Caillois a fort bien aperçu la méprise : « Ainsi, je ne dis pas l'esprit, mais la lettre même du Cid demeure à l'heure actuelle incomprise et le théâtre de Corneille passe encore couramment pour peindre les conflits de la passion et du devoir, ce qui, dans la mesure, faible d'ailleurs, où ces deux termes se laissent transposer du vocabulaire cornélien dans le langage courant, constitue un contre-sens dans la plupart des cas. » *Un roman cornélien*, article paru dans la *Nouvelle Revue française*, 1er mars 1938, p. 479.

1. On trouverait la beauté considérée comme mérite dans tout le théâtre contemporain et dans la littérature en général, romans, correspondance, etc. Nous donnerons quelques exemples à titre d'indication :

> *Ces roses et ces lis où la beauté se mire*
> *Ne sont point destinés à l'amour d'un Satyre*
> *Le ciel, qui de son œuvre est luy-mesme amoureux*
> *Réserve à leur mérite un destin plus heureux* (II, 2)
> *Je suis bien en cela despourveu de conseil*
> *De vouloir préférer une étoile au soleil*
> *Je sais votre mérite* (II, 3).

(*Bergeries de Racan,* Paris, Toussainct du Bray, 1625). Dans la *Mariane* de Tristan :

> *Il faut que l'on construise un Temple à ceste Belle*
> *Qui soit de son mérite une gloire éternelle,*
> *Un Temple qui paroisse un ouurage immortel,*
> *Et que sa belle image y soit sur un autel.*
>
>   (V, 3, 1727-1730.)

Dans le roman de d'Urfé : « Astrée répondit : il est vray j'ay plus de curiosité de me rendre aimable que je n'eus jamais, aussi est-il bien raisonnable ; car lorsque j'ay esté recherchée par des bergers, j'ay creu d'avoir assez de mérites pour en estre aimée, sans que j'y misse plus de peine que de me laisser voir », III, 412. Cf. aussi I, 300 ; II, 243, où il est question des « mérites » de Dorinde ; III, 1114 ; I, 729-730, etc., mais le mot indique également la beauté morale. Cf. II, 860 ; III, 859 ; I, 405 ; I, 430, etc. (d'Urfé : *L'Astrée*. Edition de Paris, Aug. Courbé et Ant. de Sommaville, 1647, 5 vol. in-8). — 2. Examen de *Polyeucte*. Marty-Laveaux, t. III, p. 479. — 3. Examen du *Cid*, t. III, pp. 91-92. — 4. Examen *Nicomède*, t. V, p. 508. — 5. Examen *Suite du Menteur*, t. IV, pp. 279-280. — 6. *Cinna*, Epître, p. 372. — 7. Déjà La Rochefoucauld donne une définition de la générosité qui répond bien en un sens au sentiment de l'époque Louis XIII, mais annonce aussi les préoccupations et les vues de l'époque versaillaise : « La générosité est un désir de briller par des actions extraordinaires ; c'est un habile et industrieux emploi du désintéressement, de la fermeté en amitié et de la magnanimité, pour aller plus tôt à un plus grand intérêt. » La Rochefoucauld. Œuvres complètes publiées p. Gilbert et Gourdault, Paris, Hachette (Grands écrivains de la France), 1868-1883, 4 vol. in-8, t. I, p. 131.

1. *Nicomède*, t. V. Au lecteur, p. 501 et p. 504. De même dans l'Examen, p. 505, 507 et 508. — 2. Sur cette distinction de la vertu morale et de la Gloire, cf. le *Dialogue de la Gloire,* de Chapelain (Bibl. nat. mss, Fr. 12848, publié par Fidao-Justiniani, dans l'*Esprit classique et la Préciosité* au XVIIe siècle, Paris, Picard, 1914). M. d'Elbène prend parti pour la vertu, M. de Montausier et Chapelain pour la gloire. Aucun écrit de l'époque ne nous semble plus significatif ; il permet d'affirmer que les contemporains se rendaient fort bien compte des périls que la gloire faisait courir à l'homme vertueux. Le dialogue a dû être écrit dès 1662. M. d'Elbène : « Je persévère dans mon opinion que la gloire étant une

chose externe à la vertu, elle n'a rien de commun avec elle, et n'est guère propre qu'à l'altérer... La gloire est plus attrayante et plus douce que la vertu : oui, à l'égard des jeunes gens, à qui il faut des afféteries pour les engager, des espérances pour les entretenir, des jouissances pour les satisfaire. Mais à l'égard des gens de raison, elle n'est ni attrayante ni plus douce. Il suffit à la vertu pour se faire passionnément aimer, de sa pureté, de sa solidité, de sa gravité, de sa majesté, de sa lumière qui n'éblouit point, de sa grandeur qui ne trompe point, de sa fermeté qui ne change point. Joignez à cela que la gloire est compatible avec le vice... J'avoue... que ce vif aiguillon fait entreprendre de grandes choses, mais il ne s'ensuit pas que ces grandes choses soient bonnes » (pp. 156-158-159). Plus loin M. d'Elbène ayant affirmé : « Je n'ai jamais eu la Gloire pour motif ni pour attrait, mais l'obligation de satisfaire à ma naissance, de rendre ce devoir à ma patrie, de servir mon roi, sans qu'il s'y soit mêlé aucun intérêt d'amour-propre, ni d'espérance que j'en deviendrais plus renommé », M. de Montausier réplique : « Votre philosophie vous aveugle... et vous fait accroire que vous avez agi par devoir, et que vous avez cessé d'agir après avoir satisfait au devoir. Je vous assure cependant qu'outre le devoir vous avez agi par gloire et principalement par gloire », p. 169. Pour l'utilité de la gloire et l'illusion qu'elle entretient, cf. toute la fin du Dialogue où Chapelain prend la parole (on découvrira aisément dans son intervention le langage du sophiste et du politique) : « C'est tromper, il est vrai; mais c'est tromper vertueusement que de ne tromper que pour mieux faire parvenir à la vertu... Je conclus que... cette illusion de Gloire, toute illusion qu'elle est, ne doit pas seulement être soufferte, dans la société, mais qu'elle doit être maintenue et nourrie avec tous les soins possibles par ceux qui sont chargés du gouvernement, comme l'un des plus utiles instruments de la félicité humaine », pp. 188 et 190. Cf. aussi Balzac : Discours de la Gloire, adressé à Mme la Marquise de Rambouillet (dans Œuvres, par L. Moreau, Librairie J. Lecoffre, 1854, 2 vol.). Balzac soutient que la Gloire du Monde est compatible avec l'orthodoxie chrétienne : « Mais d'autant que quelques-uns plus ignorans que dévots et plus paresseux que véritablement humbles, voudroient excuser leur peu de courage en condamnant la Gloire du Monde, et soustenant qu'elle est contraire à celle du Ciel; ils doivent sçavoir, Madame, que Dieu met l'Infamie au nombre des supplices de sa Justice », p. 273. — 3. Sur ce principe glorieux cf. encore Balzac (Discours de la Gloire) « ...la vertu n'a pas encore si peu de crédit parmy ses ennemis, qu'il y ait personne qui ose proférer un si mauvais mot. Mais c'est véritablement que leurs pensées estoient moins terrestres que les nostres; c'est qu'ils mettoient le souverain bien en un lieu plus haut que nous ne faisons, et qu'ils avoient un autre goust que nous de l'Honneur. C'est qu'ils croyoient que la Gloire estoit l'unique salaire que les Dieux et les gens de bien devoient attendre de la reconnaissance des Hommes », pp. 270-271.

1. Cid, t. III, II, 5, 535-542. — 2. Cid, III, 6, 1061-1064. — 3. Nicomède, IV, 2, 1246. — 4. « Qu'elle (la gloire) n'est pas tant une lumière étrangère, qui vient de dehors aux actions héroïques, qu'une Réflexion de la propre lumière de ces actions, et un esclat qui leur est renvoyé par les objets qui l'ont receu d'elles. » Balzac, Discours de la Gloire, p. 275. — 5. Cf. le dernier vers de Pertharite. Et dans Balzac : « L'hon-

neur est la seule chose qui se peut donner à ceux qui ont tout. » *Discours de la gloire*, p. 271. — 6. *Suréna*, I, 3, 301, 312. — 7. Cf. le discours d'Horace devant le Roi Tulle. *Horace*, V, 2, en particulier V, 2, 1546. *Tite et Bérénice*, III, 5 et V, 5, 1728.

1. *Médée*, I, 5, 320. — 2. *Discours sur le Poème dramatique*, t. I, p. 24 : « sa dignité [de la tragédie] demande quelque grand intérêt d'Etat, ou quelque passion plus noble et plus mâle que l'amour, telles que sont l'ambition ou la vengeance. » — 3. *Pertharite*, III, 3, 882. — 4. « Il est vrai qu'on n'introduit d'ordinaire que des rois pour premiers acteurs dans la tragédie... mais ces rois sont hommes comme les auditeurs et tombent dans ces malheurs par l'emportement des passions dont les auditeurs sont capables. » *Discours de la tragédie*, t. I, p. 54. — 5. *Pompée*, II, 1, 370-373. — 6. *Pertharite*, V, 2, 1591-1596. — 7. *Suréna*, I, 3, 301-312.

1. Lanson : Le héros cornélien, op. cit. 2. Descartes : *Traité des Passions de l'âme*, art. CLXI (dans Œuvres publiées par Ch. Adam et P. Tannery. Paris, Léopold Cerf, 1909), t. XI, pp. 453-454. — 3. *id., ibid.*, art. CLXI, p. 454. — 4. *id., ibid.*, art. CLV, p. 447. — 5. *Pompée*, II, I, 373. — 6. *Rodogune*, III, 5, 1073. — 7. *Rodogune*, IV, 7, 1491. — 8. *Cid*, I, 2, 93-100. — 9. *Don Sanche*, II, 2, 530-536. — 10. *Don Sanche*, II, 2, 517-518 et 529-530. — 11. *Pulchérie*, IV, 4, 1331-1336. — 12. Sur le mystère des rencontres amoureuses, sur leur fatalité, cf. *Comédie des Tuileries*, III, 2, 102-104 et 107-108; *Médée*, II, 5, 635-640; *L'Illusion*, III, 1, 641-650; *La suite du Menteur*, IV, 1, 1221-1234; *Rodogune*, I, 5, 359-362. — 13. *La Suivante*, I, 2, 115; IV, 8, 1332. *Médée*, II, 5, 637-638. *Cid*, II, 5, 523-524, *La Veuve*, II, 3, 546-550. *Andromède*, I, 4, 412-413. *Agésilas*, IV, 2, 1405-1406; V, 3, 1839-1841; *Tite et Bérénice*, I, 3, 340-342; II, 1, 369-370; *Pulchérie*, II, 1, 415-416; *Œdipe*, IV, 1, 1255-1256; *Othon*, III, 1, 829-830. — 14. *Pulchérie*, III, 3, 953-954. — 15. *Discours sur le Poème dramatique*, t. I, p. 24.

1. Pour entrevoir la querelle et son importance, il n'est que de parcourir les pages de Balzac déjà citées et tirées du *Discours du Romain*, du *Discours de la Gloire;* de Chapelain : *Dialogue de la gloire;* de Sarasin : « *S'il faut qu'un jeune homme soit amoureux.* » Qu'on songe à Pascal, à Nicole et à Bossuet, en particulier aux attaques de ce dernier contre la gloire dans son *Oraison funèbre de la Duchesse d'Orléans :* « Mais ces idoles que le monde adore, à combien de tentations délicates ne sont-elles pas exposées? La gloire, il est vrai, les défend de quelques faiblesses; mais la gloire les défend-elle de la gloire elle-même?... Même ne s'adorent-elles pas secrètement? ne veulent-elles pas être adorées? Que n'ont-elles pas à craindre de leur amour-propre? et que se peut refuser à la faiblesse humaine, pendant que le monde lui accorde tout? N'est-ce pas là qu'on apprend à faire servir à l'ambition,

à la grandeur, à la politique, et la vertu et la religion, et le nom de Dieu? », etc., ou bien : « Quel péril n'eût pas trouvé cette princesse dans sa propre gloire! La gloire : qu'y a-t-il pour le chrétien de plus pernicieux et de plus mortel? Quel appas plus dangereux? Quelle fumée plus capable de faire tourner les meilleures têtes? » Bossuet. (Œuvres complètes. Paris, Lefèvre. Firmin-Didot, 1836, en 12 vol.), t. V, p. 289. Cf. aussi *la lettre au Père Caffaro* (tome XI, lettre CLXXXI). — 2. Lanson. *Corneille,* op. cit., cf. aussi dans *Esquisse d'une Histoire de la Tragédie française* (Paris, Champion, 1927). Corneille « ...peint de préférence l'amour-estime qui suit la perfection, et se déplace au besoin pour s'élever, à mesure que la connaissance s'éclaire... Même l'amour-passion identifie son objet au bien suprême, et s'affirme raisonnable. De là le caractère nouveau du combat entre l'amour et le devoir. L'amour aussi, étant raisonnable, est un devoir », pp. 83-84.

REPERTOIRE

Répertoire de l'emploi des mots mérite, estime, devoir, vertu, générosité, gloire, dans le théâtre de Corneille, de *Mélite* à *Suréna.*
(N. B. — Nous donnons en général les références du mot et celles des vers qui précèdent ou suivent immédiatement, et qui peuvent servir à l'éclairer. L'édition Marty-Laveaux se trouvant entre toutes les mains, nous n'avons pas cru qu'il fût nécessaire de donner le texte même, nous contentant de renvoyer le lecteur à cette édition.)

Mérite

Mélite, I, 1, 111-114; II, 2, 409-410; II, 4, 481, 483-484, 492-494; Lettre supposée de Mélite à Philandre, p. 178; II, 8, 711-712 (éclairé par 717-718); Lettre supposée de Mélite à Philandre, III, 2; III, 6, 1047 (éclairé par IV, 1, 1127); IV, 1, 1132-1133; V, 6, 1803-1806.
Clitandre (aucun emploi).
La Veuve, I, 5, 293-294; I, 325-327 (éclairé par I, 5, 328); II, 2, 468 (éclairé par II, 2, 473, 477, 486-487); II, 2, 492; II, 4, 580; II, 5, 715; III, 3, 915-916; IV, 8, 1523-1524; V, 3, 1648.
Galerie du Palais, I, 1, 6-8; I, 2, 35; II, 1, 338 (éclairé par II, 1, 339-340); II, 3, 338; II, 9, 658; III, 1, 702; III, 4, 849; III, 5, 898-899; III, 5, 903-904; III, 6, 917-918; III, 6, 924-925; V, 5, 1637; V, 7, 1714; V, 8, 1766 (éclairé par V, 8,1757-1758).
La Suivante I, 5, 221-224; I, 6, 257; II, 4, 441-442; II, 6, 510-512; II, 7, 527; II, 8, 574; III, 8, 891-892 (éclairé par III, 7, 881-882); III, 8, 897-898; IV, 7, 1267; IV, 7, 1271; IV, 7, 1276.
Place Royale. Epitre, p. 220; II, 2, 374; II, 3, 428; II, 7, 561.
Comédie des Tuileries, III, 2, 54.
Médée, III, 3, 805.
L'Illusion comique, II, 6, 517; III, 5, 809.
Cid, I, 2, 93-100; I, 3, 162; IV, 2, 1166; IV, 3, 1214.
Horace, IV, 2, 1165-1168.
Cinna, V, 1, 1522; V, 2, 1635.
Polyeucte, I, 3, 184-187 (éclairé par I, 4, 332 et II, 1, 446); II, 2, 467-468; II, 2, 506; II, 2, 521-522; II, 4, 615-616; IV, 3, 1269; IV, 4, 1295; V, 3, 1589-1590.
Pompée, I, 1, 150; II, 2, 461.

Estime

Cid, I, 1, 4; I, 1, 365; II, 2, 425; IV, 2, 1169.
Horace, II, 5, 539.
Cinna, III, 3, 881-882; IV, 1, 1081-1082.
Polyeucte, III, 4, 966.
Pompée, I, 1, 90; I, 1, 182; III, 3, 974; IV, 1, 1097-1098; V, 4, 1726.
Le Menteur (aucun emploi sauf dans Au lecteur, p. 133).
La Suite du Menteur, I, 3, 253; II, 1, 425-426; II, 1, 480-482; II, 4, 623-624; V, 3, 1753-1756; V, 5, 1858. *Rodogune*, II, 3, 559; II, 3, 635. *Théodore*, III, 3, 859-864. *Héraclius*, I, 2, 102; I, 2, 210; III, 1, 909-910. *Andromède*, II, 1, 483; II, 2, 556-557; IV, 2, 1146-1157; IV, 2, 1158; IV, 2, 1169; V, 2, 1538. *Don Sanche*. Epitre p. 408; I, 3, 139; I, 3, 289-290; I, 5, 357-358; II, 1, 403-404; II, 1, 427-430; II, 2, 517-518; 529-536; III, 1, 788; III, 1, 800-801; III, 4, 878; III, 6, 1025-1029; IV, 1, 1171-1172; IV, 2, 1209; IV, 3, 1306; V, 7, 1822. *Nicomède*, II, 3, 541; III, 1, 755-756; III, 2, 863; III, 8, 1100; V, 8, 1775; V, 9, 1847. *Pertharite*, II, 4, 608; II, 5, 626; 632; 732; II, 5, 703-704; V, 2, 1635-1636. *Œdipe*, I, 2, 165-168; II, 4, 756 (éclairé par 751-760); III, 5, 1142. *Toison d'Or*, I, 1, 285-286; II, 2, 805 (éclairé par II, 2, 803-809 et 811); II, 5, 984-987; III, 3, 1254-1259 et 1270; III, 6, 1389; V, 1, 1804-1807; V, 1. 1822-1825. *Sertorius*, II, 2, 509; II, 2, 559; III, 1, 763-764; IV, 2, 1277-1278. *Sophonisbe*, I, 2, 67-70; II, 1, 471-472; III, 2, 845-849; V, 6, 1259. *Othon*, I, 3, 269; I, 4, 368; II, 4, 438; III, 5, 1033; IV, 4, 1382. *Agésilas*, V, 8, 2100. *Attila*, I, 1, 17; I, 2, 222; II, 1, 433-434; III, 4, 974; IV, 3, 1181; IV, 6, 1410; V, 4, 1617-1618. *Tite et Bérénice*, I, 2, 171; IV, 3, 1191-1194; V, 4, 1644-1646. *Psyché*, II, 3, 799-802; III, 3, 1054-1058. *Pulchérie*, III, 3, 1005-1010; IV, 4, 1031-1037; V, 2, 1494. *Suréna*, I, 1, 46; II, 2, 496-500; II, 2, 541; II, 2, 546-548; II, 3, 673-674; III, 2, 802; IV, 3, 1203-1205.

Devoir

Mélite, IV, 2, 1183-1185. *Clitandre*, I, 1, 31, 47 et 84; III, 2, 788; V, 3, 1448, 1455; V, 4, 1483. Cf. aussi III, 5, 979-980. *La Veuve*, IV, 3, 1290; V, 7, 1846; V, 8, 1894. *Galerie du Palais*, IV, 11, 1363-1366. *Suivante*. *Place Royale*. *Comédie des Tuileries*. *Médée* (aucun emploi). *L'Illusion*, II, 8, 596; III, 3, 695. *Cid*. Examen, p. 91; I, 1, 25; I, 3, 192; I, 6, 342; II, 1, 359; II, 1, 372; II, 2, 424; II, 2, 442; II, 8, 676; III, 3, 820 (éclairé par III, 3, 821 ainsi que par 842, 844 et 847); III, 4, 900; III, 4, 911 (éclairé par III, 4, 909-910); III, 4, 924-925; III, 4, 983; III, 6, 1052; III, 6, 1059; IV, 1, 1128 et 1140; IV, 2, 1198 (éclairé par 1197-1200); IV, 3, 1236, 1237; IV, 3, 1317; IV, 3, 1331; V, 1, 1501; V, 1, 1554; V, 2, 1592; V, 3, 1624; V, 4, 1678; V, 4, 1689; V, 6, 1728; V, 6, 1766; V, 7, 1807. *Horace*, I, 3, 340; II, 3, 462; II, 3, 473; II, 6, 652; II, 8, 710; III, 1, 718; III, 4, 915-916; III, 6, 1001; IV, 2, 1366, V, 3, 1635; V, 3, 1646; V, 3, 1765; *Cinna*, I, 1, 48; I, 2, 99 (éclairé par 107-108); I, 2, 123; III, 5, 1068; IV, 3, 1250; V, 2, 1651-1652. *Polyeucte*, I, 3, 202; I, 3, 215; I, 4, 332; II, 1, 446; II, 1, 447; II, 2, 471; II, 2, 513, 521, 526, 532, 539, 570; II, 4, 621; III, 2, 790; III, 2, 795; IV, 6, 1406 (éclairé par 1407 et 1410); V, 1, 1509. *Pompée*, II, 1, 439-440; II, 2, 459; II, 3, 644 III, 2, 905-908; V, 1, 1484; V, 4, 1717, 1728, 1733. *Le Menteur*, II, 1, 384; IV, 4, 1222; IV, 7, 1351. *Suite du Menteur*, I, 1, 7 et 9; I, 2, 245; I, 4, 342; I, 5, 346; I, 5, 349; II, 2, 537-538; III, 1, 805-806; III, 3, 1092. *Rodogune*, I, 5, 377-378; II, 4, 703; III, 3, 889; III, 4, 938; III, 4, 990-994; III, 4, 1017-1022; III, 4, 1043-1044; IV, 1, 1187; IV, 1, 1211; IV, 1, 1229-1230; IV, 3, 1298 et

1302. *Théodore*, II, 4, 476. *Héraclius*, I, 2, 255; II, 2, 523-524 et 528; III, 1, 848; III, 2, 929; V, 2, 1583, 1609 et 1633. *Andromède*, I, 2, 291 et 299; II, 3, 633; V, 1, 1457-1458; V, 2, 1490. *Don Sanche* (aucun emploi). *Nicomède*, IV, 2, 1243-1246; V, 2, 1537; V, 9, 1789. *Pertharite*, I, 2, 182, 186; II, 5, 702. *Œdipe*, I, 1, 94; I, 2, 203; III, 4, 982; III, 4, 1024; IV, 5, 1561. *Toison d'Or*, I, 1, 325; II, 2, 808; III, 3, 1174; III, 3, 1259, *Sertorius*, I, 3, 279 (éclairé par 289); III, 2, 977. *Sophonisbe*, IV, 3, 1321, 1392. *Othon*, I, 2, 119-120, I, 3, 259 (éclairé par II, 1, 381); III, 1, 784; III, 1, 788; III, 1, 843; IV, 1, 1229-1230; V, 1, 1529-1530. *Agésilas*, I, 2, 219-220; I, 3, 302; I, 4, 376 et 409; II, 1, 477-480; II, 6. 773, 791, 794, 806; III, 2, 1117; V, 7, 2035; III, 3, 1170; III, 3, 1175-1181; IV, 1, 1347-348; V, 7, 2078. *Attila*, II, 6, 604; II, 6, 681; IV, 3, 1168; IV, 3, 1169. *Tite et Bérénice*, I, 2, 241; III, 3, 836; IV, 3, 1211. *Psyché*, II, 2, 763; II, 4, 833. *Pulchérie*, I, 1, 67-68; I, 1, 84-85; I, 5, 360; II, 1, 459; III, 2, 872; III, 3, 986; IV, 2, 1240; IV, 3, 1267; V, 3, 1500; V. 6. 1628. *Suréna*, I, 1, 22; I, 1, 132; I, 2, 188; 1, 3, 240; II, 3, 377, 387; II, 1, 403; II, 1, 412; II, 2, 473; II, 2, 530; II, 2, 550; III, 2, 860, 900, 914; III, 3, 958; IV, 3, 1241; IV, 3, 1260 et 1263; IV, 4, 1208; V, 1, 1404, 1415, 1418, 1487; V, 2, 1535.

Vertu

Mélite, III, 6, 1061; IV, 1, 1337. *Clitandre*, I, 7, 192; *La Veuve*, II, 2, 487-488. *Galerie du Palais* (aucun emploi). *Suivante*, II, 4, 427-428. *Place Royale*, I, 4, 280. *Médée*, III, 3, 933; IV, 1, 981; IV, 2, 1090. *L'Illusion* (aucun emploi). *Cid*. Examen, p. 91 et p. 93. I, 1, 28 (éclairé par I, 1, 33-34); I, 2, 80; I, 2, 129-134; I. 3, 177; II, 2, 426; III, 4, 979; IV, 3, 1206; V, 1, 1515. *Horace*, I, 1, 6 et 65; II, 3, 449; II, 3, 455; II, 3, 480 et 485, 504 et 507; II, 4, 522; II, 5, 553, 582, 595; II, 6, 670; II, 7, 692; III, 1,. 730; III, 2, 787; III, 5, 968; IV, 1, 1064; IV, 1, 1067-1070; IV, 2, 1084, 1143, 1159-1170; IV, 4, 1237-1239, 1242; IV, 7, 1339, 1378, 1395; V, 1, 1408; V, 2, 1460, 1464; V, 2, 1556, 1568; V, 3, 1628; V, 3, 1645; V, 3, 1650; V, 3, 1718, 1760. *Cinna*. p. 370; I, 2, 132; I, 4, 312; II, 1, 444, 466, 478, 488; II, 2, 684; III, 2, 833; III, 3, 864; III, 4, 969-972; III. 4, 977-978; III, 4, 1042; IV, 1, 1091; IV, 3, 1242, 1244, 1248; IV, 4, 1300; IV, 5, 1345, 1357, 1375; IV, 6, 1394; V, 3, 1682; V, 3, 1767. *Polyeucte*, I, 3, 167; I, 3, 188; I, 3, 192; I, 4, 348, 353; II, 1, 412; II, 2, 466; II, 2, 487, 517, 533; II, 4, 612, 619, 621; III, 1, 734, 751; IV, 3, 1268; IV, 4, 1301; V, 3, 1602; V, 4, 1722; V, 6, 1794. *Pompée*, I, 1, 104, 110; I, 3, 274-276; II, 1, 372; II, 1, 431; III, 3, 785-786; III, 3, 948; III, 4, 1034; III, 4, 1070; IV, 3, 1292; V, 1, 1545, 1554; V, 3, 1635, 1648; V, 4, 1692, 1728, 1731. *Le Menteur*, I, 1, 48, 49; IV, 1, 1219; V, 2, 1507-1508, 1510, 1511. *Suite du Menteur*. Examen, p. 279; II, 2, 524; II, 2, 534; IV, 5, 1452; V, 3, 1788. *Rodogune*. Epître, p. 411; I, 3, 151-152; I, 4, 292; II, 1, 405; V, 1, 1510. *Théodore*, I, 2, 194; II, 2, 367, 379; II, 4, 503; II, 6, 662; II, 7, 692; III, 1, 730; III, 3, 828, 862; IV, 3, 1208-1209; IV, 5, 1379, 1390; V, 6, 1715. *Héraclius*, I, 2, 226; I, 4, 326; I, 4, 345; II, 3, 571, 576; III, 1, 876; II, 6, 708; III, 2, 991; III, 3, 1024, 1052; IV, 3, 1276; IV, 4, 1433; V, 2, 1611; V, 2, 1628-1634; V, 2, 1640; V, 7, 1912. *Andromède*. Prologue, 43, 51; I, 1, 99; V, 2, 1542; V, 6, 1717. *Don Sanche*, I, 1, 25-26; I, 1, 52; I, 3, 138; I, 3, 159, 202; I, 3, 290; II, 2, 603-604; III, 4, 877; III, 4, 963; III, 4, 967; IV, 1, 1167;

IV, 5, 1368; V, 4, 1565-1566; V, 7, 1794; V, 7, 1817, 1822. *Nicomède*. Au lecteur, p. 502. Examen, 507, 508; I, 5, 289; II, 1, 400, 412, 441; II, 3, 535, 595, 640, 644, 656; II, 3, 665; III, 2, 807, 816; III, 2, 819-820, 866; III, 6, 1017, 1026; III, 7, 1048; III, 8, 1087, 1099; III, 8, 1116, 1118; IV, 1, 1134; IV, 2, 1167; V, 9, 1811, 1830. *Pertharite*. Examen, p. 17; I, 1, 23; I, 4, 288; II, 5, 636; II, 5, 661-666; II, 5, 669, 682, 746; III, 3, 880-894, 910, 959; III, 4, 1021; III, 6, 1117; IV, 3, 1318; IV, 4, 1349; IV, 5, 1438, 1454, 1464; V, 1, 1526-1544; V, 2, 1563; V, 2, 1569, 1605, 1618, 1622, 1638, 1644; V, 3, 1687; V, 5, 1791, 1818, 1822; V, 5, 1854. *Œdipe*, I, 1, 72; II, 3, 584; III, 2, 889; III, 2, 933; III, 4, 1055; III, 5, 1121, 1149, 1161; IV, 1, 1253; IV, 4, 1459-1460; IV, 5, 1597; V, 3, 1768; V, 5, 1839; V, 5, 1849; V, 8, 1885-1895; V, 9, 1969. *Toison d'Or*. Prologue, 43, 103; I, 1, 286. *Sertorius*, I, 1, 17; I, 3, 348-350; II, 1, 419, 414; II, 2, 576; III, 1, 824, 912; IV, 2, 1340; V, 8, 1909. *Sopho-nisbe*, I, 2, 125. *Othon*. Au lecteur, 571; I, 1, 14; I, 1, 75; I, 3, 363-365; II, 4, 605; II, 4, 636-640; II, 5, 705; III, 3, 884, 909, 917, 945, 955, 962, 965; III, 4, 1020; III, 5, 1073. *Agésilas*, I, 1, 142; II, 1, 420; II, 5, 702; III, 3, 1192; IV, 2, 1474; V, 4, 1924. *Attila*, III, 4, 1020, 1032, 1042, 1060; IV, 3, 1248, 1256; V, 5, 1719. *Tite et Bérénice*, I, 2, 258; III, 5, 1014; V, 5, 1696. *Psyché*, II, 4, 853-854. *Pulchérie*, I, 1, 9-10; I, 1, 141; I, 5, 329; II, 1, 370; II, 5, 722; III, 1, 798; IV, 2, 1191. *Suréna*, I, 1, 94; I, 2, 238; II, 1, 424, 428; II, 2, 568; III, 1, 742; III, 2, 795; IV, 2, 1097 à 1098; IV, 4, 1362; V, 1, 1389 et 1405; V, 1, 1430; V, 2, 1512, 1529.

Générosité

Mélite, IV, 1, 1128. *Clitandre*, III, 1, 733-734. *La Veuve*, V, 10, 1962. *Galerie du Palais*, II, 2, 390-391. *Suivante*, II, 7, 526-529 (éclairé par I, 2, 74); IV, 6, 1183-1184; *Place Royale*, IV, 2, 938-939; IV, 5, 1036; IV, 6, 1123-1124; V, 6, 1402; *Médée*, IV, 2, 1080; IV, 5, 1215-1216; V, 5, 1489. *L'Illusion*, III, 9, 931-952; IV, 4, 1156. *Le Cid*, I, 4, 270; I, 6, 315; II, 2, 441; II, 3, 458; II, 6, 576; II, 8, 660; II, 8, 609; III, 4, 844; III, 4, 890; III, 4, 930; III, 4, 946; III, 6, 1066; IV, 1, 1121; IV, 2, 1197; IV, 3, 1209; V, 1, 1489; V, 1, 1517; V, 3, 1617, 1618; V, 6,1747; V, 7, 1774. *Horace*, II, 1, 339; III, 2, 798; III, 5, 981-982; III, 6, 1035 (éclairé par III, 1030) IV, 3, 1190; IV, 4, 1240; 1239; IV, 6, 1338; V, 2, 1589; V, 3, 1637; V, 3, 1760-1761. *Cinna*. Epître, pp. 369, 372; I, 1, 50; I, 3, 164; I, 4, 318; II, 1, 479-480; III, 1, 748; III, 3, 852; III, 3, 875; III, 4, 969; III, 4, 973-976; III, 4, 1.000; IV, 3, 1240; IV, 4, 1311; IV, 5, 1343; IV, 6, 1409-1412; V, 1, 1539; V, 2, 1644; V, 2, 1654; V, 3, 1774; *Polyeucte*, I, 4, 294; I, 4, 327; II, 1, 409; II, 2, 512; II, 2, 585; II, 6, 635; III, 1, 755; III, 2, 767; III, 5, 1034-1035; III, 3, 1163; IV, 3, 1293; IV, 6, 1349; IV, 6, 1377-1380, 1385; V, 1, 1449; V, 1, 1457. *Pompée*. Epître, IV, 11; I, 1, 39; I, 1, 175; II, 1, 370, 373, 374-376; II, 2, 513; II, 2, 557-558; III, 1, 783-786; III, 2, 895; IV, 1, 1163; IV, 2, 1183; IV, 2, 1223; IV, 3, 1304; IV, 4, 1372; V, 1, 1543; V, 4, 1725-1730. *Le Menteur* (aucun emploi). *La Suite du Menteur*, I, 2, 257-261; I, 4, 336; I, 6, 352; I, 6, 359-362; II, 2, 494-495; II, 4, 602; II, 5, 656; III, 5, 1167; IV, 2, 1265; IV, 2, 1340; V, 3, 1753-1754; V, 5, 1852; V, 5, 1875. *Rodogune*, II, 3, 623; III, 2, 798; III, 3, 847-848; V, 4, 1700. *Théodore*, II, 3, 455,456; II, 4, 478; III, 3, 907-908; III, 5, 1054; IV, 1, 1156-1157; IV, 3, 1206; IV, 4, 1357-1358; IV, 5, 1391-1395; IV, 5, 1481-1482; V, 1, 1519; V, 3, 1577; V, 6, 1730-1731. *Héraclius*. Examen, p. 153; I, 4, 383; II, 5, 611; II,

5, 660; II, 6, 690; III, 2, 967-970; III, 3, 1040; III, 5, 1120-1121; IV, 1, 1162; IV, 3, 1277-1278; V, 2, 1603-1611; V, 2, 1625-1626; V, 5, 1574; V, 5, 1786; V, 7, 1865; V, 7, 1911. *Andromède.* Argument, p. 293; I, 1, 98-101; IV, 1, 1107; IV, 3, 1265; V, 6, 1702-1704. *Don Sanche.* Epitre, pp. 407-408; I, 1, 29; I, 4, 333-334; II, 1, 391; II, 4, 641-642; III, 4, 956; III, 4, 993-996; III, 5, 1007-1008; III, 6, 1047-1048; IV, 1, 1117-1118; IV, 5, 1351; V, 1, 1473; V, 4, 1587; V, 5, 1673; V, 6, 1700-1702; V, 7, 1753; *Nicomède.* Au lecteur, pp. 502 et 504; II, 3, 550; II, 3, 665-666, 673-674; III, 8, 1090-1091; III, 8, 1110-1113; V, 6, 1721-1722; V, 7, 1743-1744; V, 9, 1839 et 1850. *Pertharite,* I, 1, 49; II, 5, 678; V, 2, 1633-1634; V, 3, 1689; V, 5, 1826, 1842. *Œdipe,* I, 2, 140; I, 4, 348; II, 1, 488; II, 3, 585; II, 3, 624; II, 4, 709; II, 4, 751; III, 3, 956; III, 3, 976; V, 1, 1655; V, 3, 1749; V, 5, 1820; V, 7, 1943-1944. *La Toison d'Or,* Prologue, p. 214; I, 2, 427; II, 2, 802; V, 7, 2232-2233. *Sertorius.* Au lecteur, p. 362; I, 2, 192; II, 2, 594; III, 2, 1001-1003; IV, 2, 1277-1278; V, 4, 1747; V, 7, 1905. *Sophonisbe,* I, 2, 99; II, 3, 611-612; III 7, 1127-1129. *Othon,* III, 1, 760; IV, 4, 1355-1356; V, 6, 1788-1790. *Agésilas,* III, 1, 929. *Attila,* II, 5, 539. *Tite et Bérénice,* IV, 3, 1727-1729; V, 5, 1707. *Psyché* (aucun emploi). *Pulchérie,* I, 1, 9; II, 5, 721-722; IV, 4, 1346-1348; V, 3, 1535. *Suréna,* I, 3, 308; II, 3, 603; IV, 2, 1166; V, 3, 1595; V, 4, 1734.

Gloire

Mélite, III, 5, 1011. *Clitandre,* I, 1, 18; I, 8, 214; I, 9, 261-262; III, 3, 822; III, 5, 881; V, 3, 1389; V, 3, 1430; V, 4, 1481. *La Veuve,* II, 6, 763-764; III, 1, 826. *Galerie du Palais,* I, 1, 12; II, 9, 677-678; III, 1, 706; III, 5, 857; III, 8, 1009-1010; IV, 3, 1133-1134. *Suivante,* I, 1, 16; I, 2, 113-114; I, 4, 189; I, 5, 198-199; III, 1, 697. *Place Royale.* Epitre, pp. 220-221. *Comédie des Tuileries,* III, 3, 157; III, 4, 190. *Médée,* II, 2, 432; II, 4, 561; II, 5, 614; III, 3, 803; III, 3, 933; V, 2, 1082. *L'Illusion,* I, 3, 292; II, 4, 457; III, 3, 709; IV, 7, 1244; IV, 7,1247-1248; V, 2, 1363; V, 4, 1572; V, 5, 1643. *Cid.* Examen, p. 92; I, 2, 95-97, 123; I, 3, 201; I, 4, 245, 255; I, 6, 313; II, 5, 521; II, 5, 546; II, 6, 602; II, 8, 685, 701; III, 3, 842, 847; III, 4, 904; III, 4, 913-916; III, 4, 938, 953-954, 971; III, 6, 1049-1050; III, 6, 1054; III, 6, 1092; IV, 1, 1104; IV, 1, 1138; IV, 3, 1210; IV, 5, 1421; V, 1, 1506, 1524, 1530, 1544; V, 2, 1573-1574; V, 3, 1618; V, 4, 1656; V, 5, 1711; V, 6, 1766; V, 7, 1797, 1817, 1832. *Horace.* Examen, pp. 275 et 280; I, 1, 78, 92; I, 3, 239; II, 1, 355, 378, 400, 405; II, 3, 492; II, 5, 552, 581; II, 6, 635, 648; III, 1, 727; III, 2, 799-801; III, 5, 964; III, 6, 1012, 1028, 1043; IV, 2, 1085, 1088, 1144; IV, 3, 1182; IV, 4, 1241; IV, 5, 1255; IV, 5, 1294; IV, 6, 1357; V, 1, 1405, 1433; V, 2, 1528, 1554, 1580, 1583, 1594; V, 3, 1696; V, 3, 1717-1719; V, 3, 1760-1761. *Cinna.* Epitre, p. 371. Examen, p. 379; I, 1, 9; I, 1, 49-50 I, 2, 108; I, 2, 131-132; I, 3, 182, 254, 258, 262, 276; I, 4, 314; II, 1, 409; II, 1, 465, 466, 474, 550, 569, 575; II, 2, 691-692; III, 1, 746; III, 3, 814-818; III, 3, 865, 878; III, 4, 969-973; III, 4, 973-976, 1046, 1065; IV, 4, 1309; IV, 5, 1355; IV, 6, 1398, 1417; V, 1, 1473; V, 1, 1527; V, 2, 1641, 1647; V, 3, 1690, 1760. *Polyeucte.* Gloire de Dieu. Abrégé du Martyre de St-Polyeucte, p. 475. Gloire de Dieu, I, 1, 76, 94. Gloire, I, 3, 225; I, 4, 309; II, 2, 509, 540, 550, 551, 553. Gloire de Dieu, II, 6, 688, 719; III, 3, 947. Gloire, III, 4, 966; III, 5, 1060. Gloire de Dieu, IV, 1, 1090. Gloire, IV, 6, 1344, 1356; IV, 6, 1391; IV, 6, 1405-1406, 1410, 1446: Gloire de Dieu, V, 2, 1522: V, 3, 1679. Gloire, V, 4, 1704. *Pompée,* I, 1, 45, 78, 144; I, 3, 297; II, 1, 370-373; II, 1, 407-

BIBLIOGRAPHIE

I

SOURCES

(Manuscrits et imprimés)

1. Anonyme : *Axiane ou l'Amour clandestin*. Rouen, 1613 ;Louis Coste-Le Jeune.
2. Anonyme : *Le Mercier inventif*, Troyes, 1632; Colas Oudot, in-8°.
3. Anonyme : *Le More cruel*, Rouen, s.d. ; Abraham Cousturier.
4. Anonyme : *Rosimonde ou le Parricide puny*, Rouen, 1640; Louys Oursel.
5. AUVRAY : *Dorinde*, Paris, 1631; Sommaville et Soubron (priv. 30 mai, achevé 15 juin), in-8°.
6. AUVRAY : *Madonte*, Paris, 1631; Sommaville, in-8°.
7. BALZAC (Guez de) : *Œuvres de J.-L. de Guez, sieur de Balzac*, publiées par L. Moreau. Librairie Jacques Le Coffre, 1854, 2 vol.
8. BARDIN (Pierre) : *Le Lycée, où en plusieurs promenades, il est traité des Connoissances, des Actions et des Plaisirs d'un Honneste Homme*. Paris, 1632-1634, J. Camusat, 2 vol. in-8°.
9. BARO : *Celinde*, Paris, 1629; François Pomeray, in-8°.
10. BARO : *Sainct Eustache martyr*, Paris 1649; Sommaville et Courbé, priv. 23 novembre 1648, achevé d'imprimer 1ᵉʳ juillet 1649, in-4°.
11. BARO : *La Parthénie*, Paris, 1642; Sommaville et Courbé, priv. 8 juillet, achevé 15 septembre, in-4°.
12. BELLO : *Tragédie sur la vie et le martyre de Saint Eustache*, Liége, 1632, Jean Ouwerx, approbation 28 octobre.
13. BELLO : *Le Martyre de Saint Eustache*, réédité par Helbig, Liége, 1885. L. Grandmont.
14. BEMBO : *Les Asolains de Monseigneur Bembo, de la Nature d'Amour*. Traduictz d'italien en françoys par Ian Martin. Paris, 1545, Michel de Vascozan, in-8°.
15. BENSERADE : *Cléopâtre*, Paris, 1636; Sommaville, priv. accordé à l'auteur 22 février, cédé à l'éditeur 29 mars, in-4°.
16. BENSERADE : *La Mort d'Achille et la Dispute de ses armes*, Paris, 1636; Sommaville, priv. 30 septembre, achevé 30 octobre 1636, in-4°.
17. BEYS : *Le Jaloux sans sujet*, Paris, 1635; Quinet, privilège 21 novembre, achevé 30 novembre 1635, in-4°.
18. BEYS : *L'Hôpital des Fous*, Paris, 1635; Quinet, priv. 21 novembre, achevé 30 novembre.
19. BOAISTUAU (Pierre) : *Histoires tragiques extraites des œuvres italiennes de Bandel et mises en nostre langue françoise par Pierre Boaistuau, surnommé Launay*, etc., Paris, 1559; Gilles Robinot.

20. BOISROBERT : *Pirandre et Lisimène ou l'Heureuse Tromperie*, Paris, 1633; Quinet, in-4°.

21. BOISSIN DE GALLARDON : *Sainct Vincent*, dans les tragédies et histoires sainctes de J. Boissin de Gallardon, Lyon, 1618; Simon Rigaud, in-12°.

22. BOISSIN DE GALLARDON : *Saincte Catherine*, dans les tragédies et histoires sainctes de J. Boissin de Gallardon, Lyon, 1618; Simon Rigaud, in-12°.

23. BOISSIN DE GALLARDON : *Les Urnes vivantes ou les Amours de Phélidon et Polibelle*, dans les tragédies et histoires saintes de J. Boissin de Gallardon, Lyon, 1618; Simon Rigaud, in-8°.

24. BONARELLI : *Philis de Scire*, traduction française, Paris, 1669; Jean Ribou.

25. BOUCHER (Jean) : *Couronne mystique, ou Armes de piété, contre toute sorte d'impiété, hérésie, athéisme, schisme, magie et mahometisme*, Tournay, 1624; A. Quinqué, in-4°.

26. BOYER : *Porus ou la générosité d'Alexandre*, Paris, 1648; Quinet et Courbé, priv. 20 novembre 1647, achevé 28 février 1648, in-4°.

27. BOYER : *Tyridate*, Paris, 1649; Quinet et Courbé, privilège 29 juin 1648, achevé 4 janvier 1649, in-4°.

28. BOYER : *Clotilde*, Paris, 1659; de Sercy, priv. 11 juin, achevé 27 juin, in-12°.

29. BOYER : *La Mort de Démetrius ou le Rétablissement d'Alexandre, Roy d'Epire*, Paris, 1661; de Sercy, priv. 10 septembre, achevé 10 décembre 1660, in-12°,

30. BOYER : *Oropaste ou le faux Tonaxare*, Paris, 1663; de Sercy, priv. 14 janvier, achevé 22 janvier, in-12°.

31. BRÉGY (Comtesse de) : *Les Œuvres galantes de Mme la Comtesse de B...*, imprimées à Leyde et se vend à Paris, Paris, 1666; Ribou.

32. BRÉGY (Comtesse de) : *Cinq questions d'amour proposées par Madame de Brégy avec la réponse en vers par M. Quinault par l'ordre du Roy*, Recueil de La Suze, 1748.

33. CASTIGLIONE (Balthazar) : *Le Courtisan*, traduit par Gabriel Chappuys, Lyon, 1585; Huguetan, in-8°.

34. CASTRO (Guilhem de) : *Mocedades del Cid* (Bibliotheca romanica, Strasburgo).

35. CHAPELAIN (Jean) : *Dialogue de la Gloire* (publié par Fidao Justiniani dans *L'Esprit Classique et la Préciosité au XVII° siècle*), Bibliothèque Nationale, mss., fr. 12848.

36. CHAPELAIN (Jean) : *Dialogue sur l'Amour* (publié par Fidao Justiniani dans *L'Esprit Classique et la Préciosité au XVII° siècle*), Bib. Nat. f., mss., fr. 12847 (fol. 22 à 34).

37. CHAPELAIN (Jean) : *Opuscules critiques*, par Alfred-C .Hunter, Paris, 1936; Droz.

38. CHARRON (Pierre) : *Les Trois Veritez, contre tous Athées, Idolatres, Iuifs, Mahumetans, Hérétiques et Schismatiques* (Nouvelle édition), Paris, 1594; L. Delas, in-8°.

39. CHARRON (Pierre) : *De la Sagesse*, Bordeaux, 1601 ;Simon Millange, in-8°.

40. CHEVREAU : *La Lucresse romaine*, Paris, 1637; Quinet, priv. 14 juillet, achevé 30 juillet 1637, in-4°.

41. CHEVREAU : *Coriolan*, Paris, 1638; Courbé, priv. 4 juin, achevé 12 juin, in-4°.

42. CHRESTIEN DES CROIX (Nicolas); *Les Amantes ou la grande Pastorelle*, Rouen, 1613; Raphaël du Petit-Val, in-12°

43. CLAVERET : *L'Esprit fort,* Paris, Targa, 1637.

44. CORNEILLE (Pierre) : *Œuvres de P. Corneille,* publiées par M.-Ch. Marty-Laveaux, Paris, 1862-1868; Hachette, Collection des Grands Ecrivains de la France, 12 vol. in-8° et un album.

45. CORNEILLE (Thomas) : *Dictionnaire universel géographique et historique,* Paris, 1709, 3 vol. in-fol.

46. CORNEILLE (Thomas) : *Timocrate,* Paris, 1658; Courbé et de Luyne, priv. 28 décembre 1657, achevé 2 janvier 1658, in-12°.

47. CORNEILLE (Thomas) : *Darius,* Paris, 1659; Courbé et de Luyne, priv. 30 mars, achevé 2 mai, in-12°.

48. CORNEILLE (Thomas) : *Camma, reine de Galatie,* Paris, 1661; Courbé et de Luyne, priv. 14 février, achevé 23 février, in-12°.

49. CORNEILLE (Thomas) : *Pyrrhus Roy d'Epire,* Paris, 1665; Quinet, priv. 11 mai, achevé 8 août, in-12°.

50. CORNEILLE (Thomas) : *Œuvres,* Paris, 1758; L.-H. Guérin et L.-F. de La Tour, 9 vol. in-12°.

51 CORNEILLE (Pierre et Thomas) : *Œuvres complètes de Pierre Corneille, et œuvres choisies de Thomas Corneille,* Paris, 1840; Firmin Didot, in-4°.

52. COSTE (G. de) : *La Lizimène,* Paris, 1632; Thomas de la Ruelle, priv. 28 novembre 1631, in-8°.

53. CUREAU DE LA CHAMBRE : *Les Charactères des Passions,* Paris, 1640; Rocolet.

54. DE CERIZIERS (H. de) : *Le Philosophe françois,* Rouen, 1651; Behourt, 3 vol. in-12° (1re édit. 1643).

55. DE LA ROQUE : *La Chaste Bergère,* dans les œuvres du Sieur de la Roque de Clermont en Beauvoisis, Paris, 1597; Robert Micard, in-12°.

56. DESFONTAINES : *Le Martyre de Saint Eustache,* Paris, 1643; Quinet, priv. 13 janvier, achevé 20 juillet 1643, in-4°.

57. DESFONTAINES : *L'Illustre Olympie ou le Saint Alexis,* Paris, 1644; P. Lamy, priv. 7 mai, achevé 4 décembre 1644, in-4°.

58. DESJARDINS (Mlle) : *Nitetis,* Paris, 1664; Barbin et Quinet, priv. 7 septembre, achevé 19 décembre, in 12°.

59. DU RYER : *Clitophon et Leucippe,* 1629; Manuscrit B.N.

60. DU RYER : *Argenis et Poliarque,* Paris, 1631; Nicolas Bessin (1re journée : permis d'imprimer 25 février 1630, achevé 10 mai 1630; 2e journée : priv. 18 avril, achevé 15 juin), in-8°.

61. DU RYER : *Lisandre et Caliste,* Paris, 1632; Pierre David, priv. 20 juillet 1632, achevé 5 août 1632, in-8° (Lancaster P. I, V. II, p. 484, indique 30 juillet 1632 pour le privilège, l'édition de 1632 que j'ai consultée à l'Arsenal, sous la cote 4 BL 3432, porte 20 juillet 1632).

62. DU RYER : *Alcimédon,* Paris, Sommaville, 1635, in-4°.

63. DU RYER : *Cléomédon,* Paris, 1636; A, de Sommaville, priv. 31 décembre 1635, achevé 21 février, in-8°.

64. DU RYER : *Lucrèce,* Paris, 1638; Sommaville, priv. 21 mai, achevé 20 juillet, in-4°.

65. DU RYER : *Alcionée,* Paris, 1640; Sommaville, priv. 13 avril, achevé 26 avril, in-4°.

66. DU RYER : *Alcionée,* tragédie de Pierre du Ryer (1637), rééditée par Lancaster (H.-C.), Paris, 1930; Presses universitaires et Baltimore, Maryland, The Johns Hopkins Press.

67. DU RYER : *Esther,* Paris, 1644, Sommaville et Courbé; priv. 15 juillet 1643, achevé 30 mars 1644, in-4°.

68. Du Ryer : *Saül*, Paris, 1642; Sommaville et Courbé, priv. 8 avril, achevé 31 mai, in-4°.

69. Du Ryer : *Saül*, tragédie de Pierre du Ryer (1639-1640), rééditée par Lancaster (H.-C.), Paris, 1931, « Les Belles Lettres », et Baltimore, Maryland, The Johns Hopkins Press.

70. Du Ryer : *Amarillis*, Paris, 1651; Toussainct Quinet, achevé d'imprimer 22 septembre 1650, in-4°.

71. Du Verdier : *La Parthénice de la Cour*, Paris, 1624; Anthoine de Sommaville.

72. Ennetières (d') : *Aldegondc*, Tournay, 1645; Adrien Quinqué, approbation 4 avril 1645.

73. Equicola d'Alveto (Mario) : *Les six livres de Mario Equicola d'Alveto, de la nature d'amour*, mis en françois par Gabriel Chappuis, Paris, 1584; Houzé, in-8°.

74. Faret (Nicolas) : *L'Honneste Homme ou l'Art de Plaire à la Court* (édition critique par M. Magendie), Paris, 1925; Les Presses Universitaires de France, in-8°.

75. Ferry (Paul) : *Isabelle ou le Dédain de l'Amour*, dans « Les premières œuvres poétiques du Paul Ferry-Messin ou soubs la douce diversité de ses conceptions se rencontrent les honnestes libertés d'une jeunesse... » (Lyon, 1610, Pierre Coderc).

76. Filleul (Nicolas) : *Les Ombres*, dans les théâtres de Gaillon à la Royne, Rouen, 1566; G. Loyselet, in-4°.

77. Fontenelle : *Eloge de Pierre Corneille*, Nouvelles de la République des Lettres, janvier 1685.

78. Frénicle : *La Fin tragique de Niobe et les amours de son fils Tantale et d'Eriphile*, Paris, 1632; Jacques Dugast, priv. 29 janvier 1629, in-8°.

79. Gaillard : *La Carline*, Paris, 1626; Jean Corrozet, in-8°.

80. Gautier (A.) : *L'Union d'amour et de chasteté*, Poictiers, 1606; Vve Jehan Blanchet, in-12°.

81. Gombauld : *Amaranthe*, Paris, 1631; Fr. Pomeray, A. de Sommaville et A. Soubron, priv. 3 juillet, achevé 12 juillet 1631, in-8°.

82. Gombauld : *Les Danaïdes*, Paris, 1658; Courbé, priv. 5 septembre, achevé 8 septembre 1658, in-12°.

83. Granet (abbé) : *Œuvres diverses de Pierre Corneille*, 1738.

84. Grotto (Luigi) : *La Diéromène ou le Repentir d'amour*, pastorale imitée de l'italien de L.-G.-C. d'H. par R.-B.-G.-T., Tours, 1591; Mathurin Le Mercier, in-12°.

85. Guarini (J.-B.) : *Le Berger fidelle*, pastorale de l'italien du Seigneur Baptiste Guarini, cheualier, Paris, 1595; Jamet Mettayer, in-12°.

86. Guérin de Bouscal : *La Mort de Brute et de Porcie ou la Vengeance de la mort de César*, Paris, 1637; Toussainct Quinet.

87. Guérin de Bouscal : *Oroondate ou les Amans discrets*, Paris 1645; Sommaville, Courbé, Quinet et de Sercy, in-4°.

88. Hardy (Alexandre) : *Alphée*, Paris, 1624; J. Quesnel, in-8°.

89. Hardy (A.) : *Didon*, Paris, 1624; J. Quesnel, priv. 16 mars.

90. Hardy (A) : *Méléagre*, Paris, 1624; Quesnel, priv. 16 mars.

92. Hardy (A.) : *Procris ou la Jalousie infortunée*, Paris, 1624, Quesnel.

93. Hardy (A.) : *Scédase*, Paris, 1624; Quesnel, priv. 16 mars.

94. Hardy (A.) : *Alcée ou l'Infidélité*, Paris, 1625, Quesnel, in-8°.

95. Hardy (A.) : *Marianne*, Paris, 1625; Quesnel, priv. 28 mai.

96. HARDY (A.) : *La Mort d'Achille*, Paris, 1625; Quesnel, priv. 28 mai.

97. HARDY (A.) : *Corine ou le Silence*, Paris, 1626; Jacques Quesnel, in-8°.

98. HARDY (A.) : *Dorise*, Paris 1626; Jacques Quesnel.

99. HARDY (A.) : *Le Ravissement de Proserpine*, Paris, 1625; Jacques Quesnel.

100. HARDY (A.) : *Le Triomphe d'amour*, Rouen, 1626; David du Petit-Val.

101. HARDY (A.) : *Alcméon*, Paris, 1628; Targa, priv. 24 juillet.

102. HARDY (A.) : *L'Amour victorieux ou vengé*, Paris, 1628; Targa.

103. HARDY (A.) : *Timoclée ou la juste Vengeance*, Paris, 1628; Targa, priv. 24 juillet.

104. HARDY (Alexandre) : *Le Théâtre d'Alexandre Hardy* (réimprimé par E. Stengel, Marburg, Elwert et Paris; Le Soudier, 1883-1884, 5 volumes in-8°).

105. HÉBREU (Léon) : *Philosophie d'amour*, traduicte d'italien en françoys par le Seigneur du Parc Champenois, Lyon, 1551; Guillaume Rouille, in-8°.

106. LA CALPRENÈDE : *La Mort de Mitridate*, Paris, 1637, Sommaville, priv. 30 septembre, achevé 16 novembre 1636, in-4°.

107. LA CALPRENÈDE : *Le Comte d'Essaix*, Paris, 1639; Sommaville, achevé 30 mai 1639, in-4°.

108. LA CALPRENÈDE : *Phalante*, Paris, 1642; Sommaville, priv. 3 mai, achevé 12 novembre 1641, in-4°.

109. LA CALPRENÈDE : *Hermenigilde*, Paris, 1643; Sommaville et Courbé, priv. 6 février, achevé 10 septembre, in-4°.

110. LA CROIX (C.-S. DE) : *L'Inconstance punie*, Paris, 1630; Jean Corrozet, priv. 2 mars, in-8°.

111. LA MORELLE : *Endymion ou le Ravissement*, Paris, 1627; Henry Sara, in-8°.

112. LA ROCHEFOUCAULD : *Œuvres complètes*, publiées par Gilbert et Gourdault, Paris, 1868-1883; Hachette, Collection Grands Ecrivains de la France, 4 vol, in-8°.

113. LA SERRE : *Thomas Morus ou le Triomphe de la Foy et de la Constance*, Paris, 1642; Courbé, priv. 26 octobre 1641, achevé 4 janvier 1642, in-4°.

114. LA SERRE : *Le Martyre de Sainte Catherien, Paris*, 1643, Sommaville et Courbé, priv. 22 février, achevé, 20 mars, in-4°.

115. LA TOUR : *Isolite ou l'Amante courageuse*, manuscrit à l'Arsenal, ms. 3087.

116. LA VALLETRYE : *La Chasteté repentie*, dans les œuvres poétiques du sieur de La Valletrye, Paris, 1602. Estienne Vallet, in-12°.

117. LOYOLA (Ignace DE) : *Exercices spirituels* (traduction F. Jennesseaux), Paris, 1864, Adrien Le Clerc.

118. MAHELOT et LAURENT : *Le Mémoire de Mahelot, Laurent et autres décorateurs de l'Hôtel de Bourgogne*, publié par Henry Carrington Lancaster, Ed. Champion, 1920.

119. MAIRET : *Sylvie*, Paris, 1628, François Targa, priv. 17 septembre 1627, in-8°.

120. MAIRET : *Sylvie*, édition critique par Jules Marsan, Paris, 1932, Droz.

121. MAIRET : *Chriséide et Arimand*, Paris, 1630, Jacques Besongne.

122. MAIRET : *Silvanire*, Paris, 1631, Targa, priv. 3 février 1631, in-4°.

123. MAIRET : *Sophonisbe*, Paris, 1635, Pierre Rocolet, priv. 5 février, achevé 22 mai 1635, in-4°.

124. MAIRET : *Virginie*, Paris, 1635, Pierre Rocolet, priv. 5 février, achevé 22 mai, 1635, in-4°.
125. MAIRET : *Marc Antoine ou la Cléopâtre*, Paris, 1637, Sommaville, priv. 30 mai, achevé 14 juillet, in-4°.
126. MAIRET.: *Le Grand et dernier Solyman ou la Mort de Mustapha*, Paris, Courbé, 1639, priv. 20 février, achevé 1ᵉʳ juin, in-4°.
127. MARESCHAL : *La Généreuse Allemande* (en 2 journ.), Paris, 1631, Pierre Rocolet, priv. 1ᵉʳ septembre 1630, achevé d'imprimer 16 novembre 1630, in-8° (dans cette édition, que j'ai consultée à l'Arsenal, sous la cote 8 BL 12667, l'achevé d'imprimer est du 16 novembre 1630 et non du 8 indiqué par Lancaster, P.I.V.I., p. 326, n. 5.
128. MARESCHAL : *La Sœur valeureuse ou l'Aveugle Amante*, Paris, 1634, Antoine de Sommaville.
129. MARESCHAL : *L'Inconstance d'Hylas*, Paris, 1635, Targa, priv. 28 mars, achevé 3 juillet 1635, in-8°.
130. M.H.L. : *La Charite ou l'Amour sanguinaire*, Troyes, 1634, Nicolas Oudot.
131. MOLIÈRE (de) : *La Polyxène*, Paris, 1635, Antoine de Sommaville, 2 vol. in-8°.
132. MONTAUBAN : *Zénobie*, Reyne d'Arménie, Paris, 1654, de Luyne priv. 22 sept. 1653, achevé 1ᵉʳ oct. 1653, in-12.
133. MONTEMAYOR (Georges de) : *La Diane de George de Montemaior*, diuisée en trois parties et traduites d'espagnol en françois, Paris, 1587, Nicolas Bonfons, in-12.
134. MONTREUX (Nicolas de) : *Athlette*, Paris, 1585, Gilles Beys, in-8, privilège 14 juin.
135. MONTREUX (Nicolas de): *La Diane d'Ollenix du Mont Sacré*, gentilhomme du Maine, pastourelle ou fable bocagère, Tour, 1594, Jamet Mettayer, priv. 30 octobre 1593, in-12.
136. MONTREUX (Nicolas de): *L'Arimène ou le berger désespéré*, Paris, 1597, Abraham Saugrain, in-12.
137. MOUFFLE (Pierre) : *Le fils exilé* ou *Le Martyre de Sainct Clair*, Paris, 1647, Charles Chenault, priv., 31 janvier, in-4°.
138. NAVARRE (Marguerite de): *Comédies*. Bibliotheca Romanica, in-18.
139. NAVARRE (Marguerite de): *L'Heptaméron des Nouvelles*, Paris, 1860, Delahays.
140. ONGARO (A.): *Alcée, Pescherie ou comœdie marine*, Paris, 1596, Mettayer, in-12.
141. PICHOU : *L'infidèle confidente*, Paris, 1631, Targa, privilège 8 mars 1631. achevé 31 juillet 1631, in-8°.
142. POYTEVIN : *Saincte Catherine*, Paris, 1619, Mathurin Henault.
143. PRÉVOST : *Edipe*, dans les tragédies et autres œuvres poétiques de Jean Prévost, Avocat en la Basse-Marche, Poictiers, 1614, Thoreau, priv. 23 décembre 1613.
144. PURE (Abbé de) : *Ostorius*, Paris, 1659, de Luyne, in-12.
145. PURE (Abbé Michel de): *La Prétieuse ou le Mystère des Ruelles* (Bibliographie et notes par Emile Magne), Paris, 1938, E. Droz, Société des textes français modernes, 2 vol.
146. QUINAULT (Philippe): *Le Mariage de Cambise*, Paris, 1659, A. Courbé et Guillaume de Luyne, pr. 10 fév., registré le 9 mars 1659, in-12.
147. QUINAULT (Ph.): *La Mort de Cyrus*, Paris, 1659, A. Courbé et Guillaume de Luyne, priv. 10 fév., achevé 12 juillet.

148. QUINAULT (Ph.) : *Astrate*, Paris, 1665, Quinet de Luyne et Joly, priv. 10 fév., achevé 18 février.

149. QUINAULT (Ph.): *Le théâtre de M. Quinault contenant ses tragédies, comédies et opéras*, Paris, 1715, Pierre Ribou, 5 vol., in-12.

150. RACAN : *Les Bergeries de Messire Honorat de Bueil, Chevalier sieur de Racan*, Paris, 1625, Toussainct du Bray, priv. 8 avril 1625, in-8°.

151. RACINE (Jean): *Œuvres de Jean Racine*, publiées par Paul Mesnard. (Collection des Grands Ecrivains de la France), Paris, 1865, Hach., 8 vol., 2 alb. in-8°.

152. RAMPALE : *La Belinde*, Lyon, 1630, Pierre Drobet, priv. 22 mai, achevé 27 juillet 1630, in-8°.

153. RICHEMONT BANCHEREAU : *L'espérance glorieuse*, Paris, 1632, Claude Collet.

154. RICHEMONT BANCHEREAU : *Les Passions égarées ou le Roman au Temps*, Paris, 1632, Claude Collet.

155. RICHEOME (R.P. Loys) : *L'Adieu de l'Ame dévote laissant le corps*, Tournon, 1593, Claude Michel et G. Linocier.

156. ROTROU : *L'Hypocondriaque ou le Mort amoureux*, Paris, 1631, Du Bray, priv. 8 mars.

157. ROTROU : *La Bague de l'oubly*, Paris, 1635, Targa, priv. 3 juillet, achevé 18 janvier 1635.

158. ROTROU : *Hercule mourant*, Paris, 1636, Sommaville et Quinet, priv. 30 avril, achevé 28 mai, in-4°.

159. ROTROU : *L'heureuse constance*, Paris, 1636, Quinet et Sommaville, priv. 27 nov., achevé 6 décembre 1635, in-4°.

160. ROTROU : *Agésilan de Colchos*, Paris, 1637, Sommaville, priv. 7 février, achevé 12 avril, in-4°.

161. ROTROU : *Céliane*, Paris, 1637, Quinet, priv. 27 janvier, achevé 13 février 1637, in-4°.

162. ROTROU : *La Pélerine amoureuse*, Paris, 1637, Sommaville, priv. 7 février, achevé 20 février, in-4°.

163. ROTROU : *Antigone*, Paris, 1639, Sommaville, priv. 5 nov. 1638, achevé 8 juin 1639, in-4°.

164. ROTROU : *Crisante*, Paris, 1640, Sommaville, priv. 7 fév. 1637, achevé 2 déc. 1639, in-4°.

165. ROTROU : *La Sœur*, Paris, 1647, Sommaville et Quinet, priv. 19 fév., achevé 3 sept. 1646, in-4°.

166. SAINT FRANÇOIS DE SALES : *Traité de l'Amour de Dieu*, Lyon, 1616.

167. SARASIN (Jean-François) : *Œuvres*, rassemblées par Paul Festugière, Paris, Champion, 2 vol. in-18.

168. SCUDÉRY : *Ligdamon et Lidias ou La Ressemblance*, Paris, 1631, Targa, priv. 17 juillet, achevé 18 sept.

169. SCUDÉRY : *Le Trompeur Puny*, Paris, 1633, Pierre Billaine, priv. 18 déc. 1632, achevé 4 janv. 1633, in-8°.

170. SCUDÉRY : *La Comédie des Comédiens*, Paris, 1635, A. Courbé, priv. 20 avril, 1635, in-8°.

171. SCUDÉRY : *Le fils supposé*, Paris, 1636, Courbé, priv. 2 avril, achevé 20 avril, in-8°.

172. SCUDÉRY : *La Mort de César*, Paris, 1636, Courbé, priv. 14 juin, achevé 15 juillet, in-4°.

173. SCUDÉRY : *Orante*, Paris, 1636, Courbé, privilège 30 juin, achevé 1er sept. 1635, in-8°.

174. SCUDÉRY : *Le Prince déguisé*, Paris, 1636, A. Courbé, priv. 11 août 1635, achevé 1er sept. 1635, in-8°.

175. SCUDÉRY : *Le Vassal généreux*, Paris, 1636, Courbé, priv. 11 août, achevé 1er septembre 1635.
176. SCUDÉRY : *Didon*, Paris, 1637, Courbé, privilège 14 juin 1636, achevé 23 mai 1637, in-4°.
177. SCUPOLI : *Le Combat spirituel*, traduction en français, Paris, 1657, Pierre le Petit.
178. SERCY (Recueil de): *Poésies choisies de Messieurs Corneille, Bois-robert*, etc., cinquième partie, à Paris, 1666, Charles de Sercy.
179. SOMAIZE (BAUDEAU de) : *Le grand dictionnaire des Précieuses, historique, poétique, géographique, cosmographique, chronologique et armoirique*, Paris, 1661, J. Ribou, 2 vol.
180. SPERONE SPERONI : *Les dialogues de Messire Speron Sperone*, Italien, traduit en françoys par Claude Gruget, Parisien, Paris 1551.
181. TASSE (T.): *Aminta*, traduction G. Charlier, Paris, s.d., La Renaissance du Livre, 175 p.
182. THÉOPHILE DE VIAU : *Pyrame*, Paris, 1623, Pierre Billaine, in-8°.
183. *Tragédie mahommétiste*, Rouen, 1612, Abraham Cousturier.
184. TRISTAN : *Mariane*, Paris, 1637, Courbé, priv. 14 juin 1636, achevé 15 février 1637.
185. TROTEREL : *Les Corrivaux*, Rouen, 1612, Raphaël du Petit-Val, in-12°.
186. TROTEREL : *Sainte Agnès*, Rouen, 1615, David du Petit-Val, in-12°.
187. TROTEREL : *Gillette*, comédie facétieuse de Sieur D., Rouen, 1620, David du Petit-Val, in-12°.
188. URFÉ (d'):*Les Epistres morales*, Lyon, 1629, par Jean Lautret.
189. URFÉ (d') : *L'Astrée*, Paris, 1647, Aug. Courbé et Ant. de Sommaville, 5 vol. in-8° (1re édition, 1607).
190. VALENTINS : *Questions d'Amour et autres pièces galantes*, Paris, 1662, Claude Barbin.
191. VERONNEAU : *L'impuissance*, Paris, 1634, T. Quinet, in-8°.
192. VOLTAIRE : *Commentaires sur le Théâtre de Pierre Corneille*, 1764, 3 vol. in-12.

II

OUVRAGES CONSULTES

193. ADAM (Antoine) : *Théophile de Viau et la libre pensée française en 1620*, Paris, 1935, Droz.
194. ALLIER (R.): *La Cabale des Dévots, 1627-1666*, Paris, 1902, Colin.
195. ARCHAMBAULT (Paul): *Saint François de Sales*, Librairie Le Coffre, 1930, J. Gabalda et fils, édit.
196. ARNOULD (L.): *Un gentilhomme de lettres au XVIIe siècle, Honorat de Bueil, Seigneur de Racan*, Paris, 1901. A. Colin.
197. ASCOLI (G.): *La Grande-Bretagne devant l'opinion française au XVIIe siècle*, Paris, 1930, J. Gamber, 2 vol., in-8°.
198. BARDON : *Don Quichotte en France au XVIIe siècle et au XVIIIe siècle (1505-1815)*, Paris, 1931, Honoré Champion, 2 vol.
199. BARRIÈRE (P.): *Le lyrisme dans la tragédie de Corneille*. Revue Histoire littéraire de la France, 1928, pp. 23-38.
200. BASCHET (A.):*Les Comédiens italiens à la Cour de France*, Paris, 1878.
201. BATIFFOL (L.): *Au temps de Louis XIII*, Paris, 1903, C. Lévy, in-8°.

202. BAUDIN (M.): « L'art de régner », in XVIIth century French tragedy, Modern languages notes, 1935, pp. 417-426.

203. BAUMAL (F.): Le féminisme au temps de Molière, Paris, 1926, Renaissance du Livre.

204. BAUMAL (F.): Molière, auteur précieux, Paris, 1924, Renaissance du Livre.

205. BELLESSORT (André): Sur les grands chemins de la Poésie classique, Paris, 1914, Librairie Perrin et Cie.

206. BENOIST (Ch.): L'influence des idées de Machiavel, Recueil des Cours de l'Académie de Droit international, 1925, t. IV.

207. BENOIST (C.): Le Machiavélisme, Paris, 1907-1936, Plon, 3 vol. in-16.

208. BERNARDIN (N.-M.): Un précurseur de Racine, Tristan l'Hermite, sieur du Solier (1601-1655), Paris, 1895, A. Picard et fils.

209. BESSIÈRES (Albert): Deux grands méconnus : Gaston de Renty et Henri Buch, 1931.

210. BIZOS (Gaston) : Etude sur la vie et les œuvres de Jean de Mairet, Paris, 1877, E. Thorin, in-8°.

211. BLANCHOT (Maurice): Faux pas, Paris, 1943, Gallimard.

212. BOUQUET (F.): La troupe de Molière et les deux Corneille à Rouen en 1658, Paris, 1880, A. Claudin.

213. BRASILLACH (Robert): Corneille, Paris, 1938, Fayard.

214. BRAY : Compte rendu de l'ouvrage de M. Rivaille : Les débuts de Pierre Corneille, R.H.L.F., février-mars 1938.

215. BRAY (René) : La formation de la doctrine classique en France, 1931, Payot et Cie, Lausanne, Genève.

216. BRAY (René): La tragédie cornélienne devant la critique classique d'après la querelle de Sophonisbe (1663), Paris, 1927, Hachette.

217. BRÉMOND (H.): Histoire littéraire du sentiment religieux en France depuis la fin des guerres de religion jusqu'à nos jours, Paris, 1916-1936, Bloud et Gay, 12 v. in-8°.

218. BRÉMOND (H.): La querelle du pur amour au temps de Louis XIII, Paris, 1932, Bloud et Gay, in-8°.

219. BUSSON (H.): La pensée religieuse française de Charron à Pascal, Paris, 1933, Vrin.

220. CAILLOIS (R.): Un roman cornélien. Résurrection de Corneille, Nouvelle Revue Française, 1er mars et 1er octobre 1938.

221. CALVET (J.) : Polyeucte de Corneille, Paris, 1934, Mellotée, in-8°.

222. CHARBONNEL (J.-R.) : La pensée italienne au XVIe siècle et le courant libertin, Paris, 1917, Champion.

223. CHASTEL (André): Sur le baroque français (Cahiers de la Restauration française, 1944, Editions de la Nouvelle France.

224. CHEREL (A.): La Pensée de Machiavel en France au temps de la Fronde, Revue de Littérature comparée, 1933.

225. CHEREL (Albert): La pensée de Machiavel en France, Paris, 1835, L'Artisan du Livre.

226. CHIARINI (Giuseppe): Studi Shakespeariani, Livorno, 1897.

227. CLAIRON (Mlle): Mémoires d'Hyppolite Clairon et réflexions sur l'art dramatique, Paris, an VII de la République, Buisson.

228. CLOUARD (Henri): Théâtre choisi de Corneille, Paris, 1925, Larousse, 3 vol. in-8°.

229. COLLAS (Georges): Jean Chapelain (1595-1674), étude historique et littéraire d'après des documents inédits, Paris, 1911, Librairie académique Perrin et Cie.

230. CRÉTIN (R.) : Les images dans l'œuvre de Corneille, Caen, 1927, A. Olivier, in-8°.

231. CROCE (Benedetto) : *Storia dell Eta Barocca*, 1929, Bari.
232. CROCE (Benedetto): *La « Tragedia » del Cinquecento La Critica*, Anno XXVIII, fasc. III, 20 maggio, 1930.
233. DARMESTETER et HATZFELD : *Le XVI* siècle en France*, Paris, 1889, Delagrave.
234. DELAPORTE (P.-V.): *Du merveilleux dans la littérature sous le règne de Louis XIV*, Paris, 1891, Retaux-Bray.
235. DE LA ROCHEMONTAIX (C.): *Le collège Henri IV de la Flèche*, Le Mans, 1889.
236. DESJARDINS (Paul) : *La méthode des classiques français : Corneille, Poussin, Pascal*, Paris, Armand Colin.
237. DESJARDINS (Paul) : *Théâtre choisi de Pierre Corneille*, Paris, 1937, Armand Colin.
238. DORCHAIN (A.) : *Pierre Corneille*, Paris, 1918, Garnier frères.
239. D'ORS (Eugenio) : *Du Baroque*, Paris, 1935, Gallimard.
240. DROZ (Ed.): « *Corneille et l'Astrée* », Revue d'histoire littéraire de la France, avril-juin, pp. 161-203; juillet-septembre 1921, pp. 361-387.
241. DUBECH (Lucien): *Les Chefs-d'œuvre de Corneille*, publiés d'après les textes originaux avec des notices, Paris, 1927-1928, La Cité des Livres.
242. FAGNEZ (G.): *La femme et la société française dans la première moitié du XVII* siècle*, Paris, Librairie universitaire J. Gamber, in-8°.
243. FAGUET (E.):*Corneille amoureux*, La Revue latine, Paris, 4* année, n° 7, 25 juillet 1905.
244. FAGUET (E.): *Histoire de la Poésie française de la Renaissance au Romantisme*, III. Précieux et Burlesque (1630-1660), Paris, 1927, Boivin.
245. FAGUET (E.): *La tragédie française au XVI* siècle* (1550-1600), Paris, 1912. Fontemoing (1re édition en 1883 sous forme de thèse).
246. FIDAO-JUSTINIANI : *Qu'est-ce qu'un classique? Le Héros ou du Génie*, 1930, Firmin Didot et Cie.
247. FIDAO-JUSTINIANI : *L'esprit classique et la préciosité au XVII* siècle*, Paris, 1914, Picard.
248. GAIFFE (F.): *L'envers du grand siècle, étude historique et anecdotique*, Paris, 1924, A. Michel.
249. GASSIER (A.): *Le théâtre espagnol*, Paris, 1898.
250. GASTÉ (A.) : *La querelle du Cid*, Paris, 1899, H. Welter.
251. GILLOT (Hub.): « *Les origines de l'héroïsme cornélien* », Revue des Cours et Conférences, 15 juillet 1922 (pp. 628-637).
252. GROS (E.) : *Les origines de la tragédie lyrique et la place des tragédies en machine dans l'évolution du théâtre vers l'opéra*, R.H.L.F., 1928, pp. 161-193.
253. GROS (E.): *Philippe Quinault. Sa vie et son œuvre*, Paris, 1926, E. Champion, Aix-en-Provence, Editions du « Feu », 1926.
254. HATZFELD : *Die französische Klassik in neuer Sicht* (Klassik als Barock), (Revue Tijdschrift voor Taal en Letteren, pp. 213-282), 1935.
255. HAUTECŒUR (L.): *Histoire de l'architecture classique en France*, Paris, 1943, A. Picard.
256. HAZARD (Paul): *La crise de la conscience européenne* (1680-1715), 2 vol., Paris, 1935, Boivin.
257. HUSZARD : *P. Corneille et le théâtre espagnol*, Paris, 1903, E. Bouillon.

258. JARRY (J.): *Essai sur les Œuvres dramatiques de Jean Rotrou,* Lille, 1868, L. Quarré et Paris, A. Durand.

259. KOHLER (Pierre): *Sur la « Sophonisbe » de Mairet et ses débuts de la tragédie classique,* R.H.L.F., janvier-juin 1939, pp. 56-70.

260. LACHÉVRE (F.): *Le Libertinage au* XVIIe *siècle,* Paris, Champion, 14 vol. in-4°, et gr. in-8° (1909-1924).

261. *La Jeune Poésie et ses Harmoniques,* Revue « Saisir », édition A. Michel, 1942.

262. LANCASTER (H.-C.): *Don Juan in a French play of 1630 (l'Inconstance punie de la Croix),* Publications of the Modern Language Association of America, 38, 1923.

263. LANCASTER (H.-C.): *A history of French dramatic literature in the seventeenth century,* The Johns Hopkins Press Baltimore, Maryland, 1929, Les Presses Universitaires de France, Paris,, 6, V, in-8°.

264. LANSON (Gustave): *Corneille,* Paris, 1898, Hachette.

265. LANSON (Gustave): *Esquisse d'une histoire de la Tragédie française,* Paris, 1927, Champion.

266. LANSON (G.): *Etudes sur les rapports de la Littérature française et de la Littérature espagnole au* XVIIe *siècle* (1600-1660), R.H.L.F., 1896.

267. LANSON (G.): *Le héros cornélien et le « Généreux »,* selon Descartes, R.H.L.F., 1894, pp. 397-411.

268. LANSON (G.): *Les libertins au* XVIIe *siècle,* Bulletin de l'Association des élèves de Sèvres, 1901.

269. LAROQUE (P.): *Essai sur l'évolution du « Moi »,* Paris, 1934, Vigot frères.

270. LEBÈGUE (Raymond): *De la renaissance au classicisme. Le théâtre baroque en France,* Bibliothèque d'Humanisme et Renaissance, tome II, Paris, 1942, Droz, pp. 161-184.

271. LEBÈGUE (Raymond): *La tragédie religieuse en France. Les débuts* (1514-1573), Paris, 1929, Honoré Champion.

272. LEBÈGUE (Raymond): *La tragédie « shakespearienne » en France au temps de Shakespeare,* Revue des Cours et Conférences, XXXVIII, 2e série, 15 juin, 15 et 30 juillet 1937.

273. LEFRANC (Abel): *Grands Ecrivains français de la Renaissance,* Paris, 1914, Champion.

274. LE VERDIER (P.) et PELAY (E): *Additions à la Bibliographie cornélienne,* 1908, in-8°.

275. LIÈVRE (P.): *Chronique cornélienne,* Divan, février-mars 1934.

276. LIÈVRE (P.): *Théâtre complet de P. Corneille,* Paris, Nouvelle Revue Française, 2 vol., 1934, Bibliothèque de la Pléiade.

277. LINTILLAC (E.): *Histoire générale du théâtre en France* (t. II, La comédie Moyen Age et Renaissance; t. III, la comédie au XVIIe siècle), Paris, s.d., Flammarion.

278. LIVET (Ch.-L.): *Précieux et Précieuses,* Paris, 1859, Didier.

278 bis. LOUKOVITCH (Kosta): *L'évolution de la tragédie religieuse classique en France,* Paris, 1933, E. Droz.

279. MAGENDIE (M.): *Du nouveau sur l'Astrée,* Paris, 1927, Champion. 465 p.

280. MAGENDIE (M.): *La politesse mondaine et les théories de l'honnêteté en France au* XVIIe *siècle, de 1600 à 1660,* Paris, 1925, Presses Universitaires, in-8°.

281. MAGENDIE (M.): *Le roman français au* XVIIe *siècle, de l'Astrée au grand Cyrus,* Paris, 1932, Droz.

282. MAGNE (Emile) : *Les Précieuses. L'honnête homme, libertins et épicuriens,* dans J. Grand-Carteret : l'histoire, la vie, les mœurs et la curiosité, Paris, 1928, t. III, Librairie de la curiosité.

283. MARSAN (Jules): *La Pastorale dramatique en France à la fin du* XVIe *et au commencement du* XVIIe *siècle,* Paris, 1905, Hachette.

284. MARTINENCHE : *La comedia espagnole en France, de Hardy à Racine,* Paris, 1900, Hachette.

285. MATULKA (B.) : *The Cid as a courtly hero from the Amadis to Corneille,* New-York, 1928, Columbia University, in-8°.

286. MAUGAIN (Gabriel): *Mœurs italiennes de la Renaissance. La vengeance,* Paris, 1935, Belles Lettres.

287. MESNARD (P.) : *Du Vair et le néo-stoïcisme,* Revue d'histoire et de la philosophie, 1928, pp. 142-166. (Depuis 1933, est devenue la Revue d'Histoire de la Philosophie et d'Histoire générale de la Civilisation.)

288. MILOYEVITCH (Youkossava) : *La Théorie des Passions du P. Senault et la Morale Chrétienne en France au* XVIIe *siècle,* Paris, 1935, L. Rodstein.

289. MONGREDIEN (G.): *Le* XVIIe *siècle galant, libertins et amoureuses,* Paris, 1929, Perrin et Cie, in-12.

290. MONGREDIEN (G.) : *Mlle du Parc,* Mercure de France, 1923.

291. MONGREDIEN (G.): *Les Précieux et les Précieuses,* Paris, 1939, Mercure de France.

202. MONNIER (P.) : *Le Quattrocento,* Milan Vallardi, 1900, 2 vol., in-8°.

293. MOREL-FATIO : *La comedia espagnole au* XVIIe *siècle,* Paris, 1923, Honoré Champion.

294. MOREL-FATIO : *Etudes sur l'Espagne* (3 séries, 1895, in-8°, 1904, in-18; 1906, in-8°), Paris, 1895, H. Champion.

295. MORNET (Daniel): *Histoire de la clarté française,* Paris, 1929, Payot.

296. MORNET (Daniel): *Histoire de la littérature française classique* (1660-1700), *ses caractères véritables, ses aspects inconnus,* Paris, 1940, A. Colin, in-8°.

297. MORNET (Daniel) : *Jean Racine,* Paris, 1944, aux Armes de France.

298. MORNET (Daniel) : *Molière,* Paris, 1943, Boivin et Cie.

299. NADAL (Octave): *De quelques mots du vocabulaire cornélien,* Paris, Gallimard, dans *Le sentiment de l'amour dans l'œuvre de P. Corneille.*

300. PASCOE (Margaret-E.): *Les Drames religieux du milieu du* XVIIe *siècle* (1636-1650) : Paris, 1932, Boivin.

301. PAYER (A.): *Le féminisme au temps de la fronde,* Paris, 1922, Société Fast, in-8°.

302. PÉGUY : *Note conjointe,* Paris, 1942, Gallimard.

303. PÉGUY : *Victor Marie Comte Hugo,* Paris, 1934, Gallimard.

304. PERRENS (F.-T.): *Les libertins en France au* XVIIe, Paris, 1896, L. Chailley.

305. PICOT : *Bibliographie cornélienne,* Paris, 1876, in-8°.

306. PINTARD (René): *Le libertinage érudit dans la première moitié du* XVIIe *siècle,* Paris, 1943, Boivin, 2 vol.

307. POMMIER (J.) : *Autour de Montaigne, Pierre Charron, sa fortune littéraire,* Revue d'histoire et de philosophie religieuse, 1933, Université de Strasbourg, (Faculté de Thélogie protestante).

308. PRUNEL (L.): *La Renaissance catholique en France au* XVIIe *siècle,* Paris, 1921, Bloud et Gay.

309. RADOUANT (R.) : *Guillaume du Vair, l'homme et l'orateur jusqu'à la fin des troubles de la Ligue* (1556-1596), Paris, 1909.

310. REBELLIAU (A.) : *La Compagnie secrète du Saint-Sacrement, Lettre du groupe parisien au groupe marseillais* (1639-1662), Paris, 1908, Champion.

311. RENAN (Ernest) : *Sur Corneille, Racine et Bossuet*, Paris, 1926, Les Cahiers de Paris, 2ᵉ série, cahier V.

312. REYNIER (G.) : *La femme au XVIIᵉ siècle. Les ennemis et ses défenseurs*, Paris, 1929. J. Tallandier, Bibliothèque Historia.

313. REYNIER (G.) : *Le roman réaliste au XVIIᵉ siècle*, Paris, 1914, Hachette.

314. REYNIER (G.) : *Le roman sentimental avant l'Astrée*, Paris, 1908, Armand Colin, VII.

315. REYNIER (G.) : *Thomas Corneille, sa vie et son théâtre*, Paris, 1892, Hachette.

316. RIDDLE (Lawrence Melville) : *The Genesis and sources of Pierre Corneille's tragedies from Médée to Pertharite.*. The Johns Hopkins Press, Baltimore, Maryland, 1926, et Paris, Presses Universitaires, 1926.

317. RIGAL (Eugène), *Alexandre Hardy et le théâtre français à la fin du XVIᵉ siècle et au commencement du XVIIᵉ siècle*, Paris, 1889. Hachette.

318. RITTER (E.), *Notes diverses*, R.H.L.F., 1927.

319. RIVAILLE (Louis), *Les débuts de P. Corneille*, Paris, 1936, Boivin et Cie.

320. ROUSSEAUX (André), *Corneille ou le mensonge héroïque*, Revue de Paris, 1ᵉʳ juillet 1937, pp. 50-73.

321. SABRIÉ (J.-B.), *De l'humanisme au rationalisme. Pierre Charron* (1541-1603), Paris, 1913, Alcan, in-8.

322. SAINT EVREMOND, *Œuvres mêlées*, Paris, Editions Charles Giraud. Techener, 1865.

323. SCHIMBERG (A.), *L'éducation morale dans les collèges de la compagnie de Jésus en France sous l'ancien régime*, Paris, 1913.

324. SCHLUMBERGER (J.), *Corneille*, N.R.F., 1ᵉʳ septembre, pp. 333-346.

325. SCHLUMBERGER (J.), *Plaisir à Corneille* (Promenade anthologique), Paris, 1936, Gallimard.

326. SCHMIDT (A.-M.), *Saint-Evremond ou l'humanisme impur*, Paris, 1932, Ed. du Cavalier.

327. SCHMIDT (A.-M.), *Foisonnement de Poésie*, article paru dans la Jeune Poésie et ses harmoniques, Collection Saisir, Editions A. Michel, 1942, pp. 9-27.

328. SCHNEIDER (Reinhold), *Grandeur de Corneille et de son temps*, traduit par Maurice de Gandillac, Paris, 1943, Editions Alsatia.

329. SCHURR (F.), *Barock, Classicismus und Rokoko in der franzosischen Literatur*, Leipzig, 1928, Teubner, in-8°.

330. SEGALL (J.-B.), *Corneille and the Spanich Drama*, New-York, 1902, in-12.

331. SEILLIÈRE (Ernest), *Les Origines romanesques de la Morale et de la Politique romantiques*, Paris, 1920, la Renaissance du Livre.

332. SERRURIER (C.), *Saint François de Sales, Descartes, Corneille*. Neophilologus, 1918, pp. 89-99.

333. SOURIAU (Maurice), *Deux mystiques normands au XVIIᵉ siècle*, Paris, 1900, Perrin.

334. STROWSKI (F.) : *Pascal et son temps*, Paris 1907, Plon, 3 vol. in-16.

335. STROWSKI (F.), *La sagesse française* (Montaigne, Saint François de Sales, Descartes, La Rochefoucauld, Pascal), Paris, 1925, Plon-Nourrit, in-16.
336. STROWSKI (F.), *Saint François de Sales* (Nouvelle Edition), Paris, 1928, Plon.
337. STUREL (René), *Bandello en France au XVIᵉ siècle.* Extrait du *Bulletin italien,* tomes XIII à XVIII, Paris, E. de Boccard. Bordeaux Feret et fils, 1918.
338. TACHEREAU (M.-J.) : *Histoire de la vie et des ouvrages de P. Corneille,* Paris, 1855 ; P. Jannet, in-16.
339. TANQUEREY (F.-J.) : *Le Héros cornélien,* Revue des cours et conférences, Paris, Boivin, 15 juillet 1934 et 30 juillet 1934, pp. 577-594 et pp. 687-696.
340. TANQUEREY (F.-J.) : *Le romanesque dans le théâtre de Corneille,* Paris, 1939, Boivin.
341. THAMIN : *Les Idées morales au XVIIᵉ siècle,* Revue des Cours et Conférences, 2 janvier 1896.
342. THIBAUDET (A.) : *Un tricentenaire,* Nouvelle Revue Française, 1ᵉʳ sept. 1935, pp. 401-408.
343. TOLDO (P.): *La comédie française de la Renaissance,* Revue d'histoire littéraire de la France, 15 juillet 1897 au 15 avril 1900.
344. VAN ROOSBROECK (G.-L.) : *A common-place in Corneille's Mélite : The Madnest of Eraste,* Modern Philology, July 1919.
345. VAN ROOSBROECK (G.-L.) : « *Preciosity in Corneille's early Plays* », Philological Quaterly Iowa 1927.
346. VEDEL (Valdemar): *Deux classiques français vus par un critique étranger... Corneille et son temps. Molière,* traduit du danois par Mme E. Cornet, Paris, 1935, Champion, in-8°.
347. ZANTA (Léontine): *La Renaissance du Stoïcisme au XVIᵉ siècle,* Paris, 1914, Champion.

OUVRAGES CONSULTÉS

POUR L'ÉTUDE CONJOINTE

(Nous n'indiquons que les ouvrages d'où sont extraites les citations contenues dans notre texte. Pour l'étude des mots et l'établissement du répertoire, nous nous sommes servis de l'édition de Ch. Marty-Laveaux: *Œuvres de P. Corneille,* Paris, Librairie L. Hachette et Cie, 1862-1868. (Collection des Grands Ecrivains de la France, 12 vol. in-8° et un album.) Nous mentionnons quelques-uns des dictionnaires et traités de vocabulaire et d'étymologie consultés.)

Dictionnaire de l'Académie Française (Hector BOSSANGE, 1832), 1ʳᵉ édition 1694.
RICHELET (P.): *Dictionnaire françois...,* Genève, J.-H. Widerhold 1680, 2 vol. in-4°.
FURETIÈRE : *Dictionnaire universel,* La Haye, Arnout 1690, 3 vol.
SOMAIZE (BAUDEAU de): *Le Grand Dictionnaire des Précieuses, historique, poétique, géographique, cosmographique, chronologique et armoirique* (J. Ribou, 1661, 2 vol.).
E. LITTRÉ : *Dictionnaire de la langue française,* 4 vol., un suppl., Paris, Hachette, 1877.

HATZFELD, DARMESTETER et THOMAS : *Dictionnaire général de la langue française*, Paris, Delagrave, 1932.

GODEFROY : *Lexique de l'ancien français,* Paris, Leipzig, Welter, éditeur, 1901.

E. HUGUET : *L'évolution du sens des mots,* Paris, Droz, 1934.

— *Mots disparus ou vieillis depuis le XVI⁰ siècle*, Paris, Droz, 1935.

O. BLOCH : *Dictionnaire étymologique de la langue française,* Paris, Presses Universitaires de France, 1932, 2 vol.

G. CAYROU : *Le français classique,* Lexique de la langue du XVII⁰ siècle.

Ferdinand BRUNOT : *Histoire de la langue française des origines à* 1900, Paris, A. Colin, 1912-1941, en particulier le tome III. La formation de la langue classique 1600-1660 (1ʳᵉ et 2⁰ parties) et le tome IV. La langue classique 1660-1715 (1ʳᵉ partie).

F. BRUNOT et Ch. BRUNEAU : *Précis de grammaire historique de la langue française,* Masson et Cie, Paris, 1937.

BALZAC (Guez de): *Discours de la Gloire,* dans Œuvres de J.-L. de Guez de Balzac, pp. L. Moreau, Librairie J. Lecoffre, 1854, 2 vol.

CAILLOIS (R.): *Un roman cornélien. Résurrection de Corneille,* Nouvelle Revue Française, 1ᵉʳ mars et 1ᵉʳ octobre 1938.

CHAPELAIN : *Dialogue de la Gloire,* Bibl. nat. mss. Fr., 12848 publié par Fidao-Justiniani dans l'*Esprit Classique et la Préciosité au* XVII⁰ *siècle*, Paris, Picard, 1914.

CHASTEL (André): *Sur le baroque français,* Cahiers de la Restauration française (Editions de la Nouvelle France, 1944).

DESJARDINS (Paul): *La méthode des classiques français : Corneille, Poussin, Pascal,* Paris, A. Colin, 1904.

DESCARTES : *Traité des Passions de l'Ame,* Œuvres publiées par Ch. Adam et P. Tannery, Paris, Léopold Cerf, 1909, tome XI.

DROZ (Ed.): « *Corneille et l'Astrée* » (Revue d'histoire littéraire de la France, avril-juin; juillet-septembre 1921).

FAGUET (E.): *Dix-septième siècle,* Etudes et portraits littéraires, Paris, Boivin et Cie.

LANSON (G.): *Corneille,* Paris, Hachette, 1898.

LANSON (G.): *Esquisse d'une Histoire de la Tragédie Française,* Paris, Champion, 1927.

LANSON (G.): *Le héros cornélien et le « généreux », selon Descartes,* Revue d'histoire littéraire de la France, 1894.

LEBÈGUE (Raymond): *De la renaissance au classicisme. Le théâtre baroque en France,* Bibl. d'Humanisme et Renaissance, tome II, Droz, Paris, 1942.

ROUSSEAUX (André): *Corneille ou le mensonge héroïque,* Revue de Paris, 1ᵉʳ juillet 1937.

SCHNEIDER (Reinhold): *Grandeur de Corneille et de son temps,* traduit par M. de Gandillac, Paris, Alsatia, 1943.

TANQUEREY (F.-J.): *Le Héros cornélien,* Revue des Cours et Conférences, 15 juillet 1934 et 30 juillet 1934, Paris, Boivin.

VEDEL (V.): *Deux classiques français vus par un critique étranger. Corneille et son temps, Molière,* traduit du danois par Mme E. Cornet, Paris, Champion, 1935.

INDEX

TABLE DES MATIÈRES

INTRODUCTION

LA TRADITION ET L'ART D'AIMER CORNÉLIEN

DEUXIÈME PARTIE

LA METAPHYSIQUE AMOUREUSE AU THEATRE
AVANT MELITE (1620-1630)

rature; Sous le même vocable les écrivains de pastorale
et de tragi-comédies entendent-ils un même contenu psychologique? 95. — Dans le domaine de l'amour on assimile
l'honneur de la femme à la chasteté (Filleul, Fonteny,
Montreux, La Valletrye, etc.), 96; à la pudeur (Gaillard,
Rampale, Troterel, Veronneau); à la pureté (Nicolas
Chrestien des Croix); au qu'en-dira-t-on, à l'opinion, à
l'honneur mondain (Paul Ferry, Boissin de Gallardon, La
Morelle, Hardy), 97. — L'Honneur et l'Amour dans les
Bergeries de Racan, 100. — L'Honneur cornélien se situe
sur un tout autre plan, 101.

Evolution du conflit amoureux de *Mélite* à *La Place Royale:*
De l'obstacle extérieur à la contradiction intime : *Mélite,
Clitandre, La Veuve, La Galerie du Palais,* 102 : dans cette
dernière pièce l'amour n'est plus menacé par une force extérieure, mais intérieure. — Quelques pièces, avant *La Galerie
du Palais* semblent amorcer un conflit de même nature:
« *L'Amour caché par l'Amour* » dans la *Comédie des Comédiens,* de Scudéry, 103. — Originalité du personnage de
Célidée; L'Amour, ressort essentiel de l'intrigue, 104. —
La Suivante, comédie du quiproquo, s'écarte de l'analyse
psychologique, *La Place Royale* y revient, 105. — Le drame
de l'amour et de la liberté; ce thème pressenti par Claveret
dans *L'Esprit fort,* 106. — La *Lizimène* de Coste.
Madonte, d'Auvray; Qu'il ne peut dans ces dernières pièces
s'agir que de devises, non de drame; Un curieux épisode
de *La Parthénice de la Cour,* de Du Verdier, 107. — *Le
Discours contre l'Amour,* de Chapelain (1635) : l'auteur s'y
élève comme Corneille dans *La Place Royale,* contre le
culte de l'amour, en souligne les méfaits, en vient aux
maximes salutaires, 108. — L'argument de *La Place Royale;*
Caractère d'Alidor, 109. — Son attitude envers l'amour, 110.
— L'art d'aimer où l'on veut; L'amour porte sa contradiction
en lui-même, 111. — Alidor, première ébauche du héros
amoureux cornélien, 113. — Il reste un mauvais joueur, 115.
— Importance de *La Place Royale* dans l'œuvre de Corneille du point de vue des passions de l'amour, 116. — Corneille est encore hésitant; *L'Illusion comique,* 117. — Sens
caché de cette pièce : lieu commun d'un art? formule scénique ou goût secret d'un créateur? 118. — L'attitude de
Corneille devant l'héroïsme et l'amour; Bulle d'héroïsme
et bulle d'amour? Mensonge et vérité? Illusion et réalité?
Une émouvante interrogation avant le *Cid,* 119.

QUATRIÈME PARTIE

DE L'AMOUR HEROIQUE ET ROMANESQUE
A L'AMOUR GALANT ET POLITIQUE

ÉTUDE CONJOINTE

DE QUELQUES MOTS DE LA LANGUE CORNELIENNE OU D'UNE ETHIQUE DE LA GLOIRE

DU MÊME AUTEUR

Aux Éditions Gallimard

DANS L'ORIENT DÉSERT *(roman en collaboration avec M. Fleury)* (1931).
LE SENTIMENT DE L'AMOUR DANS L'ŒUVRE DE PIERRE COR-
NEILLE (1948).
Introduction, notes·et documents à la CORRESPONDANCE PAUL
VALÉRY - GUSTAVE FOURMENT (1957).

Au Mercure de France

PAUL VERLAINE (1961).
À MESURE HAUTE (1964).

Au Club du Meilleur Livre

Édition critique de LA JEUNE PARQUE de Paul Valéry (1957).

Bollingen (New York)

Préface à PROSE POEMS de Paul Valéry.

*Ouvrage reproduit
par procédé photomécanique.
Impression S.E.P.C.
à Saint-Amand (Cher), le 5 septembre 1991.
Dépôt légal : septembre 1991.
Numéro d'imprimeur : 1549.*
ISBN 2-07-072357-7. / Imprimé en France.

52607